Program
Programming
Programmer

07

Clean Code

Clean Code: A Handbook of Agile Software Craftsmanship
by Robert C. Martin

Authorized translation from the English language edition, entitled CLEAN CODE: A HANDBOOK OF AGILE SOFTWARE CRAFTSMANSHIP, 1st Edition by ROBERT C. MARTIN, published by Pearson Education, Inc., publishing as Prentice Hall ⓒ 2009

All rights reserved. No part of this book may be reproduced or transmitted in any form or by any means, electronic or mechanical, including photocopying, recording or by any information storage retrieval system, without permission from Pearson Education, Inc.

KOREAN language edition published by INSIGHT PRESS, Copyright ⓒ 2013

이 책의 한국어판 저작권은 에이전시 원을 통해 저작권자와의 독점 계약으로 인사이트 출판사에 있습니다. 저작권법에 의해 한국 내에서 보호를 받는 저작물이므로 무단전재와 무단복제를 금합니다.

Clean Code(클린 코드): 애자일 소프트웨어 장인 정신

초판 1쇄 발행 2013년 12월 24일 **10쇄 발행** 2023년 7월 17일 **지은이** 로버트 C. 마틴 **옮긴이** 박재호, 이해영 **펴낸이** 한기성 **펴낸곳** (주)도서출판인사이트 **편집** 조은별 **본문 디자인** 윤영준 **영업마케팅** 김진불 **제작·관리** 이유현, 박미경 **용지** 유피에스 **출력·인쇄** 예림인쇄 **후가공** 이레금박 **제본** 예림바인딩 **등록번호** 제2002-000049호 **등록일자** 2002년 2월 19일 **주소** 서울시 마포구 연남로5길 19-5 **전화** 02-322-5143 **팩스** 02-3143-5579 **이메일** insight@insightbook.co.kr **ISBN** 978-89-6626-095-9 **ISBN(세트)** 978-89-6626-101-7 책값은 뒤표지에 있습니다. 잘못 만들어진 책은 바꾸어 드립니다. 이 책의 정오표는 https://blog.insightbook.co.kr에서 확인하실 수 있습니다.

Clean Code

클린 코드
애자일 소프트웨어 장인 정신
로버트 C. 마틴 지음 | 박재호·이해영 옮김

차례

복간에 부쳐 xviii
2010년 번역판 옮긴이 서문 xx
추천사 xxii

들어가면서   xxxi
감사의 글 xxxiv

1장 깨끗한 코드   1
코드가 존재하리라 2
나쁜 코드 3
나쁜 코드로 치르는 대가 4
    원대한 재설계의 꿈 5
    태도 6
    원초적 난제 7
    깨끗한 코드라는 예술? 8
    깨끗한 코드란? 8
우리들 생각 16
우리는 저자다 17
보이스카우트 규칙 18
프리퀄과 원칙 19
결론 19
참고 문헌 20

2장 의미 있는 이름 · 21

- 들어가면서 · 22
- 의도를 분명히 밝혀라 · 22
- 그릇된 정보를 피하라 · 24
- 의미 있게 구분하라 · 25
- 발음하기 쉬운 이름을 사용하라 · 27
- 검색하기 쉬운 이름을 사용하라 · 28
- 인코딩을 피하라 · 29
  - 헝가리식 표기법 · 29
  - 멤버 변수 접두어 · 30
  - 인터페이스 클래스와 구현 클래스 · 31
- 자신의 기억력을 자랑하지 마라 · 31
- 클래스 이름 · 32
- 메서드 이름 · 32
- 기발한 이름은 피하라 · 32
- 한 개념에 한 단어를 사용하라 · 33
- 말장난을 하지 마라 · 34
- 해법 영역에서 가져온 이름을 사용하라 · 34
- 문제 영역에서 가져온 이름을 사용하라 · 34
- 의미 있는 맥락을 추가하라 · 35
- 불필요한 맥락을 없애라 · 37
- 마치면서 · 38

3장 함수 · 39

- 작게 만들어라! · 42
  - 블록과 들여쓰기 · 43
- 한 가지만 해라! · 44
  - 함수 내 섹션 · 45

함수당 추상화 수준은 하나로! 45
    위에서 아래로 코드 읽기: 내려가기 규칙 46
Switch 문 47
서술적인 이름을 사용하라! 49
함수 인수 50
    많이 쓰는 단항 형식 51
    플래그 인수 52
    이항 함수 52
    삼항 함수 53
    인수 객체 53
    인수 목록 54
    동사와 키워드 54
부수 효과를 일으키지 마라! 54
    출력 인수 56
명령과 조회를 분리하라! 56
오류 코드보다 예외를 사용하라! 57
    Try/Catch 블록 뽑아내기 58
    오류 처리도 한 가지 작업이다. 59
    Error.java 의존성 자석 59
반복하지 마라! 60
구조적 프로그래밍 61
함수를 어떻게 짜죠? 61
결론 62
참고 문헌 65

4장 주석   67

주석은 나쁜 코드를 보완하지 못한다 69
코드로 의도를 표현하라! 70

좋은 주석 — 70
- 법적인 주석 — 70
- 정보를 제공하는 주석 — 71
- 의도를 설명하는 주석 — 71
- 의미를 명료하게 밝히는 주석 — 72
- 결과를 경고하는 주석 — 73
- TODO 주석 — 74
- 중요성을 강조하는 주석 — 75
- 공개 API에서 Javadocs — 75

나쁜 주석 — 75
- 주절거리는 주석 — 76
- 같은 이야기를 중복하는 주석 — 77
- 오해할 여지가 있는 주석 — 79
- 의무적으로 다는 주석 — 80
- 이력을 기록하는 주석 — 80
- 있으나 마나 한 주석 — 81
- 무서운 잡음 — 83
- 함수나 변수로 표현할 수 있다면 주석을 달지 마라 — 84
- 위치를 표시하는 주석 — 84
- 닫는 괄호에 다는 주석 — 85
- 공로를 돌리거나 저자를 표시하는 주석 — 86
- 주석으로 처리한 코드 — 86
- HTML 주석 — 87
- 전역 정보 — 88
- 너무 많은 정보 — 88
- 모호한 관계 — 89
- 함수 헤더 — 89
- 비공개 코드에서 Javadocs — 90
- 예제 — 90

참고 문헌 — 94

5장 형식 맞추기 ... 95

- 형식을 맞추는 목적 ... 96
- 적절한 행 길이를 유지하라 ... 96
  - 신문 기사처럼 작성하라 ... 98
  - 개념은 빈 행으로 분리하라 ... 98
  - 세로 밀집도 ... 100
  - 수직 거리 ... 101
  - 세로 순서 ... 106
- 가로 형식 맞추기 ... 107
  - 가로 공백과 밀집도 ... 108
  - 가로 정렬 ... 109
  - 들여쓰기 ... 111
  - 가짜 범위 ... 113
- 팀 규칙 ... 113
- 밥 아저씨의 형식 규칙 ... 114

6장 객체와 자료 구조 ... 117

- 자료 추상화 ... 118
- 자료/객체 비대칭 ... 119
- 디미터 법칙 ... 123
  - 기차 충돌 ... 123
  - 잡종 구조 ... 124
  - 구조체 감추기 ... 125
- 자료 전달 객체 ... 126
  - 활성 레코드 ... 127
- 결론 ... 127
- 참고 문헌 ... 128

7장 오류 처리 — 129

- 오류 코드보다 예외를 사용하라 — 130
- Try-Catch-Finally 문부터 작성하라 — 132
- 미확인unchecked 예외를 사용하라 — 133
- 예외에 의미를 제공하라 — 135
- 호출자를 고려해 예외 클래스를 정의하라 — 135
- 정상 흐름을 정의하라 — 137
- null을 반환하지 마라 — 138
- null을 전달하지 마라 — 140
- 결론 — 142
- 참고문헌 — 142

8장 경계 — 143

- 외부 코드 사용하기 — 144
- 경계 살피고 익히기 — 146
- log4j 익히기 — 147
- 학습 테스트는 공짜 이상이다 — 149
- 아직 존재하지 않는 코드를 사용하기 — 150
- 깨끗한 경계 — 151
- 참고 문헌 — 152

9장 단위 테스트 — 153

- TDD 법칙 세 가지 — 155
- 깨끗한 테스트 코드 유지하기 — 156
    - 테스트는 유연성, 유지보수성, 재사용성을 제공한다 — 157
- 깨끗한 테스트 코드 — 158
    - 도메인에 특화된 테스트 언어 — 161
    - 이중 표준 — 161

테스트당 assert 하나	164
테스트당 개념 하나	166
F.I.R.S.T.	167
결론	168
참고 문헌	169

10장 클래스　　　　　　　　　　　　　　171

클래스 체계	172
캡슐화	172
클래스는 작아야 한다!	172
단일 책임 원칙	175
응집도 Cohesion	177
응집도를 유지하면 작은 클래스 여럿이 나온다	178
변경하기 쉬운 클래스	185
변경으로부터 격리	189
참고 문헌	191

11장 시스템　　　　　　　　　　　　　　193

도시를 세운다면?	194
시스템 제작과 시스템 사용을 분리하라	194
Main 분리	196
팩토리	197
의존성 주입	198
확장	199
횡단(cross-cutting) 관심사	202
자바 프록시	203
순수 자바 AOP 프레임워크	205
AspectJ 관점	209

테스트 주도 시스템 아키텍처 구축 210
의사 결정을 최적화하라 211
명백한 가치가 있을 때 표준을 현명하게 사용하라 211
시스템은 도메인 특화 언어가 필요하다 212
결론 213
참고 문헌 213

12장 창발성(創發性)   215

창발적 설계로 깔끔한 코드를 구현하자 216
단순한 설계 규칙 1: 모든 테스트를 실행하라 216
단순한 설계 규칙 2~4: 리팩터링 217
중복을 없애라 217
표현하라 221
클래스와 메서드 수를 최소로 줄여라 222
결론 222
참고 문헌 223

13장 동시성   225

동시성이 필요한 이유? 226
    미신과 오해 227
난관 228
동시성 방어 원칙 230
    단일 책임 원칙Single Responsibility Principle, SRP 230
    따름 정리corollary: 자료 범위를 제한하라 230
    따름 정리: 자료 사본을 사용하라 231
    따름 정리: 스레드는 가능한 독립적으로 구현하라 231
라이브러리를 이해하라 232
    스레드 환경에 안전한 컬렉션 232

실행 모델을 이해하라 · 233
생산자-소비자Producer-Consumer · 234
읽기-쓰기Readers-Writers · 234
식사하는 철학자들Dining Philosophers · 235
동기화하는 메서드 사이에 존재하는 의존성을 이해하라 · 235
동기화하는 부분을 작게 만들어라 · 236
올바른 종료 코드는 구현하기 어렵다 · 236
스레드 코드 테스트하기 · 237
말이 안 되는 실패는 잠정적인 스레드 문제로 취급하라 · 238
다중 스레드를 고려하지 않은 순차 코드부터 제대로 돌게 만들자 · 238
다중 스레드를 쓰는 코드 부분을 다양한 환경에 쉽게 끼워 넣을 수 있게 스레드 코드를 구현하라 · 239
다중 스레드를 쓰는 코드 부분을 상황에 맞게 조율할 수 있게 작성하라 · 239
프로세서 수보다 많은 스레드를 돌려보라 · 239
다른 플랫폼에서 돌려보라 · 239
코드에 보조 코드instrument를 넣어 돌려라. 강제로 실패를 일으키게 해보라 · 240
직접 구현하기 · 241
자동화 · 242
결론 · 243
참고 문헌 · 244

14장 점진적인 개선   245

Args 구현 · 247
어떻게 짰느냐고? · 254
Args: 1차 초안 · 255
그래서 멈췄다 · 269
점진적으로 개선하다 · 270
String 인수 · 272
결론 · 321

15장 JUnit 들여다보기 ... 323

JUnit 프레임워크 ... 324
결론 ... 341

16장 SerialDate 리팩터링 ... 343

첫째, 돌려보자 ... 345
둘째, 고쳐보자 ... 347
결론 ... 366
참고 문헌 ... 366

17장 냄새와 휴리스틱 ... 367

주석 ... 368
    C1: 부적절한 정보 ... 368
    C2: 쓸모 없는 주석 ... 368
    C3: 중복된 주석 ... 368
    C4: 성의 없는 주석 ... 369
    C5: 주석 처리된 코드 ... 369
환경 ... 370
    E1: 여러 단계로 빌드해야 한다 ... 370
    E2: 여러 단계로 테스트해야 한다 ... 370
함수 ... 370
    F1: 너무 많은 인수 ... 370
    F2: 출력 인수 ... 370
    F3: 플래그 인수 ... 371
    F4: 죽은 함수 ... 371

일반 — 371

- G1: 한 소스 파일에 여러 언어를 사용한다 — 371
- G2: 당연한 동작을 구현하지 않는다 — 371
- G3: 경계를 올바로 처리하지 않는다 — 372
- G4: 안전 절차 무시 — 372
- G5: 중복 — 372
- G6: 추상화 수준이 올바르지 못하다 — 373
- G7: 기초 클래스가 파생 클래스에 의존한다 — 375
- G8: 과도한 정보 — 375
- G9: 죽은 코드 — 376
- G10: 수직 분리 — 376
- G11: 일관성 부족 — 376
- G12: 잡동사니 — 377
- G13: 인위적 결합 — 377
- G14: 기능 욕심 — 377
- G15: 선택자 인수 — 379
- G16: 모호한 의도 — 380
- G17: 잘못 지운 책임 — 380
- G18: 부적절한 static 함수 — 381
- G19: 서술적 변수 — 382
- G20: 이름과 기능이 일치하는 함수 — 382
- G21: 알고리즘을 이해하라 — 383
- G22: 논리적 의존성은 물리적으로 드러내라 — 383
- G23: If/Else 혹은 Switch/Case 문보다 다형성을 사용하라 — 385
- G24: 표준 표기법을 따르라 — 386
- G25: 매직 숫자는 명명된 상수로 교체하라 — 386
- G26: 정확하라 — 387
- G27: 관례보다 구조를 사용하라 — 388
- G28: 조건을 캡슐화하라 — 388
- G29: 부정 조건은 피하라 — 389
- G30: 함수는 한 가지만 해야 한다 — 389
- G31: 숨겨진 시간적인 결합 — 390

- G32: 일관성을 유지하라 — 391
- G33: 경계 조건을 캡슐화하라 — 392
- G34: 함수는 추상화 수준을 한 단계만 내려가야 한다 — 392
- G35: 설정 정보는 최상위 단계에 둬라 — 394
- G36: 추이적 탐색을 피하라 — 395

자바 — 396
- J1: 긴 import 목록을 피하고 와일드카드를 사용하라 — 396
- J2: 상수는 상속하지 않는다 — 397
- J3: 상수 대 Enum — 398

이름 — 399
- N1: 서술적인 이름을 사용하라 — 399
- N2: 적절한 추상화 수준에서 이름을 선택하라 — 401
- N3: 가능하다면 표준 명명법을 사용하라 — 402
- N4: 명확한 이름 — 402
- N5: 긴 범위는 긴 이름을 사용하라 — 403
- N6: 인코딩을 피하라 — 403
- N7: 이름으로 부수 효과를 설명하라 — 404

테스트 — 404
- T1: 불충분한 테스트 — 404
- T2: 커버리지 도구를 사용하라! — 404
- T3: 사소한 테스트를 건너뛰지 마라 — 404
- T4: 무시한 테스트는 모호함을 뜻한다 — 405
- T5: 경계 조건을 테스트하라 — 405
- T6: 버그 주변은 철저히 테스트하라 — 405
- T7: 실패 패턴을 살펴라 — 405
- T8: 테스트 커버리지 패턴을 살펴라 — 405
- T9: 테스트는 빨라야 한다 — 405

결론 — 406

참고 문헌 — 406

부록 A 동시성 II 407

클라이언트/서버 예제 408
서버 408
스레드 추가하기 410
서버 살펴보기 410
결론 413

가능한 실행 경로 413
경로 수 414
가능한 순열 수 계산하기 414
심층 분석 416
결론 419

라이브러리를 이해하라 419
Executor 프레임워크 419
스레드를 차단하지 않는 non blocking 방법 420
다중 스레드 환경에서 안전하지 않은 클래스 422

메서드 사이에 존재하는 의존성을 조심하라 424
실패를 용인한다 425
클라이언트-기반 잠금 425
서버-기반 잠금 427

작업 처리량 높이기 429
작업 처리량 계산 - 단일스레드 환경 430
작업 처리량 계산 - 다중 스레드 환경 431

데드락 432
상호 배제 Mutual Exclusion 433
잠금 & 대기 Lock & Wait 433
선점 불가 No Preemption 434
순환 대기 Circular Wait 434
상호 배제 조건 깨기 434
잠금 & 대기 조건 깨기 435
선점 불가 조건 깨기 435
순환 대기 조건 깨기 436

다중 스레드 코드 테스트	436
스레드 코드 테스트를 도와주는 도구	440
결론	441
자습서: 전체 코드 예제	441
클라이언트/서버 - 단일스레드 버전	441
클라이언트/서버 - 다중 스레드 버전	446

부록 B org.jfree.date.SerialDate   447

부록 C 휴리스틱의 교차 참조 목록   531

에필로그	533
용어 대역표	534
약어 목록	534
찾아보기	535

차례   xvii

복간에 부쳐

최근에 로버트 C. 마틴이 쓴 *Clean Coder*라는 책을 읽을 기회가 있었다. *Clean Code*의 자매품이라고 볼 수 있는 이 책은 전문적인 개발자란 무엇이며, 전문적인 개발자가 어떤 마음가짐으로 개발해야 하는지를 40년 이상 경험을 토대로 날카롭게 기술하고 있다. *Clean Code*에서 왜 그렇게 전문가 정신과 장인 정신을 강조하는지 의문점을 속 시원히 풀어주는 여러 일화와 경험담을 읽다 보니 *Clean Code* 책 내용이 더욱 가슴에 와 닿았다. 마침 절판된 *Clean Code*가 복간된다는 소식을 접했고 복간을 도와달라는 출판사 요청에 흔쾌히 응했다. 우연치고는 너무나 신기한 경험이었다.

출판사 요청에 따라 2년이 훨씬 넘어 다시 한번 본문을 검토해보니 역시 좋은 책은 시간이 흘러도 유효한 내용을 담고 있다는 사실이 느껴졌다. 자바 버전은 높아졌고, 프레임워크와 라이브러리는 더욱 풍성해졌고, IDE는 점점 더 정교해졌고, 소스 코드 관리 시스템은 분산 개발을 지원하는 DVCS 계열이 대세로 자리 잡았고, JVM 위에서 동작하는 여러 언어들이 추가되는 등 주변 환경이 많이 변했지만, '클린 코드'에서 설명하는 원칙과 기본은 변하지 않았다고 보면 틀림없다. 특히 '보이스카우트 규칙'으로 대표되는 장인 정신은 전문 개발자들 사이에서 기본 원칙으로 자리 잡아 오픈 소스 분야에서 지속적인 개선을 이끄는 원동력이 되고 있다.

프로그래밍도 유행이나 스타일이 조금씩 바뀌기에 본문에서 소개하는 원칙이 현실과 잘 맞지 않는 부분 역시 존재하기 마련이다. 예를 들어, 로버트 마틴이 조잡하기에 피해야 한다고 충고한 기차 충돌 형태의 코드는 요즘 들어 읽기 쉬운 코드를 지향하는 fluent interface에 등장하고 있다. 따라서 이 책에 나오는 모든 지침은 로버트 C. 마틴이 이미 밝혔듯이 절대적이라 생각하면 안 되며, 언제든지 개선의 여지가 있다고 생각하는 편이 바람직하다. 여기서 핵심은 팀이나 공동체에서 서로 동의하는 합리적인 원칙을 세우기 위한 소통에 있다. *Clean Code*는 이런 소통을 위한 기초 지식을 제공하고 생각할 거리를 던져주는 책이므로 개발자 사이에서 가치를 발휘한다.

복간을 위해 원고를 검토하는 과정에서 다소 혼동을 일으킬 가능성이 있는 용어도 바로잡고, (비록 비공식이긴 하지만) 정오표도 반영했고, 시간이 지남에 따라 알아야 할 내용에 대해 옮긴이 주석을 붙였고, 내용도 조금 다듬었다. 이렇게 동료 프로그래머들과 함께 코드를 검토하고 개선하는 즐거움을 공유하기 위해 최선을 다했으나 사람이 하는 일이라 부족한 점은 있기 마련이다. 혹시 책을 읽다가 확인이 필요한 부분이나 아쉬운 부분을 발견하면 '보이스카우트 정신'을 발휘해 옮긴이나 출판사에 알려주면 대단히 감사하겠다.

박재호(jrogue@gmail.com)

감사의 말

우선 이 책이 복간되도록 애쓰신 인사이트 출판사 한기성 사장님과 편집을 맡아주신 조은별 님께 감사 말씀을 드린다. 여러 해 동안 호흡을 맞춰온 공역자인 이해영 님 덕분에 번역에 이은 복간 작업을 무사히 마칠 수 있었다. 정말 감사 말씀을 드린다. 그리고 책이 나오도록 이번에도 오랫동안 기다려준 가족 여러분께도 감사 말씀을 드린다.

마지막으로 어려운 원고를 검토하시느라 고생한 베타리더 강호관, 김도형, 김형준, 권일경 님께 감사 말씀을 드린다.

박재호

책을 복간하기로 결정해주신 인사이트에 감사를 드립니다. 그리고 바쁜 와중에도 복간과 관련한 정리 작업을 모두 맡아 처리해주신 공역자 박재호 씨에게 진심으로 감사합니다. 마지막으로 저희가 번역한 책을 반겨주시는 독자 분들에게 늘 감사합니다.

이해영

2010년 번역판 옮긴이 서문

이 책을 읽고 난 다음에 한동안 프로그램을 짜기가 싫어졌다. 급하다고 허둥지둥 서둘러오면서 온갖 나쁜 코드를 만들어온 스스로가 이유 없이 미워지기도 하고 자신감도 잃어버렸다. 아직까지 완벽하게 회복했다고 말하면 거짓말이리라. 하지만 늦었다고 생각했을 때가 가장 빠를 때라 정신을 차린 다음에 요즘도 계속해서 프로그램을 짜고 있다. 하지만 과거와는 달리 조금 더 나아진 방법으로 코드를 만들기 위해 의식적으로 신경을 쓴다.

이 책은 자바 프로그래밍 언어를 사용해 프로그램을 작성할 때 자기도 만족스럽고 남도 만족스럽도록 깨끗한 코드를 작성하는 방법을 소개하고 있다. 뭐 여기에 엄청나게 위대한 코드 스타일이나 여태껏 아무도 발견하지 못한 비법이 숨겨져 있다고 생각하면 곤란하겠지만, 평상시에 놓치기 쉽고 실수하기 쉬운 여러 가지 패턴을 실제 예를 들면서 소개하고 있기에 어느 정도 자바 프로그램에 익숙한 사람이 보면 느끼는 바가 많을 것이다.

프로그램을 짜다 보면, 코드를 쓰는 시간보다 (남은 물론이고 자신도 정신없이 어지럽힌) 코드를 읽는 시간이 훨씬 더 많다는 사실을 알고 있다면, 이 책에서 제시하는 보이스카우트 규칙을 다른 모든 규칙에 앞서 특히 신경을 써서 봐야 한다. 보이스카우트 단원들에게 야영장에 들어올 때보다 나갈 때 더 깨끗한 상태로 만들 의무가 있다면, 우리 개발자들에게는 체크아웃해 코드를 꺼낼 때보다 체크인해서 코드를 넣을 때 더 깨끗한 상태로 만들어야 할 의무가 있다. 기능 개선의 낭만적인 표현인 유지보수 작업으로 인해 모두들 신경 쇠약에 걸리고 있는 주변을 보면 이런 규칙의 중요성이 더욱 가슴에 와 닿을 것이다.

이 책 앞부분에서 몇 가지 패턴과 규칙을 익혔다면 저자 머릿속에서 코드를 정리하는 흐름에 따라 코드를 깔끔하게 정리하는 후반부에 집중하도록 하자. 단편적인 코드 스타일과 코드 기법을 다루는 책은 시중에 제법 나와 있으나 의식의 흐름을 그대로 투영해 완결된 코드를 대상으로 처음부터 끝까지 리팩터링하는 진풍경을 다루는 책은 찾아보기 어렵기 때문에 이 책이 독자 여러분에게 주는 가치는 아주 특별하리라.

박재호(jrogue@gmail.com)

이 책은 아마존에서 커다란 인기를 끌었던 책이다. 그래서 "아, 뭔가 대단한 비법이 있구나!"라고 생각할지 모르겠다. "이것만 알면 깨끗한 코드가 술술 나온다!"라는 비밀이라도 털어놨을까? 안타깝게도 그런 비밀은 없다. 뭔가 대단한 비법을 기대했다면 실망할 가능성이 크다. 오랫동안 개발에 몸담은 개발자라면 한 번쯤 들어보고 한 번쯤 생각한 이야기를 좀 더 체계적으로 정리했을 뿐이다.

그런데 서문에서 저자도 말하지만 이 책은 대충 읽고 넘기는 책이 아니다. 옛날 옛적에 성문 종합 영어나 수학의 정석을 붙들고 공부했듯이, 밑줄을 쳐가며 공부하는 책이다. 코드를 하나하나 짚어가며 저자가 코드를 고쳐간 방식을 이해하고 납득해야 가치를 발휘하는 책이다.

개인적으로 프로그래밍 실력은 계단식으로 성장한다고 생각한다. 아무런 자극(?)이 없으면 그 단계를 벗어나지 못한다. 조금 나아질지도 모르지만 크게 도약하지 못한다. 프로그램을 잘 짜는 사람과 같이 일하면 가장 좋다. 같이 일하면서 그 사람이 생각하는 방식을 배운다면 프로그래밍 실력이 순식간에 껑충 뛴다. 그게 어려우면 남이 잘 짜놓은 프로그램을 보는 방법이 효과적이다. 대신 생각의 흐름을 파악하기 어려우므로 그만큼 노력이 필요하다.

이 책은 두 방법의 중간이다. 저자와 대면하지는 못하지만 생각의 흐름이 잘 표현되어 있다. 대신 읽는 사람이 그 흐름을 따라가고 이해하려는 노력이 필요하다. 많이 고민하고 생각하는 만큼 여러분의 프로그래밍 실력이 늘어나리라 믿는다. 항상 깨끗한 코드를 짜려고 노력하는 개발자 여러분에게 응원을 보낸다.

이해영(haeyounglee.com)

추천사

우리 덴마크 사람들이 좋아하는 사탕 중 하나는 "Ga-Jol"이다. Ga-Jol은 감초 향이 강해서 으슬으슬 춥고 습한 여기 날씨에 안성맞춤이다. 우리 덴마크 사람들이 이 사탕을 즐기는 이유가 하나 더 있다. 상자 뚜껑 안쪽에 경구나 속담이 인쇄되어 있기 때문이다. 오늘 아침에 두 상자를 샀는데, 거기서 옛날 덴마크 속담을 발견했다.

> Ærlighed i små ting er ikke nogen lille ting.

"사소한 곳에서 발휘하는 정직은 사소하지 않다"라는 뜻이다. 내가 추천사에 쓰려던 이야기를 잘 대변하는 문구다. 사소한 것은 중요하다. 이 책은 사소한 듯 보이나 실제로는 사소하지 않은 내용을 다룬다.

신은 세세함에 깃들어 있다. 건축가인 루트비히 미스 반 데어 로에Ludwig Mies van der Rohe가 한 말이다. 소프트웨어 개발, 특히 애자일 세상에서 아키텍처의 역할을 논하는 요즘 논쟁을 떠올리게 만드는 문구다. 밥과 나는 자주 열을 내며 이런 대화를 나눈다. 미스 반 데어 로에는 위대한 건축물에 깔린 실용성과 시대를 초월하는 건축 형태에 신경을 썼으리라. 반면 로에는 자신이 설계한 집의 손잡이도 모두 직접 선택했다. 왜 그랬을까? 사소한 것이 중요하기 때문이다.

기회가 있을 때마다 벌이는 TDD 논쟁에서 밥과 나는 "소프트웨어 개발에서 아키텍처가 중요하다"는 명제 자체는 서로 동의한다는 사실을 깨달았다. 단지 그 의미가 정확히 무엇인지를 바라보는 시각이 다를 뿐이다. 하지만 구체적인 차이는 그다지 중요하지 않다. 우리 둘 다 "책임 있는 전문가라면 프로젝트를 시작할 때 생각하고 계획할 시간을 확보해야 한다"는 사실을 당연하게 여기기 때문이다. 테스트와 코드만으로 설계를 주도한다는 1990년대 후반의 생각으로는 (더 이상) 안 된다. 그럼에도 세세함에 주의를 기울이는 태도는 (그 어떠한 비전보다) 전문가에게 더더욱 필수적인 자질이 되었다. 첫째, 큰 실무에서 실력을 쌓고 신뢰를 얻으려는 전문가는 먼저 작은 실무부터 실력을 쌓고 신뢰를 얻어야 하는 탓이다. 둘째, 꼭 맞게 닫히지 않는 문이나 비뚤어진 바닥 타일이나 지저분한 책상 등 아주 사소한 것들이 전체의 매력을 깎아먹기 때문이다. 깨끗한 코드가 중요한 이유는 바로 여기에 있다.

지금도 아키텍처는 소프트웨어 개발, 특히 소프트웨어에서 첫 제품을 인도 deliver하는 부분을 설명하는 하나의 메타포일 뿐이다. 건축가가 막 지어진 건물을 인도하는 상황을 머리에 떠올리면 되겠다. 스크럼과 애자일에 관심이 모아진 현재는 제품을 신속하게 시장에 출시하는 방법론을 강조한다. 우리는 (소프트웨어) 공장을 전속력으로 가동해 소프트웨어를 재빨리 내놓고 싶어한다. 여기서 (소프트웨어) 공장이란 사람 공장이다. 즉 개발자들을 제품 백로그나 사용자 스토리를 토대로 제품을 생산한다고 생각하고, 느낀다. 이런 제조업의 메타포가 그런 생각을 강하게 보여준다. 스크럼은 이런 일본 자동차 제조업, 즉 생산 라인의 세계에서 많은 영향을 받았다.

하지만 심지어 자동차 업계도 대다수 활동은 제조가 아니라 유지보수다. (혹은 유지보수 회피다.) 소프트웨어는 80% 이상이 소위 "유지보수"다. 고치는 활동 말이다. 좋은 소프트웨어를 만드는 데 치중하는 전형적인 서양식 사고를 포용하는 대신, 우리는 좀 더 건축 업계의 수리공이나 자동차 업계의 수리공처럼 소프트웨어 개발자를 생각해야 한다. 일본 관리층은 여기에 대해 뭐라고 말할까?

1951년 TPM Total Productive Management이라는 품질 관리론이 일본 업계에 등장했다. TPM은 생산이 아니라 유지보수에 초점을 맞췄다. TPM을 지탱하는 기둥 하나가 소위 5S라는 원칙이다. 5S는 5가지 규율을 가리킨다. (여기서는 편의상 "규율"이라는 단어를 사용했다.) 5S 원칙은 사실상 린 Lean의 토대다. 현재 린은 서양 개발 문화가 내놓은 또 다른 유행어이자 소프트웨어 개발자들 사이에서 점차 주목 받는 유행어다. 5S 원칙은 선택이 아니라 필수다. 밥이 '들어가면서'에서 말하듯이, 훌륭한 소프트웨어 기법은 집중, 침착, 사고라는 규율을 요구한다. 행동이 전부가 아니다. 무작정 설비를 돌려 제품만 찍어낸다고 다가 아니다. 5S 철학은 다음 개념으로 이뤄진다.

1. 정리Seiri, 整理 또는 조직("정렬sort"이라고도 한다): 적절한 명명법 등과 같은 방법을 사용해 무엇이 어디에 있는지 알아야 한다. 명명법이 중요하지 않다고 생각하는가? 이어지는 장을 읽어보기 바란다.
2. 정돈Seiton, 整頓 또는 단정함("체계화"라고도 한다): "물건마다 모두 제자리가 있다"라는 속담이 있다. 코드는 누구나 예상하는 위치에 있어야 한다. 그렇지 않으면 다시 정돈해 누구나 예상하는 위치로 옮기기 바란다.
3. 청소Seiso, 清掃 또는 정리("광내기"라 한다): 작업 공간에서 배선이나 기름이나 부스러기나 쓰레기는 치운다. 과거 이력이나 미래 바람을 기억한 주석 혹은 주석으로 처리한 코드는 어떻게 처리하라고? 제거하기 바란다.
4. 청결Seiketsu, 清潔 또는 표준화: 작업 공간을 청소하는 방식에 그룹이 동의한다. 그룹 내에서 일관적인 구현 스타일과 기법의 필요성을 책에서는 뭐라고 말할까? 표준은 어떻게 정할까? 직접 읽어보기 바란다.
5. 생활화Shutsuke, 仕付け 또는 규율: 관례를 따르고, 자기 작품을 자주 돌아보고, 기꺼이 변경하는 규율을 뜻한다.

이 책을 읽는 도전, 그리고 이 책을 읽고서 실천하는 도전을 받아들인다면 (그렇다, 도전이다!) 다섯 번째 원칙을 이해하고 감사하게 되리라 믿는다. 진정으로 책임 있는 개발자라면 제품 생명주기까지 고려해야 한다는 의미다. TPM 아래에서 자동차나 다른 기계 장비를 유지보수하게 되면 (버그가 출현할 때까지 방치하는) 유지보수 유기는 거의 일어나지 않는다. TPM 아래에서는 한걸음 더 나간다. 매일 기계를 검사하고, 닳아버린 부품을 교체하고, (널리 알려진 대로)

10,000킬로미터 주기로 엔진 오일을 교체해 고장을 미연에 방지한다. 코드에서는 인정사정없이 리팩터링하라는 얘기다. 한걸음 더 나갈 수도 있다. 지난 50여년 동안 TPM 운동은 혁신을 일으켜 아예 처음부터 유지보수하기 쉬운 기계를 만들어냈다. 읽기 좋은 코드는 돌아가는 코드만큼이나 중요하다. 1960년대 TPM 진영은 완전히 새로운 기계를 도입하거나 낡은 기계를 대체하는 궁극적인 방법을 내놓았다. 프레드 브룩스Frederick P. Brooks Jr.가 충고했듯이, 우리는 아마도 7년마다 한 번씩 소프트웨어를 새로 짜서 끔찍한 괴물을 치워버려야 할지도 모르겠다. 어쩌면 7년이 아니라 7주, 7일, 7시간 단위로 코드를 고쳐야 할지도 모르겠다. 세세함은 바로 여기에 있다.

세세함에는 위대한 힘이 있지만, 우리가 흔히 동양적인 사고에 대한 편견처럼, 이렇게 삶에 접근하는 태도는 무언가 겸손하고 심오한 향기가 풍긴다. 하지만 이것은 단순히 동양의 인생관만은 아니다. 서양에서 내놓은 지혜도 이런 충고로 가득하다. 앞서 정돈Seiton에서 사용한 인용구는 오하이오 목사가 쓴 글에서 발췌했다 그는 정돈이 글자 그대로 "모든 악을 퇴치할 치료약"이라고 보았다. 청소Seiso는 또 어떤가? 청결은 경건과 마찬가지다. 집이 아무리 아름다워도 책상이 지저분하면 그 아름다움이 반감된다. 생활화Shutsuke는 어떤가? **작은 것에도 충실한 사람이 큰 것에도 충실하다.** 나중으로 미루는 대신 책임을 지는 동안 리팩터링을 수행해 이어질 "큰" 결정에 대비하는 자세는 어떤가? 호미로 막을 일을 가래로 막지 마라. 일찍 일어나는 새가 벌레를 잡는다. 오늘 할 수 있는 일을 내일로 미루지 마라. (린에서 소프트웨어 컨설턴트 손으로 넘어가기 직전까지 "책임이 따르는 마지막 순간"이라는 문구도 같은 의미다.) 전체를 보면서 작은 개별 노력을 조율하는 방식은 어떤가? **티끌 모아 태산이다.** 아니면 매일 간단한 예방 활동을 실천하는 방식은 어떤가? 유비무환. 일일 만보면 무병장수다. 깨끗한 코드는 세세함에 신경 쓰는 넉넉한 우리 문화, 아니 한때 그랬던, 아니 그래야 하고 그렇게 살 수 있는 문화에서 우러나온 지혜를 충실히 신봉한다.

심지어 위대한 아키텍처 문헌에서도 세세함으로 되돌아가라는 충고가 보인다. 미스 반 데어 로에의 문 손잡이를 떠올려보라. 그것이 바로 정리Seiri다. 그렇게 모든 변수 이름에 주목해야 한다. 첫아이 이름을 짓듯이 심사숙고해서 변수 이름을 지어야 한다.

집주인이라면 누구나 알겠지만, 지속적인 개선과 보살핌은 결코 끝나지 않는다. 패턴과 패턴 언어의 아버지인 건축가 크리스토퍼 알렉산더Christopher Alexander는 모든 설계 행위를 작은 규모로 이뤄지는 국부적인 수리 행위로 보았다. 그리고 전체 구조를 훌륭히 만드는 것만이 장인으로서 건축가가 유일하게 해야 할 역할(일)의 범위라고 했다. (그래서 보다 크게 주택의 형태를 만들어가는 것은 패턴과 거주자의 응용에 맡겨도 된다고 생각했다.) 주택 디자인은 집에 새 방을 추가하는 이외에도 페인트를 새로 칠하고, 낡은 카펫을 교체하고, 부엌 싱크대를 바꾸는 등 계속해서 이어진다. 대다수 예술도 비슷하다. 신의 집을 세세함이 깃든 공간으로 표현한 사람을 찾다가 우리는 19세기 프랑스 문인 귀스타브 플로베르Gustave Flaubert를 만났다. 프랑스 시인인 폴 발레리Paul Valéry는 시란 영원히 미완성이라 끝없는 재작업이 필요하며 포기할 때에만 끝난다고 말했다. 이렇듯 세세함에 몰두하는 태도는 탁월함을 추구하는 모든 노력에서 공통으로 발견된다. 그러므로 사실상 새로운 이야기는 거의 없다. 하지만 이 책을 읽다 보면 오래 전에 저버린 규율이나 즉흥적으로 그저 "변경에 대응하겠다"는 욕구를 돌아보게 되리라 믿는다.

불행히도 우리는 세세함에 집중하는 태도가 프로그래밍 기술에 핵심적인 주춧돌이라 여기지 않곤 한다. 코드에서는 일찌감치 손을 뗀다. 구현을 끝냈기 때문이 아니라 본질substance보다 모양새를 중시하는 가치체계 때문이다. 이처럼 부주의한 태도는 결국 문제를 일으킨다. 달갑지 않은 소식은 언제나 있기 마련이다. 깨끗한 코드를 유지하는 수준을 낮추고자 하는 연구는 업계는 물론 학계에서도 없다. 벨 연구소 소프트웨어 제조 (확실히 제조였다!) 연구소에서 일하던 시절 우리는 간단한 조사로, 일관적인 들여쓰기 스타일이 버그 수를 줄여주는 가장 중요한 요인 중 하나라고 추측하게 되었다. 흔히 우리는 아키텍처나 프로그래밍 언어 좀 더 고차원적인 뭔가가 품질을 결정하는 요인이기를 바란다. 소위 전문가는 고상한 설계 방법론과 도구에 통달해야 한다고 생각하는 까닭에, 무식한 기계, 그러니까 아무 생각 없는 공돌이인 코더가 간단한 들여쓰기 스타일로 가치를 더한다는 사실에 모욕감을 느낀다. 17년 전에 쓴 내 책을 인용하자면, 바로 이런 태도가 탁월함과 단순한 능숙함competence을 구분짓는다. 일본의 세계관은 일상 노동자들이 더하는 가치는 물론, 그들의 일상적이고 간단한 활동에 의한 개발 시스템의 중요성까지도 이해한다. 품질은 하늘에서 뚝 떨어진 위대한 방법론이 아니라 사심 없이 기울이는 무수한 관심에서 얻어진다. 그 활동이 간단하다고 해서 단순하다는 뜻은 아니다. 쉽다는 의미는 더더욱 아니다. 일상적이고 간단한 활동 모두가 인간의 노력에 들어 있는 위대함과 아름다움의 바탕이다. 이들을 무시하고서는 제대로 인간적일 수 없다.

물론 나는 여전히 넓은 범위를 사고하라고, 특히 응용 분야와 소프트웨어 사용성을 고려해 아키텍처를 결정해야 한다고 주장한다. 이 책은 그런 책이, 적어도 겉보기에는 그런 책이 아니다. 이 책은 좀 더 미묘한 메시지를 전한다. 이 책이 전하는 메시지의 심오함을 간과해서 안 된다. 이 책은 피터 소머라드, 케브린 헤니, 기오바니 아스프로니[1] 등 코드에 목숨 거는 사람들의 주장과 일맥상통한다. "코드가 설계다"와 "단순한 코드"가 그들이 믿는 주문呪文이다. 인터페이스가 프로그램이라는 사실, 그리고 인터페이스 구조가 프로그램 구조를 표현해야 한

---

1 피터 소머라드(http://wiki.hsr.ch/PeterSommerlad/wiki.cgi?PeterSommerlad)
C++ 전문가이며, C++ 표준화에 공헌했다. 스위스 HSR 라퍼스윌의 교수이며, IFS 재단을 이끌고 있다.

케브린 헤니(http://www.two-sdg.demon.co.uk/curbralan/kevlin.html)
영국 브리스톨에서 소프트웨어 개발 컨설턴트로 일한다. ISO C++ 위원회의 일원이며, 과거 부스트(Boost) 라이브러리 개발에 기여했다.

기오바니 아스프로니(http://www.giovanniasproni.com)
IT 컨설팅 회사인 ASPROTUNITY의 창립자이며 컨설턴트로 일한다. 애자일 관련 전문가로 활동한다.

다는 사실도 신중하게 기억해야 하겠지만, 설계가 코드 속에 존재한다는 겸손한 자세도 지속적으로 받아들여야 한다. 제조업이란 메타포에서 재작업은 비용을 뜻하지만 소프트웨어 설계에서 재작업은 가치를 가져온다. 우리는 우리 코드를 숭고한 설계 노력이 낳은 아름다운 산물로 봐야 한다. 설계는 과정이지 고착된 종착점은 아니다. 결합력과 응집도라는 아키텍처 척도는 바로 코드로 표출된다. 래리 콘스탄틴은 결합도와 응집도를 (UML처럼 고상하고 추상적인 개념이 아니라) 코드로 설명했다. 리차드 가브리엘은 "추상화 논평"이라는 수필에서 추상화는 악이라고 충고한다. 코드는 반(反)악이며, 깨끗한 코드는 성스럽기까지 하다.

내 작은 "Ga-Jol" 상자로 돌아가서, 내 상자에 찍힌 덴마크 속담은 단순히 사소한 것에 집중할 뿐 아니라 사소한 것에 정직해야 한다는 의미다. 다시 말해, 코드에 정직하고, 코드의 상태에 관하여 동료들에게 정직하고, 무엇보다도, 자기 코드에 대해서 자신에게 정직하라는 뜻이다. "처음 왔을 때보다 캠프장을 더 깨끗이 치우고 떠나려고" 최선을 다했는가? 체크인하기 전에 코드를 깨끗하게 정리했는가? 이것은 부수적으로 고려할 사항이 아니다. 애자일이 추구하는 핵심적인 가치에 부합하는 사항이다. 리팩터링이 "완료"라는 개념의 일부여야 한다는 스크럼에서 권장하는 기법이기도 하다. 아키텍처도, 깨끗한 코드도, 완벽을 주장하지는 않는다. 단지 최선을 다해 정직하라 요구할 뿐이다. 오류는 인간의 본성이고 용서는 신의 본성이다. 스크럼에서 우리는 모든 것을 드러낸다. 더러운 빨래를 기꺼이 공개한다. 코드는 결코 완벽하지 않으므로 자신의 코드 상태를 정직하게 말한다. 좀 더 인간적이 되고, 좀 더 신의 용서를 받을 자격을 갖추며, 좀 더 세세함에 깃든 위대함에 가까워진다.

우리 소프트웨어 업계는 가능한 모든 도움이 필요하다. 깨끗한 공장이 사고를 줄인다면, 정리된 도구가 생산성을 높인다면, 나는 무조건 찬성이다. 이 책은 여지껏 내가 본 책들 중 린 원칙을 가장 실용적으로 적용한 책이다. 스스로 항상 나아지려고 노력할 뿐 아니라 (여러분이 손에 든 책과 같이) 자신들의 지식을 업계로 전달하려고 노력해온 전문가 팀이 내놓은 작품이니 당연하다. 밥 아저씨(Uncle Bob)가 내게 원고를 보내주기 전보다 세상은 좀 더 나아졌다.

고상한 통찰을 끝냈으니 이제 내 책상이나 치우러 가야겠다.

제임스 O. 코플리엔 James O. Coplien

모드럽, 덴마크

0 들어가면서

이 그림은 톰 홀웨다에게서 허락을 받아서 실었다
(http://www.osnews.com/story/19266/WTFs_m)
(옮긴이) WTF! What The F*ck을 줄인 말이다.

여러분의 코드는 어느 문에 해당할까? 여러분의 팀이나 회사는? 왜 그렇게 되었는가? 그저 일상적인 코드 검토 회의인가? 아니면 출시 직후 끔찍한 문제가 드러났는가? 돌아간다고 생각했던 코드를 허겁지겁 디버깅하는가? 고객이 무더기로 이탈하고, 관리자가 압박을 가하는가? 난관에 부딪힐 때 옳은 문 뒤에 있으려면 어떻게 해야 할까? 답은 **장인 정신**이다.

장인 정신을 익히는 과정은 두 단계로 나뉜다. 바로 이론과 실전이다. 첫째, 장인에게 필요한 원칙, 패턴, 기법, 경험이라는 지식을 습득해야 한다. 둘째, 열심히 일하고 연습해 지식을 몸과 마음으로 체득해야 한다.

나는 여러분에게 자전거 타기에 관한 물리적인 지식은 가르칠 수 있다. 실제로도 고전 수학은 별로 복잡하지 않다. 중력, 마찰력, 각 운동량, 질량 중심 등은 수식 한 쪽 정도로 설명이 가능하다. 공식을 이용해 자전거 타기가 가능하다는 사실을 증명하고 자전거 타기에 필요한 지식 전부를 알려줄 수도 있다. 그래도 자전거를 처음 타는 사람이라면 100% 넘어진다.

구현도 마찬가지다. 깨끗한 코드를 만드는 "그럴듯한" 원칙을 모두 적어준 후 알아서 하라고 버려둔다면 (즉, 자전거를 타다가 넘어져도 개의치 않는다면) 그게 무슨 선생이겠는가? 그런 선생한테서 어떤 학생이 나오겠는가?

아니다. 이 책은 그냥 원칙만 가르치고 끝나지 않는다.

깨끗한 코드를 작성하는 방법은 **배우기 어렵다**. 단순히 원칙과 패턴을 안다고 깨끗한 코드가 나오지 않는다. 고생을 해야 한다. 스스로 연습하고 실패도 맛봐야 한다. 남들이 시도하다 실패하는 모습도 봐야 한다. 그들이 넘어지고 일어서는 모습도 봐야 한다. 결정을 내리느라 고민하는 모습, 잘못된 결정으로 대가를 치르는 모습도 봐야 한다.

이 책을 읽는 동안 마음 고생할 준비를 하기 바란다. 비행기 안에서 심심풀이로 읽어보는 "기분 좋은" 책이 아니다. 열심히, *아주 열심히 독파해야 하는 책*이다. 여러분 앞에 어떤 여정이 펼쳐질까? 우선, 읽을 코드가 아주 많다. 코드를 읽으며 무엇이 옳은지 무엇이 그른지 생각을 해야 한다. 모듈을 분해했다 다시 조립하는 과정도 이해해야 한다. 이 모든 활동에는 시간과 노력이 들지만 그만한 값어치가 있다고 생각한다.

이 책은 세 부분으로 나눠진다. 처음 몇 장은 깨끗한 코드를 작성하는 원칙,

패턴, 실기를 설명한다. 코드가 많아 읽기가 힘들지도 모르지만 둘째 부분을 준비하는 단계다. 첫 부분만 읽고서 책을 내려놓는다면...... 행운을 빈다.

둘째 부분은 좀 더 어렵다. 여러 사례 연구를 소개하는데, 복잡도는 점점 더 높아진다. 각 사례 연구는 코드를 깨끗하게 고치는, 즉 문제가 있는 코드를 문제가 더 적은 코드로 바꾸는 연습이다. 상세히 살펴보려면 집중력이 필요하다. 설명과 코드를 번갈아 뒤적여야 한다. 코드를 분석하고 이해하며 코드에 가하는 변경과 이유를 납득해야 한다. 그러려면 여러 날이 걸리므로 시간도 충분히 투자해야 한다.

셋째 부분은 결말이다. 사례 연구를 만들면서 수집한 냄새와 휴리스틱(heuristic)을 마지막 장에서 열거한다. 사례 연구에서 코드를 분석하고 정리하면서 우리는 우리 행위의 모든 이유를 휴리스틱이나 냄새로 정리했다. 코드를 분석하고 고치며 우리가 느끼는 감정을 이해하려 애썼고, 그렇게 느끼는 이유와 그렇게 고치는 이유를 잡아내려 애썼다. 코드를 짜고, 읽고, 정리하는 관점에서, 우리가 생각하는 방식을 묘사한 지식 기반을 구축했다.

이렇게 구축한 지식 기반은 이 책 둘째 부분의 사례 연구를 주의 깊게 읽어보지 않으면 가치를 발휘하지 못한다. 사례 연구에서 우리는 코드를 변경할 때마다 마지막 장에 나오는 휴리스틱 번호를 표기했다. [H22]라는 식이다. 이들은 휴리스틱을 적용해 작성한 맥락을 보여준다. 여기서는 휴리스틱 자체가 아니라 **사례 연구에서 코드를 정리하면서 내린 각 결정과 휴리스틱 사이의 관계**가 중요하다.

둘 사이 관계를 파악하기 쉽도록 책 마지막에 부록으로 교차 참조표도 실었다. 교차 참조표는 각 휴리스틱이 쓰이는 쪽 수를 열거한다. 특정 휴리스틱이 적용된 코드를 보고 싶다면 교차 참조표를 활용하기 바란다.

첫 부분과 셋째 부분만 읽고 사례 연구를 건너뛴다면 여러분은 좋은 소프트웨어를 작성하는 "기분 좋은 책" 하나를 더 읽었을 뿐이다. 하지만 시간을 들여 사례 연구를 검토하고, 모든 결정과 단계를 이해하고, 우리 입장에 서서 우리가 생각한 방식을 이해하려 애쓴다면, 이 책에서 제시하는 원칙과 패턴과 실기와 휴리스틱을 자신의 지식으로 만들 수 있으리라 생각한다. 이 책이 그저 "기분 좋은 책"으로 머물지 않기를 바란다. 손으로 몸으로 마음으로 익히기 바란다. 자전거 타는 법에 능숙해지면 자전거가 몸의 일부처럼 움직이듯이, 이 책을 철저히 익혀 자신의 일부처럼 활용하기 바란다.

감사의 글

Jeniffer Kohnke와 Angela Brooks에게 감사한다. Jennifer는 각 장의 도입부에 매력적이고 창의적인 그림을 그려주었고 Kent Beck, Ward Cunningham, Bjarne Stroustrup, Ron Jeffries, Grady Booch, Dave Thomas, Michael Feathers와 내 캐리커처도 맡았다.

Angela는 각 장에 실린 재미난 그림을 그려주었다. *Agile Software Development: Principle, Patterns, and Practices* 등을 비롯해 내 책에 들어가는 많은 그림을 그렸으며 내 자랑스런 첫 딸이기도 하다.

책을 검토해준 Bob Bogetti, George Bullock, Jeffrey Overbey, 특히 Matt Heusser에게 감사한다. 그들은 신랄하고 냉정하고 무자비했다. 더 좋은 책을 만들라고 나를 가차없이 몰아세웠다.

지원과 격려와 넉넉한 자비심을 보여준 발행인 Chris Guzikowski에게 감사한다. Raina Chrobak을 포함한 피어슨 사 편집진에게도 감사한다.

의견과 격려를 아끼지 않은 Micah Martin과 8th Light(www.8thlight.com) 친구들에게도 감사한다.

Bob Koss, Michael Feathers, Michael Hill, Erik Meade, Jeff Langr, Pascal Roy, David Farber, Brett Schuchert, Dean Wampler, Tim Ottinger, Dave Thomas, James Grenning, Brian Button, Ron Jeffries, Lowell Lindstrom, Angelique Martin, Cindy Sprague, Libby Ottinger, Joleen Craig, Janice Brown, Susan Rosso 등 과거, 현재, 미래의 오브젝트 멘토 모두에게 감사한다.

내 친구이자 사업 동반자인 Jim Newkirk에게 감사한다. 그는 그가 생각한 이상으로 내게 커다란 가르침을 주었다. 또한 Kent Beck, Martin Fowler, Ward Cunningham, Bjarne Stroustrup, Grady Booch 기타 내 모든 멘토와 동료와 지지자에게 감사한다. 중요할 때 도와준 John Vlissides에게 감사한다. 함수 길이에 관한 내 장황한 설교를 참고 들어준 Zebra 친구들에게 감사한다.

마지막으로 이 책을 읽는 독자 여러분에게 감사한다.

깨끗한 코드

07 Clean Code

여러분이 이 책을 읽고 있다면 이유는 두 가지다. 첫째, 프로그래머라서. 둘째, 더 나은 프로그래머가 되려고. 다행이다! 우리 업계는 더 나은 프로그래머가 필요하니까.

이 책은 좋은 프로그램 작성 요령을 설명하는 책이고 온통 코드들이다. 코드를 최대한 다양한 각도에서 살펴본다. 사방으로 돌리고 안팎으로 뒤집으며 꼼꼼히 따져본다. 이 책을 읽고 나면 여러분은 코드에 대해 많은 사실을 배우리라. 그리고 좋은 코드와 나쁜 코드를 구분하는 능력도 생긴다. 게다가 좋은 코드를 작성하는 방법도 익힌다. 마지막으로 나쁜 코드를 좋은 코드로 바꾸는 실력도 쌓인다.

코드가 존재하리라

코드를 다루는 책이라니! 혹자는 시대에 뒤떨어지는 주제라 여길지도 모르겠다. 코드는 더 이상 문제가 아니라고, 모델이나 요구사항에 집중해야 한다고 생각하는 사람도 있으리라. 실제로도 코드의 종말이 코앞에 닥쳤다고 주장하는 사람이 없지 않다. 코드를 자동으로 생성하는 시대가 다가온다는 말이다. 그때가 되면 프로그래머는 필요가 없다. 영업 직원이 명세에서 프로그램을 자동으로 생성하면 되니까.

헛소리! 앞으로 코드가 사라질 가망은 전혀 없다! 왜? 코드는 요구사항을 상세히 표현하는 수단이니까! 어느 수준에 이르면 코드의 도움 없이 요구사항을 상세하게 표현하기란 불가능하다. 추상화도 불가능하다. 정확히 명시하는 수밖에 없다. 기계가 실행할 정도로 상세하게 요구사항을 명시하는 작업, 바로 이것이 프로그래밍이다. 이렇게 명시한 결과가 바로 코드다.

앞으로 우리 프로그래밍 언어에서 추상화 수준은 점차 높아지리라 예상한다. 더불어 특정 응용 분야에 적합한 프로그래밍 언어domain-specific language[1] 수도 점차 많아지리라 예상한다. 바람직한 현상이다. 하지만 그렇다고 코드가 사라지진 않는다. 고도로 추상화된 언어나 특정 응용 분야 언어로 기술하는 명세 역시 코드니까! 어떤 언어를 사용하든 코드는 기계가 이해하고 실행할 정도로 엄밀하고

---

1 (옮긴이) DSL(Domain Specific Language): 도메인에 특화된 언어는 특정 문제 도메인, 특정 문제 표현 기법, 특정 문제 해결 기법에 사용할 목적으로 만든 프로그래밍 언어나 명세 언어를 의미한다. 해당 분야 전문가들의 의사소통을 돕기 위해, 모호함을 없애며 표현력을 높인 특징이 있다. 더 자세한 내용은 마틴 파울러의 『DSL: 고객과 함께 하는 도메인 특화 언어』(2012 인사이트, 송준이 한익준 손준영 옮김) 참조.

정확하고 상세하고 정형화되어야 하니까!

언젠가 코드가 사라지리라 생각하는 사람들은 언젠가 비정형적인 수학이 나오리라 기대하는 수학자와 비슷하다. 그들은 우리가 시키는 대로가 아니라 원하는 대로 돌아가는 기계가 나오리라 기대한다. 우리가 그런 기계를 만드는 방법을 찾아내리라 믿는다. 요구사항을 모호하게 줘도 우리 의도를 정확히 꿰뚫어 프로그램을 완벽하게 실행하는 그런 기계 말이다.

절대로 불가능한 기대다. 창의력과 직관을 보유한 우리 인간조차도 고객의 막연한 감정만 갖고는 성공적인 시스템을 구현하지 못한다. 지금까지 우리가 요구사항 명세 분야에서 배운 교훈이라면, 제대로 명시한 요구사항은 코드만큼 정형적이며 테스트 케이스로 사용해도 좋다는 사실이다!

궁극적으로 코드는 요구사항을 표현하는 언어라는 사실을 명심한다. 요구사항에 더욱 가까운 언어를 만들 수도 있고, 요구사항에서 정형 구조를 뽑아내는 도구를 만들 수도 있다. 하지만 어느 순간에는 정밀한 표현이 필요하다. 그 필요성을 없앨 방법은 없다. 그러므로 코드도 항상 존재하리라.

나쁜 코드

최근에 나는 켄트 벡^{Kent Beck}이 저술한 『Implementation Patterns』²라는 책을 읽었다. 그는 이렇게 말한다. "…… 이 책은 좋은 코드가 중요하다는 다소 미약한 전제에 기반한다……" 미약한 전제? 동의하기 어렵다! 좋은 코드는 중요하다. 그리고 이것은 우리 분야에서 가장 든든하며, 지지 받고, 강조돼 온 전제 중 하나다. (나는 켄트도 이 사실을 안다고 생각한다.) 우리 모두는 좋은 코드가 중요하다는 사실을 안다. 왜? 오랫동안 나쁜 코드에 시달려왔으니까.

80년대 후반 킬러 앱^{Killer App} 하나를 구현한 회사가 있었다. 제품은 커다란 인기를 끌었으며 수많은 전문가가 구매해 사용했다. 그런데 제품 출시 주기가 점차 늘어지기 시작했다. 이전 버전에 있었던 버그가 다음 버전에도 그대로 남아 있었다. 프로그램 시동 시간이 길어지고 프로그램이 죽는 횟수도 늘어났다. 프로그램을 쓰다가 하도 화가 나서 닫아버렸던 날을 기억한다. 그 후로는 다시 사용하지 않았다. 회사는 얼마 못가 망했다.

20여년이 지난 후 그 회사 초창기 직원을 우연히 만나 자초지종을 들었다. 원인은 내가 짐작하던 바였다. 그들은 출시에 바빠 코드를 마구 짰다. 기능을 추가할수록 코드는 엉망이 되어갔고, 결국은 감당이 불가능한 수준에 이르렀다. **회사가 망한 원인은 바로 나쁜 코드 탓이었다.**

나쁜 코드에 발목이 잡혀 고생한 기억이 있는가? 조금이라도 프로그램을 짜봤다면 필경 수없이 경험했으리라. 심지어 이름도 있다. '고행wading'이라 부른다. 우리는 나쁜 코드를 헤쳐나간다. 엉킨 덩굴과 숨겨진 함정으로 가득한 늪지를 힘겹게 헤쳐나간다. 단서나 실마리를 찾으려 발버둥치지만 소용이 없다. 눈앞에는 무의미한 코드만 끝없이 펼쳐진다.

프로그래머라면 누구나 당연히 나쁜 코드로 고생한 경험이 있다. 그렇다면 묻겠다. 어째서 나쁜 코드를 짰는가?

급해서? 서두르느라? 아마 그랬으리라. 제대로 짤 시간이 없다고 생각해서, 코드를 다듬느라 시간을 보냈다가 상사한테 욕 먹을까봐, 지겨워서 빨리 끝내려고, 다른 업무가 너무 밀려 후딱 해치우고 밀린 업무로 넘어가려고…… 모두가 겪어본 상황이다.

우리 모두는 자신이 짠 쓰레기 코드를 처다보며 나중에 손보겠다고 생각한 경험이 있다. 우리 모두는 대충 짠 프로그램이 돌아간다는 사실에 안도감을 느끼며 그래도 안 돌아가는 프로그램보다 돌아가는 쓰레기가 좋다고 스스로를 위로한 경험이 있다. 다시 돌아와 나중에 정리하겠다고 다짐했었다. 물론 그때 그 시절 우리는 르블랑의 법칙leblanc's Law을 몰랐다. 나중은 결코 오지 않는다.

나쁜 코드로 치르는 대가

2-3년 넘게 프로그램을 짰다면 남들이 저질러놓은 쓰레기 코드로 고생한 경험이 있으리라. 코드가 하도 엉망이라 프로젝트 진도가 안 나가는 경험도 있으리라. 나쁜 코드는 개발 속도를 크게 떨어뜨린다. 프로젝트 초반에는 번개처럼 나가다

가 1-2년만에 굼벵이처럼 기어가는 팀도 많다. 코드를 고칠 때마다 엉뚱한 곳에서 문제가 생긴다. 간단한 변경은 없다. 매번 얽히고설킨 코드를 '해독'해서 얽히고설킨 코드를 더한다. 시간이 지나면서 쓰레기 더미는 점점 높아지고 깊어지고 커진다. 청소할 방법이 없다. 불가항력이다.

나쁜 코드가 쌓일수록 팀 생산성은 떨어진다. 그러다가 마침내 0에 근접한다. 생산성이 떨어지면 관리층은 나름대로 복구를 시도한다. 어떻게? 생산성을 증가시키려는 희망을 품고 프로젝트에 인력을 추가로 투입한다. 하지만 새 인력은 시스템 설계에 대한 조예가 깊지 않다. 설계 의도에 맞는 변경과 설계 의도에 반하는 변경을 구분하지 못한다. 게다가 새 인력과 팀은 생산성을 높여야 한다는 극심한 압력에 시달린다. 그래서 결국은 나쁜 코드를 더 많이 양산한다. 덕택에 생산성은 더욱 떨어져 거의 0이 된다. (그림 1-1 참조.)

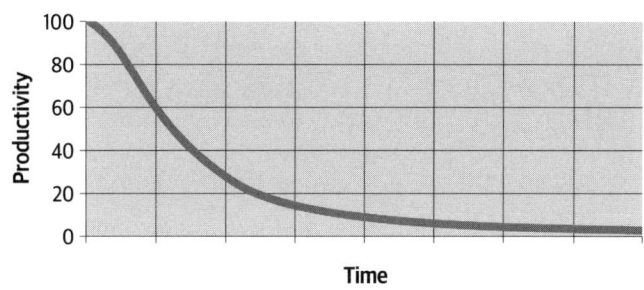

그림 1.1 생산성 대 시간

원대한 재설계의 꿈

마침내 팀이 반기를 든다. 그들은 이처럼 혐오스러운 코드로는 더 이상 일하지 못하겠다며 관리층에게 재설계를 요구한다. 관리층은 재설계에 자원을 쏟아붓기 싫지만 생산성이 바닥이라는 사실을 부인할 도리가 없다. 결국은 팀이 요구하는 대로 원대한 재설계를 허락한다.

새로운 타이거 팀이 구성된다. 모두가 타이거 팀에 합류하고 싶어한다. 새로운 프로젝트니까. 처음부터 시작해 진정으로 아름다운 작품을 창조할 기회니까. 하지만 가장 유능하고 똑똑한 사람들만 타이거 팀으로 차출된다. 나머지는 계속해서 현재 시스템을 유지보수한다.

이제 두 팀이 경주를 시작한다. 타이거 팀은 기존 시스템 기능을 모두 제공하는 새 시스템을 내놓아야 한다. 그뿐만이 아니다. 그동안 기존 시스템에 가해지는 변경도 모두 따라잡아야 한다. 새 시스템이 기존 시스템 기능을 100% 제공하지 않는 한 관리층은 기존 시스템을 대체하지 않을 테니까.

때때로 경주는 아주 오랫동안 이어진다. 10년이 넘게 걸리는 경우도 보았다. 새 시스템이 기존 시스템을 따라잡을 즈음이면 초창기 타이거 팀원들은 모두 팀을 떠났고 새로운 팀원들이 새 시스템을 설계하자고 나선다. 왜? 현재 시스템이 너무 엉망이라서.

방금 한 이야기를 일부라도 겪었다면 시간을 들여 깨끗한 코드를 만드는 노력이 비용을 절감하는 방법일 뿐만 아니라 전문가로서 살아남는 길이라는 사실을 인정하리라.

태도

코드가 정말이지 너무도 엉망이라 몇 시간으로 예상한 업무가 몇 주로 늘어진 경험이 있는가? 한 줄만 고치면 되리라 예상했다가 모듈을 수백 개 건드린 경험이 있는가? 너무 자주 접하는 모습이다.

코드가 왜 그렇게 되었을까? 좋은 코드가 어째서 순식간에 나쁜 코드로 전락할까? 우리는 온갖 이유를 들이댄다. 원래 설계를 뒤집는 방향으로 요구사항이 변했다고 불평한다. 일정이 촉박해 제대로 할 시간이 없었다고 한탄한다. 멍청한 관리자와 조급한 고객과 쓸모없는 마케팅 부서와 전화기 살균제[3] 탓이라 떠벌인다. 하지만 딜버트[4] 씨, 잘못은 전적으로 우리 프로그래머에게 있답니다. 우리가 전문가답지 못했기 때문입니다.

인정하기 어려우리라. 어째서 우리 잘못입니까? 요구사항은 어쩌구요? 일정은요? 멍청한 관리자와 쓸모없는 마케팅 인간들은요? 그들에게는 잘못이 없다는 말입니까?

그렇다. 관리자와 마케팅은 약속과 공약을 내걸며 우리에게 정보를 구한다. 우리에게 정보를 구하지 않더라도 우리가 적극적으로 정보를 제공해야 마땅하

---

3 (옮긴이) 더글라스 애덤스(Douglas Adams)가 집필한 『은하수를 여행하는 히치하이커를 위한 안내서』 시리즈 중 『우주의 끝에 있는 레스토랑』에 전화기 살균제가 없어 멸망하는 골가프린참(Golgafrinchan) 사람들 이야기가 나온다.

4 (옮긴이) 딜버트(Dilbert)는 스콧 애덤스(Scott Adanms)가 만든 만화 이름이자 이 만화에 나오는 주인공으로 전형적인 소프트웨어 엔지니어를 상징한다.

다. 사용자는 요구사항을 내놓으며 우리에게 현실성을 자문한다. 프로젝트 관리자는 일정을 잡으며 우리에게 도움을 청한다. 우리는 프로젝트를 계획하는 과정에 깊숙이 관여한다. 그러므로 프로젝트 실패는 우리에게도 커다란 책임이 있다. 특히 나쁜 코드가 초래하는 실패에는 더더욱 책임이 크다.

"아니, 잠깐만요! 상사가 시키는 대로 하지 않으면 짤린다구요!" 글쎄다. 겉으로 아닌 듯 행동해도 대다수 관리자는 진실을 원한다. 일정에 쫓기더라도 대다수 관리자는 좋은 코드를 원한다. 그들이 일정과 요구사항을 강력하게 밀어붙이는 이유는 그것이 그들의 책임이기 때문이다. 좋은 코드를 사수하는 일은 바로 우리 프로그래머들의 책임이다.

비유를 하나 들겠다. 자신이 의사라 가정하자. 어느 환자가 수술 전에 손을 씻지 말라고 요구한다. 시간이 너무 걸리니까.[5] 확실히 환자는 상사다. 하지만 의사는 단호하게 거부한다. 왜? 질병과 감염의 위험은 환자보다 의사가 더 잘 아니까. 환자 말을 그대로 따르는 행동은 (범죄일 뿐만 아니라) 전문가답지 못하니까.

프로그래머도 마찬가지다. 나쁜 코드의 위험을 이해하지 못하는 관리자 말을 그대로 따르는 행동은 전문가답지 못하다.

원초적 난제

프로그래머는 근본적인 가치에서 난제에 봉착한다. 한두 해 이상 우리 분야에 몸 담은 프로그래머라면 누구나 나쁜 코드가 업무 속도를 늦춘다는 사실을 익히 안다. 그럼에도 모든 프로그래머가 기한을 맞추려면 나쁜 코드를 양산할 수밖에 없다고 느낀다. 간단히 말해, 그들은 빨리 가려고 시간을 들이지 않는다.

진짜 전문가는 두 번째 부분이 틀렸다는 사실을 잘 안다. 나쁜 코드를 양산하면 기한을 맞추지 못한다. 오히려 엉망진창인 상태로 인해 속도가 곧바로 늦어지고, 결국 기한을 놓친다. 기한을 맞추는 유일한 방법은, 그러니까 빨리 가는 유일한 방법은, 언제나 코드를 최대한 깨끗하게 유지하는 습관이다.

---

5 1847년에 이그너츠 세멀바이스(Ignaz Semmelweis)가 의사들에게 손을 씻으라고 권장했을 때 의사들은 환자를 보느라 너무 바쁘므로 환자 방문 사이에 손 씻을 시간이 없다는 이유로 거부했다.

깨끗한 코드라는 예술?

나쁜 코드가 심각한 장애물이라는 사실을 납득했다고 가정하자. 빨리 가려면 코드를 깨끗하게 유지해야 한다는 사실도 인정한다고 가정하자. 그렇다면 이제 다음 질문을 던질 차례다. "깨끗한 코드를 어떻게 작성할까?" 깨끗한 코드가 무엇인지 모르면 깨끗한 코드를 만들려고 애써봤자 소용이 없다.

안타깝게도 깨끗한 코드를 구현하는 행위는 그림을 그리는 행위와 비슷하다. 그림을 보면 대부분의 사람은 잘 그려졌는지 엉망으로 그려졌는지 안다. 그렇지만 잘 그린 그림을 구분하는 능력이 그림을 잘 그리는 능력은 아니다. 다시 말해, 깨끗한 코드와 나쁜 코드를 구분할 줄 안다고 깨끗한 코드를 작성할 줄 안다는 뜻은 아니다.

깨끗한 코드를 작성하려면 '청결'이라는 힘겹게 습득한 감각을 활용해 자잘한 기법들을 적용하는 절제와 규율이 필요하다. 열쇠는 '코드 감각'이다. 어떤 사람은 코드 감각을 타고난다. 어떤 사람은 투쟁해서 얻어야 한다. '코드 감각'이 있으면 좋은 코드와 나쁜 코드를 구분한다. 그뿐만이 아니다. 절제와 규율을 적용해 나쁜 코드를 좋은 코드로 바꾸는 전략도 파악한다.

'코드 감각'이 없는 프로그래머도 때로는 나쁜 모듈을 알아본다. 하지만 그것으로 끝이다. '코드 감각'이 있는 프로그래머는 나쁜 모듈을 보면 좋은 모듈로 개선할 방안을 떠올린다. '코드 감각'으로 최고 방안을 선택한 후 여기서 거기까지 이동하는 경로를 계획한다.

다시 말해, 깨끗한 코드를 작성하는 프로그래머는 빈 캔퍼스를 우아한 작품으로 바꿔가는 화가와 같다.

깨끗한 코드란?

아마 프로그래머 수만큼이나 정의도 다양하리라. 그래서 나는 우리 분야에서 아주 유명하고 노련한 프로그래머들에게 의견을 물었다.

비야네 스트롭스트룹 Bjarne Stroustrup

C++ 창시자이자 *The C++ Programming Language*[6] 저자

> 나는 우아하고 효율적인 코드를 좋아한다. 논리가 간단해야 버그가 숨어들지 못한다. 의존성을 최대한 줄여야 유지보수가 쉬워진다. 오류는 명백한 전략에 의거해 철저히 처리한다. 성능을 최적으로 유지해야 사람들이 원칙 없는 최적화로 코드를 망치려는 유혹에 빠지지 않는다. 깨끗한 코드는 한 가지를 제대로 한다.

비야네는 '우아한'이라는 단어를 사용한다. 대단한 단어다. 내 맥북 사전에 따르면 "외양이나 태도가 기품 있고 단아하며 보기에 즐거운; 교묘하고 단순해 보기에 즐거운"이라는 뜻이다. 여기서 '보기에 즐거운'이라는 표현에 주목한다. 비야네에 따르면 깨끗한 코드는 '보기에 즐거운' 코드다. 잘 만든 오르골이나 잘 디자인된 차를 접할 때처럼 깨끗한 코드는 보는 사람에게 즐거움을 선사해야 한다는 뜻이다.

비야네는 효율도 언급한다. 그것도 두 번씩이나! C++ 창시자니 당연히 효율을 중요하게 여기리라. 하지만 나는 비야네가 말하는 효율이 단순히 속도만을 뜻하지는 않는다고 생각한다. CPU 자원을 낭비하는 코드도 우아하지 못하다. 보기에 즐겁지 못하다. 그리고 우아하지 않은 코드는 바람직하지 않은 결과를 초래한다. 비야네는 '유혹'이라는 단어로 그 결과를 표현한다. 여기에는 심오한 진실이 담겨 있다. 나쁜 코드는 나쁜 코드를 '유혹'한다! 흔히 나쁜 코드를 고치면서 오히려 더 나쁜 코드를 만든다는 뜻이다.

실용주의 프로그래머 데이브 토마스 David Thomas와 앤디 헌트 Andrew Hunt는 같은 이야기를 다르게 표현했는데, 그들은 깨진 창문[7]이라는 비유를 사용했다. 창문이 깨진 건물은 누구도 상관하지 않는다는 인상을 풍긴다. 그래서 사람들도 관심을 끊는다. 창문이 더 깨져도 상관하지 않는다. 마침내는 자발적으로 창문

---

6 (옮긴이) 번역서는 『C++ 프로그래밍 언어』(2005 피어슨에듀케이션, 곽용재 옮김)
7 http://www.artima.com/intv/fixit.html

을 깬다. 외벽에 그려진 낙서를 방치하고 차고에 쓰레기가 쌓여도 치우지 않는다. 일단 창문이 깨지고 나면 쇠퇴하는 과정이 시작된다.

비야네는 철저한 오류 처리도 언급한다. 세세한 사항까지 꼼꼼하게 신경 쓰라는 말이다. 프로그래머들이 대충 넘어가는 부분 중 하나가 오류 처리다. 메모리 누수, 경쟁 상태race condition, 일관성 없는 명명법이 또 다른 예다. 한 마디로 요약하면, 깨끗한 코드는 세세한 사항까지 꼼꼼하게 처리하는 코드다.

마지막으로 비야네는 깨끗한 코드란 한 가지를 잘 한다고 단언한다. 수많은 소프트웨어 설계 원칙이 이 간단한 교훈 하나로 귀결된다는 사실은 우연이 아니다. 수많은 저술가들이 이 생각을 나름대로 표현하려 애썼다. 나쁜 코드는 너무 많은 일을 하려 애쓰다가 의도가 뒤섞이고 목적이 흐려진다. 깨끗한 코드는 한 가지에 '집중'한다. 각 함수와 클래스와 모듈은 주변 상황에 현혹되거나 오염되지 않은 채 한길만 걷는다.

그래디 부치|Grady Booch
Object Oriented Analysis and Design with Application 저자

> 깨끗한 코드는 단순하고 직접적이다. 깨끗한 코드는 잘 쓴 문장처럼 읽힌다. 깨끗한 코드는 결코 설계자의 의도를 숨기지 않는다. 오히려 명쾌한 추상화와 단순한 제어문으로 가득하다.

그래디는 비야네와 흡사한 의견을 표명하지만 가독성을 강조한다. 나는 깨끗한 코드가 잘 쓴 문장처럼 읽혀야 한다는 시각을 특히 좋아한다. 지금까지 자신이 읽은 책 중 진짜로 좋았던 책을 떠올려보라. 책을 읽는 동안 단어가 사라지고 이미지가 떠오르지 않았는가? 마치 한 편의 영화를 보듯이 말이다. 아니, 영화보다 더 좋았다! 등장인물을 만나고, 이야기를 듣고, 연민과 유머를 고스란히 느꼈으니까!

물론 깨끗한 코드를 읽는 느낌이 『반지의 제왕』을 읽는 느낌과 같을 리는 없다. 그래도 문학적인 비유는 나쁘지 않다. 좋은 소설과 마찬가지로 깨끗한 코드는 해결할 문제의 긴장을 명확히 드러내야 한다. 긴장을 쌓으며 클라이맥스에 이르렀다가 명백한 해법을 제시하며 긴장과 문제를 풀어야 한다. 독자가 "아! 당연하지!"라며 무릎을 탁 치도록!

그래디가 언급한 '명쾌한 추상화'는 참으로 재미난 모순어법이다. '명쾌한crisp'이라는 단어는 '구체적인concrete'이라는 단어와 유사하지 않던가? 내 맥북 사전에 따르면 '명쾌한'은 "힘차게 단호하고 사실적인; 주저하지 않는; 불필요한 사실에 얽매이지 않는"이라는 의미다. 비슷한 단어가 여기저기 중복해 쓰이지만 어쨌거나 의미는 강력하고 분명하다. 코드는 추측이 아니라 사실에 기반해야 한다. 반드시 필요한 내용만 담아야 한다. 코드를 읽는 사람에게 프로그래머가 단호하다는 인상을 줘야 한다.

'큰big' 데이브 토마스 Dave Thomas
OTI 창립자이자 이클립스 전략의 대부

> 깨끗한 코드는 작성자가 아닌 사람도 읽기 쉽고 고치기 쉽다. 단위 테스트 케이스와 인수 테스트 케이스가 존재한다. 깨끗한 코드에는 의미 있는 이름이 붙는다. 특정 목적을 달성하는 방법은 (여러 가지가 아니라) 하나만 제공한다. 의존성은 최소이며 각 의존성을 명확히 정의한다. API는 명확하며 최소로 줄였다. 언어에 따라 필요한 모든 정보를 코드만으로 명확히 표현할 수 없기에 코드는 문학적으로 표현해야 마땅하다.

큰 형님 데이브도 그래디와 마찬가지로 '가독성'을 강조하지만 한 가지 중요한 반전을 더한다. 데이브는 깨끗한 코드란 다른 사람이 고치기 쉽다고 단언한다. 당연하게 들리지만 아무리 강조해도 지나치지 않은 교훈이다. 실제로 읽기 쉬운 코드와 고치기 쉬운 코드는 엄연히 다르다!

데이브는 깨끗한 코드를 테스트 케이스와 연관짓는다. 십여 년 전이라면 물의를 일으킬 만한 발언이다. 하지만 테스트 주도 개발Test Driven Development이라는 분야는 우리 업계에 심오한 영향을 미치면서 오늘날 가장 근본적인 원칙 중 하나가 되었다. 데이브가 옳다. 테스트 케이스가 없는 코드는 깨끗한 코드가 아니다. 아무리 코드가 우아해도, 아무리 가독성이 높아도, 테스트 케이스가 없으면 깨끗하지 않다.

데이브는 '최소'라는 단어를 두 번이나 사용했다. 명백히 그가 큰 코드보다 작은 코드에 가치를 둔다는 의미다. 이는 우리 분야가 탄생한 이래로 소프트웨어 문헌에서 계속 반복하는 교훈이기도 하다. 작을수록 좋다.

데이브는 또한 코드가 '문학적'이어야 한다고 말한다. 커누스Donald Knuth가 저술한 *Literate Programming*문학적 프로그래밍[8]이 떠오르는 발언이다. 요점은 인간이 읽기 좋은 코드를 작성하라는 말이다.

마이클 페더스Michael Feathers

Working Effectively with Legacy Code 저자

깨끗한 코드의 특징은 많지만 그 중에서도 모두를 아우르는 특징이 하나 있다. 깨끗한 코드는 언제나 누군가 주의 깊게 짰다는 느낌을 준다. 고치려고 살펴봐도 딱히 손 댈 곳이 없다. 작성자가 이미 모든 사항을 고려했으므로. 고칠 궁리를 하다보면 언제나 제자리로 돌아온다. 그리고는 누군가 남겨준 코드, 누군가 주의 깊게 짜놓은 작품에 감사를 느낀다.

한 마디로 요약하면 '주의'다. 이것이 이 책의 주제다. 부제를 붙이라면 '코드를 주의 깊게 짜는 방법'이 적당하겠다.

마이클은 정곡을 찌른다. 깨끗한 코드는 주의 깊게 작성한 코드다. 누군가 시

간을 들여 깔끔하고 단정하게 정리한 코드다. 세세한 사항까지 꼼꼼하게 신경 쓴 코드다. 주의를 기울인 코드다.

론 제프리스 Ron Jeffries
Extreme Programming Installed[9]와 *Extreme Programming Adventure in C#* 저자

론은 스트레티직 에어 커맨드 사에서 포트란으로 프로그래밍을 시작한 이래 거의 모든 플랫폼에서 거의 모든 언어로 코드를 구현해왔다. 그러므로 그의 의견은 신중하게 고려할 가치가 있다.

최근 들어 나는 켄트 벡이 제안한 단순한 코드 규칙으로 구현을 시작한다. (그리고 같은 규칙으로 구현을 거의 끝낸다.) 중요한 순으로 나열하자면 간단한 코드는

- 모든 테스트를 통과한다.
- 중복이 없다.
- 시스템 내 모든 설계 아이디어를 표현한다.
- 클래스, 메서드, 함수 등을 최대한 줄인다.

물론 나는 주로 중복에 집중한다. 같은 작업을 여러 차례 반복한다면 코드가 아이디어를 제대로 표현하지 못한다는 증거다. 나는 문제의 아이디어를 찾아내 좀 더 명확하게 표현하려 애쓴다.

내게 있어 표현력은 의미 있는 이름을 포함한다. 보통 나는 확정하기 전에 이름을 여러 차례 바꾼다. 이클립스와 같은 최신 개발 도구는 이름을 바꾸기가 상당히 쉽다. 그래서 별 고충 없이 이름을 바꾼다. 하지만 표현력은 이름에만 국한

---

9 (옮긴이) 번역서는 『Extreme Programming Installed: XP 도입을 위한 실전 입문』(2002 인사이트, 박성희 박현철 이경원 류미경 옮김)

되지 않는다. 나는 여러 기능을 수행하는 객체나 메서드도 찾는다. 객체가 여러 기능을 수행한다면 여러 객체로 나눈다. 메서드가 여러 기능을 수행한다면 메서드 추출Extract Method 리팩터링 기법을 적용해 기능을 명확히 기술하는 메서드 하나와 기능을 실제로 수행하는 메서드 여러 개로 나눈다.

중복과 표현력만 신경 써도 (내가 생각하는) 깨끗한 코드라는 목표에 성큼 다가선다. 지저분한 코드를 손볼 때 이 두 가지만 고려해도 코드가 크게 나아진다. 하지만 나는 한 가지를 더 고려한다. 이는 설명하기 조금 까다롭다.

오랜 경험 끝에 나는 모든 프로그램이 아주 유사한 요소로 이뤄진다는 사실을 깨달았다. 한 가지 예가 '집합에서 항목 찾기'다. 직원 정보가 저장된 데이터베이스든, 키/값 쌍이 저장된 해시 맵이든, 여러 값을 모아놓은 배열이든, 프로그램을 짜다 보면 어떤 집합에서 특정 항목을 찾아낼 필요가 자주 생긴다. 이런 상황이 발생하면 나는 추상 메서드나 추상 클래스를 만들어 실제 구현을 감싼다. 그러면 여러 가지 장점이 생긴다.

이제 실제 기능은 아주 간단한 방식으로, 예를 들어 해시 맵으로, 구현해도 괜찮다. 다른 코드는 추상 클래스나 추상 메서드가 제공하는 기능을 사용하므로 실제 구현은 언제든지 바꿔도 괜찮다. 지금은 간단하게 재빨리 구현했다가 나중에 필요할 때 바꾸면 된다.

게다가 집합을 추상화하면 '진짜' 문제에 신경 쓸 여유가 생긴다. 간단한 찾기 기능이 필요한데 온갖 집합 기능을 구현하느라 시간과 노력을 낭비할 필요가 없어진다.

중복 줄이기, 표현력 높이기, 초반부터 간단한 추상화 고려하기. 내게는 이 세 가지가 깨끗한 코드를 만드는 비결이다.

이상이다. 짤막한 문단 몇 개로 론은 이 책 내용을 요약했다. 중복을 피하라. 한 기능만 수행하라. 제대로 표현하라. 작게 추상화하라. 이상이다.

워드 커닝햄Ward Cunningham

위키Wiki 창시자, 피트Fit 창시자, 익스트림 프로그래밍eXtreme Programming 공동 창시자, 디자인 패턴을 뒤에서 움직이는 전문가, 스몰토크Smalltalk와 객체 지향OO의 정신적 지도자, 코드를 사랑하는 프로그래머들의 대부

> 코드를 읽으면서 짐작했던 기능을 각 루틴이 그대로 수행한다면 깨끗한 코드라 불러도 되겠다. 코드가 그 문제를 풀기 위한 언어처럼 보인다면 아름다운 코드라 불러도 되겠다.

워드의 특징을 잘 보여주는 발언이다. 읽고 고개를 끄덕이고는 다음 주제로 넘어간다. 너무 당연하고 너무 명백해 심오한 발언이라 여겨지지 않는다. 짐작하는 그대로다. 하지만 좀 더 자세히 살펴보자.

"……짐작했던 기능을 그대로 수행한다면……" 짐작하는 기능을 그대로 수행하는 모듈을 마지막으로 접한 때가 언제였던가? 헷갈리고, 복잡하고, 뒤엉킨 모듈이 얼마나 많던가? 모두가 하나같이 엉뚱한 기능을 수행하지 않던가? 시스템 전체를 이잡듯 뒤지며 한 가닥 논리라도 찾으려 애쓰는 고충에 익숙하지 않은가? 위 문장을 읽으며 고개를 끄덕였듯이 코드를 읽으며 고개를 끄덕인 적이 언제였던가?

깨끗한 코드는 읽으면서 놀랄 일이 없어야 한다고 워드는 말한다. 맞는 말이다. 코드를 독해하느라 머리를 쥐어짤 필요가 없어야 한다. 읽으면서 짐작한 대로 돌아가는 코드가 깨끗한 코드다. 명백하고 단순해 마음이 끌리는 코드가 깨끗한 코드다. 각 모듈은 다음 무대를 준비한다. 모듈을 읽으면 다음에 벌어질 상황이 보인다. 이만큼 깨끗한 코드는 너무도 잘 짜놓은 코드라 읽는 이가 그 사실을 모르고 넘어간다. 모든 뛰어난 설계처럼 설계자가 코드를 어이 없을 정도로 단순하게 설계했기 때문이다.

게다가 워드가 말하는 미美는 어떤가? 우리는 항상 언어가 문제에 적합하지 않다며 언어를 비난한다. 하지만 워드는 그 책임을 우리 자신에게 돌린다. "코드가 그 문제를 풀기 위한 언어처럼 보인다면" 아름다운 코드라 말한다. 언어를 단순하게 보이도록 만드는 책임이 우리에게 있다는 뜻이다! 우리 업계에는 특정 언어를 신봉하는 광신자가 아주 많다. 하지만 프로그램을 단순하게 보이도록 만드는 열쇠는 언어가 아니다. 언어를 단순하게 보이도록 만드는 열쇠는 프로그래머다!

우리들 생각

그렇다면 내(밥 아저씨10) 생각은 어떻느냐고? 나는 깨끗한 코드를 어떻게 정의하느냐고? 이 책은 나와 내 동료들이 생각하는 바를 끔찍할 정도로 상세히 설명한다. 깨끗한 변수 이름, 깨끗한 함수, 깨끗한 클래스를 만드는 방법을 소개한다. 여기서는 우리 의견을 절대적인 진리처럼 설교하므로 어투가 거슬리더라도 이해하기 바란다. 지금까지 우리가 경험한 바로는 이 책에서 설명하는 교훈이, 적어도 우리에게는, 절대적인 진리다. 이 책은 나와 내 동료들이 생각하는 깨끗한 코드를 정의한다.

무술가들에게 최고 무술이나 한 무술 내에서 최고 기술을 꼽으라면 다들 다르게 답하리라. 흔히 무술 대가는 독자적인 문파를 만들고 제자를 모아 자신의 사상을 가르친다. 그레이시 유술Gracie Jiiu Jitsu은 브라질의 그레이시 가에서 세우고 가르친 무술이다. 팔광류 유술八光流 柔術, Hakkoryu Jiu Jitsu는 일본의 오쿠야마 료호가, 절권도截拳道, Jeet Kune Do는 미국의 브루스 리李小龍가 세우고 가르쳤다.

각 문파에 입문한 학생들은 창시자의 가르침을 익히고 연마한다. 그들은 까다로운 스승의 가르침을 배우기 위해 전념한다. 다른 대가의 가르침을 배제하기도 한다. 나중에 실력이 충분히 늘었다면 다른 대가를 찾아가 지식과 기술을 넓히기도 한다. 일부는 자신의 기술을 계속 연마하다 새로운 기술을 발견해 새로운 문파를 세운다.

물론 절대적으로 옳은 문파는 없다. 하지만 자신이 속한 문파 안에서 우리는 자신의 문파가 가르치는 교훈과 기술을 가장 좋다고 간주한다. 즉, 유술이나 절권도를 배우는 올바른 방법이 존재한다. 하지만 한 문파에서 이렇게 가르친다고 다른 분파가 틀렸다는 이야기는 아니다.

이 책은 우리 오브젝트 멘토 진영이 생각하는 깨끗한 코드를 설명한다. 여기서 가르치는 교훈과 기법은 우리 진영이 믿고 실천하는 교리다. 우리가 가르치는 교훈을 따른다면 우리가 만끽한 이익을 여러분도 만끽하리라 감히 장담한다.

---

10 (옮긴이) Uncle Bob. 프로그래머 세계에서는 흔히들 이 책의 저자인 Robert C. Martin을 존경과 애정을 담아 이렇게 부른다.

우리가 가르치는 기법을 따른다면 깨끗하고 수준 높은 코드를 작성하리라 감히 장담한다. 하지만 우리 생각이 절대적으로 '옳다'라는 단정은 금물이다. 우리들 못지않게 경험 많은 집단과 전문가가 존재한다. 마땅히 그들에게서도 배우라고 권한다.

실제로도 이 책에서 주장하는 기법 다수는 논쟁의 여지가 있다. 여러분도 모든 기법에 동의하지 않으리라. 어떤 기법은 격렬히 반대하리라. 그래도 괜찮다. 우리 생각이 무조건 옳다고 주장할 의도는 없으니까. 하지만 다른 한편으로 이 책은 우리가 오랫동안 고민하고 숙고한 교훈과 기법을 권고한다. 수십 년에 걸친 경험과 반복적인 시행착오로 습득한 교훈과 기법이다. 그러므로 여러분이 동의하든 동의하지 않든 우리 시각을 이해하고 존중하려 애써주면 좋겠다.

우리는 저자다

Javadoc에서 @author 필드는 저자를 소개한다. 우리는 저자다. 저자에게는 독자가 있다. 그리고 저자에게는 독자와 잘 소통할 책임도 있다. 다음에 코드를 짤 때는 자신이 저자라는 사실을, 여러분의 노력을 보고 판단을 내릴 독자가 있다는 사실을 기억하기 바란다.

혹자는 이렇게 물을지도 모르겠다. 실제로 코드를 읽는 과정에 얼마나 많은 노력이 필요하나요? 대부분의 노력은 코드를 짜는데 들어가지 않나요?

혹시라도 편집 세션을 재생해본 경험이 있는가? 이맥스Emacs처럼 80년대와 90년대에 우리가 사용하던 편집기는 사용자가 입력한 모든 키를 기억했다. 한 시간 동안 열심히 작업한 후 편집 세션을 재생하면 고속 영화 한 편이 펼쳐졌다. 나도 해봤는데 결과는 놀라웠다.

대부분이 화면을 스크롤하거나 다른 모듈을 찾아보는 동작이었다!

> 밥이 모듈을 입력한다.
> 변경할 함수로 스크롤해 내려간다.
> 잠시 멈추고 생각한다.
> 이런! 모듈 상단으로 스크롤해 변수 초기화를 확인한다.
> 다시 내려와 입력하기 시작한다.

이런, 입력을 지운다!

다시 입력한다.

다시 지운다!

뭔가를 절반쯤 입력하다가 또 지운다!

지금 바꾸려는 함수를 호출하는 함수로 스크롤한 후 함수가 호출되는 방식을 살펴본다.

다시 돌아와 방금 지운 코드를 입력한다.

잠시 멈춘다.

코드를 다시 지운다!

다른 윈도를 열어 하위 클래스를 살핀다. 함수가 재정의되었는가?

...

무슨 말인지 감이 잡히리라. 코드를 읽는 시간 대 코드를 짜는 시간 비율이 10대 1을 훌쩍 넘는다. 새 코드를 짜면서 우리는 끊임없이 기존 코드를 읽는다.

비율이 이렇게 높으므로 읽기 쉬운 코드가 매우 중요하다. 비록 읽기 쉬운 코드를 짜기가 쉽지는 않더라도 말이다. 하지만 기존 코드를 읽어야 새 코드를 짜므로 읽기 쉽게 만들면 사실은 짜기도 쉬워진다.

이 논리에서 빠져나갈 방법은 없다. 주변 코드를 읽지 않으면 새 코드를 짜지 못한다. 주변 코드가 읽기 쉬우면 새 코드를 짜기도 쉽다. 주변 코드를 읽기가 어려우면 새 코드를 짜기도 어렵다. 그러므로 급하다면, 서둘러 끝내려면, 쉽게 짜려면, 읽기 쉽게 만들면 된다.

보이스카우트 규칙

잘 짠 코드가 전부는 아니다. 시간이 지나도 언제나 깨끗하게 유지해야 한다. 시간이 지나면서 엉망으로 전락하는 코드가 한둘이 아니다. 그러므로 우리는 적극적으로 코드의 퇴보를 막아야 한다.

미국 보이스카우트가 따르는 간단한 규칙이 우리 전문가들에게도 유용하다.

캠프장은 처음 왔을 때보다 더 깨끗하게 해놓고 떠나라.[11]

체크아웃할 때보다 좀 더 깨끗한 코드를 체크인한다면 코드는 절대 나빠지지 않는다. 한꺼번에 많은 시간과 노력을 투자해 코드를 정리할 필요가 없다. 변수 이름 하나를 개선하고, 조금 긴 함수 하나를 분할하고, 약간의 중복을 제거하고, 복잡한 if 문 하나를 정리하면 충분하다.

시간이 지날수록 코드가 **좋아지는** 프로젝트에서 작업한다고 상상해보라! 전문가라면 너무도 당연하지 않은가! 지속적인 개선이야말로 전문가 정신의 본질이 아니던가?

프리퀄과 원칙

많은 면에서 이 책은 내가 2002년에 출판한 *Agile Software Development: Principles, Patterns, and Practices*PPP[12]의 프리퀄prequel이다. PPP 책은 객체 지향 설계의 원칙을 설명하고 전문 개발자들이 사용하는 실무 기법을 소개한다. PPP를 읽지 않았다면 이 책을 먼저 읽은 후 나중에 읽어보기 바란다. PPP는 이 책에서 하는 이야기를 이어간다. PPP를 읽었다면 PPP에서 표명한 의견을 여기서 코드로 재발견하리라.[13]

이 책에서는 다양한 설계 원칙을 산발적으로 거론한다. SRPSingle Responsibility Principle, OCPOpen Closed Principle, DIPDependency Inversion Principle 등이 그 예다. 각 원칙은 PPP에서 자세히 설명한다.

결론

예술에 대한 책을 읽는다고 예술가가 된다는 보장은 없다. 책은 단지 다른 예술

---

11 로버트 스테펜슨 스미스 바덴-파웰(Robert Stephenson Smyth Baden-Powell)이 스카우트에게 남긴 작별 인사에서 나왔다. "처음 왔을 때보다 더 나은 세상을 만들고 떠나려 노력하라……"

12 (옮긴이) 번역서는 『소프트웨어 개발의 지혜』(2004 야스미디어, 이용원 외 옮김)

13 (옮긴이) 이 책에서는 *Agile Software Development: Principles, Patterns, and Practices*에서 제안하는 객체 지향 설계의 다섯 가지 원칙을 반복적으로 참고해서 설명하고 있다. PPP에서 얘기하는 원칙은 다음과 같다.
- SRP(The Single Responsibility Principle): 클래스에는 한 가지, 단 한 가지 변경 이유만 존재해야 한다.
- OCP(The Open Closed Principle): 클래스는 확장에 열려 있어야 하며 변경에 닫혀 있어야 한다.
- LSP(The Liskov Substitution Principle) 상속받은 클래스는 기초 클래스를 대체할 수 있어야 한다.
- DIP(The Dependency Inversion Principle): 추상화에 의존해야 하며, 구체화에 의존하면 안 된다.
- ISP(The Interface Segregation Principle): 클라이언트에 밀접하게 작게 쪼개진 인터페이스를 유지한다.

가가 사용하는 도구와 기법, 그리고 생각하는 방식을 소개할 뿐이다. 이 책 역시 마찬가지다. 이 책을 읽는다고 뛰어난 프로그래머가 된다는 보장은 없다. '코드 감각'을 확실히 얻는다는 보장도 없다. 단지 뛰어난 프로그래머가 생각하는 방식과 그들이 사용하는 기술과 기교와 도구를 소개할 뿐이다.

예술에 대한 책과 마찬가지로 이 책 역시 세세한 정보로 가득하다. 코드도 많다. 좋은 코드도 소개하고 나쁜 코드도 소개한다. 나쁜 코드를 좋은 코드로 바꾸는 방법도 소개한다. 다양한 경험적 교훈과 체계와 절차와 기법도 열거한다. 예제도 무수히 많이 보여준다. 나머지는 여러분에게 달렸다.

공연장으로 가다가 길을 잃은 연주회의 바이올리니스트에 대한 우스개 소리를 기억하는가? 그는 길거리에서 한 노인에게 카네기 홀로 가는 방법을 물었다. 노인은 연주자와 그가 든 바이올린을 보고 이렇게 말했다. "연습해, 연습!"

참고 문헌

[Beck07]: *Implementation Patterns*, Kent Beck, Addison-Wesley, 2007.[14]

[Knuth92]: *Literate Programming*, Donald E. Knuth, Center for the Study of Language and Information, Leland Stanford Junior University, 1992

---

14 (옮긴이) 번역서는 『켄트 벡의 구현 패턴』(2008 에이콘, 전동환 옮김)이다.

2

의미 있는 이름

팀 오팅어(Tim Ottinger)

* 작명책

들어가면서

소프트웨어에서 이름은 어디나 쓰인다. 우리는 변수에도 이름을 붙이고, 함수에도 이름을 붙이고, 인수와 클래스와 패키지에도 이름을 붙인다. 소스 파일에도 이름을 붙이고, 소스 파일이 담긴 디렉터리에도 이름을 붙인다. jar 파일에도 이름을 붙이고, war 파일에도 이름을 붙이고, ear 파일에도 이름을 붙인다. 여기저기 도처에서 이름을 사용한다. 이렇듯 많이 사용하므로 이름을 잘 지으면 여러 모로 편하다. 이 장에서는 이름을 잘 짓는 간단한 규칙을 몇 가지 소개한다.

의도를 분명히 밝혀라

"의도가 분명하게 이름을 지으라"고 말하기는 쉽다. 여기서는 의도가 분명한 이름이 정말로 중요하다는 사실을 거듭 강조한다. 좋은 이름을 지으려면 시간이 걸리지만 좋은 이름으로 절약하는 시간이 훨씬 더 많다. 그러므로 이름을 주의 깊게 살펴 더 나은 이름이 떠오르면 개선하기 바란다. 그러면 (자신을 포함해) 코드를 읽는 사람이 좀 더 행복해지리라.

　변수나 함수 그리고 클래스 이름은 다음과 같은 굵직한 질문에 모두 답해야 한다. 변수(혹은 함수나 클래스)의 존재 이유는? 수행 기능은? 사용 방법은? 따로 주석이 필요하다면 의도를 분명히 드러내지 못했다는 말이다.

```
int d; // 경과 시간(단위: 날짜)
```

이름 d는 아무 의미도 드러나지 않는다. 경과 시간이나 날짜라는 느낌이 안 든다. 측정하려는 값과 단위를 표현하는 이름이 필요하다.

```
int elapsedTimeInDays;
int daysSinceCreation;
int daysSinceModification;
int fileAgeInDays;
```

의도가 드러나는 이름을 사용하면 코드 이해와 변경이 쉬워진다. 다음 코드는 무엇을 할까?

```
public List<int[]> getThem() {
  List<int[]> list1 = new ArrayList<int[]>();
```

```
  for (int[] x : theList)
    if (x[0] == 4)
      list1.add(x);
  return list1;
}
```

코드가 하는 일을 짐작하기 어렵다. 왜일까? 복잡한 문장은 없다. 공백과 들여쓰기도 적당하다. 변수는 세 개, 상수는 두 개뿐이다. 화려한 클래스나 다형polymor-phic 메서드도 없다. 단지 (일단 겉보기는) 배열 목록만 사용한다.

문제는 코드의 단순성이 아니라 코드의 함축성이다. 다시 말해, 코드 맥락이 코드 자체에 명시적으로 드러나지 않는다. 위 코드는 암암리에 독자가 다음과 같은 정보를 안다고 가정한다.

1. theList에 무엇이 들었는가?
2. theList에서 0번째 값이 어째서 중요한가?
3. 값 4는 무슨 의미인가?
4. 함수가 반환하는 리스트 list1을 어떻게 사용하는가?

위 코드 샘플엔 이와 같은 정보가 드러나지 않는다. 하지만 정보 제공은 **충분히 가능했다**. 지뢰찾기 게임을 만든다고 가정하자. 그러면 theList가 게임판이라는 사실을 안다. theList를 gameBoard로 바꿔보자.

게임판에서 각 칸은 단순 배열로 표현한다. 배열에서 0번째 값은 칸 상태를 뜻한다. 값 4는 깃발이 꽂힌 상태를 가리킨다. 각 개념에 이름만 붙여도 코드가 상당히 나아진다.

```
public List<int[]> getFlaggedCells() {
  List<int[]> flaggedCells = new ArrayList<int[]>();
  for (int[] cell : gameBoard)
    if (cell[STATUS_VALUE] == FLAGGED)
      flaggedCells.add(cell);
  return flaggedCells;
}
```

위에서 보듯, 코드의 단순성은 변하지 않았다. 연산자 수와 상수 수는 앞의 예와 똑같으며, 들여쓰기 단계도 동일하다. 그런데도 코드는 더욱 명확해졌다.

한 걸음 더 나아가, int 배열을 사용하는 대신, 칸을 간단한 클래스로 만들어도 되겠다. isFlagged라는 좀 더 명시적인 함수를 사용해 FLAGGED라는 상수를 감춰도 좋겠다. 새롭게 개선한 결과는 다음과 같다.

```
public List<Cell> getFlaggedCells() {
  List<Cell> flaggedCells = new ArrayList<Cell>();
  for (Cell cell : gameBoard)
    if (cell.isFlagged())
      flaggedCells.add(cell);
  return flaggedCells;
}
```

단순히 이름만 고쳤는데도 함수가 하는 일을 이해하기 쉬워졌다. 바로 이것이 좋은 이름이 주는 위력이다.

그릇된 정보를 피하라

프로그래머는 코드에 그릇된 단서를 남겨서는 안 된다. 그릇된 단서는 코드 의미를 흐린다. 나름대로 널리 쓰이는 의미가 있는 단어를 다른 의미로 사용해도 안 된다. 예를 들어, hp, aix, sco는 변수 이름으로 적합하지 않다. 유닉스 플랫폼이나 유닉스 변종을 가리키는 이름이기 때문이다. 직각삼각형의 빗변 hypotenuse을 구현할 때는 hp가 훌륭한 약어로 보일지라도 hp라는 변수는 독자에게 그릇된 정보를 제공한다.

여러 계정을 그룹으로 묶을 때, 실제 List가 아니라면, accountList라 명명하지 않는다. 프로그래머에게 List라는 단어는 특수한 의미다. 계정을 담는 컨테이너가 실제 List가 아니라면 프로그래머에게 그릇된 정보를 제공하는 셈이다.[1] 그러므로 accountGroup, bunchOfAccounts, 아니면 단순히 Accounts라 명명한다.

서로 흡사한 이름을 사용하지 않도록 주의한다. 한 모듈에서 XYZControllerForEfficientHandlingOfStrings라는 이름을 사용하고, 조금 떨어진 모듈에서 XYZControllerForEfficientStorageOfStrings라는 이름을 사용한다면? 차이를 알아챘는가? 두 단어는 겁나게 비슷하다.

---

[1] 나중에 살펴보겠지만, 실제 컨테이너가 List인 경우라도 컨테이너 유형을 이름에 넣지 않는 편이 바람직하다.

유사한 개념은 유사한 표기법을 사용한다. 이것도 정보다. 일관성이 떨어지는 표기법은 그릇된 정보다. 최신 자바 환경은 코드 자동 완성 기능을 제공한다. 이름을 몇 자만 입력한 후 핫키hotkey 조합을 누르면 (가능한) 후보 목록이 뜬다. 후보 목록에 유사한 개념이 알파벳 순으로 나온다면 그리고 각 개념 차이가 명백히 드러난다면 코드 자동 완성 기능은 굉장히 유용해진다. 십중팔구 개발자는 (객체에 달린 상세한 주석이나 클래스가 제공하는 메서드 목록을 살펴보지 않은 채) 이름만 보고 객체를 선택한다.

이름으로 그릇된 정보를 제공하는 진짜 끔찍한 예가 소문자 L이나 대문자 O 변수다. 두 변수를 한꺼번에 사용하면 더욱 끔찍해진다. 다음 코드에서 보듯, 소문자 L은 숫자 1처럼 보이고 대문자 O는 숫자 0처럼 보인다.

```
int a = l;
if ( O == l )
a = O1;
else
l = 01;
```

일부 독자는 위 예제를 필자가 지어냈다고 생각할지도 모르겠다. 하지만 위와 같은 변수를 도처에서 사용하는 코드를 실제로 보았다. 어떤 경우는 코드 작성자가 글꼴을 바꿔 차이를 드러내는 해결책을 제안했다. 문서나 구전으로 미래 개발자 모두에게 알려야 하는 해결책이다. 이름만 바꾸면 문제가 깨끗이 풀린다. 괜스레 일거리를 만들 필요가 없다.

의미 있게 구분하라

컴파일러나 인터프리터만 통과하려는 생각으로 코드를 구현하는 프로그래머는 스스로 문제를 일으킨다. 예를 들어, 동일한 범위 안에서는 다른 두 개념에 같은 이름을 사용하지 못한다. 그래서 프로그래머가 한쪽 이름을 마음대로 바꾸고픈 유혹에 빠진다. 어떤 프로그래머는 철자를 살짝 바꿨다가 나중에 철자 오류를 고치는 순간 컴파일이 불가능한

상황에 빠진다.[2]

컴파일러를 통과할지라도 연속된 숫자를 덧붙이거나 불용어noise word를 추가하는 방식은 적절하지 못하다. 이름이 달라야 한다면 의미도 달라져야 한다.

연속적인 숫자를 덧붙인 이름(a1, a2, …, aN)은 의도적인 이름과 정반대다. 이런 이름은 그릇된 정보를 제공하는 이름도 아니며, 아무런 정보를 제공하지 못하는 이름일 뿐이다. 저자 의도가 전혀 드러나지 않는다. 다음 코드를 살펴보자.

```
public static void copyChars(char a1[], char a2[]) {
  for (int i = 0; i < a1.length; i++) {
    a2[i] = a1[i];
  }
}
```

함수 인수 이름으로 source와 destination을 사용한다면 코드 읽기가 훨씬 더 쉬워진다.

불용어를 추가한 이름 역시 아무런 정보도 제공하지 못한다. Product라는 클래스가 있다고 가정하자. 다른 클래스를 ProductInfo 혹은 ProductData라 부른다면 개념을 구분하지 않은 채 이름만 달리한 경우다. Info나 Data는 a, an, the와 마찬가지로 의미가 불분명한 불용어다.

a나 the와 같은 접두어를 사용하지 말라는 소리가 아니다. 의미가 분명히 다르다면 사용해도 무방하다. 예를 들어, 모든 지역 변수는 a를 사용하고 모든 함수 인수는 the를 사용해도 되겠다.[3] 요지는 zork라는 변수가 있다는 이유만으로 theZork라 이름 지어서는 안 된다는 말이다.

불용어는 중복이다. 변수 이름에 variable이라는 단어는 단연코 금물이다. 표 이름에 table이라는 단어도 마찬가지다. NameString이 Name보다 뭐가 나은가? Name이 부동소수가 될 가능성이 있던가? 그렇다면 앞서 언급한 "그릇된 정보를 피하라" 규칙을 위반한다. 코드를 읽다가 Customer라는 클래스와 CustomerObject라는 클래스를 발견했다면 차이를 알겠는가? 고객 급여 이력을 찾으려면

---

2 진짜로 황당한 예가 klass라는 변수다. class를 이미 사용했다고 klass를 사용한다.
3 '밥 아저씨'가 C++에서 사용하던 관례다. 하지만 최신 IDE에서는 이런 관례가 필요하지 않으므로 더 이상 사용하지 않는다.
 (옮긴이) 요즘 나오는 통합 개발 환경에서는 특정 변수가 지역 변수인지 함수 인수인지를 손쉽게 구분하는 다양한 방법을 제공하므로, 명시적으로 변수가 속한 영역을 구분할 필요가 없다.

어느 클래스를 뒤져야 빠를까?

이와 같은 오류를 저지르는 애플리케이션이 있다. 개발자를 보호하고자 이름을 바꿨으나 오류 형태는 정확히 다음과 같다.

```
getActiveAccount();
getActiveAccounts();
getActiveAccountInfo();
```

이 프로젝트에 참여한 프로그래머는 어느 함수를 호출할지 어떻게 알까?

명확한 관례가 없다면 변수 moneyAmount는 money와 구분이 안 된다. customerInfo는 customer와, accountData는 account와, theMessage는 message와 구분이 안 된다. 읽는 사람이 차이를 알도록 이름을 지어라.

발음하기 쉬운 이름을 사용하라

사람들은 단어에 능숙하다. 우리 두뇌에서 상당 부분은 단어라는 개념만 전적으로 처리한다. 그리고 정의상으로 단어는 발음이 가능하다. 말을 처리하려고 발달한 두뇌를 활용하지 않는다면 안타까운 손해다. 그러므로 발음하기 쉬운 이름을 선택한다.

발음하기 어려운 이름은 토론하기도 어렵다. 바보처럼 들리기 십상이다. "흠, 여기 비 씨 알 3 씨 엔 티에 피 에스 지 큐 int가 있군요, 보입니까?" 발음하기 쉬운 이름은 중요하다. 프로그래밍은 사회 활동이기 때문이다.

내가 아는 회사 하나는 genymdhms^{generate date, year, month, day, hour, minute, second}라는 단어를 사용했다. 그래서 직원들은 "젠 와이 엠 디 에이취 엠 에스"라 발음했다. 나는 쓰인 대로 발음하는 고질적인 습관이 있어 "젠 야 무다 힘즈"라고 읽었다. 나중에 몇몇 설계자와 분석가도 나처럼 발음하기 시작했다. 여전히 우스꽝스러운 발음이었지만 농담처럼 주고받다 보니까 재미는 있었다. 재미가 있든 없든, 어쨌거나 우리는 형편없는 이름을 참아내고 있었다. 새로운 개발자가 들어오면 변수를 설명해준 다음 (올바른 영어 단어가 아니라) 우리가 만들어낸 발음을 알려줬다. 다음 두 예제를 비교해보자.

```
class DtaRcrd102 {
  private Date genymdhms;
  private Date modymdhms;
  private final String pszqint = "102";
  /* ... */
};
```

와

```
class Customer {
  private Date generationTimestamp;
  private Date modificationTimestamp;
  private final String recordId = "102";
  /* ... */
};
```

둘째 코드는 지적인 대화가 가능해진다. "마이키, 이 레코드 좀 보세요. 'Generation Timestamp' 값이 내일 날짜입니다! 어떻게 이렇죠?"

검색하기 쉬운 이름을 사용하라

문자 하나를 사용하는 이름과 상수는 텍스트 코드에서 쉽게 눈에 띄지 않는다는 문제점이 있다.

MAX_CLASSES_PER_STUDENT는 grep으로 찾기가 쉽지만, 숫자 7은 은근히 까다롭다. 7이 들어가는 파일 이름이나 수식이 모두 검색되기 때문이다. 검색은 되었지만, 7을 사용한 의도가 다른 경우도 있다. 상수가 여러 자리 숫자이고 누군가 상수 내 숫자 위치를 바꿨다면 문제는 더욱 심각해진다. 상수에 버그가 있으나 검색으로 찾아내지 못한다.

마찬가지로 e라는 문자도 변수 이름으로 적합하지 못하다. 검색이 어려운 탓이다. e는 영어에서 가장 많이 쓰이는 문자다. 십중팔구 거의 모든 프로그램, 거의 모든 문장에 등장한다. 이런 관점에서 긴 이름이 짧은 이름보다 좋다. 검색하기 쉬운 이름이 상수보다 좋다.

개인적으로는 간단한 메서드에서 로컬 변수만 한 문자를 사용한다. **이름 길이는 범위 크기에 비례해야 한다.**[N5] 변수나 상수를 코드 여러 곳에서 사용한다면 검색하기 쉬운 이름이 바람직하다. 다음 두 예제를 비교해보자.

```
for (int j=0; j<34; j++) {
  s += (t[j]*4)/5;
}
```

와

```
int realDaysPerIdealDay = 4;
const int WORK_DAYS_PER_WEEK = 5;
int sum = 0;
for (int j=0; j < NUMBER_OF_TASKS; j++) {
  int realTaskDays = taskEstimate[j] * realDaysPerIdealDay;
  int realTaskWeeks = (realTaskDays / WORK_DAYS_PER_WEEK);
  sum += realTaskWeeks;
}
```

위 코드에서 sum이 별로 유용하진 않으나 최소한 검색이 가능하다. 이름을 의미 있게 지으면 함수가 길어진다. 하지만 WORK_DAYS_PER_WEEK를 찾기가 얼마나 쉬운지 생각해보라. 그냥 5를 사용한다면 5가 들어가는 이름을 모두 찾은 후 의미를 분석해 원하는 상수를 가려내야 하리라.

인코딩을 피하라

굳이 부담을 더하지 않아도 이름에 인코딩할 정보는 아주 많다. 유형이나 범위 정보까지 인코딩에 넣으면 그만큼 이름을 해독하기 어려워진다. 대개 새로운 개발자가 익힐 코드 양은 상당히 많다. 여기다 인코딩 '언어'까지 익히라는 요구는 비합리적이다. 문제 해결에 집중하는 개발자에게 인코딩은 불필요한 정신적 부담이다. 인코딩한 이름은 거의가 발음하기 어려우며 오타가 생기기도 쉽다.

헝가리식 표기법

이름 길이가 제한된 언어를 사용하던 옛날에는 어쩔 수 없이 안타까워하면서도 이 규칙을 위반했다. 포트란은 첫 글자로 유형을 표현했다. 초창기 베이식은 글자 하나에 숫자 하나만 허용했다. 헝가리식 표기법은 기존 표기법을 완전히 새로운 단계로 끌어올렸다.

과거 윈도 C API는 헝가리식 표기법을 굉장히 중요하게 여겼다. 윈도 C API는 모든 변수가 정수 핸들, long 포인터, void 포인터, (속성과 용도가 다른) 여러

'문자열' 중 하나였다. 당시는 컴파일러가 타입을 점검하지 않았으므로 프로그래머에게 타입을 기억할 단서가 필요했다.

요즘 나오는 프로그래밍 언어는 훨씬 많은 타입을 지원한다. 또한 컴파일러가 타입을 기억하고 강제한다. 게다가 클래스와 함수는 점차 작아지는 추세다. 즉, 변수를 선언한 위치와 사용하는 위치가 멀지 않다.

자바 프로그래머는 변수 이름에 타입을 인코딩할 필요가 없다. 객체는 강한 타입strongly-typed이며, IDE는 코드를 컴파일하지 않고도 타입 오류를 감지할 정도로 발전했다. 따라서 이제는 헝가리식 표기법이나 기타 인코딩 방식이 오히려 방해가 될 뿐이다. 변수, 함수, 클래스 이름이나 타입을 바꾸기가 어려워지며, 읽기도 어려워진다. 독자를 오도할 가능성도 커진다.

```
PhoneNumber phoneString;
// 타입이 바뀌어도 이름은 바뀌지 않는다!
```

멤버 변수 접두어

이제는 멤버 변수에 m_이라는 접두어를 붙일 필요도 없다. 클래스와 함수는 접두어가 필요없을 정도로 작아야 마땅하다. 또한 멤버 변수를 다른 색상으로 표시하거나 눈에 띄게 보여주는 IDE를 사용해야 마땅하다.

```
public class Part {
  private String m_dsc;  // 설명 문자열
  void setName(String name) {
    m_dsc = name;
  }
}
```

```
public class Part {
  String description;
  void setDescription(String description) {
    this.description = description;
  }
}
```

게다가 사람들은 접두어(또는 접미어)를 무시하고 이름을 해독하는 방식을 재빨리 익힌다. 코드를 읽을수록 접두어는 관심 밖으로 밀려난다. 결국은 접두어는

옛날에 작성한 구닥다리 코드라는 징표가 되버린다.

인터페이스 클래스와 구현 클래스

때로는 인코딩이 필요한 경우도 있다. 예를 들어, 도형을 생성하는 ABSTRACT FACTORY를 구현한다고 가정하자. 이 팩토리는 인터페이스 클래스interface class다. 구현은 구체 클래스concrete class에서 한다. 그렇다면 두 클래스 이름을 어떻게 지어야 좋을까? IShapeFactory와 ShapeFactory? 개인적으로 인터페이스 이름은 접두어를 붙이지 않는 편이 좋다고 생각한다. 옛날 코드에서 많이 사용하는 접두어 I는 (잘해봤자) 주의를 흐트리고 (나쁘게는) 과도한 정보를 제공한다. 나로서는 내가 다루는 클래스가 인터페이스라는 사실을 남에게 알리고 싶지 않다. 클래스 사용자는 그냥 ShapeFactory라고만 생각하면 좋겠다. 그래서 인터페이스 클래스 이름과 구현 클래스 이름 중 하나를 인코딩해야 한다면 구현 클래스 이름을 택하겠다. ShapeFactoryImp나 심지어 CShapeFactory가 IShapeFactory보다 좋다.

자신의 기억력을 자랑하지 마라

독자가 코드를 읽으면서 변수 이름을 자신이 아는 이름으로 변환해야 한다면 그 변수 이름은 바람직하지 못하다. 이는 일반적으로 문제 영역이나 해법 영역에서 사용하지 않는 이름을 선택했기 때문에 생기는 문제다.

문자 하나만 사용하는 변수 이름은 문제가 있다. 루프에서 반복 횟수를 세는 변수 i, j, k는 괜찮다. (l은 절대 안 된다!) 단, 루프 범위가 아주 작고 다른 이름과 충돌하지 않을 때만 괜찮다. 루프에서 반복 횟수 변수는 전통적으로 한 글자를 사용하기 때문이다. 그 외에는 대부분 적절하지 못하다. 독자가 실제 개념으로 변환해야 하니까. 최악은 이미 a와 b를 사용하므로 c를 선택한다는 논리다.

일반적으로 프로그래머들은 아주 똑똑하다. 때때로 똑똑한 사람은 자신의 정신적 능력을 과시하고 싶어한다. r이라는 변수가 호스트와 프로토콜을 제외한 소문자 URL이라는 사실을 언제나 기억한다면 확실히 똑똑한 사람이다.

똑똑한 프로그래머와 전문가 프로그래머 사이에서 나타나는 차이점 하나만 들자면, 전문가 프로그래머는 명료함이 최고라는 사실을 이해한다. 전문가 프로그래머는 자신의 능력을 좋은 방향으로 사용해 남들이 이해하는 코드를 내놓는다.

클래스 이름

클래스 이름과 객체 이름은 명사나 명사구가 적합하다. Customer, WikiPage, Account, AddressParser 등이 좋은 예다. Manager, Processor, Data, Info 등과 같은 단어는 피하고, 동사는 사용하지 않는다.

메서드 이름

메서드 이름은 동사나 동사구가 적합하다. postPayment, deletePage, save 등이 좋은 예다. 접근자Accessor, 변경자Mutator, 조건자Predicate는 javabean 표준[4]에 따라 값 앞에 get, set, is를 붙인다.

```
string name = employee.getName();
customer.setName("mike");
if (paycheck.isPosted())...
```

생성자Constructor를 중복정의overload할 때는 정적 팩토리 메서드를 사용한다. 메서드는 인수를 설명하는 이름을 사용한다. 예를 들어, 다음 두 예제를 살펴보자.

```
Complex fulcrumPoint = Complex.FromRealNumber(23.0);
```

위 코드가 아래 코드보다 좋다.

```
Complex fulcrumPoint = new Complex(23.0);
```

생성자 사용을 제한하려면 해당 생성자를 private로 선언한다.

기발한 이름은 피하라

이름이 너무 기발하면 저자와 유머 감각이 비슷한 사람만, 그리고 농담을 기억하는 동안만, 이름을 기억한다. HolyHandGrenade[5]라는 함수가 무엇을 하는지 알겠는가? 기발한 이름이지만 DeleteItems가 더 좋다. 재미난 이름보다 명료한 이름을 선택하라.

---

[4] http://www.oracle.com/technetwork/java/javase/documentation/spec-136004.html
[5] (옮긴이) HolyHandGernade는 《몬티 파이썬》에 나오는 가상의 무기(수류탄)이다.

간혹 프로그래머가 나름대로 재치를 발휘해 구어체나 속어를 이름으로 사용하는 사례가 있다. 예를 들어, kill() 대신에 whack() 이라 부르거나 Abort() 대신 eat MyShort()라 부른다. 특정 문화에
서만 사용하는 농담은 피하는 편이 좋다.

의도를 분명하고 솔직하게 표현하라.

한 개념에 한 단어를 사용하라

추상적인 개념 하나에 단어 하나를 선택해 이를 고수한다. 예를 들어, 똑같은 메서드를 클래스마다 fetch, retrieve, get으로 제각각 부르면 혼란스럽다. 어느 클래스에서 어느 이름을 썼는지 기억하기 어렵다. 안타깝게도 현실에서는 이름을 기억하기 위해, 라이브러리를 작성한 회사나 그룹이나 개인을 기억해야 하는 경우가 많다. 안 그러면 헤더와 과거 코드 예제를 살피느라 엄청난 시간을 소모하기 십상이다.

이클립스, 인텔리제이(IntelliJ) 등과 같은 최신 IDE는 문맥에 맞는 단서를 제공한다. 예를 들어, 객체를 사용하면 그 객체가 제공하는 메서드 목록을 보여준다. 하지만 목록은 보통 함수 이름과 매개변수만 보여줄 뿐 주석은 보여주지 않는다.[6] 운이 좋다면 매개변수 이름도 보여준다. 따라서 메서드 이름은 독자적이고 일관적이어야 한다. 그래야 주석을 뒤져보지 않고도 프로그래머가 올바른 메서드를 선택한다.

마찬가지로, 동일 코드 기반에 controller, manager, driver를 섞어 쓰면 혼란스럽다. DeviceManager와 ProtocolController는 근본적으로 어떻게 다른가? 어째서 둘 다 Controller가 아닌가? 어째서 둘 다 Manager가 아닌가? 정말 둘 다 Driver가 아닌가? 이름이 다르면 독자는 당연히 클래스도 다르고 타입도 다르리라 생각한다.

일관성 있는 어휘는 코드를 사용할 프로그래머가 반갑게 여길 선물이다.

---

6 (옮긴이) 요즘은 이클립스나 인텔리제이의 자동 완성 기능에서도 툴팁 형태로 관련 메서드에 대한 javadoc 내용을 보여준다.

말장난을 하지 마라

한 단어를 두 가지 목적으로 사용하지 마라. 다른 개념에 같은 단어를 사용한다면 그것은 말장난에 불과하다.

"한 개념에 한 단어를 사용하라"는 규칙을 따랐더니, 예를 들어, 여러 클래스에 add라는 메서드가 생겼다. 모든 add 메서드의 매개변수와 반환값이 의미적으로 똑같다면 문제가 없다.

하지만 때로는 프로그래머가 같은 맥락이 아닌데도 '일관성'을 고려해 add라는 단어를 선택한다. 예를 들어, 지금까지 구현한 add 메서드는 모두가 기존 값 두 개를 더하거나 이어서 새로운 값을 만든다고 가정하자. 새로 작성하는 메서드는 집합에 값 하나를 추가한다. 이 메서드를 add라 불러도 괜찮을까? add라는 메서드가 많으므로 일관성을 지키려면 add라 불러야 하지 않을까? 하지만 새 메서드는 기존 add 메서드와 맥락이 다르다. 그러므로 insert나 append라는 이름이 적당하다. 새 메서드를 add라 부른다면 이는 말장난이다.

프로그래머는 코드를 최대한 이해하기 쉽게 짜야 한다. 집중적인 탐구가 필요한 코드가 아니라 대충 훑어봐도 이해할 코드 작성이 목표다. 의미를 해독할 책임이 독자에게 있는 논문 모델이 아니라 의도를 밝힐 책임이 저자에게 있는 잡지 모델이 바람직하다.

해법 영역에서 가져온 이름을 사용하라

코드를 읽을 사람도 프로그래머라는 사실을 명심한다. 그러므로 전산 용어, 알고리즘 이름, 패턴 이름, 수학 용어 등을 사용해도 괜찮다. 모든 이름을 문제 영역domain에서 가져오는 정책은 현명하지 못하다. 같은 개념을 다른 이름으로 이해하던 동료들이 매번 고객에게 의미를 물어야하기 때문이다.

VISITOR 패턴에 친숙한 프로그래머는 AccountVisitor라는 이름을 금방 이해한다. JobQueue를 모르는 프로그래머가 있을까? 프로그래머에게 익숙한 기술 개념은 아주 많다. 기술 개념에는 기술 이름이 가장 적합한 선택이다.

문제 영역에서 가져온 이름을 사용하라

적절한 '프로그래머 용어'가 없다면 문제 영역에서 이름을 가져온다. 그러면 코드를 보수하는 프로그래머가 분야 전문가에게 의미를 물어 파악할 수 있다.

우수한 프로그래머와 설계자라면 해법 영역과 문제 영역을 구분할 줄 알아야 한다. 문제 영역 개념과 관련이 깊은 코드라면 문제 영역에서 이름을 가져와야 한다.

의미 있는 맥락을 추가하라

스스로 의미가 분명한 이름이 없지 않다. 하지만 대다수 이름은 그렇지 못하다. 그래서 클래스, 함수, 이름 공간에 넣어 맥락을 부여한다. 모든 방법이 실패하면 마지막 수단으로 접두어를 붙인다.

예를 들어, firstName, lastName, street, houseNumber, city, state, zipcode 라는 변수가 있다. 변수를 훑어보면 주소라는 사실을 금방 알아챈다. 하지만 어느 메서드가 state라는 변수 하나만 사용한다면? 변수 state가 주소 일부라는 사실을 금방 알아챌까?

addr라는 접두어를 추가해 addrFirstName, addrLastName, addrState라 쓰면 맥락이 좀 더 분명해진다. 변수가 좀 더 큰 구조에 속한다는 사실이 적어도 독자에게는 분명해진다. 물론 Address라는 클래스를 생성하면 더 좋다. 그러면 변수가 좀 더 큰 개념에 속한다는 사실이 컴파일러에게도 분명해진다.

목록 2-1에 나오는 메서드를 살펴보자. 변수에 좀 더 의미 있는 맥락이 필요할까? 함수 이름은 맥락 일부만 제공하며, 알고리즘이 나머지 맥락을 제공한다. 함수를 끝까지 읽어보고 나서야 number, verb, pluralModifier라는 변수 세 개가 '통계 추측guess statistics' 메시지에 사용된다는 사실이 드러난다. 불행히도 독자가 맥락을 유추해야만 한다. 그냥 메서드만 훑어서는 세 변수의 의미가 불분명하다.

목록 2-1 맥락이 불분명한 변수

```
private void printGuessStatistics(char candidate, int count) {
  String number;
  String verb;
  String pluralModifier;
  if (count == 0) {
    number = "no";
    verb = "are";
    pluralModifier = "s";
```

```
  } else if (count == 1) {
    number = "1";
    verb = "is";
    pluralModifier = "";
  } else {
    number = Integer.toString(count);
    verb = "are";
    pluralModifier = "s";
  }
  String guessMessage = String.format(
    "There %s %s %s%s", verb, number, candidate, pluralModifier
  );
  print(guessMessage);
}
```

일단 함수가 좀 길다. 그리고 세 변수를 함수 전반에서 사용한다. 함수를 작은 조각으로 쪼개고자 GuessStatisticsMessage라는 클래스를 만든 후 세 변수를 클래스에 넣었다. 그러면 세 변수는 맥락이 분명해진다. 즉, 세 변수는 **확실하게** GuessStatisticsMessage에 속한다. 이렇게 맥락을 개선하면 함수를 쪼개기가 쉬워지므로 알고리즘도 좀 더 명확해진다. 목록 2-2를 살펴보자.

목록 2-2 맥락이 분명한 변수

```
public class GuessStatisticsMessage {
  private String number;
  private String verb;
  private String pluralModifier;

  public String make(char candidate, int count) {
    createPluralDependentMessageParts(count);
    return String.format(
      "There %s %s %s%s",
        verb, number, candidate, pluralModifier );
  }

  private void createPluralDependentMessageParts(int count) {
    if (count == 0) {
      thereAreNoLetters();
    } else if (count == 1) {
      thereIsOneLetter();
    } else {
```

```
      thereAreManyLetters(count);
    }
  }

  private void thereAreManyLetters(int count) {
    number = Integer.toString(count);
    verb = "are";
    pluralModifier = "s";
  }

  private void thereIsOneLetter() {
    number = "1";
    verb = "is";
    pluralModifier = "";
  }

  private void thereAreNoLetters() {
    number = "no";
    verb = "are";
    pluralModifier = "s";
  }
}
```

불필요한 맥락을 없애라

'고급 휘발유 충전소 Gas Station Deluxe'라는 애플리케이션을 짠다고 가정하자. 모든 클래스 이름을 GSD로 시작하겠다는 생각은 전혀 바람직하지 못하다. 솔직히 긴 본대로 이 쑤시는 격이다. IDE에서 G를 입력하고 자동 완성 키를 누르면 IDE는 모든 클래스를 열거한다. 현명하지 못하다. IDE는 개발자를 지원하는 도구다. IDE를 방해할 이유는 없다.

비슷한 예로, GSD 회계 모듈에 MailingAddress 클래스를 추가하면서 GSDAccountAddress로 이름을 바꿨다. 나중에 다른 고객 관리 프로그램에서 고객 주소가 필요하다. GSDAccountAddress 클래스를 사용할까? 이름이 적절한가? 이름 17자 중 10자는 중복이거나 부적절하다.

일반적으로는 짧은 이름이 긴 이름보다 좋다. 단, 의미가 분명한 경우에 한해서다. 이름에 불필요한 맥락을 추가하지 않도록 주의한다.

accountAddress와 customerAddress는 Address 클래스 인스턴스로는 좋은

이름이나 클래스 이름으로는 적합하지 못하다. Address는 클래스 이름으로 적합하다. 포트 주소, MAC 주소, 웹 주소를 구분해야 한다면 PostalAddress, MAC, URI라는 이름도 괜찮겠다. 그러면 의미가 좀 더 분명해진다. 바로 이것이 이름을 붙이는 이유가 아니던가?

마치면서

좋은 이름을 선택하려면 설명 능력이 뛰어나야 하고 문화적인 배경이 같아야 한다. 이것이 제일 어렵다. 좋은 이름을 선택하는 능력은 기술, 비즈니스, 관리 문제가 아니라 교육 문제다. 우리 분야 사람들이 이름 짓는 방법을 제대로 익히지 못하는 이유가 바로 여기에 있다.

   사람들이 이름을 바꾸지 않으려는 이유 하나는 다른 개발자가 반대할까 두려워서다. 우리들 생각은 다르다. 오히려 (좋은 이름으로 바꿔주면) 반갑고 고맙다. 우리들 대다수는 자신이 짠 클래스 이름과 메서드 이름을 모두 암기하지 못한다. 암기는 요즘 나오는 도구에게 맡기고, 우리는 문장이나 문단처럼 읽히는 코드 아니면 (정보를 표시하는 최선의 방법이 항상 문장만은 아니므로) 적어도 표나 자료 구조처럼 읽히는 코드를 짜는 데만 집중해야 마땅하다. 여느 코드 개선 노력과 마찬가지로 이름 역시 나름대로 바꿨다가는 누군가 질책할지도 모른다. 그렇다고 코드를 개선하려는 노력을 중단해서는 안 된다.

   이 장에서 소개한 규칙 몇 개를 적용해 코드 가독성이 높아지는지 살펴보라. 다른 사람이 짠 코드를 손본다면 리팩터링 도구를 사용해 문제 해결 목적으로 이름을 개선하라. 단기적인 효과는 물론 장기적인 이익도 보장한다.

3
함수

프로그래밍 초창기에는 시스템을 루틴과 하위 루틴으로 나눴다. 포트란과 PL/1 시절에는 시스템을 프로그램, 하위 프로그램, 함수로 나눴다. 지금은 함수만 살아남았다. 어떤 프로그램이든 가장 기본적인 단위가 함수다. 이 장은 함수를 잘 만드는 법을 소개한다.

목록 3-1에 담긴 코드를 살펴보자. FitNesse[1]에서 긴 함수를 찾기는 어렵다. 하지만 한동안 조사한 끝에 다음 함수를 발견했다. 길이가 길 뿐만 아니라 중복된 코드에, 괴상한 문자열에, 낯설고 모호한 자료 유형과 API가 많다. 자, 3분을 줄 테니 코드를 살펴보기 바란다.

목록 3-1 HtmlUtil.java (FitNesse 20070619)

```java
public static String testableHtml(
  PageData pageData,
  boolean includeSuiteSetup
) throws Exception {
  WikiPage wikiPage = pageData.getWikiPage();
  StringBuffer buffer = new StringBuffer();
  if (pageData.hasAttribute("Test")) {
    if (includeSuiteSetup) {
      WikiPage suiteSetup =
        PageCrawlerImpl.getInheritedPage(
            SuiteResponder.SUITE_SETUP_NAME, wikiPage
        );
      if (suiteSetup != null) {
        WikiPagePath pagePath =
          suiteSetup.getPageCrawler().getFullPath(suiteSetup);
        String pagePathName = PathParser.render(pagePath);
        buffer.append("!include -setup .")
            .append(pagePathName)
            .append("\n");
      }
    }
    WikiPage setup =
      PageCrawlerImpl.getInheritedPage("SetUp", wikiPage);
    if (setup != null) {
      WikiPagePath setupPath =
        wikiPage.getPageCrawler().getFullPath(setup);
      String setupPathName = PathParser.render(setupPath);
      buffer.append("!include -setup .")
```

---

[1] 오픈 소스 테스트 도구다. 자세한 내용은 www.fitnesse.org를 참조.

```
            .append(setupPathName)
            .append("\n");
      }
  }
  buffer.append(pageData.getContent());
  if (pageData.hasAttribute("Test")) {
    WikiPage teardown =
      PageCrawlerImpl.getInheritedPage("TearDown", wikiPage);
    if (teardown != null) {
      WikiPagePath tearDownPath =
        wikiPage.getPageCrawler().getFullPath(teardown);
      String tearDownPathName = PathParser.render(tearDownPath);
      buffer.append("\n")
            .append("!include -teardown .")
            .append(tearDownPathName)
            .append("\n");
    }
    if (includeSuiteSetup) {
      WikiPage suiteTeardown =
        PageCrawlerImpl.getInheritedPage(
                SuiteResponder.SUITE_TEARDOWN_NAME,
                wikiPage
        );
      if (suiteTeardown != null) {
        WikiPagePath pagePath =
          suiteTeardown.getPageCrawler().getFullPath (suiteTeardown);
        String pagePathName = PathParser.render(pagePath);
        buffer.append("!include -teardown .")
              .append(pagePathName)
              .append("\n");
      }
    }
  }
  pageData.setContent(buffer.toString());
  return pageData.getHtml();
}
```

3분이 지났다. 코드를 이해하겠는가? 아마 아니리라. 추상화 수준도 너무 다양하고, 코드도 너무 길다. 두 겹으로 중첩된 if 문은 이상한 플래그를 확인하고, 이상한 문자열을 사용하며, 이상한 함수를 호출한다.

하지만 메서드 몇 개를 추출하고, 이름 몇 개를 변경하고, 구조를 조금 변경했더니 목록 3-2가 나왔다. 목록 3-2는 함수 의도를 코드 9줄로 표현한다. 자, 다시 3분을 줄 테니 코드를 살펴보자.

목록 3-2 HtmlUtil.java (리팩터링한 버전)

```
public static String renderPageWithSetupsAndTeardowns(
  PageData pageData, boolean isSuite
) throws Exception {
  boolean isTestPage = pageData.hasAttribute("Test");
  if (isTestPage) {
    WikiPage testPage = pageData.getWikiPage();
    StringBuffer newPageContent = new StringBuffer();
    includeSetupPages(testPage, newPageContent, isSuite);
    newPageContent.append(pageData.getContent());
    includeTeardownPages(testPage, newPageContent, isSuite);
    pageData.setContent(newPageContent.toString());
  }
  return pageData.getHtml();
}
```

FitNesse에 익숙하지 않은 이상 코드를 100% 이해하기는 어려우리라. 그래도 함수가 설정setup 페이지와 해제teardown 페이지를 테스트 페이지에 넣은 후 해당 테스트 페이지를 HTML로 렌더링한다는 사실은 짐작하리라. JUnit[2]에 익숙하다면 이 함수가 일종의 웹 기반 테스트 프레임워크에 속한다는 사실도 짐작하리라. 여러분 짐작이 옳다. 목록 3-1에서는 파악하기 어려웠던 정보가 목록 3-2에서는 쉽게 드러난다.

그렇다면 목록 3-2 함수가 읽기 쉽고 이해하기 쉬운 이유는 무엇일까? 의도를 분명히 표현하는 함수를 어떻게 구현할 수 있을까? 함수에 어떤 속성을 부여해야 처음 읽는 사람이 프로그램 내부를 직관적으로 파악할 수 있을까?

작게 만들어라!

함수를 만드는 첫째 규칙은 '작게!'다. 함수를 만드는 둘째 규칙은 '더 작게!'다. 이 규칙은 근거를 대기가 곤란하다. 함수가 작을수록 더 좋다는 증거나 자료를 제시하기도 어렵다. 하지만 나는 지난 40여년 동안 온갖 크기로 함수를 구현해 봤다. 거의 3,000줄에 육박하는 끔찍한 함수도 짰다. 100줄에서 300줄에 달하는

---

[2] 오픈 소스 단위 테스트 도구다. 자세한 내용은 www.junit.org를 참조.

함수도 많이 짰다. 20줄에서 30줄 정도인 함수도 짰다. 지금까지 경험을 바탕으로 그리고 오랜 시행착오를 바탕으로 나는 작은 함수가 좋다고 확신한다.

80년대에는 함수가 한 화면을 넘어가면 안된다고 말했다. 당시 VT100 화면은 가로 80자 세로 24줄이었고 우리 편집기는 4줄을 관리용으로 사용했다. 이제는 크고 좋은 모니터에 글꼴을 조절하면 한 화면에 가로 150자 세로 100줄도 들어간다. 가로 150자를 넘어서는 안 된다. 함수는 100줄을 넘어서는 안 된다. 아니 20줄도 길다.

그렇다면 얼마나 짧아야 좋을까? 1999년 나는 오레곤 주에 사는 켄트 벡을 방문했다. 우리는 같이 앉아 프로그램을 짰는데, 도중에 그가 Sparkle이라는 자그만 자바/스윙 프로그램을 보여줬다. 신데렐라 영화에서 요정 할머니가 휘두르는 마법의 지팡이처럼 화면에 반짝이를 뿌려주는 프로그램이었다. 마우스를 움직이면 커서를 따라가며 반짝이가 뿌려졌다. 뿌려진 반짝이는 중력이 적용되어 화면 아래로 서서히 떨어졌다. 켄트가 코드를 보여줬을 때 나는 함수가 너무도 작아 깜짝 놀랐다. 그때까지 나는 장황하게 긴 스윙 프로그램 함수에 익숙했다. 그런데 Sparkle은 모든 함수가 2줄, 3줄, 4줄 정도였다. 각 함수가 너무도 명백했다. 각 함수가 이야기 하나를 표현했다. 각 함수가 너무도 멋지게 다음 무대를 준비했다. 바로 이것이 답이다!³

함수가 얼마나 짧아야 하느냐고? 일반적으로 목록 3-2보다 짧아야 한다! 사실 목록 3-2는 목록 3-3으로 줄여야 마땅하다.

목록 3-3 HtmlUtil.java (re-refactored)

```
public static String renderPageWithSetupsAndTeardowns(
  PageData pageData, boolean isSuite) throws Exception {
  if (isTestPage(pageData))
    includeSetupAndTeardownPages(pageData, isSuite);
  return pageData.getHtml();
}
```

블록과 들여쓰기

다시 말해, if 문/else 문/while 문 등에 들어가는 블록은 한 줄이어야 한다는 의

---

3 나는 켄트에게 그 프로그램을 아직도 가지고 있는지 물었는데 켄트는 찾지 못했다. 나 역시 옛날 컴퓨터를 모두 뒤졌지만 찾지 못했다. 현재로서는 내 기억만 남았다.

미다. 대개 거기서 함수를 호출한다. 그러면 바깥을 감싸는 함수enclosing function 가 작아질 뿐 아니라, 블록 안에서 호출하는 함수 이름을 적절히 짓는다면, 코드를 이해하기도 쉬워진다.

이 말은 중첩 구조가 생길만큼 함수가 커져서는 안 된다는 뜻이다. 그러므로 함수에서 들여쓰기 수준은 1단이나 2단을 넘어서면 안 된다. 당연한 말이지만, 그래야 함수는 읽고 이해하기 쉬워진다.

한 가지만 해라!

목록 3-1은 여러 가지를 처리한다. 버퍼를 생성하고, 페이지를 가져오고, 상속된 페이지를 검색하고, 경로를 렌더링하고, 불가사의한 문자열을 덧붙이고, HTML을 생성한다. 목록 3-1은 여러 가지를 처리하느라 아주 바쁘다. 반면 목록 3-3은 한 가지만 처리한다. 설정 페이지와 해제 페이지를 테스트 페이지에 넣는다.

다음은 지난 30여년 동안 여러 가지 다양한 표현으로 프로그래머들에게 주어진 충고다.

> **함수는 한 가지를 해야 한다. 그 한 가지를 잘 해야 한다. 그 한 가지만을 해야 한다.**

이 충고에서 문제라면 그 '한 가지'가 무엇인지 알기가 어렵다는 점이다. 목록 3-3은 한 가지만 하는가? 세 가지를 한다고 주장할 수도 있다.

1. 페이지가 테스트 페이지인지 판단한다.
2. 그렇다면 설정 페이지와 해제 페이지를 넣는다.
3. 페이지를 HTML로 렌더링한다.

그렇다면 어느 쪽인가? 목록 3-3은 한 가지만 하는가? 아니면 세 가지를 하는가? 위에서 언급하는 세 단계는 지정된 함수 이름 아래에서 추상화 수준이 하나다. 함수는 간단한 TO[4] 문단으로 기술할 수 있다.

> TO RenderPageWithSetupsAndTeardowns, 페이지가 테스트 페이지인지 확인한 후 테스트 페이지라면 설정 페이지와 해제 페이지를 넣는다. 테스트 페이지든 아니든 페이지를 HTML로 렌더링한다.

지정된 함수 이름 아래에서 추상화 수준이 하나인 단계만 수행한다면 그 함수는 한 가지 작업만 한다. 어쨌거나 우리가 함수를 만드는 이유는 큰 개념을 (다시 말해, 함수 이름을) 다음 추상화 수준에서 여러 단계로 나눠 수행하기 위해서가 아니던가.

목록 3-1은 다양한 추상화 수준에서 여러 단계를 처리한다. 그러므로 함수는 여러 작업을 한다. 목록 3-2도 추상화 수준이 둘이다. 그래서 목록 3-3으로 축소가 가능했다. 하지만 의미를 유지하면서 목록 3-3을 더 이상 줄이기란 불가능하다. if 문을 includeSetupsAndTeardownsIfTestPate라는 함수로 만든다면 똑같은 내용을 다르게 표현할 뿐 추상화 수준은 바뀌지 않는다.

따라서, 함수가 '한 가지'만 하는지 판단하는 방법이 하나 더 있다. 단순히 다른 표현이 아니라 의미 있는 이름으로 다른 함수를 추출할 수 있다면 그 함수는 여러 작업을 하는 셈이다.[G34]

함수 내 섹션

90쪽 목록 4-7을 살펴본다. generatePrimes 함수는 *declarations*, *initializations*, *sieve*라는 세 섹션으로 나눠진다. 한 함수에서 여러 작업을 한다는 증거다. 한 가지 작업만 하는 함수는 자연스럽게 섹션으로 나누기 어렵다.

함수당 추상화 수준은 하나로!

함수가 확실히 '한 가지' 작업만 하려면 함수 내 모든 문장의 추상화 수준이 동일

---

4 LOGO 언어에서 사용하는 키워드 'TO'는 루비나 파이썬에서 사용하는 'def'와 똑같다. LOGO에서 모든 함수는 키워드 'TO'로 시작한다. 이는 함수를 설계하는 방식에 흥미로운 영향을 미쳤다.

해야 한다. 목록 3-1은 이 규칙을 확실히 위반한다. getHtml()은 추상화 수준이 아주 높다. 반면, String pagePathName = PathParser.render(pagepath);는 추상화 수준이 중간이다. 그리고 .append("\n")와 같은 코드는 추상화 수준이 아주 낮다.

한 함수 내에 추상화 수준을 섞으면 코드를 읽는 사람이 헷갈린다. 특정 표현이 근본 개념인지 아니면 세부사항인지 구분하기 어려운 탓이다. 하지만 문제는 이 정도로 그치지 않는다. 근본 개념과 세부사항을 뒤섞기 시작하면, 깨어진 창문처럼 사람들이 함수에 세부사항을 점점 더 추가한다.

위에서 아래로 코드 읽기: 내려가기 규칙

코드는 위에서 아래로 이야기[5]처럼 읽혀야 좋다. 한 함수 다음에는 추상화 수준이 한 단계 낮은 함수가 온다. 즉, 위에서 아래로 프로그램을 읽으면 함수 추상화 수준이 한 번에 한 단계씩 낮아진다. 나는 이것을 **내려가기** 규칙이라 부른다.

다르게 표현하면, 일련의 TO 문단을 읽듯이 프로그램이 읽혀야 한다는 의미다. 여기서 각 TO 문단은 현재 추상화 수준을 설명하며 이어지는 아래 단계 TO 문단을 참고한다.[6]

> TO 설정 페이지와 해제 페이지를 포함하려면, 설정 페이지를 포함하고, 테스트 페이지 내용을 포함하고, 해제 페이지를 포함한다.
>> TO 설정 페이지를 포함하려면, 슈트이면 슈트 설정 페이지를 포함한 후 일반 설정 페이지를 포함한다.
>>> TO 슈트 설정 페이지를 포함하려면, 부모 계층에서 "SuiteSetUp" 페이지를 찾아 include 문과 페이지 경로를 추가한다.
>>>> TO 부모 계층을 검색하려면, ……

하지만 추상화 수준이 하나인 함수를 구현하기란 쉽지 않다. 많은 프로그래머가 곤란을 겪는다. 그렇지만 매우 중요한 규칙이다. 핵심은 짧으면서도 '한 가지'만 하는 함수다. 위에서 아래로 TO 문단을 읽어내려 가듯이 코드를 구현하면 추상

---

[5] [KP78] 37쪽

[6] (옮긴이) LOGO 키워드인 TO는 영어로 '~ 하려면'의 의미도 된다.

화 수준을 일관되게 유지하기가 쉬워진다.

이 장 마지막에 나오는 목록 3-7을 살펴보자. 여기서 설명한 원칙을 사용해 testableHtml 함수를 완전히 재구성했다. 코드를 살펴보면 각 함수는 다음 함수를 소개한다. 또한 각 함수는 일정한 추상화 수준을 유지한다.

Switch 문

switch 문은 작게 만들기 어렵다.7 case 분기가 단 두 개인 switch 문도 내 취향에는 너무 길며, 단일 블록이나 함수를 선호한다. 또한 '한 가지' 작업만 하는 switch 문도 만들기 어렵다. 본질적으로 switch 문은 N가지를 처리한다. 불행하게도 switch 문을 완전히 피할 방법은 없다. 하지만 각 switch 문을 저차원 클래스에 숨기고 절대로 반복하지 않는 방법은 있다. 물론 다형성polymorphism을 이용한다.

목록 3-4를 살펴보자. 직원 유형에 따라 다른 값을 계산해 반환하는 함수다.

목록 3-4 Payroll.java

```
public Money calculatePay(Employee e)
throws InvalidEmployeeType {
  switch (e.type) {
    case COMMISSIONED:
      return calculateCommissionedPay(e);
    case HOURLY:
      return calculateHourlyPay(e);
    case SALARIED:
      return calculateSalariedPay(e);
    default:
      throw new InvalidEmployeeType(e.type);
  }
}
```

위 함수에는 몇 가지 문제가 있다. 첫째, 함수가 길다. 새 직원 유형을 추가하면 더 길어진다. 둘째, '한 가지' 작업만 수행하지 않는다. 셋째, SRP Single Responsibility Principle 8를 위반한다. 코드를 변경할 이유가 여럿이기 때문이다. 네째, OCP Open

---

7 당연히 if/else가 여럿 이어지는 구문도 포함한다.

8 a. http://en.wikipedia.org/wiki/Single_responsibility_principle
   b. http://www.objectmentor.com/resources/articles/srp.pdf

Closed Principle9를 위반한다. 새 직원 유형을 추가할 때마다 코드를 변경하기 때문이다. 하지만 아마 가장 심각한 문제라면 위 함수와 구조가 동일한 함수가 무한정 존재한다는 사실이다. 예를 들어, 다음과 같은 함수가 가능하다.

isPayday(Employee e, Date date);

혹은

deliverPay(Employee e, Money pay);

가능성은 무한하다. 그리고 모두가 똑같이 유해한 구조다.

이 문제를 해결한 코드가 목록 3-5다. 목록 3-5는 switch 문을 추상 팩토리 ABSTRACT FACTORY10에 꽁꽁 숨긴다. 아무에게도 보여주지 않는다. 팩토리는 switch 문을 사용해 적절한 Employee 파생 클래스의 인스턴스를 생성한다. calculatePay, isPayday, deliverPay 등과 같은 함수는 Employee 인터페이스를 거쳐 호출된다. 그러면 다형성으로 인해 실제 파생 클래스의 함수가 실행된다.

목록 3-5 Employee and Factory

```
public abstract class Employee {
  public abstract boolean isPayday();
  public abstract Money calculatePay();
  public abstract void deliverPay(Money pay);
}
---------------
public interface EmployeeFactory {
  public Employee makeEmployee(EmployeeRecord r) throws InvalidEmployeeType;
}
---------------
public class EmployeeFactoryImpl implements EmployeeFactory {
  public Employee makeEmployee(EmployeeRecord r) throws InvalidEmployeeType {
    switch (r.type) {
      case COMMISSIONED:
        return new CommissionedEmployee(r) ;
      case HOURLY:
        return new HourlyEmployee(r);
      case SALARIED:
```

9 a. http://en.wikipedia.org/wiki/Open/closed_principle
   b. http://www.objectmentor.com/resources/articles/ocp.pdf

10 [GOF]

```
      return new SalariedEmployee(r);
    default:
      throw new InvalidEmployeeType(r.type);
  }
 }
}
```

일반적으로 나는 switch 문을 단 한 번만 참아준다. 다형적 객체를 생성하는 코드 안에서다. 이렇게 상속 관계로 숨긴 후에는 절대로 다른 코드에 노출하지 않는다.[G23] 물론 불가피한 상황도 생긴다. 나 자신도 이 규칙을 위반한 경험이 여러 번 있다.

서술적인 이름을 사용하라!

목록 3-7에서 나는 예제 함수 이름 testableHtml을 SetupTeardownIncluder. render로 변경했다. 함수가 하는 일을 좀 더 잘 표현하므로 훨씬 좋은 이름이다. 그리고 나는 private 함수에도 isTestable, includesetupAndTeardownPages 등과 같이 서술적인 이름을 지었다. 좋은 이름이 주는 가치는 아무리 강조해도 지나치지 않다. 워드가 말했던 원칙을 기억하는가? "코드를 읽으면서 짐작했던 기능을 각 루틴이 그대로 수행한다면 깨끗한 코드라 불러도 되겠다." 한 가지만 하는 작은 함수에 좋은 이름을 붙인다면 이런 원칙을 달성함에 있어 이미 절반은 성공했다. 함수가 작고 단순할수록 서술적인 이름을 고르기도 쉬워진다.

 이름이 길어도 괜찮다. 겁먹을 필요없다. 길고 서술적인 이름이 짧고 어려운 이름보다 좋다. 길고 서술적인 이름이 길고 서술적인 주석보다 좋다. 함수 이름을 정할 때는 여러 단어가 쉽게 읽히는 명명법을 사용한다. 그런 다음, 여러 단어를 사용해 함수 기능을 잘 표현하는 이름을 선택한다.

 이름을 정하느라 시간을 들여도 괜찮다. 이런저런 이름을 넣어 코드를 읽어보면 더 좋다. 이클립스나 인텔리제이 같은 최신 IDE에서 이름 바꾸기는 식은 죽 먹기다. IDE를 사용해 이런저런 이름을 시도한 후 최대한 서술적인 이름을 골라도 좋겠다.

 서술적인 이름을 사용하면 개발자 머릿속에서도 설계가 뚜렷해지므로 코드를 개선하기 쉬워진다. 좋은 이름을 고른 후 코드를 더 좋게 재구성하는 사례도 없지 않다.

이름을 붙일 때는 일관성이 있어야 한다. 모듈 내에서 함수 이름은 같은 문구, 명사, 동사를 사용한다. includeSetupAndTeardownPages, includeSetupPages, includeSuiteSetupPage, includeSetupPage 등이 좋은 예다. 문체가 비슷하면 이야기를 순차적으로 풀어가기도 쉬워진다. 방금 열거한 함수를 살펴보라. 당장 이런 질문이 떠오르리라. "includeTeardownPages, includeSuiteTeardownPage, includeTeardownPage도 있나요?" 당연하다. '짐작하는 대로'다.

함수 인수

함수에서 이상적인 인수 개수는 0개(무항)다. 다음은 1개(단항)고, 다음은 2개(이항)다. 3개(삼항)는 가능한 피하는 편이 좋다. 4개 이상(다항)은 특별한 이유가 필요하다. 특별한 이유가 있어도 사용하면 안 된다.

인수는 어렵다. 인수는 개념을 이해하기 어렵게 만든다. 이것이 내가 우리 예제에서 인수를 거의 없앤 이유다. 예를 들어, 목록 3-7에서 StringBuffer를 살펴보자. 인스턴스 변수로 선언하는 대신 함수 인수로 넘기는 방법도 있었다. 하지만 그랬다면 코드를 읽는 사람이 StringBuffer를 발견할 때마다 의미를 해석해야 한다. 코드를 읽는 사람에게는 includeSetupPageInto(newPageContent)보다 includeSetupPage()가 이해하기 더 쉽다. includeSetupPageInto(newPageContent)는 함수 이름과 인수 사이에 추상화 수준이 다르다. 게다가 코드를 읽는 사람이 현 시점에서 별로 중요하지 않은 세부사항, 즉 StringBuffer를 알아야 한다.

테스트 관점에서 보면 인수는 더 어렵다. 갖가지 인수 조합으로 함수를 검증하는 테스트 케이스를 작성한다고 상상해보라! 인수가 없다면 간단하다. 인수가 하나라도 괜찮다. 인수가 2개면 조금 복잡해진다. 인수가 3개를 넘어가면 인수마다 유효한 값으로 모든 조합을 구성해 테스트하기가 상당히 부담스러워진다.

출력 인수는 입력 인수보다 이해하기 어렵다. 흔히 우리는 함수에다 인수로 입력을 넘기고 반환값으로 출력을 받는다는 개념에 익숙하다. 대개 함수에서 인수로 결과를 받으리라 기대하지 않는다. 그래서 출력 인수는 독자가 허둥지둥 코드를 재차 확인하게 만든다.

최선은 입력 인수가 없는 경우이며, 차선은 입력 인수가 1개뿐인 경우다. SetupTeardownIncluder.render(pageData)는 이해하기 아주 쉽다. pageData 객체 내용을 렌더링render하겠다는 뜻이다.

많이 쓰는 단항 형식

함수에 인수 1개를 넘기는 이유로 가장 흔한 경우는 두 가지다. 하나는 인수에 질문을 던지는 경우다. boolean fileExists("MyFile")이 좋은 예다. 다른 하나는 인수를 뭔가로 변환해 결과를 반환하는 경우다. InputStream fileOpen("MyFile")은 String 형의 파일 이름을 InputStream으로 변환한다. 이들 두 경우는 독자가 당연하게 받아들인다. 함수 이름을 지을 때는 두 경우를 분명히 구분한다. 또한 언제나 일관적인 방식으로 두 형식을 사용한다. (56 "명령과 조회를 분리하라!" 참조)

다소 드물게 사용하지만 그래도 아주 유용한 단항 함수 형식이 이벤트다. 이벤트 함수는 입력 인수만 있다. 출력 인수는 없다. 프로그램은 함수 호출을 이벤트로 해석해 입력 인수로 시스템 상태를 바꾼다. passwordAttemptFailedNtimes(int attempts)가 좋은 예다. 이벤트 함수는 조심해서 사용한다. 이벤트라는 사실이 코드에 명확히 드러나야 한다. 그러므로 이름과 문맥을 주의해서 선택한다.

지금까지 설명한 경우가 아니라면 단항 함수는 가급적 피한다. 예를 들어, void includeSetupPageInto(StringBuffer pageText)는 피한다. 변환 함수에서 출력 인수를 사용하면 혼란을 일으킨다. 입력 인수를 변환하는 함수라면 변환 결과는 반환값으로 돌려준다. StringBuffer transform(StringBuffer in)이 void transform(StringBuffer out)보다 좋다. StringBuffer transform(StringBuffer in)이 입력 인수를 그대로 돌려주는 함수라 할지라도 변환 함수 형식을 따르는 편이 좋다. 적어도 변환 형태는 유지하기 때문이다.

플래그 인수

플래그 인수는 추하다. 함수로 부울 값을 넘기는 관례는 정말로 끔찍하다. 왜냐고? 함수가 한꺼번에 여러 가지를 처리한다고 대놓고 공표하는 셈이니까! 플래그가 참이면 이걸 하고 거짓이면 저걸 한다는 말이니까!

목록 3-7은 별 도리가 없었다. 이미 위에서 플래그를 넘기는 데다 예제 함수 아래로만 구조를 조정했기 때문이다. 그래도 render(true)라는 코드는 헷갈리기 십상이다. IDE에서 코드 위로 커서를 가져가면 render(boolean isSuite)라는 정보가 뜨지만 그다지 큰 도움은 안 된다. 원래는 renderForSuite()와 renderForSingleTest()라는 함수로 나눠야 마땅하다.

이항 함수

인수가 2개인 함수는 인수가 1개인 함수보다 이해하기 어렵다. 예를 들어, writeField(name)는 writeField(outputStream, name)[11]보다 이해하기 쉽다. 둘 다 의미는 명백하지만 전자가 더 쉽게 읽히고 더 빨리 이해된다. 후자는 잠시 주춤하며 첫 인수를 무시해야 한다는 사실을 깨닫는 시간이 필요하다. 그리고 바로 그 사실이 결국은 문제를 일으킨다. 왜냐고? 어떤 코드든 절대로 무시하면 안 되니까. 무시한 코드에 오류가 숨어드니까.

물론 이항 함수가 적절한 경우도 있다. Point p = new Point(0, 0)가 좋은 예다. 직교 좌표계 점은 일반적으로 인수 2개를 취한다. 코드가 new Point(0)라면 오히려 더 놀라리라! 하지만 여기서 인수 2개는 한 값을 표현하는 두 요소다. 두 요소에는 자연적인 순서도 있다. 반면 outputStream과 name은 한 값을 표현하지도, 자연적인 순서가 있지도 않다.

심지어 아주 당연하게 여겨지는 이항 함수 assertEquals(expected, actual)에도 문제가 있다. expected 인수에 actual 값을 집어넣는 실수가 얼마나 많던가? 두 인수는 자연적인 순서가 없다. expected 다음에 actual이 온다는 순서를 인위적으로 기억해야 한다.

이항 함수가 무조건 나쁘다는 소리는 아니다. 프로그램을 짜다보면 불가피한 경우도 생긴다. 하지만 그만큼 위험이 따른다는 사실을 이해하고 가능하면 단항

---

11 방금 이항 형식을 사용하는 모듈을 개선했다. outputStream을 클래스 필드로 만들고 writeField 호출을 단항 함수로 만들었다. 결과적으로 코드는 훨씬 더 깨끗해졌다.

함수로 바꾸도록 애써야 한다. 예를 들어, writeField 메서드를 outputStream 클래스 구성원으로 만들어 outputStream.writeField(name)으로 호출한다. 아니면 outputStream을 현재 클래스 구성원 변수로 만들어 인수로 넘기지 않는다. 아니면 FieldWriter라는 새 클래스를 만들어 구성자에서 outputStream을 받고 write 메서드를 구현한다.

삼항 함수

인수가 3개인 함수는 인수가 2개인 함수보다 훨씬 더 이해하기 어렵다. 순서, 주춤, 무시로 야기되는 문제가 두 배 이상 늘어난다. 그래서 삼항 함수를 만들 때는 신중히 고려하라 권고한다.

예를 들어, assertEquals(message, expected, actual)이라는 함수를 살펴보자. 첫 인수가 expected라고 예상하지 않았는가? 나는 수없이 멈칫하고 주춤했다. 사실은 **매번 함수를 볼 때마다** 주춤했다가 message를 무시해야 한다는 사실을 상기했다.

반면 assertEquals(1.0, amount, .001)은 그리 음험하지 않은 삼항 함수다. 여전히 주춤하게 되지만 그만한 가치가 충분하다. 부동소수점 비교가 상대적이라는 사실은 언제든 주지할 중요한 사항이다.

인수 객체

인수가 2-3개 필요하다면 일부를 독자적인 클래스 변수로 선언할 가능성을 짚어본다. 예를 들어, 다음 두 함수를 살펴보자.

```
Circle makeCircle(double x, double y, double radius);
Circle makeCircle(Point center, double radius);
```

객체를 생성해 인수를 줄이는 방법이 눈속임이라 여겨질지 모르지만 그렇지 않다. 위 예제에서 x와 y를 묶었듯이 변수를 묶어 넘기려면 이름을 붙여야 하므로 결국은 개념을 표현하게 된다.

인수 목록

때로는 인수 개수가 가변적인 함수도 필요하다. String.format 메서드가 좋은 예다.

```
String.format("%s worked %.2f hours.", name, hours);
```

위 예제처럼 가변 인수 전부를 동등하게 취급하면 List 형 인수 하나로 취급할 수 있다. 이런 논리로 따져보면 String.format은 사실상 이항 함수다. 실제로 String.format 선언부를 살펴보면 이항 함수라는 사실이 분명히 드러난다.

```
public String format(String format, Object... args)
```

가변 인수를 취하는 모든 함수에 같은 원리가 적용된다. 가변 인수를 취하는 함수는 단항, 이항, 삼항 함수로 취급할 수 있다. 하지만 이를 넘어서는 인수를 사용할 경우에는 문제가 있다.

```
void monad(Integer... args);
void dyad(String name, Integer... args);
void triad(String name, int count, Integer... args);
```

동사와 키워드

함수의 의도나 인수의 순서와 의도를 제대로 표현하려면 좋은 함수 이름이 필수다. 단항 함수는 함수와 인수가 동사/명사 쌍을 이뤄야 한다. 예를 들어, write(name)은 누구나 곧바로 이해한다. '이름name'이 무엇이든 '쓴다write'는 뜻이다. 좀 더 나은 이름은 writeField(name)이다. 그러면 '이름name'이 '필드field'라는 사실이 분명히 드러난다.

  마지막 예제는 함수 이름에 키워드를 추가하는 형식이다. 즉, 함수 이름에 인수 이름을 넣는다. 예를 들어, assertEquals보다 assertExpectedEqualsActual (expected, actual)이 더 좋다. 그러면 인수 순서를 기억할 필요가 없어진다.

부수 효과를 일으키지 마라!

부수 효과는 거짓말이다. 함수에서 한 가지를 하겠다고 약속하고선 **남몰래 다른**

짓도 하니까. 때로는 예상치 못하게 클래스 변수를 수정한다. 때로는 함수로 넘어온 인수나 시스템 전역 변수를 수정한다. 어느 쪽이든 교활하고 해로운 거짓말이다. 많은 경우 시간적인 결합temporal coupling이나 순서 종속성order dependency을 초래한다.

목록 3-6을 살펴보자. 아주 무해하게 보이는 함수다. 함수는 표준 알고리즘을 사용해 userName과 password를 확인한다. 두 인수가 올바르면 true를 반환하고 아니면 false를 반환한다. 하지만 함수는 부수 효과를 일으킨다. 보이는가?

목록 3-6 UserValidator.java

```java
public class UserValidator {
  private Cryptographer cryptographer;

  public boolean checkPassword(String userName, String password) {
    User user = UserGateway.findByName(userName);
    if (user != User.NULL) {
      String codedPhrase = user.getPhraseEncodedByPassword();
      String phrase = cryptographer.decrypt(codedPhrase, password);
      if ("Valid Password".equals(phrase)) {
        Session.initialize();
        return true;
      }
    }
    return false;
  }
}
```

여기서, 함수가 일으키는 부수 효과는 Session.initialize() 호출이다. checkPassword 함수는 이름 그대로 암호를 확인한다. 이름만 봐서는 세션을 초기화한다는 사실이 드러나지 않는다. 그래서 함수 이름만 보고 함수를 호출하는 사용자는 사용자를 인증하면서 기존 세션 정보를 지워버릴 위험에 처한다.

이런 부수 효과가 시간적인 결합을 초래한다. 즉, checkPassword 함수는 특정 상황에서만 호출이 가능하다. 다시 말해, 세션을 초기화해도 괜찮은 경우에만 호출이 가능하다. 자칫 잘못 호출하면 의도하지 않게 세션 정보가 날아간다. 시간적인 결합은 혼란을 일으킨다. 특히 부수 효과로 숨겨진 경우에는 더더욱 혼란이 커진다. 만약 시간적인 결합이 필요하다면 함수 이름에 분명히 명시한

3장 함수   55

다. 목록 3-6은 checkPasswordAndInitializeSession이라는 이름이 훨씬 좋다. 물론 함수가 '한 가지'만 한다는 규칙을 위반하지만.

출력 인수

일반적으로 우리는 인수를 함수 **입력**으로 해석한다. 어느 정도 프로그래밍 경력이 쌓였다면 인수를 출력으로 사용하는 함수에 어색함을 느끼리라. 예를 들어, 다음 함수를 보자.

```
appendFooter(s);
```

이 함수는 무언가에 s를 바닥글로 첨부할까? 아니면 s에 바닥글을 첨부할까? 인수 s는 입력일까 출력일까? 함수 선언부를 찾아보면 분명해진다.

```
public void appendFooter(StringBuffer report)
```

인수 s가 출력 인수라는 사실은 분명하지만 함수 선언부를 찾아보고 나서야 알았다. 함수 선언부를 찾아보는 행위는 코드를 보다가 주춤하는 행위와 동급이다. 인지적으로 거슬린다는 뜻이므로 피해야 한다.

    객체 지향 프로그래밍이 나오기 전에는 출력 인수가 불가피한 경우도 있었다. 하지만 객체 지향 언어에서는 출력 인수를 사용할 필요가 거의 없다. 출력 인수로 사용하라고 설계한 변수가 바로 this이기 때문이다. 다시 말해, appendFooter는 다음과 같이 호출하는 방식이 좋다.

```
report.appendFooter()
```

일반적으로 출력 인수는 피해야 한다. 함수에서 상태를 변경해야 한다면 함수가 속한 객체 상태를 변경하는 방식을 택한다.

명령과 조회를 분리하라!

함수는 뭔가를 수행하거나 뭔가에 답하거나 둘 중 하나만 해야 한다. 둘 다 하면 안 된다. 객체 상태를 변경하거나 아니면 객체 정보를 반환하거나 둘 중 하나다. 둘 다 하면 혼란을 초래한다. 예를 들어, 다음 함수를 살펴보자.

```
public boolean set(String attribute, String value);
```

이 함수는 이름이 attribute인 속성을 찾아 값을 value로 설정한 후 성공하면 true를 반환하고 실패하면 false를 반환한다. 그래서 다음과 같이 괴상한 코드가 나온다.

```
if (set("username", "unclebob"))...
```

독자 입장에서 코드를 읽어보자. 무슨 뜻일까? "username"이 "unclebob"으로 설정되어 있는지 확인하는 코드인가? 아니면 "username"을 "unclebob"으로 설정하는 코드인가? 함수를 호출하는 코드만 봐서는 의미가 모호하다. "set"이라는 단어가 동사인지 형용사인지 분간하기 어려운 탓이다.

    함수를 구현한 개발자는 "set"을 동사로 의도했다. 하지만 if 문에 넣고 보면 형용사로 느껴진다. 그래서 if 문은 "username 속성이 unclebob으로 설정되어 있다면……"으로 읽힌다. "username을 unclebob으로 설정하는데 성공하면……"으로 읽히지 않는다. set이라는 함수 이름을 setAndCheckIfExists라고 바꾸는 방법도 있지만 if 문에 넣고 보면 여전히 어색하다. 진짜 해결책은 명령과 조회를 분리해 혼란을 애초에 뿌리뽑는 방법이다.

```
if (attributeExists("username")) {
  setAttribute("username", "unclebob");
  ...
}
```

오류 코드보다 예외를 사용하라!

명령 함수에서 오류 코드를 반환하는 방식은 명령/조회 분리 규칙을 미묘하게 위반한다. 자칫하면 if 문에서 명령을 표현식으로 사용하기 쉬운 탓이다.

```
if (deletePage(page) == E_OK)
```

위 코드는 동사/형용사 혼란을 일으키지 않는 대신 여러 단계로 중첩되는 코드를 야기한다. 오류 코드를 반환하면 호출자는 오류 코드를 곧바로 처리해야 한다는 문제에 부딪힌다.

```
if (deletePage(page) == E_OK) {
  if (registry.deleteReference(page.name) == E_OK) {
    if (configKeys.deleteKey(page.name.makeKey()) == E_OK){
      logger.log("page deleted");
    } else {
      logger.log("configKey not deleted");
    }
  } else {
    logger.log("deleteReference from registry failed");
  }
} else {
  logger.log("delete failed");
  return E_ERROR;
}
```

반면 오류 코드 대신 예외를 사용하면 오류 처리 코드가 원래 코드에서 분리되므로 코드가 깔끔해진다.

```
try {
  deletePage(page);
  registry.deleteReference(page.name);
  configKeys.deleteKey(page.name.makeKey());
}
catch (Exception e) {
  logger.log(e.getMessage());
}
```

Try/Catch 블록 뽑아내기

try/catch 블록은 원래 추하다. 코드 구조에 혼란을 일으키며, 정상 동작과 오류 처리 동작을 뒤섞는다. 그러므로 try/catch 블록을 별도 함수로 뽑아내는 편이 좋다.

```
public void delete(Page page) {
  try {
    deletePageAndAllReferences(page);
  }
  catch (Exception e) {
    logError(e);
  }
}
```

```
private void deletePageAndAllReferences(Page page) throws Exception {
  deletePage(page);
  registry.deleteReference(page.name);
  configKeys.deleteKey(page.name.makeKey());
}

private void logError(Exception e) {
  logger.log(e.getMessage());
}
```

위에서 delete 함수는 모든 오류를 처리한다. 그래서 코드를 이해하기 쉽다. 한 번 훑어보고 넘어가면 충분하다. 실제로 페이지를 제거하는 함수는 deletePageAndAllReferences다. deletePageAndAllReferences 함수는 예외를 처리하지 않는다. 이렇게 정상 동작과 오류 처리 동작을 분리하면 코드를 이해하고 수정하기 쉬워진다.

오류 처리도 한 가지 작업이다.

함수는 '한 가지' 작업만 해야 한다. 오류 처리도 '한 가지' 작업에 속한다. 그러므로 오류를 처리하는 함수는 오류만 처리해야 마땅하다. (위 예제에서 보았듯이) 함수에 키워드 try가 있다면 함수는 try 문으로 시작해 catch/finally 문으로 끝나야 한다는 말이다.

Error.java 의존성 자석

오류 코드를 반환한다는 이야기는, 클래스든 열거형 변수든, 어디선가 오류 코드를 정의한다는 뜻이다.

```
public enum Error {
  OK,
  INVALID,
  NO_SUCH,
  LOCKED,
  OUT_OF_RESOURCES,
  WAITING_FOR_EVENT;
}
```

위와 같은 클래스는 의존성 자석magnet이다. 다른 클래스에서 Error enum을 import해 사용해야 하므로. 즉, Error enum이 변한다면 Error enum을 사용하는 클래스 전부를 다시 컴파일하고 다시 배치해야 한다.12 그래서 Error 클래스 변경이 어려워진다. 프로그래머는 재컴파일/재배치가 번거롭기에 새 오류 코드를 정의하고 싶지 않다. 그래서 새 오류 코드를 추가하는 대신 기존 오류 코드를 재사용한다.

오류 코드 대신 예외를 사용하면 새 예외는 Exception 클래스에서 파생된다. 따라서 재컴파일/재배치 없이도 새 예외 클래스를 추가할 수 있다.13

반복하지 마라!14

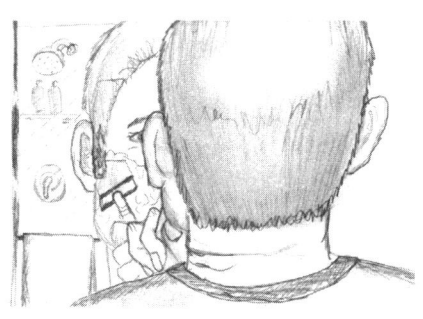

목록 3-1을 주의해서 읽어보면 네 번이나 반복되는 알고리즘이 보인다. 알고리즘 하나가 SetUp, Suite SetUp, TearDown, SuiteTearDown 에서 반복된다. 다른 코드와 섞이면서 모양새가 조금씩 달라진 탓에 중복이 금방 드러나지는 않는다. 그래도 중복은 문제다. 코드 길이가 늘어날 뿐 아니라 알고리즘이 변하면 네 곳이나 손봐야 하니까. 게다가 어느 한곳이라도 빠뜨리는 바람에 오류가 발생할 확률도 네 배나 높다.

목록 3-7은 include 방법으로 중복을 없앤다. 코드를 다시 한 번 읽어본다. 중복을 없앴더니 모듈 가독성이 크게 높아졌다는 사실을 깨달으리라.

어쩌면 중복은 소프트웨어에서 모든 악의 근원이다. 많은 원칙과 기법이 중복을 없애거나 제어할 목적으로 나왔다. 예를 들어, E. F. 커드E. F. Codd는 자료에서 중복을 제거할 목적으로 관계형 데이터베이스에 정규 형식을 만들었다. 객체 지향 프로그래밍은 코드를 부모 클래스로 몰아 중복을 없앤다. 구조적 프로그래밍, AOPAspect Oriented Programming, COPComponent Oriented Programming 모두 어떤 면

---

12 때로 재컴파일/재배치를 피할 수 있으리라 믿는 사람도 있다. 하지만 결국은 재컴파일/재배치를 피하지 못한다.
13 OCP(Open Closed Principle)를 보여주는 예다. [PPP02]
14 DRY(Don't Repeat Yourself) 원칙 [PRAG].

에서 중복 제거 전략이다. 하위 루틴을 발명한 이래로 소프트웨어 개발에서 지금까지 일어난 혁신은 소스 코드에서 중복을 제거하려는 지속적인 노력으로 보인다.

구조적 프로그래밍

어떤 프로그래머는 에츠허르 데이크스트라Edsger Dijkstra의 구조적 프로그래밍 원칙15을 따른다. 데이크스트라는 모든 함수와 함수 내 모든 블록에 입구entry와 출구exit가 하나만 존재해야 한다고 말했다. 즉, 함수는 return 문이 하나여야 한다는 말이다. 루프 안에서 break나 continue를 사용해선 안 되며 goto는 절대로, 절대로 안 된다.

구조적 프로그래밍의 목표와 규율은 공감하지만 함수가 작다면 위 규칙은 별 이익을 제공하지 못한다. 함수가 아주 클 때만 상당한 이익을 제공한다.

그러므로 함수를 작게 만든다면 간혹 return, break, continue를 여러 차례 사용해도 괜찮다. 오히려 때로는 단일 입/출구 규칙single entry-exit rule보다 의도를 표현하기 쉬워진다. 반면, goto 문은 큰 함수에서만 의미가 있으므로, 작은 함수에서는 피해야만 한다.

함수를 어떻게 짜죠?

소프트웨어를 짜는 행위는 여느 글짓기와 비슷하다. 논문이나 기사를 작성할 때는 먼저 생각을 기록한 후 읽기 좋게 다듬는다. 초안은 대개 서투르고 어수선하므로 원하는 대로 읽힐 때까지 말을 다듬고 문장을 고치고 문단을 정리한다.

내가 함수를 짤 때도 마찬가지다. 처음에는 길고 복잡하다. 들여쓰기 단계도 많고 중복된 루프도 많다. 인수 목록도 아주 길다. 이름은 즉흥적이고 코드는 중복된다. 하지만 나는 그 서투른 코드를 빠짐없이 테스트하는 단위 테스트 케이스도 만든다.

그런 다음 나는 코드를 다듬고, 함수를 만들고, 이름을 바꾸고, 중복을 제거한다. 메서드를 줄이고 순서를 바꾼다. 때로는 전체 클래스를 쪼개기도 한다. 이 와중에도 코드는 항상 단위 테스트를 통과한다.

15 [SP72]

최종적으로는 이 장에서 설명한 규칙을 따르는 함수가 얻어진다. 처음부터 탁 짜내지 않는다. 그게 가능한 사람은 없으리라.

결론

모든 시스템은 특정 응용 분야 시스템을 기술할 목적으로 프로그래머가 설계한 도메인 특화 언어Domain Specific Language, DSL로 만들어진다. 함수는 그 언어에서 동사며, 클래스는 명사다. 요구사항 문서에 나오는 명사와 동사를 클래스와 함수 후보로 고려한다는 끔찍한 옛 규칙으로 역행하자는 이야기가 아니다. 아니, 이것은 오히려 훨씬 더 오래된 진실이다. 프로그래밍의 기술은 언제나 언어 설계의 기술이다. 예전에도 그랬고 지금도 마찬가지다.

대가master 프로그래머는 시스템을 (구현할) 프로그램이 아니라 (풀어갈) 이야기로 여긴다. 프로그래밍 언어라는 수단을 사용해 좀 더 풍부하고 좀 더 표현력이 강한 언어를 만들어 이야기를 풀어간다. 시스템에서 발생하는 모든 동작을 설명하는 함수 계층이 바로 그 언어에 속한다. 재귀라는 기교로 각 동작은 바로 그 도메인에 특화된 언어를 사용해 자신만의 이야기를 풀어간다.

이 장은 함수를 잘 만드는 기교를 소개했다. 여기서 설명한 규칙을 따른다면 길이가 짧고, 이름이 좋고, 체계가 잡힌 함수가 나오리라. 하지만 진짜 목표는 시스템이라는 이야기를 풀어가는 데 있다는 사실을 명심하기 바란다. 여러분이 작성하는 함수가 분명하고 정확한 언어로 깔끔하게 같이 맞아떨어져야 이야기를 풀어가기가 쉬워진다는 사실을 기억하기 바란다.

목록 3-7 SetupTeardownIncluder.java

```java
package fitnesse.html;

import fitnesse.responders.run.SuiteResponder;
import fitnesse.wiki.*;

public class SetupTeardownIncluder {
  private PageData pageData;
  private boolean isSuite;
  private WikiPage testPage;
  private StringBuffer newPageContent;
  private PageCrawler pageCrawler;
```

```java
public static String render(PageData pageData) throws Exception {
  return render(pageData, false);
}

public static String render(PageData pageData, boolean isSuite)
  throws Exception {
  return new SetupTeardownIncluder(pageData).render(isSuite);
}

private SetupTeardownIncluder(PageData pageData) {
  this.pageData = pageData;
  testPage = pageData.getWikiPage();
  pageCrawler = testPage.getPageCrawler();
  newPageContent = new StringBuffer();
}

private String render(boolean isSuite) throws Exception {
  this.isSuite = isSuite;
  if (isTestPage())
  includeSetupAndTeardownPages();
  return pageData.getHtml();
}

private boolean isTestPage() throws Exception {
  return pageData.hasAttribute("Test");
}

private void includeSetupAndTeardownPages() throws Exception {
  includeSetupPages();
  includePageContent();
  includeTeardownPages();
  updatePageContent();
}

private void includeSetupPages() throws Exception {
  if (isSuite)
    includeSuiteSetupPage();
  includeSetupPage();
}

private void includeSuiteSetupPage() throws Exception {
  include(SuiteResponder.SUITE_SETUP_NAME, "-setup");
}
```

```java
  private void includeSetupPage() throws Exception {
    include("SetUp", "-setup");
  }

  private void includePageContent() throws Exception {
    newPageContent.append(pageData.getContent());
  }

  private void includeTeardownPages() throws Exception {
    includeTeardownPage();
    if (isSuite)
      includeSuiteTeardownPage();
  }

  private void includeTeardownPage() throws Exception {
    include("TearDown", "-teardown");
  }

  private void includeSuiteTeardownPage() throws Exception {
    include(SuiteResponder.SUITE_TEARDOWN_NAME, "-teardown");
  }

  private void updatePageContent() throws Exception {
    pageData.setContent(newPageContent.toString());
  }

  private void include(String pageName, String arg) throws Exception {
    WikiPage inheritedPage = findInheritedPage(pageName);
    if (inheritedPage != null) {
      String pagePathName = getPathNameForPage(inheritedPage);
      buildIncludeDirective(pagePathName, arg);
    }
  }

  private WikiPage findInheritedPage(String pageName) throws Exception {
    return PageCrawlerImpl.getInheritedPage(pageName, testPage);
  }

  private String getPathNameForPage(WikiPage page) throws Exception {
    WikiPagePath pagePath = pageCrawler.getFullPath(page);
    return PathParser.render(pagePath);
  }
```

```
  private void buildIncludeDirective(String pagePathName, String arg) {
    newPageContent
      .append("\n!include ")
      .append(arg)
      .append(" .")
      .append(pagePathName)
      .append("\n");
  }
}
```

참고 문헌

[KP78]: Kernighan and Plaugher, *The Elements of Programming Style*, 2d. ed., McGraw-Hill, 1978.

[PPP02]: *Agile Software Development: Principles, Patterns, and Practices*, Robert C. Martin, Prentice Hall, 2002.[16]

[GOF]: *Design Patterns: Elements of Reusable Object Oriented Software*, Gamma et al., Addison-Wesley, 1996.[17]

[PRAG]: *The Pragmatic Programmer*, Andrew Hunt, Dave Thomas, Addison-Wesley, 2000.[18]

[SP72]: *Structured Programming*, O.-J. Dahl, E. W. Dijkstra, C. A. R. Hoare, Academic Press, London, 1972.

---

[16] (옮긴이) 번역서는 『소프트웨어 개발의 지혜: 원칙, 디자인패턴, 실천방법』(2004 야스미디어, 이용원 옮김)이다.

[17] (옮긴이) 번역서는 『GOF의 디자인 패턴(개정판)』(2007 피어슨에듀케이션코리아, 김정아 옮김)이다.

[18] (옮긴이) 번역서는 『실용주의 프로그래머』(2006 인사이트, 김창준 정지호 옮김)이다.

4

주석

 07 Clean Code

> 나쁜 코드에 주석을 달지 마라. 새로 짜라.
> - 브라이언 W. 커니핸, P. J. 플라우거[1]

잘 달린 주석은 그 어떤 정보보다 유용하다. 경솔하고 근거 없는 주석은 코드를 이해하기 어렵게 만든다. 오래되고 조잡한 주석은 거짓과 잘못된 정보를 퍼뜨려 해악을 미친다.

주석은 쉰들러 리스트가 아니다. 주석은 '순수하게 선하지' 못하다. 사실상 주석은 기껏해야 필요악이다. 프로그래밍 언어 자체가 표현력이 풍부하다면, 아니 우리에게 프로그래밍 언어를 치밀하게 사용해 의도를 표현할 능력이 있다면, 주석은 거의 필요하지 않으리라. 아니, 전혀 필요하지 않으리라.

우리는 코드로 의도를 표현하지 못해, 그러니까 실패를 만회하기 위해 주석을 사용한다. 여기서 내가 실패라는 단어를 썼다는 사실에 주목한다. 진심이다. 주석은 언제나 실패를 의미한다. 때때로 주석 없이는 자신을 표현할 방법을 찾지 못해 할 수 없이 주석을 사용한다. 그래서 주석은 반겨 맞을 손님이 아니다.

그러므로 주석이 필요한 상황에 처하면 곰곰이 생각하기 바란다. 상황을 역전해 코드로 의도를 표현할 방법은 없을까? 코드로 의도를 표현할 때마다 스스로를 칭찬해준다. 주석을 달 때마다 자신에게 표현력이 없다는 사실을 푸념해야 마땅하다.

내가 이렇듯 주석을 무시하는 이유가 무엇이냐고? 거짓말을 하니까. 항상도 아니고 고의도 아니지만 너무 자주 거짓말을 하니까. 주석은 오래될수록 코드에서 멀어진다. 오래될수록 완전히 그릇될 가능성도 커진다. 이유는 단순하다. 프로그래머들이 주석을 유지하고 보수하기란 현실적으로 불가능하니까.

코드는 변화하고 진화한다. 일부가 여기서 저기로 옮겨지기도 한다. 조각이 나뉘고 갈라지고 합쳐지면서 괴물로 변한다. 불행하게도 주석이 언제나 코드를 따라가지는 않는다. 아니, 따라가지 못한다. 주석이 코드에서 분리되어 점점 더 부정확한 고아로 변하는 사례가 너무도 흔하다. 예를 들어, 아래에서 주석과 원래 주석을 달았던 행이 어떻게 되었는지 살펴보자.

---

[1] [KP78] 144쪽

```
MockRequest request;
private final String HTTP_DATE_REGEXP =
  "[SMTWF][a-z]{2}\\,\\s[0-9]{2}\\s[JFMASOND][a-z]{2}\\s"+
  "[0-9]{4}\\s[0-9]{2}\\:[0-9]{2}\\:[0-9]{2}\\sGMT";
private Response response;
private FitNesseContext context;
private FileResponder responder;
private Locale saveLocale;
// Example: "Tue, 02 Apr 2003 22:18:49 GMT"
```

짐작컨대, HTTP_DATE_REGEXP 상수와 주석 사이에 다른 인스턴스 변수를 추가했을 가능성이 농후하다.

프로그래머들이 주석을 엄격하게 관리해야 한다고, 그래서 복구성과 관련성과 정확성이 언제나 높아야 한다고 주장할지도 모르겠다. 그 의견에 동의한다. 프로그래머들에게도 절도가 필요하다. 하지만 나라면 코드를 깔끔하게 정리하고 표현력을 강화하는 방향으로, 그래서 애초에 주석이 필요 없는 방향으로 에너지를 쏟겠다.

부정확한 주석은 아예 없는 주석보다 훨씬 더 나쁘다. 부정확한 주석은 독자를 현혹하고 오도한다. 부정확한 주석은 결코 이뤄지지 않을 기대를 심어준다. 더 이상 지킬 필요가 없는 규칙이나 지켜서는 안 되는 규칙을 명시한다.

진실은 한곳에만 존재한다. 바로 코드다. 코드만이 자기가 하는 일을 진실되게 말한다. 코드만이 정확한 정보를 제공하는 유일한 줄처다. 그러므로 우리는 (간혹 필요할지라도) 주석을 가능한 줄이도록 꾸준히 노력해야 한다.

주석은 나쁜 코드를 보완하지 못한다

코드에 주석을 추가하는 일반적인 이유는 코드 품질이 나쁘기 때문이다. 모듈을 짜고 보니 짜임새가 엉망이고 알아먹기 어렵다. 지저분한 모듈이라는 사실을 자각한다. 그래서 자신에게 이렇게 말한다. "이런! 주석을 달아야겠다!" 아니다! 코드를 정리해야 한다!

표현력이 풍부하고 깔끔하며 주석이 거의 없는 코드가, 복잡하고 어수선하며 주석이 많이 달린 코드보다 훨씬 좋다. 자신이 저지른 난장판을 주석으로 설명하려 애쓰는 대신에 그 난장판을 깨끗이 치우는 데 시간을 보내라!

코드로 의도를 표현하라!

확실히 코드만으로 의도를 설명하기 어려운 경우가 존재한다. 불행히도 많은 개발자가 이를 코드는 훌륭한 수단이 아니라는 의미로 해석한다. 분명히 잘못된 생각이다. 다음 코드 예제 두 개를 살펴보자. 어느 쪽이 더 나은가?

```
// 직원에게 복지 혜택을 받을 자격이 있는지 검사한다.
if ((employee.flags & HOURLY_FLAG) &&
    (employee.age > 65))
```

다음 코드는 어떤가?

```
if (employee.isEligibleForFullBenefits())
```

몇 초만 더 생각하면 코드로 대다수 의도를 표현할 수 있다. 많은 경우 주석으로 달려는 설명을 함수로 만들어 표현해도 충분하다.

좋은 주석

어떤 주석은 필요하거나 유익하다. 지금부터 글자 값을 한다고 생각하는 주석 몇 가지를 소개한다. 하지만 명심하기 바란다. 정말로 좋은 주석은, 주석을 달지 않을 방법을 찾아낸 주석이라는 사실을!

법적인 주석

때로는 회사가 정립한 구현 표준에 맞춰 법적인 이유로 특정 주석을 넣으라고 명시한다. 예를 들어, 각 소스 파일 첫머리에 주석으로 들어가는 저작권 정보와 소유권 정보는 필요하고도 타당하다.

다음은 FitNess에서 모든 소스 파일 첫머리에 추가한 표준 주석 헤더다. 다행스럽게도 요즘 IDE는 주석 헤더를 자동으로 축소해 코드만 깔끔하게 표시한다.

```
// Copyright (C) 2003,2004,2005 by Object Mentor, Inc. All rights reserved.
// GNU General Public License 버전 2 이상을 따르는 조건으로 배포한다.
```

소스 파일 첫머리에 들어가는 주석이 반드시 계약 조건이나 법적인 정보일 필요는 없다. 모든 조항과 조건을 열거하는 대신에, 가능하다면, 표준 라이선스나 외부 문서를 참조해도 되겠다.

정보를 제공하는 주석

때로는 기본적인 정보를 주석으로 제공하면 편리하다. 예를 들어, 다음 주석은 추상 메서드가 반환할 값을 설명한다.

```
// 테스트 중인 Responder 인스턴스를 반환한다.
protected abstract Responder responderInstance();
```

때때로 위와 같은 주석이 유용하다 할지라도, 가능하다면, 함수 이름에 정보를 담는 편이 더 좋다. 예를 들어, 위 코드는 함수 이름을 responderBeingTested로 바꾸면 주석이 필요 없어진다.

다음은 좀 더 나은 예제다.

```
// kk:mm:ss EEE, MMM dd, yyyy 형식이다.
Pattern timeMatcher = Pattern.compile(
  "\\d*:\\d*:\\d* \\w*, \\w* \\d*, \\d*");
```

위에 제시한 주석은 코드에서 사용한 정규표현식이 시각과 날짜를 뜻한다고 설명한다. 구체적으로는 주어진 형식 문자열을 사용해 SimpleDateFormat.format 함수가 반환하는 시각과 날짜를 뜻한다. 이왕이면 시각과 날짜를 변환하는 클래스를 만들어 코드를 옮겨주면 더 좋고 더 깔끔하겠다. 그러면 주석이 필요 없어진다.

의도를 설명하는 주석

때때로 주석은 구현을 이해하게 도와주는 선을 넘어 결정에 깔린 의도까지 설명한다. 다음은 주석으로 흥미로운 결정을 기록한 예제다. 두 객체를 비교할 때 저자는 다른 어떤 객체보다 자기 객체에 높은 순위를 주기로 결정했다.

```
public int compareTo(Object o)
{
  if(o instanceof WikiPagePath)
  {
    WikiPagePath p = (WikiPagePath) o;
```

```
        String compressedName = StringUtil.join(names, "");
        String compressedArgumentName = StringUtil.join(p.names, "");
        return compressedName.compareTo(compressedArgumentName);
    }
    return 1; // 옳은 유형이므로 정렬 순위가 더 높다.
}
```

다음은 더 나은 예제다. 저자가 문제를 해결한 방식에 동의하지 않을지도 모르지만 어쨌거나 저자의 의도는 분명히 드러난다.

```
public void testConcurrentAddWidgets() throws Exception {
    WidgetBuilder widgetBuilder =
        new WidgetBuilder(new Class[]{BoldWidget.class});
    String text = "'''bold text'''";
    ParentWidget parent =
        new BoldWidget(new MockWidgetRoot(), "'''bold text'''");
    AtomicBoolean failFlag = new AtomicBoolean();
    failFlag.set(false);

    // 스레드를 대량 생성하는 방법으로 어떻게든 경쟁 조건을 만들려 시도한다.
    for (int i = 0; i < 25000; i++) {
        WidgetBuilderThread widgetBuilderThread =
            new WidgetBuilderThread(widgetBuilder, text, parent, failFlag);
        Thread thread = new Thread(widgetBuilderThread);
        thread.start();
    }
    assertEquals(false, failFlag.get());
}
```

의미를 명료하게 밝히는 주석

때때로 모호한 인수나 반환값은 그 의미를 읽기 좋게 표현하면 이해하기 쉬워진다. 일반적으로는 인수나 반환값 자체를 명확하게 만들면 더 좋겠지만, 인수나 반환값이 표준 라이브러리나 변경하지 못하는 코드에 속한다면 의미를 명료하게 밝히는 주석이 유용하다.

```
public void testCompareTo() throws Exception
{
    WikiPagePath a = PathParser.parse("PageA");
    WikiPagePath ab = PathParser.parse("PageA.PageB");
```

```
    WikiPagePath b = PathParser.parse("PageB");
    WikiPagePath aa = PathParser.parse("PageA.PageA");
    WikiPagePath bb = PathParser.parse("PageB.PageB");
    WikiPagePath ba = PathParser.parse("PageB.PageA");

    assertTrue(a.compareTo(a) == 0);     // a == a
    assertTrue(a.compareTo(b) != 0);     // a != b
    assertTrue(ab.compareTo(ab) == 0);   // ab == ab
    assertTrue(a.compareTo(b) == -1);    // a < b
    assertTrue(aa.compareTo(ab) == -1);  // aa < ab
    assertTrue(ba.compareTo(bb) == -1);  // ba < bb
    assertTrue(b.compareTo(a) == 1);     // b > a
    assertTrue(ab.compareTo(aa) == 1);   // ab > aa
    assertTrue(bb.compareTo(ba) == 1);   // bb > ba
}
```

물론 그릇된 주석을 달아놓을 위험은 상당히 높다. 직전 예제를 살펴보면 알겠지만, 주석이 올바른지 검증하기 쉽지 않다. 이것이 의미를 명료히 밝히는 주석이 필요한 이유인 동시에 주석이 위험한 이유이기도 하다. 그러므로 위와 같은 주석을 달 때는 더 나은 방법이 없는지 고민하고 정확히 달도록 각별히 주의한다.

결과를 경고하는 주석

때로 다른 프로그래머에게 결과를 경고할 목적으로 주석을 사용한다. 예를 들어, 다음은 특정 테스트 케이스를 꺼야 하는 이유를 설명하는 주석이다.

```
// 여유 시간이 충분하지 않다면 실행하지 마십시오.
public void _testWithReallyBigFile()
{
    writeLinesToFile(10000000);

    response.setBody(testFile);
    response.readyToSend(this);
    String responseString = output.toString();
    assertSubString("Content-Length: 1000000000", responseString);
    assertTrue(bytesSent > 1000000000);
}
```

물론 요즘에는 @Ignore 속성을 이용해 테스트 케이스를 꺼버린다. 구체적인 설명은 @Ignore 속성에 문자열로 넣어준다. 예를 들어, @Ignore("실행이 너무 오래 걸린다.")라고 쓴다. 하지만 JUnit4가 나오기 전에는 메서드 이름 앞에 _ 기호를 붙이는 방법이 일반적인 관례였다. 위에 제시한 주석은 (다소 경박하지만) 매우 적절한 지적이다.

다음은 주석이 아주 적절한 예제다.

```
public static SimpleDateFormat makeStandardHttpDateFormat()
{
  // SimpleDateFormat은 스레드에 안전하지 못하다.
  // 따라서 각 인스턴스를 독립적으로 생성해야 한다.
  SimpleDateFormat df = new SimpleDateFormat("EEE, dd MMM  yyyy HH:mm:ss z");
  df.setTimeZone(TimeZone.getTimeZone("GMT"));
  return df;
}
```

더 나은 해결책이 있다고 불평할지도 모르겠다. 나도 동감한다. 하지만 여기서는 주석이 아주 합리적이다. 프로그램 효율을 높이기 위해 정적 초기화 함수를 사용하려던 열성적인 프로그래머가 주석 때문에 실수를 면한다.

TODO 주석

때로는 '앞으로 할 일'을 //TODO 주석으로 남겨두면 편하다. 다음은 함수를 구현하지 않은 이유와 미래 모습을 //TODO 주석으로 설명한 예제다.

```
// TODO-MdM 현재 필요하지 않다.
// 체크아웃 모델을 도입하면 함수가 필요 없다.
protected VersionInfo makeVersion() throws Exception
{
  return null;
}
```

TODO 주석은 프로그래머가 필요하다 여기지만 당장 구현하기 어려운 업무를 기술한다. 더 이상 필요 없는 기능을 삭제하라는 알림, 누군가에게 문제를 봐달라는 요청, 더 좋은 이름을 떠올려달라는 부탁, 앞으로 발생할 이벤트에 맞춰 코드를 고치라는 주의 등에 유용하다. 하지만 어떤 용도로 사용하든 시스템에 나쁜 코드를 남겨 놓는 핑계가 되어서는 안 된다.

요즘 나오는 대다수 IDE는 TODO 주석 전부를 찾아 보여주는 기능을 제공하므로 주석을 잊어버릴 염려는 없다. 그래도 TODO로 떡칠한 코드는 바람직하지 않다. 그러므로 주기적으로 TODO 주석을 점검해 없애도 괜찮은 주석은 없애라고 권한다.

중요성을 강조하는 주석

자칫 대수롭지 않다고 여겨질 뭔가의 중요성을 강조하기 위해서도 주석을 사용한다.

```
String listItemContent = match.group(3).trim();
// 여기서 trim은 정말 중요하다. trim 함수는 문자열에서 시작 공백을 제거한다.
// 문자열에 시작 공백이 있으면 다른 문자열로 인식되기 때문이다.
new ListItemWidget(this, listItemContent, this.level + 1);
return buildList(text.substring(match.end()));
```

공개 API에서 Javadocs

설명이 잘 된 공개 API는 참으로 유용하고 만족스럽다. 표준 자바 라이브러리에서 사용한 Javadocs가 좋은 예다. Javadocs가 없다면 자바 프로그램을 짜기가 아주 어려우리라.

공개 API를 구현한다면 반드시 훌륭한 Javadocs를 작성한다. 하지만 이 장에서 제시하는 나머지 충고도 명심하기 바란다. 여느 주석과 마찬가지로 Javadocs 역시 독자를 오도하거나, 잘못 위치하거나, 그릇된 정보를 전달할 가능성이 존재한다.

나쁜 주석

대다수 주석이 이 범주에 속한다. 일반적으로 대다수 주석은 허술한 코드를 지탱하거나, 엉성한 코드를 변명하거나, 미숙한 결정을 합리화하는 등 프로그래머가 주절거리는 독백에서 크게 벗어나지 못한다.

주절거리는 주석

특별한 이유 없이 의무감으로 혹은 프로세스에서 하라고 하니까 마지못해 주석을 단다면 전적으로 시간낭비다. 주석을 달기로 결정했다면 충분한 시간을 들여 최고의 주석을 달도록 노력한다.

다음은 FitNess에서 발견한 코드로, 주석을 제대로 달았다면 상당히 유용했을 코드다. 하지만 저자가 서둘렀거나 부주의했다. 그냥 주절거려 놓았기에 판독이 불가능하다.

```
public void loadProperties()
{
  try
  {
    String propertiesPath = propertiesLocation + "/" + PROPERTIES_FILE;
    FileInputStream propertiesStream = new FileInputStream(propertiesPath);
    loadedProperties.load(propertiesStream);
  }
  catch(IOException e)
  {
    // 속성 파일이 없다면 기본값을 모두 메모리로 읽어 들였다는 의미다.
  }
}
```

catch 블록에 있는 주석은 무슨 뜻일까? 확실히 저자에게야 의미가 있겠지만 그 의미가 다른 사람들에게는 전해지지 않는다. IOException이 발생하면 속성 파일이 없다는 뜻이란다. 그러면 모든 기본값을 메모리로 읽어 들인 상태란다. 하지만 누가 모든 기본값을 읽어 들이는가? loadProperties.load를 호출하기 전에 읽어 들이는가? 아니면 loadProperties.load가 예외를 잡아 기본값을 읽어 들인 후 예외를 던져주는가? 아니면 loadProperties.load가 파일을 읽어 들이기 전에 모든 기본값부터 읽어 들이는가? 저자가 catch 블록을 비워놓기 뭐해 몇 마디 덧붙였을 뿐인가? 아니면 (만에 하나) 나중에 돌아와서 기본값을 읽어 들이는 코드를 구현하려 했는가?

답을 알아내려면 다른 코드를 뒤져보는 수밖에 없다. 이해가 안 되어 다른 모듈까지 뒤져야 하는 주석은 독자와 제대로 소통하지 못하는 주석이다. 그런 주석은 바이트만 낭비할 뿐이다.

같은 이야기를 중복하는 주석

목록 4-1은 간단한 함수로, 헤더에 달린 주석이 같은 코드 내용을 그대로 중복한다. 자칫하면 코드보다 주석을 읽는 시간이 더 오래 걸린다.

목록 4-1 waitForClose

```
// this.closed가 true일 때 반환되는 유틸리티 메서드다.
// 타임아웃에 도달하면 예외를 던진다.
public synchronized void waitForClose(final long timeoutMillis)
throws Exception
{
  if(!closed)
  {
    wait(timeoutMillis);
    if(!closed)
      throw new Exception("MockResponseSender could not be closed");
  }
}
```

위와 같은 주석을 달아놓는 목적이 무엇일까? 주석이 코드보다 더 많은 정보를 제공하지 못한다. 코드를 정당화하는 주석도 아니고, 의도나 근거를 설명하는 주석도 아니다. 코드보다 읽기가 쉽지도 않다. 실제로 코드보다 부정확해 독자가 함수를 대충 이해하고 넘어가게 만든다. 엔진 후드를 열어볼 필요가 없다며 고객에게 아양 떠는 중고차 판매원과 비슷하다.

목록 4-2는 톰캣Tomcat에서 가져온 코드다. 쓸모없고 중복된 Javadocs가 매우 많다. 아래 주석은 코드만 지저분하고 정신 없게 만든다. 기록이라는 목적에는 전혀 기여하지 못한다. 설상가상으로 목록 4-2는 첫 부분 조금일 뿐이다. 이 모듈에는 아래와 같은 주석이 아주 많다.

목록 4-2 ContainerBase.java (톰캣)

```
public abstract class ContainerBase
  implements Container, Lifecycle, Pipeline,
  MBeanRegistration, Serializable {

  /**
   * 이 컴포넌트의 프로세서 지연값
   */
  protected int backgroundProcessorDelay = -1;
```

```
/**
 * 이 컴포넌트를 지원하기 위한 생명주기 이벤트
 */
protected LifecycleSupport lifecycle =
    new LifecycleSupport(this);

/**
 * 이 컴포넌트를 위한 컨테이너 이벤트 Listener
 */
protected ArrayList listeners = new ArrayList();

/**
 * 컨테이너와 관련된 Loader 구현
 */
protected Loader loader = null;

/**
 * 컨테이너와 관련된 Logger 구현
 */
protected Log logger = null;

/**
 * 관련된 logger 이름
 */
protected String logName = null;

/**
 * 컨테이너와 관련된 Manager 구현
 */
protected Manager manager = null;

/**
 * 컨테이너와 관련된 Cluster
 */
protected Cluster cluster = null;

/**
 * 사람이 읽을 수 있는 컨테이너 이름
 */
protected String name = null;

/**
 * 컨테이너의 부모 컨테이너
```

```
 */
protected Container parent = null;

/**
 * Loader를 설치할 때 구성이 끝나야 할 어버이 클래스 로더
 */
protected ClassLoader parentClassLoader = null;

/**
 * 컨테이너와 관련된 Pipeline 객체
 */
protected Pipeline pipeline = new StandardPipeline(this);

/**
 * 컨테이너와 관련된 Realm
 */
protected Realm realm = null;

/**
 * 컨테이너와 관련된 DirContect 객체
 */
protected DirContext resources = null;
```

오해할 여지가 있는 주석

때때로 의도는 좋았으나 프로그래머가 딱 맞을 정도로 엄밀하게는 주석을 달지 못하기도 한다. 목록 4-1에서 봤던 주석을 떠올려보자. 목록 4-1 주석은 중복이 상당히 많으면서도 오해할 여지가 살짝 있다.

목록 4-1에 나오는 주석이 어째서 오해의 여지가 있는지 알겠는가? this.closed가 true로 변하는 순간에 메서드는 반환되지 않는다. this.closed가 true여야 메서드는 반환된다. 아니면 무조건 타임아웃을 기다렸다 this.closed가 그래도 true가 아니면 예외를 던진다.

(코드보다 읽기도 어려운) 주석에 담긴 '살짝 잘못된 정보'로 인해 this.closed가 true로 변하는 순간에 함수가 반환되리라는 생각으로 어느 프로그래머가 경솔하게 함수를 호출할지도 모른다. 그래 놓고 그 불쌍한 프로그래머는 자기 코드가 굼벵이 기어가듯 돌아가는 이유를 찾느라 골머리를 앓는다.

의무적으로 다는 주석

모든 함수에 Javadocs를 달거나 모든 변수에 주석을 달아야 한다는 규칙은 어리석기 그지없다. 이런 주석은 코드를 복잡하게 만들며, 거짓말을 퍼뜨리고, 혼동과 무질서를 초래한다.

예를 들어, 목록 4-3은 모든 함수에 Javadocs를 넣으라는 규칙이 낳은 괴물이다. 아래와 같은 주석은 아무 가치도 없다. 오히려 코드만 헷갈리게 만들며, 거짓말할 가능성을 높이며, 잘못된 정보를 제공할 여지만 만든다.

목록 4-3

```
/**
 *
 * @param title CD 제목
 * @param author CD 저자
 * @param tracks CD 트랙 숫자
 * @param durationInMinutes CD 길이(단위: 분)
 */
public void addCD(String title, String author,
                  int tracks, int durationInMinutes) {
  CD cd = new CD();
  cd.title = title;
  cd.author = author;
  cd.tracks = tracks;
  cd.duration = durationInMinutes;
  cdList.add(cd);
}
```

이력을 기록하는 주석

때때로 사람들은 모듈을 편집할 때마다 모듈 첫머리에 주석을 추가한다. 그리하여 모듈 첫머리 주석은 지금까지 모듈에 가한 변경을 모두 기록하는 일종의 일지 혹은 로그가 된다. 첫머리 주석만 십여 쪽을 넘어서는 모듈도 보았다.

```
* 변경 이력 (11-Oct-2001부터)
* ------------------------
* 11-Oct-2001 : 클래스를 다시 정리하고 새로운 패키지인
*               com.jrefinery.date로 옮겼다 (DG);
* 05-Nov-2001 : getDescription() 메서드를 추가했으며
*               NotableDate class를 제거했다 (DG);
```

```
* 12-Nov-2001 : IBD가 setDescription() 메서드를 요구한다. NotableDate
*               클래스를 없앴다 (DG); getPreviousDayOfWeek(),
*               getFollowingDayOfWeek(), getNearestDayOfWeek()를 변경해
*               버그를 수정했다 (DG);
* 05-Dec-2001 : SpreadsheetDate 클래스에 존재하는 버그를 수정했다 (DG);
* 29-May-2002 : month 상수를 독자적인 인터페이스로 옮겼다
*               (MonthConstants) (DG);
* 27-Aug-2002 : addMonths() 메서드에 있는 버그를 수정했다. N???levka Petr 덕분이다 (DG);
* 03-Oct-2002 : Checkstyle이 보고한 오류를 수정했다 (DG);
* 13-Mar-2003 : Serializable을 구현했다 (DG);
* 29-May-2003 : addMonths 메서드에 있는 버그를 수정했다 (DG);
* 04-Sep-2003 : Comparable을 구현했다. isInRange Javadocs를 갱신했다 (DG);
* 05-Jan-2005 : addYears() 메서드에 있는 버그를 수정했다 (1096282) (DG);
```

예전에는 모든 모듈 첫머리에 변경 이력을 기록하고 관리하는 관례가 바람직했다. 당시에는 소스 코드 관리 시스템이 없었으니까. 하지만 이제는 혼란만 가중할 뿐이다. 완전히 제거하는 편이 좋다.

있으나 마나 한 주석

때때로 있으나 마나 한 주석을 접한다. 쉽게 말해, 너무 당연한 사실을 언급하며 새로운 정보를 제공하지 못하는 주석이다.

```
/**
 * 기본 생성자
 */
protected AnnualDateRule() {
}
```

그렇단 말이지? 다음은 어떤가?

```
/** 월 중 일자 */
  private int dayOfMonth;
```

이번에는 전형적인 중복을 보여준다.

```
/**
 * 월 중 일자를 반환한다.
 *
 * @return 월 중 일자
```

```
*/
public int getDayOfMonth() {
  return dayOfMonth;
}
```

위와 같은 주석은 지나친 참견이라 개발자가 주석을 무시하는 습관에 빠진다. 코드를 읽으며 자동으로 주석을 건너뛴다. 결국은 코드가 바뀌면서 주석은 거짓말로 변한다.

목록 4-4에서 첫 번째 주석은 적절해 보인다.[2] catch 블록을 무시해도 괜찮은 이유를 설명하는 주석이다. 하지만 두 번째 주석은 전혀 쓸모가 없다. 아무래도 프로그래머는 try/catch 블록을 짜다 너무 짜증났기에 함수에다 분풀이를 했나 보다.

목록 4-4 startSending

```
private void startSending()
{
  try
  {
    doSending();
  }
  catch(SocketException e)
  {
    // 정상. 누군가 요청을 멈췄다.
  }
  catch(Exception e)
  {
    try
    {
      response.add(ErrorResponder.makeExceptionString(e));
      response.closeAll();
    }
    catch(Exception e1)
    {
      // 이게 뭐야!
    }
  }
}
```

[2] 요즘 IDE는 주석의 철자도 확인하는 추세다. 수많은 코드를 읽는 우리에게 그나마 위안이라 하겠다.

있으나 마나 한 주석으로 분풀이를 하는 대신 프로그래머가 코드 구조를 개선했더라면 짜증낼 필요가 없었을 터이다. 목록 4-5에서 보듯이, 마지막 try/catch 블록을 독자적인 함수로 만드는 데 노력을 쏟았어야 했다.

목록 4-5 startSending (리팩터링한 버전)

```
private void startSending()
{
  try
  {
    doSending();
  }
  catch(SocketException e)
  {
    // 정상. 누군가가 요청을 멈췄다.
  }
  catch(Exception e)
  {
    addExceptionAndCloseResponse(e);
  }
}

private void addExceptionAndCloseResponse(Exception e)
{
  try
  {
    response.add(ErrorResponder.makeExceptionString(e));
    response.closeAll();
  }
  catch(Exception e1)
  {
  }
}
```

있으나 마나 한 주석을 달려는 유혹에서 벗어나 코드를 정리하라. 더 낫고, 행복한 프로그래머가 되는 지름길이다.

무서운 잡음

때로는 Javadocs도 잡음이다. 다음은 잘 알려진 오픈 소스 라이브러리에서 가져온 코드다. 아래 나오는 Javadocs는 어떤 목적을 수행할까? 답: 없다. 단지 문서를 제공해야 한다는 잘못된 욕심으로 탄생한 잡음일 뿐이다.

```
/** The name. */
private String name;

/** The version. */
private String version;

/** The licenceName. */
private String licenceName;

/** The version. */
private String info;
```

위 주석을 한 번 더 주의 깊게 읽어보자. 잘라서 붙여넣기 오류가 보이는가? 주석을 작성한 (혹은 붙여넣은) 저자가 주의를 기울이지 않았다면 독자가 여기서 무슨 이익을 얻겠는가?

함수나 변수로 표현할 수 있다면 주석을 달지 마라

다음 코드를 살펴보자.

```
// 전역 목록 <smodule>에 속하는 모듈이 우리가 속한 하위 시스템에 의존하는가?
if (smodule.getDependSubsystems().contains(subSysMod.getSubSystem()))
```

이 코드에서 주석을 없애고 다시 표현하면 다음과 같다.

```
ArrayList moduleDependees = smodule.getDependSubsystems();
String ourSubSystem = subSysMod.getSubSystem();
if (moduleDependees.contains(ourSubSystem))
```

코드를 작성한 저자는 (가능성이야 희박하지만) 주석을 먼저 달고 주석에 맞춰 코드를 작성했을지도 모르겠다. 하지만 위와 같이 주석이 필요하지 않도록 코드를 개선하는 편이 더 좋았다.

위치를 표시하는 주석

때때로 프로그래머는 소스 파일에서 특정 위치를 표시하려 주석을 사용한다. 예를 들어, 최근에 살펴보던 프로그램에서 다음 행을 발견했다.

```
// Actions //////////////////////////////
```

극히 드물지만 위와 같은 배너 아래 특정 기능을 모아놓으면 유용한 경우도 있긴 있다. 하지만 일반적으로 위와 같은 주석은 가독성만 낮추므로 제거해야 마땅하다. 특히 뒷부분에 슬래시(/)로 이어지는 잡음은 제거하는 편이 좋다.

이렇게 생각해보자. 너무 자주 사용하지 않는다면 배너는 눈에 띄며 주의를 환기한다. 그러므로 반드시 필요할 때만, 아주 드물게 사용하는 편이 좋다. 배너를 남용하면 독자가 흔한 잡음으로 여겨 무시한다.

닫는 괄호에 다는 주석

때로는 프로그래머들이 닫는 괄호에 특수한 주석을 달아놓는다. 목록 4-6이 좋은 예다. 중첩이 심하고 장황한 함수라면 의미가 있을지도 모르지만 (우리가 선호하는) 작고 캡슐화된 함수에는 잡음일 뿐이다. 그러므로 닫는 괄호에 주석을 달아야겠다는 생각이 든다면 대신에 함수를 줄이려 시도하자.

목록 4-6 wc.java

```java
public class wc {
  public static void main(String[] args) {
    BufferedReader in = new BufferedReader(new InputStreamReader(System.in));
    String line;
    int lineCount = 0;
    int charCount = 0;
    int wordCount = 0;
    try {
      while ((line = in.readLine()) != null) {
        lineCount++;
        charCount += line.length();
        String words[] = line.split("\\W");
        wordCount += words.length;
      } //while
      System.out.println("wordCount = " + wordCount);
      System.out.println("lineCount = " + lineCount);
      System.out.println("charCount = " + charCount);
    } //try
```

```
    catch (IOException e) {
      System.err.println("Error:" + e.getMessage());
    } //catch
} //main
}
```

공로를 돌리거나 저자를 표시하는 주석

```
/* 릭이 추가함 */
```

소스 코드 관리 시스템은 누가 언제 무엇을 추가했는지 귀신처럼 기억한다. 저자 이름으로 코드를 오염시킬 필요가 없다. 주석이 있으면 다른 사람들이 코드에 관해 누구한테 물어볼지 아니까 위와 같은 주석이 유용하다 여길지도 모르겠다. 하지만 현실적으로 이런 주석은 그냥 오랫동안 코드에 방치되어 점차 부정확하고 쓸모없는 정보로 변하기 쉽다.

다시 한 번 강조하지만, 위와 같은 정보는 소스 코드 관리 시스템에 저장하는 편이 좋다.

주석으로 처리한 코드

주석으로 처리한 코드만큼 밉살스러운 관행도 드물다. 다음과 같은 코드는 작성하지 마라!

```
InputStreamResponse response = new InputStreamResponse();
response.setBody(formatter.getResultStream(), formatter.getByteCount());
// InputStream resultsStream = formatter.getResultStream();
// StreamReader reader = new StreamReader(resultsStream);
// response.setContent(reader.read(formatter.getByteCount()));
```

주석으로 처리된 코드는 다른 사람들이 지우기를 주저한다. 이유가 있어 남겨놓았으리라고, 중요하니까 지우면 안 된다고 생각한다. 그래서 질 나쁜 와인병 바닥에 앙금이 쌓이듯 쓸모 없는 코드가 점차 쌓여간다.

다음은 아파치 commons에서 가져온 코드다.

```
this.bytePos = writeBytes(pngIdBytes, 0);
//hdrPos = bytePos;
```

```
writeHeader();
writeResolution();
//dataPos = bytePos;
if (writeImageData()) {
  writeEnd();
  this.pngBytes = resizeByteArray(this.pngBytes, this.maxPos);
}
else {
  this.pngBytes = null;
}
return this.pngBytes;
```

두 행을 주석으로 처리한 이유가 무엇일까? 중요해서? 코드를 급박하게 변경했다는 사실을 알려주려고? 아니면 수년 전에 누군가 주석으로 처리한 코드를 아무도 없애지 않아서?

1960년대 즈음에는 주석으로 처리한 코드가 유용했었다. 하지만 우리는 오래 전부터 우수한 소스 코드 관리 시스템을 사용해왔다. 소스 코드 관리 시스템이 우리를 대신해 코드를 기억해준다. 이제는 주석으로 처리할 필요가 없다. 그냥 코드를 삭제하라. 잃어버릴 염려는 없다. 약속한다.

HTML 주석

소스 코드에서 HTML 주석은 혐오 그 자체다. 다음 코드를 읽어보면 무슨 말인지 알리라. HTML 주석은 (주석을 읽기 쉬워야 하는) 편집기/IDE에서조차 읽기가 어렵다. (Javadocs와 같은) 도구로 주석을 뽑아 웹 페이지에 올릴 작정이라면 주석에 HTML 태그를 삽입해야 하는 책임은 프로그래머가 아니라 도구가 져야 한다.

```
/**
 * 적합성 테스트를 수행하기 위한 과업
 * 이 과업은 적합성 테스트를 수행해 결과를 출력한다.
 * <p/>
 * <pre>
 * 용법:
 * &lt;taskdef name=&quot;execute-fitnesse-tests&quot;
 *     classname=&quot;fitnesse.ant.ExecuteFitnesseTestsTask&quot;
```

```
 *          classpathref=&quot;classpath&quot; /&gt;
 * 또는
 * &lt;taskdef classpathref=&quot;classpath&quot;
 *              resource=&quot;tasks.properties&quot; /&gt;
 * <p/>
 * &lt;execute-fitnesse-tests
 *      suitepage=&quot;FitNesse.SuiteAcceptanceTests&quot;
 *      fitnesseport=&quot;8082&quot;
 *      resultsdir=&quot;${results.dir}&quot;
 *      resultshtmlpage=&quot;fit-results.html&quot;
 *      classpathref=&quot;classpath&quot; /&gt;
 * </pre>
 */
```

전역 정보

주석을 달아야 한다면 근처에 있는 코드만 기술하라. 코드 일부에 주석을 달면서 시스템의 전반적인 정보를 기술하지 마라. 예를 들어, 다음 Javadocs 주석을 살펴보자. 심하게 중복되었다는 사실 외에도 주석은 기본 포트 정보를 기술한다. 하지만 함수 자체는 포트 기본값을 전혀 통제하지 못한다. 그러니까 아래 주석은 바로 아래 함수가 아니라 시스템 어딘가에 있는 다른 함수를 설명한다는 말이다. 즉, 포트 기본값을 설정하는 코드가 변해도 아래 주석이 변하리라는 보장은 전혀 없다.

```
/**
 * 적합성 테스트가 동작하는 포트: 기본값은 <b>8082</b>.
 *
 * @param fitnessePort
 */
public void setFitnessePort(int fitnessePort)
{
  this.fitnessePort = fitnessePort;
}
```

너무 많은 정보

주석에다 흥미로운 역사나 관련 없는 정보를 장황하게 늘어놓지 마라. 다음은 base64를 인코딩/디코딩하는 함수를 테스트하는 모듈에서 가져온 주석이다. RFC 번호를 제외하면 독자에게 불필요하며 불가사의한 정보일 뿐이다.

```
/*
RFC 2045 - Multipurpose Internet Mail Extensions (MIME)
1부: 인터넷 메시지 본체 형식
6.8절.  Base64 내용 전송 인코딩(Content-Transfer-Encoding)
인코딩 과정은 입력 비트 중 24비트 그룹을 인코딩된 4글자로 구성된
출력 문자열로 표현한다. 왼쪽에서 오른쪽으로 진행해가며, 3개를 묶어 8비트 입력
그룹을 형성한다. 이렇게 만들어진 24비트는 4개를 묶어 6비트 그룹으로 취급하며,
각각은 base64 알파벳에서 단일 자릿수로 해석된다.
base64 인코딩으로 비트 스트림을 인코딩할 때, 비트 스트림은
MSB(Most Significant Bit) 우선으로 정렬되어 있다고 가정한다. 따라서, 스트림에서
첫 번째 비트는 첫 8비트 바이트에서 최상위 비트가 되며, 여덟번째 비트는 첫 8비트
바이트에서 최하위 비트가 된다.
*/
```

모호한 관계

주석과 주석이 설명하는 코드는 둘 사이 관계가 명백해야 한다. 이왕 공들여 주석을 달았다면 적어도 독자가 주석과 코드를 읽어보고 무슨 소린지 알아야 하지 않겠는가?

예를 들어, 다음은 아파치 commons에서 가져온 주석이다.

```
/*
 * 모든 픽셀을 담을 만큼 충분한 배열로 시작한다(여기에 필터 바이트를 더한다).
 * 그리고 헤더 정보를 위해 200바이트를 더한다.
 */
this.pngBytes = new byte[((this.width + 1) * this.height * 3) + 200];
```

여기서 필터 바이트란 무엇일까? +1과 관련이 있을까? 아니면 *3과 관련이 있을까? 아니면 둘 다? 한 픽셀이 한 바이트인가? 200을 추가하는 이유는? 주석을 다는 목적은 코드만으로 설명이 부족해서다. 주석 자체가 다시 설명을 요구하니 안타깝기 그지없다.

함수 헤더

짧은 함수는 긴 설명이 필요 없다. 짧고 한 가지만 수행하며 이름을 잘 붙인 함수가 주석으로 헤더를 추가한 함수보다 훨씬 좋다.

비공개 코드에서 Javadocs

공개 API는 Javadocs가 유용하지만 공개하지 않을 코드라면 Javadocs는 쓸모가 없다. 시스템 내부에 속한 클래스와 함수에 Javadocs를 생성할 필요는 없다. 유용하지 않을 뿐만 아니라 Javadocs 주석이 요구하는 형식으로 인해 코드만 보기 싫고 산만해질 뿐이다.

예제

목록 4-7은 내가 첫 XP 몰입Immersion 강의에서 짰던 모듈이다. 나쁜 코드와 주석을 보여줄 목적으로 만들었다. 켄트 벡은 학생들 앞에서 아래 코드를 아주 멋진 형태로 리팩터링하는 시범도 보였다. 나중에 내가 집필한 책 *Agile Software Development, Principles, Patterns, and Practices*에도 넣었으며 ≪Software Development≫ 잡지에 실었던 〈Craftsman〉 첫 기사에서도 활용했다.

아래 모듈이 매력적인 이유는 우리들 상당수가 이런 코드를 보면서 '주석을 잘 달았다'고 생각하던 시절이 있었기 때문이다. 이제는 엉성한 코드로 여겨진다. 목록 4-7에서 바람직하지 못한 주석을 직접 찾아보기 바란다.

목록 4-7 GeneratePrimes.java

```
/**
* 이 클래스는 사용자가 지정한 최대 값까지 소수를 생성한다. 사용된 알고리즘은
* 에라스토테네스의 체다.
* <p>
* 에라스토테네스: 기원전 276년에 리비아 키레네에서 출생, 기원전 194년에 사망
* 지구 둘레를 최초로 계산한 사람이자 달력에 윤년을 도입한 사람.
* 알렉산드리아 도서관장을 역임.
* <p>
* 알고리즘은 상당히 단순하다. 2에서 시작하는 정수 배열을 대상으로
* 2의 배수를 모두 제거한다. 다음으로 남은 정수를 찾아 이 정수의 배수를 모두 지운다.
* 최대 값의 제곱근이 될 때까지 이를 반복한다.
*
* @author Alphonse
* @version 13 Feb 2002 atp
*/
import java.util.*;

public class GeneratePrimes
```

```java
{
  /**
   * @param maxValue는 소수를 찾아낼 최대 값
   */
  public static int[] generatePrimes(int maxValue)
  {
    if (maxValue >= 2) // 유일하게 유효한 경우
    {
      // 선언
      int s = maxValue + 1; // 배열 크기
      boolean[] f = new boolean[s];
      int i;

      // 배열을 참으로 초기화
      for (i = 0; i < s; i++)
        f[i] = true;

      // 소수가 아닌 알려진 숫자를 제거
      f[0] = f[1] = false;

      // 체
      int j;
      for (i = 2; i < Math.sqrt(s) + 1; i++)
      {
        if (f[i]) // i가 남아 있는 숫자라면 이 숫자의 배수를 구한다.
        {
          for (j = 2 * i; j < s; j += i)
            f[j] = false; // 배수는 소수가 아니다.
        }
      }

      // 소수 개수는?
      int count = 0;
      for (i = 0; i < s; i++)
      {
        if (f[i])
          count++; // 카운트 증가
      }

      int[] primes = new int[count];

      // 소수를 결과 배열로 이동한다.
      for (i = 0, j = 0; i < s; i++)
```

4장 주석 **91**

```
      {
        if (f[i])              // 소수일 경우에
          primes[j++] = i;
      }

      return primes;   // 소수를 반환한다.
    }
    else // maxValue < 2
      return new int[0]; // 입력이 잘못되면 비어 있는 배열을 반환한다.
  }
}
```

목록 4-8은 목록 4-7을 리팩터링한 결과다. 주석 양이 상당히 줄었다는 사실에 주목한다. 전체 모듈에서 주석은 두 개뿐이다. 두 주석 모두 뭔가를 설명한다.

목록 4-8 PrimeGenerator.java (리팩터링 결과)

```
/**
 * 이 클래스는 사용자가 지정한 최대 값까지 소수를 구한다.
 * 알고리즘은 에라스토테네스의 체다.
 * 2에서 시작하는 정수 배열을 대상으로 작업한다.
 * 처음으로 남아 있는 정수를 찾아 배수를 모두 제거한다.
 * 배열에 더 이상 배수가 없을 때까지 반복한다.
 */

public class PrimeGenerator
{
  private static boolean[] crossedOut;
  private static int[] result;

  public static int[] generatePrimes(int maxValue)
  {
    if (maxValue < 2)
      return new int[0];
    else
    {
      uncrossIntegersUpTo(maxValue);
      crossOutMultiples();
      putUncrossedIntegersIntoResult();
      return result;
    }
  }
```

```
private static void uncrossIntegersUpTo(int maxValue)
{
  crossedOut = new boolean[maxValue + 1];
  for (int i = 2; i < crossedOut.length; i++)
    crossedOut[i] = false;
}

private static void crossOutMultiples()
{
  int limit = determineIterationLimit();
  for (int i = 2; i <= limit; i++)
    if (notCrossed(i))
      crossOutMultiplesOf(i);
}

private static int determineIterationLimit()
{
  // 배열에 있는 모든 배수는 배열 크기의 제곱근보다 작은 소수의 인수다.
  // 따라서 이 제곱근보다 더 큰 숫자의 배수는 제거할 필요가 없다.
  double iterationLimit = Math.sqrt(crossedOut.length);
  return (int) iterationLimit;
}

private static void crossOutMultiplesOf(int i)
{
  for (int multiple = 2*i;
       multiple < crossedOut.length;
       multiple += i;
    crossedOut[multiple] = true;
}

private static boolean notCrossed(int i)
{
  return crossedOut[i] == false;
}

private static void putUncrossedIntegersIntoResult()
{
  result = new int[numberOfUncrossedIntegers()];
  for (int j = 0, i = 2; i < crossedOut.length; i++)
    if (notCrossed(i))
      result[j++] = i;
}
```

```java
  private static int numberOfUncrossedIntegers()
  {
    int count = 0;
    for (int i = 2; i < crossedOut.length; i++)
      if (notCrossed(i))
        count++;

    return count;
  }
}
```

첫 번째 주석이 중복이라고 주장하기 쉽다. 설명이 generatePrimes 함수 자체와 아주 흡사하기 때문이다. 그래도 나는 주석이 있어 알고리즘을 이해하기 쉬워진다고 생각한다. 그래서 남겨 두는 편을 택했다.

두 번째 주석은 거의 확실히 필요하다. 루프 한계값으로 제곱근을 사용한 이유를 설명한다. 나로서는 변수 이름을 바꾸거나 코드 구조를 조정해 이유를 명확하게 설명할 방법을 찾지 못했다. 다른 한편으로 제곱근의 사용은 나만의 생각일지도 모르겠다. 제곱근까지만 루프를 돌면 정말로 시간을 절약할까? 제곱근 계산에 오히려 시간이 더 들지 않을까?

숙고할 가치가 있는 문제다. 늙은 C/어셈블리 프로그래머인 내게는 제곱근이 만족스러운 해법이지만 남들이 이를 이해하려 시간과 노력을 투자할 가치가 있는지는 잘 모르겠다.

참고 문헌

[KP78]: Kernighan and Plauger, *The Elements of Programming Style,* 2d. ed., McGraw-Hill, 1978.

5

형식 맞추기

07 Clean Code

뚜껑을 열었을 때 독자들이 코드가 깔끔하고, 일관적이며, 꼼꼼하다고 감탄하면 좋겠다. 질서 정연하다고 탄복하면 좋겠다. 모듈을 읽으며 두 눈이 휘둥그래 놀라면 좋겠다. 전문가가 짰다는 인상을 심어주면 좋겠다. 그 대신에 술 취한 뱃사람 한 무리가 짜놓은 듯 어수선해 보인다면 독자들은 프로젝트의 다른 측면도 똑같이 무성의한 태도로 처리했으리라 생각할 것이다.

프로그래머라면 형식을 깔끔하게 맞춰 코드를 짜야 한다. 코드 형식을 맞추기 위한 간단한 규칙을 정하고 그 규칙을 착실히 따라야 한다. 팀으로 일한다면 팀이 합의해 규칙을 정하고 모두가 그 규칙을 따라야 한다. 필요하다면 규칙을 자동으로 적용하는 도구를 활용한다.

형식을 맞추는 목적

무엇보다 먼저, 한 가지를 분명히 짚고 넘어가자. 코드 형식은 **중요하다**! 너무 중요해서 무시하기 어렵다. 너무나도 중요하므로 융통성 없이 맹목적으로 따르면 안 된다. 코드 형식은 의사소통의 일환이다. 의사소통은 전문 개발자의 일차적인 의무다.

어쩌면 '돌아가는 코드'가 전문 개발자의 일차적인 의무라 여길지도 모르겠다. 하지만 이 책을 읽으면서 생각이 바뀌었기 바란다. 오늘 구현한 기능이 다음 버전에서 바뀔 확률은 아주 높다. 그런데 오늘 구현한 코드의 가독성은 앞으로 바뀔 코드의 품질에 지대한 영향을 미친다. 오랜 시간이 지나 원래 코드의 흔적을 더 이상 찾아보기 어려울 정도로 코드가 바뀌어도 맨 처음 잡아놓은 구현 스타일과 가독성 수준은 유지보수 용이성과 확장성에 계속 영향을 미친다. 원래 코드는 사라질지라도 개발자의 스타일과 규율은 사라지지 않는다.

그렇다면 원활한 소통을 장려하는 코드 형식은 무엇일까?

적절한 행 길이를 유지하라

세로 길이부터 살펴보자. 소스 코드는 얼마나 길어야 적당할까? 자바에서 파일 크기는 클래스 크기와 밀접하다. 클래스 크기는 클래스를 논하는 장에서 다룬다. 지금은 파일 크기만 고려하자.

대다수 자바 소스 파일은 크기가 어느 정도일까? 크기와 스타일을 조사했더

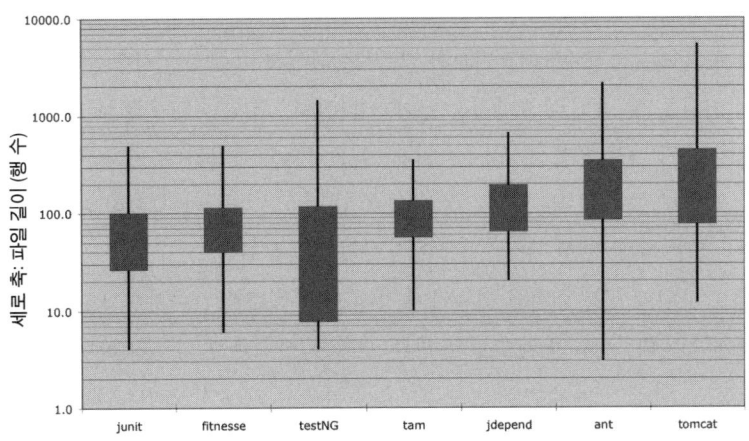

그림 5.1 파일 길이 분포, 로그 배율 (상자 높이 = 표준편차)

니 엄청난 차이가 드러났다. 그림 5-1을 참조한다.

그림 5-1은 프로젝트 7개를 묘사한다. JUnit, FitNesse, testNG, Time and Money(tam), JDepend, Ant, Tomcat 프로젝트를 조사한 결과다. 상자를 관통하는 선은 각 프로젝트에서 최대 파일 길이와 최소 파일 길이를 나타낸다. 상자는 대략 파일의 1/3을 차지한다(1 표준 편차[1]). 상자 중간이 평균이다. FitNesse 프로젝트를 살펴보자. 평균 파일 크기는 약 65줄이다. 전체 파일 중 대략 1/3이 40줄에서 100줄 조금 넘는 정도다. 가장 긴 파일은 약 400줄이고 가장 짧은 파일은 6줄이다. 그림 5-1은 로그 눈금이라는 사실을 명심한다. 즉, 세로 위치가 조금만 차이나도 실제 크기는 크게 달라진다.

JUnit, FitNesse, Time and Money는 상대적으로 파일 크기가 작다. 500줄을 넘어가는 파일이 없으며 대다수가 200줄 미만이다. 반면, Tomcat과 Ant는 절반 이상이 200줄을 넘어서고 심지어 수천 줄이 넘어가는 파일도 있다.

표 5-1이 우리에게 무엇을 말하느냐? 500줄을 넘지 않고 대부분 200줄 정도인 파일로도 커다란 시스템을 구축할 수 있다는 사실이다. (FitNesse는 50,000줄에 육박하는 시스템이다.) 반드시 지킬 엄격한 규칙은 아니지만 바람직한 규칙으로 삼으면 좋겠다. 일반적으로 큰 파일보다 작은 파일이 이해하기 쉽다.

---

1 상자는 평균 위/아래로 (표준편차/2)를 나타낸다. 파일 길이가 정규 분포는 아니므로 표준 편차가 수학적으로 정확하지 않다는 사실은 충분히 안다. 하지만 여기서 정확성을 추구할 의도는 없다. 단지 감을 잡으려는 의도다.

신문 기사처럼 작성하라

아주 좋은 신문 기사를 떠올려보라. 독자는 위에서 아래로 기사를 읽는다. 최상단에 기사를 몇 마디로 요약하는 표제가 나온다. 독자는 표제를 보고서 기사를 읽을지 말지 결정한다. 첫 문단은 전체 기사 내용을 요약한다. 세세한 사실은 숨기고 커다란 그림을 보여준다. 쭉 읽으며 내려가면 세세한 사실이 조금씩 드러난다. 날짜, 이름, 발언, 주장, 기타 세부사항이 나온다.

소스 파일도 신문 기사와 비슷하게 작성한다. 이름은 간단하면서도 설명이 가능하게 짓는다. 이름만 보고도 올바른 모듈을 살펴보고 있는지 아닌지를 판단할 정도로 신경 써서 짓는다. 소스 파일 첫 부분은 고차원 개념과 알고리즘을 설명한다. 아래로 내려갈수록 의도를 세세하게 묘사한다. 마지막에는 가장 저차원 함수와 세부 내역이 나온다.

신문은 다양한 기사로 이뤄진다. 대다수 기사가 아주 짧다. 어떤 기사는 조금 길다. 한 면을 채우는 기사는 거의 없다. 신문이 읽을 만한 이유는 여기에 있다. 신문이 사실, 날짜, 이름 등을 무작위로 뒤섞은 긴 기사 하나만 싣는다면 아무도 읽지 않으리라.

개념은 빈 행으로 분리하라

거의 모든 코드는 왼쪽에서 오른쪽으로 그리고 위에서 아래로 읽힌다. 각 행은 수식이나 절을 나타내고, 일련의 행 묶음은 완결된 생각 하나를 표현한다. 생각 사이는 빈 행을 넣어 분리해야 마땅하다.

예를 들어, 목록 5-1을 살펴보자. 패키지 선언부, import 문, 각 함수 사이에 빈 행이 들어간다. 너무도 간단한 규칙이지만 코드의 세로 레이아웃에 심오한 영향을 미친다. 빈 행은 새로운 개념을 시작한다는 시각적 단서다. 코드를 읽어 내려가다 보면 빈 행 바로 다음 줄에 눈길이 멈춘다.

목록 5-1 BoldWidget.java

```
package fitnesse.wikitext.widgets;

import java.util.regex.*;
```

```
public class BoldWidget extends ParentWidget {
  public static final String REGEXP = "'''.+?'''";
  private static final Pattern pattern = Pattern.compile("'''(.+?)'''",
    Pattern.MULTILINE + Pattern.DOTALL
  );

  public BoldWidget(ParentWidget parent, String text) throws Exception {
    super(parent);
    Matcher match = pattern.matcher(text);
    match.find();
    addChildWidgets(match.group(1));
  }

  public String render() throws Exception {
    StringBuffer html = new StringBuffer("<b>");
    html.append(childHtml()).append("</b>");
    return html.toString();
  }
}
```

목록 5-2는 목록 5-1에서 빈 행을 빼버린 코드다. 코드 가독성이 현저하게 떨어져 암호처럼 보인다.

목록 5-2 BoldWidget.java

```
package fitnesse.wikitext.widgets;
import java.util.regex.*;
public class BoldWidget extends ParentWidget {
  public static final String REGEXP = "'''.+?'''";
  private static final Pattern pattern = Pattern.compile("'''(.+?)'''",
    Pattern.MULTILINE + Pattern.DOTALL);
  public BoldWidget(ParentWidget parent, String text) throws Exception {
    super(parent);
    Matcher match = pattern.matcher(text);
    match.find();
    addChildWidgets(match.group(1));}
  public String render() throws Exception {
    StringBuffer html = new StringBuffer("<b>");
    html.append(childHtml()).append("</b>");
    return html.toString();
  }
}
```

눈의 초점을 흐리게 하고 코드를 바라보면 효과는 더욱 분명하게 드러난다. 목록 5-1에서는 행 묶음이 분리되어 보인다. 반면, 목록 5-2에서는 전체가 한 덩어리로 보인다. 목록 5-1과 목록 5-2는 단지 줄바꿈만 다를 뿐이다.

세로 밀집도

줄바꿈이 개념을 분리한다면 세로 밀집도는 연관성을 의미한다. 즉, 서로 밀접한 코드 행은 세로로 가까이 놓여야 한다는 뜻이다. 목록 5-3을 살펴보자. 의미 없는 주석으로 두 인스턴스 변수를 떨어뜨려 놓았다.

목록 5-3

```java
public class ReporterConfig {
  /**
   * 리포터 리스너의 클래스 이름
   */
  private String m_className;

  /**
   * 리포터 리스너의 속성
   */
  private List<Property> m_properties = new ArrayList<Property>();
  public void addProperty(Property property) {
    m_properties.add(property);
}
```

목록 5-4가 훨씬 더 읽기 쉽다. 코드가 '한눈'에 들어온다. 적어도 내게는 그렇다. 척 보면 변수 2개에 메서드가 1개인 클래스라는 사실이 드러난다. 머리나 눈을 움직일 필요가 거의 없다. 같은 코드라도 목록 5-3은 (적어도 나로서는) 머리와 눈을 더 움직여야 했다.

목록 5-4

```java
public class ReporterConfig {
  private String m_className;
  private List<Property> m_properties = new ArrayList<Property>();
```

```
  public void addProperty(Property property) {
    m_properties.add(property);
  }
}
```

수직 거리

함수 연관 관계와 동작 방식을 이해하려고 이 함수에서 저 함수로 오가며 소스 파일을 위아래로 뒤지는 등 뺑뺑이를 돌았으나 결국은 미로 같은 코드 때문에 혼란만 가중된 경험이 있는가? 함수나 변수가 정의된 코드를 찾으려 상속 관계를 줄줄이 거슬러 올라간 경험이 있는가? 결코 달갑지 않은 경험이다. 시스템이 무엇을 하는지 이해하고 싶은데, 이 조각 저 조각이 어디에 있는지 찾고 기억하느라 시간과 노력을 소모한다.

서로 밀접한 개념은 세로로 가까이 둬야 한다.[G10] 물론 두 개념이 서로 다른 파일에 속한다면 규칙이 통하지 않는다. 하지만 타당한 근거가 없다면 서로 밀접한 개념은 한 파일에 속해야 마땅하다. 이게 바로 protected 변수를 피해야 하는 이유 중 하나다.

같은 파일에 속할 정도로 밀접한 두 개념은 세로 거리로 연관성을 표현한다. 여기서 연관성이란 한 개념을 이해하는 데 다른 개념이 중요한 정도다. 연관성이 깊은 두 개념이 멀리 떨어져 있으면 코드를 읽는 사람이 소스 파일과 클래스를 여기저기 뒤지게 된다.

변수 선언. 변수는 사용하는 위치에 최대한 가까이 선언한다. 우리가 만든 함수는 매우 짧으므로 지역 변수는 각 함수 맨 처음에 선언한다. 다음은 JUnit 4.3.1에서 가져온 다소 긴 함수다.

```
private static void readPreferences() {
  InputStream is= null;
  try {
    is= new FileInputStream(getPreferencesFile());
    setPreferences(new Properties(getPreferences()));
    getPreferences().load(is);
  } catch (IOException e) {
    try {
```

```
      if (is != null)
        is.close();
    } catch (IOException e1) {
    }
  }
}
```

루프를 제어하는 변수는 흔히 루프 문 내부에 선언한다. 다음 예제 역시 JUnit 4.3.1에서 가져온 작고 귀여운 함수다.

```
public int countTestCases() {
  int count= 0;
  for (Test each : tests)
    count += each.countTestCases();
  return count;
}
```

아주 드물지만 다소 긴 함수에서 블록 상단이나 루프 직전에 변수를 선언하는 사례도 있다. 다음은 TestNG에서 가져온 코드다. 아래 코드는 아주 긴 함수에 속한다.

```
...
for (XmlTest test : m_suite.getTests()) {
  TestRunner tr = m_runnerFactory.newTestRunner(this, test);
  tr.addListener(m_textReporter);
  m_testRunners.add(tr);

  invoker = tr.getInvoker();

  for (ITestNGMethod m : tr.getBeforeSuiteMethods()) {
    beforeSuiteMethods.put(m.getMethod(), m);
  }

  for (ITestNGMethod m : tr.getAfterSuiteMethods()) {
    afterSuiteMethods.put(m.getMethod(), m);
  }
}
...
```

인스턴스 변수. 반면, 인스턴스 변수는 클래스 맨 처음에 선언한다. 변수 간에 세로로 거리를 두지 않는다. 잘 설계한 클래스는 클래스의 많은(혹은 대다수) 메서드가 인스턴스 변수를 사용하기 때문이다.

인스턴스 변수를 선언하는 위치는 아직도 논쟁이 분분하다. 일반적으로 C++에서는 모든 인스턴스 변수를 클래스 마지막에 선언한다는 소위 가위 규칙scissors rule을 적용한다. 하지만 자바에서는 보통 클래스 맨 처음에 인스턴스 변수를 선언한다. 나로서는 어느 쪽이든 이의가 없다. 잘 알려진 위치에 인스턴스 변수를 모은다는 사실이 중요하다. 변수 선언을 어디서 찾을지 모두가 알고 있어야 한다.

다음은 JUnit 4.3.1에서 가져온 TestSuite 클래스로 코드가 특이하다. 요지가 드러나기 쉽도록 세세한 코드는 추려냈다. 코드를 살펴보면 중간쯤에 인스턴스 변수 두 개를 선언한다. 꽁꽁 잘도 숨겨놨다. 십중팔구 독자는 코드를 읽다가 (나처럼) 우연히 변수를 발견한다.

```java
public class TestSuite implements Test {
  static public Test createTest(Class<? extends TestCase> theClass,
                                String name) {
     ...
  }

  public static Constructor<? extends TestCase>
  getTestConstructor(Class<? extends TestCase> theClass)
  throws NoSuchMethodException {
     ...
  }

  public static Test warning(final String message) {
     ...
  }

  private static String exceptionToString(Throwable t) {
     ...
  }

  private String fName;

  private Vector<Test> fTests= new Vector<Test>(10);
```

```
  public TestSuite() {
  }

  public TestSuite(final Class<? extends TestCase> theClass) {
    ...
  }

  public TestSuite(Class<? extends TestCase> theClass, String name) {
    ...
  }
  ... ... ... ... ...
}
```

종속 함수. 한 함수가 다른 함수를 호출한다면 두 함수는 세로로 가까이 배치한다. 또한 가능하다면 호출하는 함수를 호출되는 함수보다 먼저 배치한다. 그러면 프로그램이 자연스럽게 읽힌다. 규칙을 일관적으로 적용한다면 독자는 방금 호출한 함수가 잠시 후에 정의되리라는 사실을 예측한다. 목록 5-5는 FitNesse에서 가져온 코드다. 첫째 함수에서 가장 먼저 호출하는 함수가 바로 아래 정의된다. 다음으로 호출하는 함수는 그 아래에 정의된다. 그러므로 호출되는 함수를 찾기가 쉬워지며, 그만큼 모듈 전체의 가독성도 높아진다.

목록 5-5 WikiPageResponder.java

```
public class WikiPageResponder implements SecureResponder {
  protected WikiPage page;
  protected PageData pageData;
  protected String pageTitle;
  protected Request request;
  protected PageCrawler crawler;

  public Response makeResponse(FitNesseContext context, Request request)
    throws Exception {
    String pageName = getPageNameOrDefault(request, "FrontPage");
    loadPage(pageName, context);
    if (page == null)
      return notFoundResponse(context, request);
    else
      return makePageResponse(context);
  }
```

```java
    private String getPageNameOrDefault(Request request, String defaultPageName)
    {
      String pageName = request.getResource();
      if (StringUtil.isBlank(pageName))
        pageName = defaultPageName;

      return pageName;
    }

    protected void loadPage(String resource, FitNesseContext context)
      throws Exception {
      WikiPagePath path = PathParser.parse(resource);
      crawler = context.root.getPageCrawler();
      crawler.setDeadEndStrategy(new VirtualEnabledPageCrawler());
      page = crawler.getPage(context.root, path);
      if (page != null)
        pageData = page.getData();
    }

    private Response notFoundResponse(FitNesseContext context, Request request)
      throws Exception {
      return new NotFoundResponder().makeResponse(context, request);
    }

    private SimpleResponse makePageResponse(FitNesseContext context)
      throws Exception {
      pageTitle = PathParser.render(crawler.getFullPath(page));
      String html = makeHtml(context);

      SimpleResponse response = new SimpleResponse();
      response.setMaxAge(0);
      response.setContent(html);
      return response;
    }
...
```

참고로, 위 코드는 상수를 적절한 수준에 두는 좋은 예제다.[G35] getPageName OrDefault 함수 안에서 "FrontPage" 상수를 사용하는 방법도 있다. 하지만 그러면 기대와는 달리 잘 알려진 상수가 적절하지 않은 저차원 함수에 묻힌다. 상수를 알아야 마땅한 함수에서 실제로 사용하는 함수로 상수를 넘겨주는 방법이 더 좋다.

개념적 유사성. 어떤 코드는 서로 끌어당긴다. 개념적인 친화도가 높기 때문이다. 친화도가 높을수록 코드를 가까이 배치한다.

친화도가 높은 요인은 여러 가지다. 앞서 보았듯이, 한 함수가 다른 함수를 호출해 생기는 직접적인 종속성이 한 예다. 변수와 그 변수를 사용하는 함수도 한 예다. 하지만 그 외에도 친화도를 높이는 요인이 있다. 비슷한 동작을 수행하는 일군의 함수가 좋은 예다. 다음은 Junit 4.3.1에서 가져온 코드다.

```
public class Assert {
  static public void assertTrue(String message, boolean condition) {
    if (!condition)
      fail(message);
  }

  static public void assertTrue(boolean condition) {
    assertTrue(null, condition);
  }

  static public void assertFalse(String message, boolean condition) {
    assertTrue(message, !condition);
  }

  static public void assertFalse(boolean condition) {
    assertFalse(null, condition);
  }
...
```

위 함수들은 개념적인 친화도가 매우 높다. 명명법이 똑같고 기본 기능이 유사하고 간단하다. 서로가 서로를 호출하는 관계는 부차적인 요인이다. 종속적인 관계가 없더라도 가까이 배치할 함수들이다.

세로 순서

일반적으로 함수 호출 종속성은 아래 방향으로 유지한다. 다시 말해, 호출되는 함수를 호출하는 함수보다 나중에 배치한다.[2] 그러면 소스 코드 모듈이 고차원에서 저차원으로 자연스럽게 내려간다.

신문 기사와 마찬가지로 가장 중요한 개념을 가장 먼저 표현한다. 가장 중요한 개념을 표현할 때는 세세한 사항을 최대한 배제한다. 세세한 사항은 가장 마지막에 표현한다. 그러면 독자가 소스 파일에서 첫 함수 몇 개만 읽어도 개념을 파악하기 쉬워진다. 세세한 사항까지 파고들 필요가 없다. 목록 5-5가 좋은 예다. 더 좋은 예는 목록 15-5(338쪽)와 목록 3-7(62쪽)이다.

가로 형식 맞추기

한 행은 가로로 얼마나 길어야 적당할까? 이 질문에 답하려면 먼저 일반적인 프로그램에서 행 길이를 살펴보자. 앞서와 마찬가지로, 여기서도 프로젝트 7개를 조사했다. 그림 5-2는 프로젝트 7개에서 조사한 행 길이 분포다. 결과가 놀랍도록 규칙적이다. 특히 45자 근처가 그렇다. 20자에서 60자 사이는 모든 값이 총 행 수의 1% 정도다. 그러니까 20자에서 60자 사이인 행이 총 행 수의 40%에 달한다는 말이다. 10자 미만은 30% 정도로 보인다. 그래프는 로그 스케일이다. 즉, 선형 반비례 그래프로 보이지만 사실은 80자 이후부터 행 수는 급격하게 감소한다. 프로그래머는 명백하게 짧은 행을 선호한다.

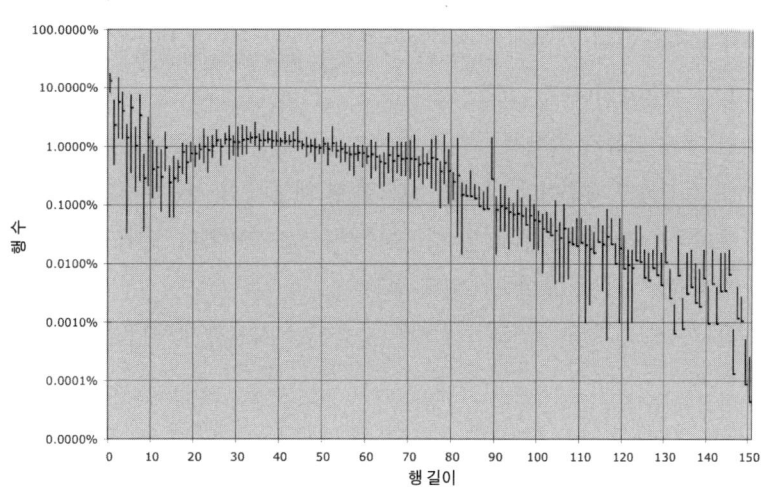

그림 5.2 자바 행 길이 분포

---

2 파스칼, C, C++와 정확히 반대다. 파스칼, C, C++에서 함수를 호출하려면 먼저 정의해야, 아니 적어도 미리 선언해놓아야 한다.

그러므로 짧은 행이 바람직하다. 옛날 홀러리스[3]가 내놓은 80자 제한은 다소 인위적이다. 100자나 120자에 달해도 나쁘지 않다. 하지만 그 이상은 솔직히 주의부족이다.

예전에는 오른쪽으로 스크롤할 필요가 절대로 없게 코드를 짰다. 하지만 요즘은 모니터가 아주 크다. 게다가 젊은 프로그래머들은 글꼴 크기를 왕창 줄여, 200자까지도 한 화면에 들어간다. 가급적이면 그렇게 하지 말기를 권한다. 개인적으로는 120자 정도로 행 길이를 제한한다.

가로 공백과 밀집도

가로로는 공백을 사용해 밀접한 개념과 느슨한 개념을 표현한다. 다음 함수를 살펴보자.

```
private void measureLine(String line) {
  lineCount++;
  int lineSize = line.length();
  totalChars += lineSize;
  lineWidthHistogram.addLine(lineSize, lineCount);
  recordWidestLine(lineSize);
}
```

할당 연산자를 강조하려고 앞뒤에 공백을 줬다. 할당문은 왼쪽 요소와 오른쪽 요소가 분명히 나뉜다. 공백을 넣으면 두 가지 주요 요소가 확실히 나뉜다는 사실이 더욱 분명해진다.

반면, 함수 이름과 이어지는 괄호 사이에는 공백을 넣지 않았다. 함수와 인수는 서로 밀접하기 때문이다. 공백을 넣으면 한 개념이 아니라 별개로 보인다. 함수를 호출하는 코드에서 괄호 안 인수는 공백으로 분리했다. 쉼표를 강조해 인수가 별개라는 사실을 보여주기 위해서다.

연산자 우선순위를 강조하기 위해서도 공백을 사용한다. 다음 코드를 살펴보자.

```
public class Quadratic {
  public static double root1(double a, double b, double c) {
    double determinant = determinant(a, b, c);
```

---

[3] (옮긴이) 가로 80자리, 세로 12단인 천공 카드와 천공 카드 기계를 고안한 통계학자다.

```
    return (-b + Math.sqrt(determinant)) / (2*a);
  }

  public static double root2(int a, int b, int c) {
    double determinant = determinant(a, b, c);
    return (-b - Math.sqrt(determinant)) / (2*a);
  }
  private static double determinant(double a, double b, double c) {
    return b*b - 4*a*c;
  }
}
```

수식을 읽기가 아주 편하다. 승수 사이는 공백이 없다. 곱셈은 우선순위가 가장 높기 때문이다. 항 사이에는 공백이 들어간다. 덧셈과 뺄셈은 우선순위가 곱셈보다 낮기 때문이다.

불행히도, 코드 형식을 자동으로 맞춰주는 도구는 대다수가 연산자 우선순위를 고려하지 못하므로, 수식에 똑같은 간격을 적용한다. 따라서 위와 같이 공백을 넣어줘도 나중에 도구에서 없애는 경우가 흔하다.

가로 정렬

어셈블리어 프로그래머였던 시절[4]에 나는 특정 구조를 강조하고자 가로 정렬을 사용했다. C, C++, 나중에 자바로 프로그램을 짜면서도 나는 계속해서 선언부의 변수 이름이나 할당문의 오른쪽 피연산자를 빠뜨리지 않고 나란히 정렬했다. 내 코드는 다음과 같은 모습이었다.

```
public class FitNesseExpediter implements ResponseSender
{
    private   Socket          socket;
    private   InputStream     input;
    private   OutputStream    output;
    private   Request         request;
    private   Response        response;
    private   FitNesseContext  context;
    protected long            requestParsingTimeLimit;
    private   long            requestProgress;
    private   long            requestParsingDeadline;
```

---

4   솔직히 말하자면, 나는 지금도 어셈블리어 프로그래머다. 나를 실리콘에서 멀리 떨어뜨릴 수 있을지는 모르겠지만, 골수 어셈블리 프로그래머인 내 몸 속에 내장된 실리콘을 꺼내지는 못할 게다.

```
  private  boolean           hasError;

  public FitNesseExpediter(Socket          s,
                    FitNesseContext context) throws Exception
  {
    this.context =          context;
    socket =                s;
    input =                 s.getInputStream();
    output =                s.getOutputStream();
    requestParsingTimeLimit = 10000;
  }
```

하지만 나는 위와 같은 정렬이 별로 유용하지 못하다는 사실을 깨달았다. 코드가 엉뚱한 부분을 강조해 진짜 의도가 가려지기 때문이다. 예를 들어, 위 선언부를 읽다 보면 변수 유형은 무시하고 변수 이름부터 읽게 된다. 마찬가지로, 위 할당문을 훑어보면 할당 연산자는 보이지 않고 오른쪽 피연산자에 눈이 간다. 설상가상으로, 코드 형식을 자동으로 맞춰주는 도구는 대다수가 위와 같은 정렬을 무시한다.

그래서 나는 더 이상 위와 같이 코드를 정렬하지 않는다. 이제는 다음과 같이, 선언문과 할당문을 별도로 정렬하지 않는다. 정렬하지 않으면 오히려 중대한 결함을 찾기 쉽다. 정렬이 필요할 정도로 목록이 길다면 문제는 목록 길이지 정렬 부족이 아니다. 아래 코드처럼 선언부가 길다면 클래스를 쪼개야 한다는 의미다.

```
public class FitNesseExpediter implements ResponseSender
{
  private Socket socket;
  private InputStream input;
  private OutputStream output;
  private Request request;
  private Response response;
  private FitNesseContext context;
  protected long requestParsingTimeLimit;
  private long requestProgress;
  private long requestParsingDeadline;
  private boolean hasError;
```

```
  public FitNesseExpediter(Socket s, FitNesseContext context) throws Exception
  {
    this.context = context;
    socket = s;
    input = s.getInputStream();
    output = s.getOutputStream();
    requestParsingTimeLimit = 10000;
  }
```

들여쓰기

소스 파일은 윤곽도outline와 계층이 비슷하다. 파일 전체에 적용되는 정보가 있고, 파일 내 개별 클래스에 적용되는 정보가 있고, 클래스 내 각 메서드에 적용되는 정보가 있고, 블록 내 블록에 재귀적으로 적용되는 정보가 있다. 계층에서 각 수준은 이름을 선언하는 범위이자 선언문과 실행문을 해석하는 범위다.

이렇듯 범위scope로 이뤄진 계층을 표현하기 위해 우리는 코드를 들여쓴다. 들여쓰는 정도는 계층에서 코드가 자리잡은 수준에 비례한다. 클래스 정의처럼 파일 수준인 문장은 들여쓰지 않는다. 클래스 내 메서드는 클래스보다 한 수준 들여쓴다. 메서드 코드는 메서드 선언보다 한 수준 들여쓴다. 블록 코드는 블록을 포함하는 코드보다 한 수준 들여쓴다.

프로그래머는 이런 들여쓰기 체계에 크게 의존한다. 왼쪽으로 코드를 맞춰 코드가 속하는 범위를 시각적으로 표현한다. 그러면 이 범위에서 저 범위로 재빨리 이동하기 쉬워진다. 현재 상황과 무관한 if 문/while 문 코드를 일일이 살펴볼 필요가 없다. 소스 파일 왼쪽을 훑으면서 새 메서드, 새 변수, 새 클래스도 찾는다. 들여쓰기가 없다면 인간이 코드를 읽기란 거의 불가능하리라.

다음 코드를 살펴보자. 두 코드는 문법과 의미가 동일하다.

```
public class FitNesseServer implements SocketServer { private FitNesseContext
context; public FitNesseServer(FitNesseContext context) { this.context =
context; } public void serve(Socket s) { serve(s, 10000); } public void
serve(Socket s, long requestTimeout) { try { FitNesseExpediter sender = new
FitNesseExpediter(s, context);
sender.setRequestParsingTimeLimit(requestTimeout); sender.start(); }
catch(Exception e) { e.printStackTrace(); } } }
```

```
public class FitNesseServer implements SocketServer {
  private FitNesseContext context;
  public FitNesseServer(FitNesseContext context) {
    this.context = context;
  }

  public void serve(Socket s) {
    serve(s, 10000);
  }

  public void serve(Socket s, long requestTimeout) {
    try {
      FitNesseExpediter sender = new FitNesseExpediter(s, context);
      sender.setRequestParsingTimeLimit(requestTimeout);
      sender.start();
    }
    catch (Exception e) {
      e.printStackTrace();
    }
  }
}
```

들여쓰기한 파일은 구조가 한눈에 들어온다. 변수, 생성자 함수, 접근자 함수, 메서드가 금방 보인다. 만료 시간이 있으며 소켓 앞 단에 놓이는 클래스라는 사실이 몇 초 만에 이해된다. 반면, 들여쓰기 하지 않은 코드는 열심히 분석하지 않는 한 거의 불가해하다.

들여쓰기 무시하기. 때로는 간단한 if 문, 짧은 while 문, 짧은 함수에서 들여쓰기 규칙을 무시하고픈 유혹이 생긴다. 이런 유혹에 빠질 때마다 나는 항상 원점으로 돌아가 들여쓰기를 넣는다. 즉, 나는 다음과 같이 한 행에 범위를 뭉뚱그린 코드를 피한다.

```
public class CommentWidget extends TextWidget
{
  public static final String REGEXP = "^#[^\r\n]*(?:(?:\r\n)|\n|\r)?";

  public CommentWidget(ParentWidget parent, String text){super(parent, text);}
  public String render() throws Exception {return ""; }
}
```

대신, 다음과 같이 들여쓰기로 범위를 제대로 표현한 코드를 선호한다.

```
public class CommentWidget extends TextWidget {
  public static final String REGEXP = "^#[^\r\n]*(?:(?:\r\n)|\n|\r)?";

  public CommentWidget(ParentWidget parent, String text) {
    super(parent, text);
  }

  public String render() throws Exception {
    return "";
  }
}
```

가짜 범위

때로는 빈 while 문이나 for 문을 접한다. 나는 이런 구조를 좋아하지 않기에 가능한 한 피하려 애쓴다. 피하지 못할 때는 빈 블록을 올바로 들여쓰고 괄호로 감싼다. 지금까지 나는 while 문 끝에 세미콜론(;) 하나를 살짝 덧붙인 코드로 수없이 골탕을 먹었다. 세미콜론(;)은 새 행에다 제대로 들여써서 넣어준다. 그렇게 하지 않으면 눈에 띄지 않는다. 아래 코드를 참조한다.

```
while (dis.read(buf, 0, readBufferSize) != -1)
  ;
```

팀 규칙

팀 규칙이라는 제목은 말 장난이다. 프로그래머라면 각자 선호하는 규칙이 있다. 하지만 팀에 속한다면 자신이 선호해야 할 규칙은 바로 팀 규칙이다.

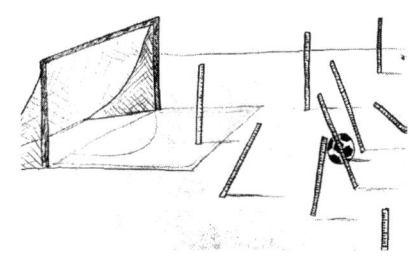

팀은 한 가지 규칙에 합의해야 한다. 그리고 모든 팀원은 그 규칙을 따라야 한다. 그래야 소프트웨어가 일관적인 스타일을 보인다. 개개인이 따로국밥처럼 맘대로 짜대는 코드는 피해야 한다.

2002년 FitNesse 프로젝트를 처음 시작했을 때 나는 팀과 마주 앉아 구현 스타일을 논의했다. 대략 10분이 걸렸다. 어디에 괄호를 넣을지, 들여쓰기는 몇 자로 할지, 클래스와 변수와 메서드 이름은 어떻게 지을지 등을 결정했다. 그리고는 우리가 정한 규칙으로 IDE 코드 형식기를 설정한 후 지금까지 사용했다. 내가 선호하는 규칙은 아니지만 팀이 정한 규칙이었다. 팀원으로서 나는 팀 규칙에 따라 FitNesse 코드를 구현했다.

좋은 소프트웨어 시스템은 읽기 쉬운 문서로 이뤄진다는 사실을 기억하기 바란다. 스타일은 일관적이고 매끄러워야 한다. 한 소스 파일에서 봤던 형식이 다른 소스 파일에도 쓰이리라는 신뢰감을 독자에게 줘야 한다. 온갖 스타일을 뒤섞어 소스 코드를 필요 이상으로 복잡하게 만드는 실수는 반드시 피한다.

밥 아저씨의 형식 규칙

내가 사용하는 규칙은 아주 간단하다. 목록 5-6에 잘 드러난다. 코드 자체가 최고의 구현 표준 문서가 되는 예다.

목록 5-6

```java
public class CodeAnalyzer implements JavaFileAnalysis {
  private int lineCount;
  private int maxLineWidth;
  private int widestLineNumber;
  private LineWidthHistogram lineWidthHistogram;
  private int totalChars;

  public CodeAnalyzer() {
    lineWidthHistogram = new LineWidthHistogram();
  }

  public static List<File> findJavaFiles(File parentDirectory) {
    List<File> files = new ArrayList<File>();
    findJavaFiles(parentDirectory, files);
    return files;
  }

  private static void findJavaFiles(File parentDirectory, List<File> files) {
    for (File file : parentDirectory.listFiles()) {
      if (file.getName().endsWith(".java"))
        files.add(file);
```

```java
    else if (file.isDirectory())
      findJavaFiles(file, files);
  }
}

public void analyzeFile(File javaFile) throws Exception {
  BufferedReader br = new BufferedReader(new FileReader(javaFile));
  String line;
  while ((line = br.readLine()) != null)
    measureLine(line);
}

private void measureLine(String line) {
  lineCount++;
  int lineSize = line.length();
  totalChars += lineSize;
  lineWidthHistogram.addLine(lineSize, lineCount);
  recordWidestLine(lineSize);
}

private void recordWidestLine(int lineSize) {
  if (lineSize > maxLineWidth) {
    maxLineWidth = lineSize;
    widestLineNumber = lineCount;
  }
}

public int getLineCount() {
  return lineCount;
}

public int getMaxLineWidth() {
  return maxLineWidth;
}

public int getWidestLineNumber() {
  return widestLineNumber;
}

public LineWidthHistogram getLineWidthHistogram() {
  return lineWidthHistogram;
}
```

```java
  public double getMeanLineWidth() {
    return (double)totalChars/lineCount;
  }

  public int getMedianLineWidth() {
    Integer[] sortedWidths = getSortedWidths();
    int cumulativeLineCount = 0;
    for (int width : sortedWidths) {
      cumulativeLineCount += lineCountForWidth(width);
      if (cumulativeLineCount > lineCount/2)
        return width;
    }
    throw new Error("Cannot get here");
  }

  private int lineCountForWidth(int width) {
    return lineWidthHistogram.getLinesforWidth(width).size();
  }

  private Integer[] getSortedWidths() {
    Set<Integer> widths = lineWidthHistogram.getWidths();
    Integer[] sortedWidths = (widths.toArray(new Integer[0]));
    Arrays.sort(sortedWidths);
    return sortedWidths;
  }
}
```

6

객체와 자료 구조

Program
Programming
Programmer　07　Clean Code

변수를 비공개private로 정의하는 이유가 있다. 남들이 변수에 의존하지 않게 만들고 싶어서다. 충동이든 변덕이든, 변수 타입이나 구현을 맘대로 바꾸고 싶어서다. 그렇다면 어째서 수많은 프로그래머가 조회get 함수와 설정set 함수를 당연하게 공개public해 비공개 변수를 외부에 노출할까?

자료 추상화

목록 6-1과 목록 6-2에서 차이를 살펴보자. 두 클래스 모두 2차원 점을 표현한다. 그런데 한 클래스는 구현을 외부로 노출하고 다른 클래스는 구현을 완전히 숨긴다.

목록 6-1 구체적인 Point 클래스

```
public class Point {
  public double x;
  public double y;
}
```

목록 6-2 추상적인 Point 클래스

```
public interface Point {
  double getX();
  double getY();
  void setCartesian(double x, double y);
  double getR();
  double getTheta();
  void setPolar(double r, double theta);
}
```

정말 멋지게도, 목록 6-2는 점이 직교좌표계를 사용하는지 극좌표계를 사용하는지 알 길이 없다. 둘 다 아닐지도 모른다! 그럼에도 불구하고 인터페이스는 자료 구조를 명백하게 표현한다.

사실 목록 6-2는 자료 구조 이상을 표현한다. 클래스 메서드가 접근 정책을 강제한다. 좌표를 읽을 때는 각 값을 개별적으로 읽어야 한다. 하지만 좌표를 설정할 때는 두 값을 한꺼번에 설정해야 한다.

반면 목록 6-1은 확실히 직교좌표계를 사용한다. 또한 개별적으로 좌표값을 읽고 설정하게 강제한다. 목록 6-1은 구현을 노출한다. 변수를 private으로 선언하더라도 각 값마다 조회get 함수와 설정set 함수를 제공한다면 구현을 외부로 노출하는 셈이다.

변수 사이에 함수라는 계층을 넣는다고 구현이 저절로 감춰지지는 않는다. 구현을 감추려면 추상화가 필요하다! 그저 (형식 논리에 치우쳐) 조회 함수와 설정 함수로 변수를 다룬다고 클래스가 되지는 않는다. 그보다는 추상 인터페이스를 제공해 사용자가 구현을 모른 채 자료의 핵심을 조작할 수 있어야 진정한 의미의 클래스다.

목록 6-3과 목록 6-4를 살펴보자. 목록 6-3은 자동차 연료 상태를 구체적인 숫자 값으로 알려준다. 목록 6-4는 자동차 연료 상태를 백분율이라는 추상적인 개념으로 알려준다. 목록 6-3은 두 함수가 변수값을 읽어 반환할 뿐이라는 사실이 거의 확실하다. 목록 6-4는 정보가 어디서 오는지 전혀 드러나지 않는다.

목록 6-3 구체적인 Vehicle 클래스

```
public interface Vehicle {
  double getFuelTankCapacityInGallons();
  double getGallonsOfGasoline();
}
```

목록 6-4 추상적인 Vehicle 클래스

```
public interface Vehicle {
  double getPercentFuelRemaining();
}
```

목록 6-1과 목록 6-2에서는 목록 6-2가, 목록 6-3과 목록 6-4에서는 목록 6-4가 더 좋다. 자료를 세세하게 공개하기보다는 추상적인 개념으로 표현하는 편이 좋다. 인터페이스나 조회/설정 함수만으로는 추상화가 이뤄지지 않는다. 개발자는 객체가 포함하는 자료를 표현할 가장 좋은 방법을 심각하게 고민해야 한다. 아무 생각 없이 조회/설정 함수를 추가하는 방법이 가장 나쁘다.

자료/객체 비대칭

앞서 소개한 두 가지 예제는 객체와 자료 구조 사이에 벌어진 차이를 보여준다. 객체는 추상화 뒤로 자료를 숨긴 채 자료를 다루는 함수만 공개한다. 자료 구조는 자료를 그대로 공개하며 별다른 함수는 제공하지 않는다. 문단을 처음부터 다시 읽어보기 바란다. 두 정의는 본질적으로 상반된다. 두 개념은 사실상 정반대다. 사소한 차이로 보일지 모르지만 그 차이가 미치는 영향은 굉장하다.

예를 들어, 목록 6-5를 살펴보자. 목록 6-5는 절차적인 도형 클래스다. Geometry 클래스는 세 가지 도형 클래스를 다룬다. 각 도형 클래스는 간단한 자료 구조다. 즉, 아무 메서드도 제공하지 않는다. 도형이 동작하는 방식은 Geometry 클래스에서 구현한다.

목록 6-5 절차적인 도형

```java
public class Square {
  public Point topLeft;
  public double side;
}

public class Rectangle {
  public Point topLeft;
  public double height;
  public double width;
}

public class Circle {
  public Point center;
  public double radius;
}

public class Geometry {
  public final double PI = 3.141592653589793;

  public double area(Object shape) throws NoSuchShapeException
  {
    if (shape instanceof Square) {
     Square s = (Square)shape;
      return s.side * s.side;
    }
    else if (shape instanceof Rectangle) {
      Rectangle r = (Rectangle)shape;
      return r.height * r.width;
    }
    else if (shape instanceof Circle) {
      Circle c = (Circle)shape;
      return PI * c.radius * c.radius;
    }
```

```
      throw new NoSuchShapeException();
  }
}
```

객체 지향 프로그래머가 위 코드를 본다면 코웃음을 칠지도 모르겠다. 클래스가 절차적이라 비판한다면 맞는 말이다. 하지만 그런 비웃음이 100% 옳다고 말하기는 어렵다. 만약 Geometry 클래스에 둘레 길이를 구하는 perimeter() 함수를 추가하고 싶다면? 도형 클래스는 아무 영향도 받지 않는다! 도형 클래스에 의존하는 다른 클래스도 마찬가지다! 반대로 새 도형을 추가하고 싶다면? Geometry 클래스에 속한 함수를 모두 고쳐야 한다. 앞서와 마찬가지로, 문단을 다시 읽어보기 바란다. 두 조건은 완전히 정반대다.

이번에는 목록 6-6을 살펴보자. 객체 지향적인 도형 클래스다. 여기서 area()는 다형polymorphic 메서드다. Geometry 클래스는 필요 없다. 그러므로 새 도형을 추가해도 기존 함수에 아무런 영향을 미치지 않는다. 반면 새 함수를 추가하고 싶다면 도형 클래스 전부를 고쳐야 한다.[1]

목록 6-6 다형적인 도형

```
public class Square implements Shape {
  private Point topLeft;
  private double side;

  public double area() {
    return side*side;
  }
}

public class Rectangle implements Shape {
  private Point topLeft;
  private double height;
  private double width;

  public double area() {
    return height * width;
  }
}
```

---

[1] 노련한 객체 지향 설계자는 VISITOR 혹은 Dual-Patch 등과 같이 잘 알려진 기법을 사용해 이 문제를 해결한다. 하지만 이들 기법 역시 대가가 따르며, 일반적으로 절차적인 프로그램에서 볼 수 있는 구조를 반환한다.
(옮긴이) VISTOR 패턴은 주로 상속 없이 클래스에 메서드를 효과적으로 추가하기 위해 사용한다. 하지만 합성 객체의 내부 구조가 VISITOR에 열리게 되므로 캡슐화를 위반한다는 문제점이 생긴다.

```java
public class Circle implements Shape {
  private Point center;
  private double radius;
  public final double PI = 3.141592653589793;

  public double area() {
    return PI * radius * radius;
  }
}
```

앞서도 말했듯이, 목록 6-5와 목록 6-6은 상호 보완적인 특질이 있다. 사실상 반대다! 그래서 객체와 자료 구조는 근본적으로 양분된다.

> (자료 구조를 사용하는) 절차적인 코드는 기존 자료 구조를 변경하지 않으면서 새 함수를 추가하기 쉽다. 반면, 객체 지향 코드는 기존 함수를 변경하지 않으면서 새 클래스를 추가하기 쉽다.

반대쪽도 참이다.

> 절차적인 코드는 새로운 자료 구조를 추가하기 어렵다. 그러려면 모든 함수를 고쳐야 한다. 객체 지향 코드는 새로운 함수를 추가하기 어렵다. 그러려면 모든 클래스를 고쳐야 한다.

다시 말해, 객체 지향 코드에서 어려운 변경은 절차적인 코드에서 쉬우며, 절차적인 코드에서 어려운 변경은 객체 지향 코드에서 쉽다!

복잡한 시스템을 짜다 보면 새로운 함수가 아니라 새로운 자료 타입이 필요한 경우가 생긴다. 이때는 클래스와 객체 지향 기법이 가장 적합하다. 반면, 새로운 자료 타입이 아니라 새로운 함수가 필요한 경우도 생긴다. 이때는 절차적인 코드와 자료 구조가 좀 더 적합하다.

분별 있는 프로그래머는 모든 것이 객체라는 생각이 미신임을 잘 안다. 때로는 단순한 자료 구조와 절차적인 코드가 가장 적합한 상황도 있다.

디미터 법칙

디미터 법칙[2]은 잘 알려진 휴리스틱heuristic으로, 모듈은 자신이 조작하는 객체의 속사정을 몰라야 한다는 법칙이다. 앞 절에서 봤듯이, 객체는 자료를 숨기고 함수를 공개한다. 즉, 객체는 조회 함수로 내부 구조를 공개하면 안 된다는 의미다. 그러면 내부 구조를 (숨기지 않고) 노출하는 셈이니까.

좀 더 정확히 표현하자면, 디미터 법칙은 "클래스 C의 메서드 f는 다음과 같은 객체의 메서드만 호출해야 한다"고 주장한다.

- 클래스 C
- f가 생성한 객체
- f 인수로 넘어온 객체
- C 인스턴스 변수에 저장된 객체

하지만 위 객체에서 허용된 메서드가 반환하는 객체의 메서드는 호출하면 안 된다. 다시 말해, 낯선 사람은 경계하고 친구랑만 놀라는 의미다.

다음 코드[3]는 (다른 법칙은 제쳐두고서라도) 디미터 법칙을 어기는 듯이 보인다. getOptions() 함수가 반환하는 객체의 getScratchDir() 함수를 호출한 후 getScratchDir() 함수가 반환하는 객체의 getAbsolutePath() 함수를 호출하기 때문이다.

```
final String outputDir = ctxt.getOptions().getScratchDir().getAbsolutePath();
```

기차 충돌

흔히 위와 같은 코드를 기차 충돌train wreck이라 부른다. 여러 객차가 한 줄로 이어진 기차처럼 보이기 때문이다. 일반적으로 조잡하다 여겨지는 방식이므로 피하는 편이 좋다.[G36]

---

2 http://en.wikipedia.org/wiki/Law_of_Demeter
   (옮긴이) 디미터 법칙에 대한 더 자세한 설명은 『실용주의 프로그래머』(2005 인사이트, 김창준 정지호 옮김) 227쪽을 참조하라.

3 아파치 프레임워크에서 발견했다.

위 코드는 다음과 같이 나누는 편이 좋다.

```
Options opts = ctxt.getOptions();
File scratchDir = opts.getScratchDir();
final String outputDir = scratchDir.getAbsolutePath();
```

방금 살펴본 코드 예제는 둘 다 디미터 법칙을 위반할까? 확실히 위 코드 형태로 구현된 함수는 ctxt 객체가 Options을 포함하며, Options가 ScratchDir을 포함하며, ScratchDir이 AbsolutePath를 포함한다는 사실을 안다. 함수 하나가 아는 지식이 굉장히 많다. 위 코드를 사용하는 함수는 많은 객체를 탐색할 줄 안다는 말이다.

위 예제가 디미터 법칙을 위반하는지 여부는 ctxt, Options, ScratchDir이 객체인지 아니면 자료 구조인지에 달렸다. 객체라면 내부 구조를 숨겨야 하므로 확실히 디미터 법칙을 위반한다. 반면, 자료 구조라면 당연히 내부 구조를 노출하므로 디미터 법칙이 적용되지 않는다.

그런데 위 예제는 조회 함수를 사용하는 바람에 혼란을 일으킨다. 코드를 다음과 같이 구현했다면 디미터 법칙을 거론할 필요가 없어진다.

```
final String outputDir = ctxt.options.scratchDir.absolutePath;
```

자료 구조는 무조건 함수 없이 공개 변수만 포함하고 객체는 비공개 변수와 공개 함수를 포함한다면, 문제는 훨씬 간단하리라. 하지만 단순한 자료 구조에도 조회 함수와 설정 함수를 정의하라 요구하는 프레임워크와 표준(예, '빈bean')이 존재한다.

잡종 구조

이런 혼란으로 말미암아 때때로 절반은 객체, 절반은 자료 구조인 잡종 구조가 나온다. 잡종 구조는 중요한 기능을 수행하는 함수도 있고, 공개 변수나 공개 조회/설정 함수도 있다. 공개 조회/설정 함수는 비공개 변수를 그대로 노출한다. 덕택에 다른 함수가 절차적인 프로그래밍의 자료 구조 접근 방식처럼 비공개 변수를 사용하고픈 유혹에 빠지기 십상이다.[4]

---

4 때로는 기능 욕심(Feature Envy)이라고도 부른다.[Refactoring]

이런 잡종 구조는 새로운 함수는 물론이고 새로운 자료 구조도 추가하기 어렵다. 양쪽 세상에서 단점만 모아놓은 구조다. 그러므로 잡종 구조는 되도록 피하는 편이 좋다. 프로그래머가 함수나 타입을 보호할지 공개할지 확신하지 못해 (더 나쁘게는 무지해) 어중간하게 내놓은 설계에 불과하다.

구조체 감추기

만약 ctxt, options, scratchDir이 진짜 객체라면? 그렇다면 앞서 코드 예제처럼 줄줄이 사탕으로 엮어서는 안 된다. 객체라면 내부 구조를 감춰야 하니까. 그렇다면 임시 디렉터리의 절대 경로는 어떻게 얻어야 좋을까?

다음 두 코드를 살펴보자.

```
ctxt.getAbsolutePathOfScratchDirectoryOption();
```

```
ctx.getScratchDirectoryOption().getAbsolutePath()
```

첫 번째 방법은 ctxt 객체에 공개해야 하는 메서드가 너무 많아진다. 두 번째 방법은 getScratchDirectoryOption()이 객체가 아니라 자료 구조를 반환한다고 가정한다. 어느 방법도 썩 내키지 않는다.

ctxt가 객체라면 뭔가를 하라고 말해야지 속을 드러내라고 말하면 안 된다. 임시 디렉터리의 절대 경로가 왜 필요할까? 절대 경로를 얻어 어디에 쓰려고? 다음은 같은 모듈에서 (한참 아래로 내려가서) 가져온 코드다.

```
String outFile = outputDir + "/" + className.replace('.', '/') + ".class";
FileOutputStream fout = new FileOutputStream(outFile);
BufferedOutputStream bos = new BufferedOutputStream(fout);
```

추상화 수준을 뒤섞어 놓아[G34][G6] 다소 불편하다. 점, 슬래시, 파일 확장자, File 객체를 부주의하게 마구 뒤섞으면 안 된다. 어찌 되었거나, 위 코드를 살펴보면, 임시 디렉터리의 절대 경로를 얻으려는 이유가 임시 파일을 생성하기 위한 목적이라는 사실이 드러난다.

그렇다면 ctxt 객체에 임시 파일을 생성하라고 시키면 어떨까?

```
BufferedOutputStream bos = ctxt.createScratchFileStream(classFileName);
```

객체에게 맡기기에 적당한 임무로 보인다! ctxt는 내부 구조를 드러내지 않으며, 모듈에서 해당 함수는 자신이 몰라야 하는 여러 객체를 탐색할 필요가 없다. 따라서 디미터 법칙을 위반하지 않는다.

자료 전달 객체

자료 구조체의 전형적인 형태는 공개 변수만 있고 함수가 없는 클래스다. 이런 자료 구조체를 때로는 자료 전달 객체Data Transfer Object, DTO라 한다. DTO는 굉장히 유용한 구조체다. 특히 데이터베이스와 통신하거나 소켓에서 받은 메시지의 구문을 분석할 때 유용하다. 흔히 DTO는 데이터베이스에 저장된 가공되지 않은 정보를 애플리케이션 코드에서 사용할 객체로 변환하는 일련의 단계에서 가장 처음으로 사용하는 구조체다.

좀 더 일반적인 형태는 '빈bean' 구조다. 예제는 목록 6-7을 참조한다. 빈은 비공개private 변수를 조회/설정 함수로 조작한다. 일종의 사이비 캡슐화로, 일부 OO 순수주의자나 만족시킬 뿐 별다른 이익을 제공하지 않는다.

목록 6-7 address.java

```java
public class Address {
  private String street;
  private String streetExtra;
  private String city;
  private String state;
  private String zip;

  public Address(String street, String streetExtra,
                 String city, String state, String zip) {
    this.street = street;
    this.streetExtra = streetExtra;
    this.city = city;
    this.state = state;
    this.zip = zip;
  }

  public String getStreet() {
    return street;
  }
```

```
  public String getStreetExtra() {
    return streetExtra;
  }

  public String getCity() {
    return city;
  }

  public String getState() {
    return state;
  }

  public String getZip() {
    return zip;
  }
}
```

활성 레코드

활성 레코드는 DTO의 특수한 형태다. 공개 변수가 있거나 비공개 변수에 조회/설정 함수가 있는 자료 구조지만, 대개 save나 find와 같은 탐색 함수도 제공한다. 활성 레코드는 데이터베이스 테이블이나 다른 소스에서 자료를 직접 변환한 결과다.

불행히도 활성 레코드에 비즈니스 규칙 메서드를 추가해 이런 자료 구조를 객체로 취급하는 개발자가 흔하다. 하지만 이는 바람직하지 않다. 그러면 자료 구조도 아니고 객체도 아닌 잡종 구조가 나오기 때문이다.

해결책은 당연하다. 활성 레코드는 자료 구조로 취급한다. 비즈니스 규칙을 담으면서 내부 자료를 숨기는 객체는 따로 생성한다. (여기서 내부 자료는 활성 레코드의 인스턴스일 가능성이 높다.)

결론

객체는 동작을 공개하고 자료를 숨긴다. 그래서 기존 동작을 변경하지 않으면서 새 객체 타입을 추가하기는 쉬운 반면, 기존 객체에 새 동작을 추가하기는 어렵다. 자료 구조는 별다른 동작 없이 자료를 노출한다. 그래서 기존 자료 구조에 새 동작을 추가하기는 쉬우나, 기존 함수에 새 자료 구조를 추가하기는 어렵다.

(어떤) 시스템을 구현할 때, 새로운 자료 타입을 추가하는 유연성이 필요하면 객체가 더 적합하다. 다른 경우로 새로운 동작을 추가하는 유연성이 필요하면 자료 구조와 절차적인 코드가 더 적합하다. 우수한 소프트웨어 개발자는 편견 없이 이 사실을 이해해 직면한 문제에 최적인 해결책을 선택한다.

참고 문헌

[Refactoring]: *Refactoring: Improving the Design of Existing Code*, Martin Fowler et al., Addison-Wesley, 1999.[5]

---

[5] 번역서는 『Refactoring』(2012 한빛미디어, 김지원 옮김)이다.

7

오류 처리

마이클 페더스(Michael Feathers)

07 Clean Code

깨끗한 코드를 다루는 책에 오류 처리를 논하는 장이 있어 이상하게 여길지도 모르겠다. 오류 처리는 프로그램에 반드시 필요한 요소 중 하나일 뿐이다. 입력이 이상하거나 디바이스가 실패할지도 모르기 때문이다. 간단히 말해, 뭔가 잘못될 가능성은 늘 존재한다. 뭔가 잘못되면 바로 잡을 책임은 바로 우리 프로그래머에게 있다.

깨끗한 코드와 오류 처리는 확실히 연관성이 있다. 상당수 코드 기반은 전적으로 오류 처리 코드에 좌우된다. 여기서 좌우된다는 표현은 코드 기반이 오류만 처리한다는 의미가 아니다. 여기저기 흩어진 오류 처리 코드 때문에 실제 코드가 하는 일을 파악하기가 거의 불가능하다는 의미다. 오류 처리는 중요하다. 하지만 오류 처리 코드로 인해 프로그램 논리를 이해하기 어려워진다면 깨끗한 코드라 부르기 어렵다.

이 장에서는 깨끗하고 튼튼한 코드에 한걸음 더 다가가는 단계로 우아하고 고상하게 오류를 처리하는 기법과 고려 사항 몇 가지를 소개한다.

오류 코드보다 예외를 사용하라

얼마 전까지만 해도 예외를 지원하지 않는 프로그래밍 언어가 많았다. 예외를 지원하지 않는 언어는 오류를 처리하고 보고하는 방법이 제한적이었다. 오류 플래그를 설정하거나 호출자에게 오류 코드를 반환하는 방법이 전부였다. 목록 7-1은 이와 같은 방법을 보여준다.

목록 7-1 DeviceController.java

```
public class DeviceController {
  ...
  public void sendShutDown() {
    DeviceHandle handle = getHandle(DEV1);
    // 디바이스 상태를 점검한다.
    if (handle != DeviceHandle.INVALID) {
      // 레코드 필드에 디바이스 상태를 저장한다.
      retrieveDeviceRecord(handle);
      // 디바이스가 일시정지 상태가 아니라면 종료한다.
      if (record.getStatus() != DEVICE_SUSPENDED) {
        pauseDevice(handle);
        clearDeviceWorkQueue(handle);
```

```
      closeDevice(handle);
    } else {
      logger.log("Device suspended.  Unable to shut down");
    }
  } else {
    logger.log("Invalid handle for: " + DEV1.toString());
  }
}
  ...
}
```

위와 같은 방법을 사용하면 호출자 코드가 복잡해진다. 함수를 호출한 즉시 오류를 확인해야 하기 때문이다. 불행히도 이 단계는 잊어버리기 쉽다. 그래서 오류가 발생하면 예외를 던지는 편이 낫다. 그러면 호출자 코드가 더 깔끔해진다. 논리가 오류 처리 코드와 뒤섞이지 않으니까.

목록 7-2는 오류를 발견하면 예외를 던지는 코드다.

목록 7-2 DeviceController.java (예외 사용)

```
public class DeviceController {
  ...

  public void sendShutDown() {
    try {
      tryToShutDown();
    } catch (DeviceShutDownError e) {
      logger.log(e);
    }
  }

  private void tryToShutDown() throws DeviceShutDownError {
    DeviceHandle handle = getHandle(DEV1);
    DeviceRecord record = retrieveDeviceRecord(handle);

    pauseDevice(handle);
    clearDeviceWorkQueue(handle);
    closeDevice(handle);
  }

  private DeviceHandle getHandle(DeviceID id) {
    ...
```

7장 오류 처리   131

```
        throw new DeviceShutDownError("Invalid handle for: " + id.toString());
      ...
  }
  ...
}
```

코드가 확실히 깨끗해지지 않았는가! 단순히 보기만 좋아지지 않았다. 코드 품질도 나아졌다. 앞서 뒤섞였던 개념, 즉 디바이스를 종료하는 알고리즘과 오류를 처리하는 알고리즘을 분리했기 때문이다. 이제는 각 개념을 독립적으로 살펴보고 이해할 수 있다.

Try-Catch-Finally 문부터 작성하라

예외에서 프로그램 안에다 범위를 정의한다는 사실은 매우 흥미롭다. try-catch-finally 문에서 try 블록에 들어가는 코드를 실행하면 어느 시점에서든 실행이 중단된 후 catch 블록으로 넘어갈 수 있다.

어떤 면에서 try 블록은 트랜잭션과 비슷하다. try 블록에서 무슨 일이 생기든지 catch 블록은 프로그램 상태를 일관성 있게 유지해야 한다. 그러므로 예외가 발생할 코드를 짤 때는 try-catch-finally 문으로 시작하는 편이 낫다. 그러면 try 블록에서 무슨 일이 생기든지 호출자가 기대하는 상태를 정의하기 쉬워진다.

예제를 살펴보자. 파일을 열어 직렬화된 객체 몇 개를 읽어 들이는 코드가 필요하다.

다음은 파일이 없으면 예외를 던지는지 알아보는 단위 테스트다.

```
@Test(expected = StorageException.class)
public void retrieveSectionShouldThrowOnInvalidFileName() {
  sectionStore.retrieveSection("invalid - file");
}
```

단위 테스트에 맞춰 다음 코드를 구현했다.

```
public List<RecordedGrip> retrieveSection(String sectionName) {
    // 실제로 구현할 때까지 비어 있는 더미를 반환한다.
    return new ArrayList<RecordedGrip>();
}
```

그런데 코드가 예외를 던지지 않으므로 단위 테스트는 실패한다. 잘못된 파일 접근을 시도하게 구현을 변경하자. 아래 코드는 예외를 던진다.

```
public List<RecordedGrip> retrieveSection(String sectionName) {
  try {
    FileInputStream stream = new FileInputStream(sectionName)
  } catch (Exception e) {
    throw new StorageException("retrieval error", e);
  }
  return new ArrayList<RecordedGrip>();
}
```

코드가 예외를 던지므로 이제는 테스트가 성공한다. 이 시점에서 리팩터링이 가능하다. catch 블록에서 예외 유형을 좁혀 실제로 FileInputStream 생성자가 던지는 FileNotFoundException을 잡아낸다.

```
public List<RecordedGrip> retrieveSection(String sectionName) {
  try {
    FileInputStream stream = new FileInputStream(sectionName);
    stream.close();
  } catch (FileNotFoundException e) {
    throw new StorageException("retrieval error", e);
  }
  return new ArrayList<RecordedGrip>();
}
```

try-catch 구조로 범위를 정의했으므로 TDD를 사용해 필요한 나머지 논리를 추가한다. 나머지 논리는 FileInputStream을 생성하는 코드와 close 호출문 사이에 넣으며 오류나 예외가 전혀 발생하지 않는다고 가정한다.

먼저 강제로 예외를 일으키는 테스트 케이스를 작성한 후 테스트를 통과하게 코드를 작성하는 방법을 권장한다. 그러면 자연스럽게 try 블록의 트랜잭션 범위부터 구현하게 되므로 범위 내에서 트랜잭션 본질을 유지하기 쉬워진다.

미확인unchecked 예외를 사용하라

논쟁은 끝났다. 여러 해 동안 자바 프로그래머들은 확인된checked 예외의 장단점을 놓고 논쟁을 벌여왔다. 자바 첫 버전이 확인된 예외를 선보였던 당시는 확인된 예외가 멋진 아이디어로 여겨졌다. 메서드를 선언할 때는 메서드가 반환할 예외를 모두 열거했다. 게다가 메서드가 반환하는 예외는 메서드 유형의 일부였다. 코드가 메서드를 사용하는 방식이 메서드 선언과 일치하지 않으면 아예 컴파일도 못했다.

당시는 확인된 예외를 멋진 아이디어라 생각했다. 실제로도 확인된 예외는 몇 가지 장점을 제공한다. 하지만 지금은 안정적인 소프트웨어를 제작하는 요소로 확인된 예외가 반드시 필요하지는 않다는 사실이 분명해졌다. C#은 확인된 예외를 지원하지 않는다. 영웅적인 시도에도 불구하고 C++ 역시 확인된 예외를 지원하지 않는다. 파이썬이나 루비도 마찬가지다. 그럼에도 불구하고 C#, C++, 파이썬, 루비는 안정적인 소프트웨어를 구현하기에 무리가 없다. 그러므로 우리는 확인된 오류가 치르는 비용에 상응하는 이익을 제공하는지 (철저히) 따져봐야 한다.

비용? 무슨 비용이냐고? 확인된 예외는 OCP Open Closed Principle[1]를 위반한다. 메서드에서 확인된 예외를 던졌는데 catch 블록이 세 단계 위에 있다면 그 사이 메서드 모두가 선언부에 해당 예외를 정의해야 한다. 즉, 하위 단계에서 코드를 변경하면 상위 단계 메서드 선언부를 전부 고쳐야 한다는 말이다. 모듈과 관련된 코드가 전혀 바뀌지 않았더라도 (선언부가 바뀌었으므로) 모듈을 다시 빌드한 다음 배포해야 한다는 말이다.

대규모 시스템에서 호출이 일어나는 방식을 상상해보라. 최상위 함수가 아래 함수를 호출한다. 아래 함수는 그 아래 함수를 호출한다. 단계를 내려갈수록 호출하는 함수 수는 늘어난다. 이제 최하위 함수를 변경해 새로운 오류를 던진다고 가정하자. 확인된 오류를 던진다면 함수는 선언부에 throws 절을 추가해야 한다. 그러면 변경한 함수를 호출하는 함수 모두가 1) catch 블록에서 새로운 예외를 처리하거나 2) 선언부에 throw 절을 추가해야 한다는 말이다. 결과적으로 최하위 단계에서 최상위 단계까지 연쇄적인 수정이 일어난다! throws 경로에 위치하는 모든 함수가 최하위 함수에서 던지는 예외를 알아야 하므로 캡슐화가 깨진다. 오류를 원거리에서 처리하기 위해 예외를 사용한다는 사실을 감안한다면 이처럼 확인된 예외가 캡슐화를 깨버리는 현상은 참으로 유감스럽다.

---

[1] [Martin]

때로는 확인된 예외도 유용하다. 아주 중요한 라이브러리를 작성한다면 모든 예외를 잡아야 한다. 하지만 일반적인 애플리케이션은 의존성이라는 비용이 이익보다 크다.

예외에 의미를 제공하라

예외를 던질 때는 전후 상황을 충분히 덧붙인다. 그러면 오류가 발생한 원인과 위치를 찾기가 쉬워진다. 자바는 모든 예외에 호출 스택을 제공한다. 하지만 실패한 코드의 의도를 파악하려면 호출 스택만으로 부족하다.

오류 메시지에 정보를 담아 예외와 함께 던진다. 실패한 연산 이름과 실패 유형도 언급한다. 애플리케이션이 로깅 기능을 사용한다면 catch 블록에서 오류를 기록하도록 충분한 정보를 넘겨준다.

호출자를 고려해 예외 클래스를 정의하라

오류를 분류하는 방법은 수없이 많다. 오류가 발생한 위치로 분류가 가능하다. 예를 들어, 오류가 발생한 컴포넌트로 분류한다. 아니면 유형으로도 분류가 가능하다. 예를 들어 디바이스 실패, 네트워크 실패, 프로그래밍 오류 등으로 분류한다. 하지만 애플리케이션에서 오류를 정의할 때 프로그래머에게 가장 중요한 관심사는 **오류를 잡아내는 방법**이 되어야 한다.

다음은 오류를 형편없이 분류한 사례다. 외부 라이브러리를 호출하는 try-catch-finally 문을 포함한 코드로, 외부 라이브러리가 던질 예외를 모두 잡아낸다.

```
ACMEPort port = new ACMEPort(12);

try {
  port.open();
} catch (DeviceResponseException e) {
  reportPortError(e);
  logger.log("Device response exception", e);
} catch (ATM1212UnlockedException e) {
  reportPortError(e);
  logger.log("Unlock exception", e);
} catch (GMXError e) {
```

```
    reportPortError(e);
    logger.log("Device response exception");
} finally {
    ...
}
```

위 코드는 중복이 심하지만 그리 놀랍지 않다. 대다수 상황에서 우리가 오류를 처리하는 방식은 (오류를 일으킨 원인과 무관하게) 비교적 일정하다. 1) 오류를 기록한다. 2) 프로그램을 계속 수행해도 좋은지 확인한다.

위 경우는 예외에 대응하는 방식이 예외 유형과 무관하게 거의 동일하다. 그래서 코드를 간결하게 고치기가 아주 쉽다. 호출하는 라이브러리 API를 감싸면서 예외 유형 하나를 반환하면 된다.

```
LocalPort port = new LocalPort(12);
try {
    port.open();
} catch (PortDeviceFailure e) {
    reportError(e);
    logger.log(e.getMessage(), e);
} finally {
    ...
}
```

여기서 LocalPort 클래스는 단순히 ACMEPort 클래스가 던지는 예외를 잡아 변환하는 감싸기wrapper 클래스일 뿐이다.

```
public class LocalPort {
    private ACMEPort innerPort;

    public LocalPort(int portNumber) {
        innerPort = new ACMEPort(portNumber);
    }

    public void open() {
        try {
            innerPort.open();
        } catch (DeviceResponseException e) {
            throw new PortDeviceFailure(e);
        } catch (ATM1212UnlockedException e) {
```

```
      throw new PortDeviceFailure(e);
    } catch (GMXError e) {
      throw new PortDeviceFailure(e);
    }
  }
  ...
}
```

LocalPort 클래스처럼 ACMEPort를 감싸는 클래스는 매우 유용하다. 실제로 외부 API를 사용할 때는 감싸기 기법이 최선이다. 외부 API를 감싸면 외부 라이브러리와 프로그램 사이에서 의존성이 크게 줄어든다. 나중에 다른 라이브러리로 갈아타도 비용이 적다. 또한 감싸기 클래스에서 외부 API를 호출하는 대신 테스트 코드를 넣어주는 방법으로 프로그램을 테스트하기도 쉬워진다.

마지막 장점으로 감싸기 기법을 사용하면 특정 업체가 API를 설계한 방식에 발목 잡히지 않는다. 프로그램이 사용하기 편리한 API를 정의하면 그만이다. 위 예제에서 우리는 port 디바이스 실패를 표현하는 예외 유형 하나를 정의했는데, 그랬더니 프로그램이 훨씬 깨끗해졌다.

흔히 예외 클래스가 하나만 있어도 충분한 코드가 많다. 예외 클래스에 포함된 정보로 오류를 구분해도 괜찮은 경우가 그렇다. 한 예외는 잡아내고 다른 예외는 무시해도 괜찮은 경우라면 여러 예외 클래스를 사용한다.

정상 흐름을 정의하라

앞 절에서 충고한 지침을 충실히 따른다면 비즈니스 논리와 오류 처리가 잘 분리된 코드가 나온다. 코드 대부분이 깨끗하고 간결한 알고리즘으로 보이기 시작한다. 하지만 그러다 보면 오류 감지가 프로그램 언저리로 밀려난다. 외부 API를 감싸 독자적인 예외를 던지고, 코드 위에 처리기를 정의해 중단된 계산을 처리한다. 대개는 멋진 처리 방식이지만, 때로는 중단이 적합하지 않은 때도 있다.

예제를 살펴보자. 다음은 비용 청구 애플리케이션에서 총계를 계산하는 허술한 코드다.

```
try {
  MealExpenses expenses = expenseReportDAO.getMeals(employee.getID());
  m_total += expenses.getTotal();
} catch(MealExpensesNotFound e) {
  m_total += getMealPerDiem();
}
```

위에서 식비를 비용으로 청구했다면 직원이 청구한 식비를 총계에 더한다. 식비를 비용으로 청구하지 않았다면 일일 기본 식비를 총계에 더한다. 그런데 예외가 논리를 따라가기 어렵게 만든다. 특수 상황을 처리할 필요가 없다면 더 좋지 않을까? 그러면 코드가 훨씬 더 간결해지리라. 다음을 살펴보자.

```
MealExpenses expenses = expenseReportDAO.getMeals(employee.getID());
m_total += expenses.getTotal();
```

위처럼 간결한 코드가 가능할까? 가능하다. ExpenseReportDAO를 고쳐 언제나 MealExpense 객체를 반환한다. 청구한 식비가 없다면 일일 기본 식비를 반환하는 MealExpense 객체를 반환한다.

```
public class PerDiemMealExpenses implements MealExpenses {
  public int getTotal() {
    // 기본값으로 일일 기본 식비를 반환한다.
  }
}
```

이를 특수 사례 패턴SPECIAL CASE PATTERN2이라 부른다. 클래스를 만들거나 객체를 조작해 특수 사례를 처리하는 방식이다. 그러면 클라이언트 코드가 예외적인 상황을 처리할 필요가 없어진다. 클래스나 객체가 예외적인 상황을 캡슐화해서 처리하므로.

null을 반환하지 마라

오류 처리를 논하는 장이라면 우리가 흔히 저지르는 바람에 오류를 유발하는 행

2 [Fowler]

위도 언급해야 한다고 생각한다. 그 중 첫째가 null을 반환하는 습관이다. 한 줄 건너 하나씩 null을 확인하는 코드로 가득한 애플리케이션을 지금까지 수도 없이 봤다. 다음이 한 예다.

```
public void registerItem(Item item) {
  if (item != null) {
    ItemRegistry registry = peristentStore.getItemRegistry();
    if (registry != null) {
      Item existing = registry.getItem(item.getID());
      if (existing.getBillingPeriod().hasRetailOwner()) {
        existing.register(item);
      }
    }
  }
}
```

이런 코드 기반에서 코드를 짜왔다면 나쁘다고 느끼지 않을지도 모르겠다. 하지만 위 코드는 나쁜 코드다! null을 반환하는 코드는 일거리를 늘릴 뿐만 아니라 호출자에게 문제를 떠넘긴다. 누구 하나라도 null 확인을 빼먹는다면 애플리케이션이 통제 불능에 빠질지도 모른다.

위 코드에서 둘째 행에 null 확인이 빠졌다는 사실을 눈치챘는가? 만약 persistentStore가 null이라면 실행 시 어떤 일이 벌어질까? NullPointerException이 발생하리라. 위쪽 어디선가 NullPointerException을 잡을지도 **모르고** 아닐지도 모른다. 어느 쪽이든 **나쁘다**. 애플리케이션 저 아래서 날린 NullPointerException을 도대체 어떻게 처리하란 말인가?

위 코드는 null 확인이 누락된 문제라 말하기 쉽다. 하지만 실상은 null 확인이 **너무 많아** 문제다. 메서드에서 null을 반환하고픈 유혹이 든다면 그 대신 예외를 던지거나 특수 사례 객체를 반환한다. 사용하려는 외부 API가 null을 반환한다면 감싸기 메서드를 구현해 예외를 던지거나 특수 사례 객체를 반환하는 방식을 고려한다.

많은 경우에 특수 사례 객체가 손쉬운 해결책이다. 다음과 같은 코드를 생각해보자.

```
List<Employee> employees = getEmployees();
if (employees != null) {
  for(Employee e : employees) {
    totalPay += e.getPay();
  }
}
```

위에서 getEmployees는 null도 반환한다. 하지만 반드시 null을 반환할 필요가 있을까? getEmployees를 변경해 빈 리스트를 반환한다면 코드가 훨씬 깔끔해진다.

```
List<Employee> employees = getEmployees();
for(Employee e : employees) {
  totalPay += e.getPay();
}
```

다행스럽게 자바에는 Collections.emptyList()가 있어 미리 정의된 읽기 전용 리스트를 반환한다. 우리 목적에 적합한 리스트다.

```
public List<Employee> getEmployees() {
  if ( .. 직원이 없다면 .. )
    return Collections.emptyList();
}
```

이렇게 코드를 변경하면 코드도 깔끔해질뿐더러 NullPointerException이 발생할 가능성도 줄어든다.

null을 전달하지 마라

메서드에서 null을 반환하는 방식도 나쁘지만 메서드로 null을 전달하는 방식은 더 나쁘다. 정상적인 인수로 null을 기대하는 API가 아니라면 메서드로 null을 전달하는 코드는 최대한 피한다.

예제를 살펴보면 이유가 드러난다. 다음은 두 지점 사이의 거리를 계산하는 간단한 메서드다.

```
public class MetricsCalculator
{
  public double xProjection(Point p1, Point p2) {
```

```
    return (p2.x - p1.x) * 1.5;
  }
  ...
}
```

누군가 인수로 null을 전달하면 어떤 일이 벌어질까?

```
calculator.xProjection(null, new Point(12, 13));
```

당연히 NullPointerException이 발생한다.

어떻게 고치면 좋을까? 다음과 같이 새로운 예외 유형을 만들어 던지는 방법이 있다.

```
public class MetricsCalculator
{
  public double xProjection(Point p1, Point p2) {
    if (p1 == null || p2 == null) {
      throw InvalidArgumentException(
        "Invalid argument for MetricsCalculator.xProjection");
    }
    return (p2.x - p1.x) * 1.5;
  }
}
```

위 코드가 원래 코드보다 나을까? NullPointetException보다는 조금 나을지도 모르겠다. 하지만 위 코드는 InvalidArgumentException을 잡아내는 처리기가 필요하다. 처리기는 InvalidArgumentException 예외를 어떻게 처리해야 좋을까? 좋은 방법이 있을까?

다음은 또 다른 대안이다. assert 문을 사용하는 방법도 있다.

```
public class MetricsCalculator
{
  public double xProjection(Point p1, Point p2) {
    assert p1 != null : "p1 should not be null";
    assert p2 != null : "p2 should not be null";
    return (p2.x - p1.x) * 1.5;
  }
}
```

문서화가 잘 되어 코드 읽기는 편하지만 문제를 해결하지는 못한다. 누군가 null을 전달하면 여전히 실행 오류가 발생한다.

대다수 프로그래밍 언어는 호출자가 실수로 넘기는 null을 적절히 처리하는 방법이 없다. 그렇다면 애초에 null을 넘기지 못하도록 금지하는 정책이 합리적이다. 즉, 인수로 null이 넘어오면 코드에 문제가 있다는 말이다. 이런 정책을 따르면 그만큼 부주의한 실수를 저지를 확률도 작아진다.

결론

깨끗한 코드는 읽기도 좋아야 하지만 안정성도 높아야 한다. 이 둘은 상충하는 목표가 아니다. 오류 처리를 프로그램 논리와 분리해 독자적인 사안으로 고려하면 튼튼하고 깨끗한 코드를 작성할 수 있다. 오류 처리를 프로그램 논리와 분리하면 독립적인 추론이 가능해지며 코드 유지보수성도 크게 높아진다.

참고문헌

[Martin]: *Agile Software Development: Principles, Patterns, and Practices*, Robert C. Martin, Prentice Hall, 2002.[3]

---

[3] (옮긴이) 번역서는 『소프트웨어 개발의 지혜: 원칙, 디자인패턴, 실천방법』(2004 야스미디어, 이용원 옮김)이다.

8

경계

제임스 그레닝(James Grenning)

07 Clean Code

시스템에 들어가는 모든 소프트웨어를 직접 개발하는 경우는 드물다. 때로는 패키지를 사고, 때로는 오픈 소스를 이용한다. 때로는 사내 다른 팀이 제공하는 컴포넌트를 사용한다. 어떤 식으로든 이 외부 코드를 우리 코드에 깔끔하게 통합해야만 한다. 이 장에서는 소프트웨어 경계를 깔끔하게 처리하는 기법과 기교를 살펴본다.

외부 코드 사용하기

인터페이스 제공자와 인터페이스 사용자 사이에는 특유의 긴장이 존재한다. 패키지 제공자나 프레임워크 제공자는 적용성을 최대한 넓히려 애쓴다. 더 많은 환경에서 돌아가야 더 많은 고객이 구매하니까. 반면, 사용자는 자신의 요구에 집중하는 인터페이스를 바란다. 이런 긴장으로 인해 시스템 경계에서 문제가 생길 소지가 많다.

한 예로, java.util.Map을 살펴보자. 그림 8-1에서 보듯이, Map은 굉장히 다양한 인터페이스로 수많은 기능을 제공한다. Map이 제공하는 기능성과 유연성은 확실히 유용하지만 그만큼 위험도 크다. 예를 들어, 프로그램에서 Map을 만들어 여기저기 넘긴다고 가정하자. 넘기는 쪽에서는 아무도 Map 내용을 삭제하지 않으리라 믿을지도 모르겠다. 그런데 아래 목록을 보면 첫째가 clear() 메서드다. 즉, Map 사용자라면 누구나 Map 내용을 지울 권한이 있다는 말이다. 또 다른 예로, 설계 시 Map에 특정 객체 유형만 저장하기로 결정했다고 가정하자. 그렇지만 Map은 객체 유형을 제한하지 않는다. 마음만 먹으면 사용자는 어떤 객체 유형도 추가할 수 있다.

- clear() void – Map
- containsKey(Object key) boolean – Map
- containsValue(Object value) boolean – Map
- entrySet() Set – Map
- equals(Object o) boolean – Map
- get(Object key) Object – Map
- getClass() Class<? extends Object> – Object
- hashCode() int – Map
- isEmpty() boolean – Map
- keySet() Set – Map
- notify() void – Object

- notifyAll() void – Object
- put(Object key, Object value) Object – Map
- putAll(Map t) void – Map
- remove(Object key) Object – Map
- size() int – Map
- toString() String – Object
- values() Collection – Map
- wait() void – Object
- wait(long timeout) void – Object
- wait(long timeout, int nanos) void – Object

그림 8.1 Map이 제공하는 메서드

Sensor라는 객체를 담는 Map을 만들려면 다음과 같이 Map을 생성한다.

```
Map sensors = new HashMap();
```

Sensor 객체가 필요한 코드는 다음과 같이 Sensor 객체를 가져온다.

```
Sensor s = (Sensor)sensors.get(sensorId);
```

위와 같은 코드가 한 번이 아니라 여러 차례 나온다. 즉, Map이 반환하는 Object를 올바른 유형으로 변환할 책임은 Map을 사용하는 클라이언트에 있다. 그래도 코드는 동작한다. 하지만 깨끗한 코드라 보기는 어렵다. 게다가 위와 같은 코드는 의도도 분명히 드러나지 않는다. 대신 다음과 같이 제네릭스Generics을 사용하면 코드 가독성이 크게 높아진다.

```
Map<String, Sensor> sensors = new HashMap<Sensor>();
...
Sensor s = sensors.get(sensorId);
```

그렇지만 위 방법도 "Map〈String, Sensor〉가 사용자에게 필요하지 않은 기능까지 제공한다"는 문제는 해결하지 못한다.

프로그램에서 Map〈String, Sensor〉 인스턴스를 여기저기로 넘긴다면, Map 인터페이스가 변할 경우, 수정할 코드가 상당히 많아진다. 인터페이스가 변할 가능성이 거의 없다고 여길지도 모르지만, 자바 5가 제네릭스를 지원하면서 Map 인터페이스가 변했다는 사실을 명심해야 한다. 실제로 제네릭스 사용을 금지하는 시스템도 보았다. 기존 시스템에서 Map을 너무 많이 사용한 탓에 변경할 코드 역시 너무 많은 탓이었다.

다음은 Map을 좀 더 깔끔하게 사용한 코드다. Sensors 사용자는 제네릭스가 사용되었는지 여부에 신경 쓸 필요가 없다. 아래에서 보듯, 제네릭스의 사용 여부는 Sensors 안에서 결정한다.

```
public class Sensors {
  private Map sensors = new HashMap();

  public Sensor getById(String id) {
    return (Sensor) sensors.get(id);
  }

  // 이하 생략
}
```

경계 인터페이스인 Map을 Sensors 안으로 숨긴다. 따라서 Map 인터페이스가 변하더라도 나머지 프로그램에는 영향을 미치지 않는다. 제네릭스를 사용하든 하진 않든 더 이상 문제가 안 된다. Sensors 클래스 안에서 객체 유형을 관리하고 변환하기 때문이다.

또한 Sensors 클래스는 프로그램에 필요한 인터페이스만 제공한다. 그래서 코드는 이해하기는 쉽지만 오용하기는 어렵다. Sensors 클래스는 (나머지 프로그램이) 설계 규칙과 비즈니스 규칙을 따르도록 강제할 수 있다.

Map 클래스를 사용할 때마다 위와 같이 캡슐화하라는 소리가 아니다. Map을 (혹은 유사한 경계 인터페이스를) 여기저기 넘기지 말라는 말이다. Map과 같은 경계 인터페이스를 이용할 때는 이를 이용하는 클래스나 클래스 계열 밖으로 노출되지 않도록 주의한다. Map 인스턴스를 공개 API의 인수로 넘기거나 반환값으로 사용하지 않는다.

경계 살피고 익히기

외부 코드를 사용하면 적은 시간에 더 많은 기능을 출시하기 쉬워진다. 만약 외부에서 가져온 패키지를 사용하고 싶다면 어디서 어떻게 시작해야 좋을까? 외부 패키지 테스트가 우리 책임은 아니다. 하지만 우리 자신을 위해 우리가 사용할 코드를 테스트하는 편이 바람직하다.

타사 라이브러리를 가져왔으나 사용법이 분명치 않다고 가정하자. 대개는 하루나 이틀 (아니면 더 오랫동안) 문서를 읽으며 사용법을 결정한다. 그런 다음 우리쪽 코드를 작성해 라이브러리가 예상대로 동작하는지 확인한다. 때로는 우리 버그인지 라이브러리 버그인지 찾아내느라 오랜 디버깅으로 골치를 앓는다. 이런 상황은 그리 놀랍지도 않다.

외부 코드를 익히기는 어렵다. 외부 코드를 통합하기도 어렵다. 두 가지를 동시에 하기는 두 배나 어렵다. 다르게 접근하면 어떨까? 곧바로 우리쪽 코드를 작성해 외부 코드를 호출하는 대신 먼저 간단한 테스트 케이스를 작성해 외부 코드를 익히면 어떨까? 짐 뉴커크Jim Newkirk는 이를 **학습 테스트**[1]라 부른다.

학습 테스트는 프로그램에서 사용하려는 방식대로 외부 API를 호출한다. 통제된 환경에서 API를 제대로 이해하는지를 확인하는 셈이다. 학습 테스트는 API를 사용하려는 목적에 초점을 맞춘다.

log4j 익히기

로깅 기능을 직접 구현하는 대신 아파치의 log4j 패키지를 사용하려 한다고 가정하자. 패키지를 내려 받아 소개 페이지를 연다. 문서를 자세히 읽기 전에 첫 번째 테스트 케이스를 작성한다. 화면에 "hello"를 출력하는 테스트 케이스다.

```
@Test
public void testLogCreate() {
  Logger logger = Logger.getLogger("MyLogger");
  logger.info("hello");
}
```

테스트 케이스를 돌렸더니 Appender라는 뭔가가 필요하다는 오류가 발생한다. 문서를 좀 더 읽어보니 ConsoleAppender라는 클래스가 있다. 그래서 ConsoleAppender를 생성한 후 테스트 케이스를 다시 돌린다.

```
@Test
public void testLogAddAppender() {
  Logger logger = Logger.getLogger("MyLogger");
  ConsoleAppender appender = new ConsoleAppender();
```

---

1 [BeckTDD] 136-137쪽
  (옮긴이) 번역서 『테스트 주도 개발』의 222-237쪽

```
    logger.addAppender(appender);
    logger.info("hello");
}
```

이번에는 Appender에 출력 스트림이 없다는 사실을 발견한다. 이상하다. 출력 스트림이 있어야 정상이 아닌가? 구글을 검색한 후 다음과 같이 시도한다.

```
@Test
public void testLogAddAppender() {
    Logger logger = Logger.getLogger("MyLogger");
    logger.removeAllAppenders();
    logger.addAppender(new ConsoleAppender(
        new PatternLayout("%p %t %m%n"),
        ConsoleAppender.SYSTEM_OUT));
    logger.info("hello");
}
```

이제서야 제대로 돌아간다. "hello"가 들어간 로그 메시지가 콘솔에 찍힌다! 그런데 ConsoleAppender에게 콘솔에 쓰라고 알려야 하다니 뭔가 수상하다.

흥미롭게도 ConsoleAppender.SYSTEM_OUT 인수를 제거했더니 문제가 없다. 여전히 콘솔에 "hello"가 찍힌다. 하지만 PatternLayout을 제거했더니 또 다시 출력 스트림이 없다는 오류가 뜬다. 아주 수상하다.

문서를 좀 더 자세히 읽어보니 기본 ConsoleAppender 생성자는 '설정되지 않은' 상태란다. 당연하지도 유용하지도 않다. log4j 버그이거나 적어도 일관성 부족으로 여겨진다.

좀 더 구글을 뒤지고, 문서를 읽어보고, 테스트를 돌린 끝에 목록 8-1을 얻었다. 그동안 log4j가 돌아가는 방식을 상당히 많이 이해했으며 여기서 얻은 지식을 간단한 단위 테스트 케이스 몇 개로 표현했다.

목록 8-1 LogTest.java

```
public class LogTest {
    private Logger logger;

    @Before
    public void initialize() {
        logger = Logger.getLogger("logger");
        logger.removeAllAppenders();
```

```
    Logger.getRootLogger().removeAllAppenders();
  }

  @Test
  public void basicLogger() {
    BasicConfigurator.configure();
    logger.info("basicLogger");
  }

  @Test
  public void addAppenderWithStream() {
    logger.addAppender(new ConsoleAppender(
      new PatternLayout("%p %t %m%n"),
      ConsoleAppender.SYSTEM_OUT));
    logger.info("addAppenderWithStream");
  }

  @Test
  public void addAppenderWithoutStream() {
    logger.addAppender(new ConsoleAppender(
       new PatternLayout("%p %t %m%n")));
       logger.info("addAppenderWithoutStream");
  }
}
```

지금까지 간단한 콘솔 로거를 초기화하는 방법을 익혔으니, 이제 모든 지식을 녹자적인 로거 클래스로 캡슐화한다. 그러면 나머지 프로그램은 log4j 경계 인터페이스를 몰라도 된다.

학습 테스트는 공짜 이상이다

학습 테스트에 드는 비용은 없다. 어쨌든 API를 배워야 하므로……. 오히려 필요한 지식만 확보하는 손쉬운 방법이다. 학습 테스트는 이해도를 높여주는 정확한 실험이다.

학습 테스트는 공짜 이상이다. 투자하는 노력보다 얻는 성과가 더 크다. 패키지 새 버전이 나온다면 학습 테스트를 돌려 차이가 있는지 확인한다.

학습 테스트는 패키지가 예상대로 도는지 검증한다. 일단 통합한 이후라고 하더라도 패키지가 우리 코드와 호환되리라는 보장은 없다. 패키지 작성자에게 코드를 변경할 필요가 생길지도 모른다. 패키지 작성자는 버그를 수정하고 기능도 추가한다. 패키지 새 버전이 나올 때마다 새로운 위험이 생긴다. 새 버전이 우리 코드와 호환되지 않으면 학습 테스트가 이 사실을 곧바로 밝혀낸다.

학습 테스트를 이용한 학습이 필요하든 그렇지 않든, 실제 코드와 동일한 방식으로 인터페이스를 사용하는 테스트 케이스가 필요하다. 이런 경계 테스트가 있다면 패키지의 새 버전으로 이전하기 쉬워진다. 그렇지 않다면 낡은 버전을 필요 이상으로 오랫동안 사용하려는 유혹에 빠지기 쉽다.

아직 존재하지 않는 코드를 사용하기

경계와 관련해 또 다른 유형은 아는 코드와 모르는 코드를 분리하는 경계다. 때로는 우리 지식이 경계를 너머 미치지 못하는 코드 영역도 있다. 때로는 (적어도 지금은) 알려고 해도 알 수가 없다. 때로는 더 이상 내다보지 않기로 결정한다.

몇 년 전 나는 무선통신 시스템에 들어갈 소프트웨어 개발에 참여했다. 우리 소프트웨어에는 '송신기Transmitter'라는 하위 시스템이 있었는데, 우리는 여기에 대한 지식이 거의 없었다. '송신기' 시스템을 책임진 사람들은 인터페이스도 정의하지 못한 상태였다. 프로젝트 지연을 원하지 않았기에 우리는 '송신기' 하위 시스템과 아주 먼 부분부터 작업하기 시작했다.

우리 세상과 저쪽 세상이 만나는 경계가 어디쯤인지는 대략 감이 있었다. 일하면서 가끔은 그 경계에 부딪혔다. 경계 너머는 무지라는 안개와 구름으로 인해 한치 앞도 내다보기 어려웠지만, 점차로 우리에게 필요한 경계 인터페이스가 무엇인지 알게 되었다. 우리가 '송신기' 모듈에게 원하는 기능은 다음과 같았다.

> 지정한 주파수를 이용해 이 스트림에서 들어오는 자료를 아날로그 신호로 전송하라.

저쪽 팀이 아직 API를 설계하지 않았으므로 구체적인 방법은 몰랐다. 그래서 우리는 구현을 나중으로 미뤘다.

이쪽 코드를 진행하고자 우리는 자체적으로 인터페이스를 정의했다. Transmitter라는 간단한 클래스를 만든 후 transmit라는 메서드를 추가했다. Transmit

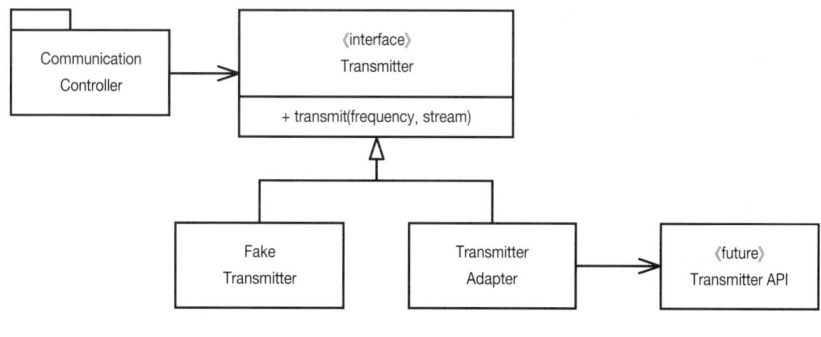

그림 8.2 송신기 예측하기

인터페이스는 주파수와 자료 스트림을 입력으로 받았다. 즉, 우리가 바라는 인터페이스였다.

우리가 바라는 인터페이스를 구현하면 우리가 인터페이스를 전적으로 통제한다는 장점이 생긴다. 또한 코드 가독성도 높아지고 코드 의도도 분명해진다.

그림 8-2에서 보듯이, 우리는 (우리가 통제하지 못하며 정의되지도 않은) 송신기 API에서 CommunicationsController를 분리했다. 우리에게 필요한 인터페이스를 정의했으므로 CommunicationsController 코드는 깔끔하고 깨끗했다. 저쪽 팀이 송신기 API를 정의한 후에는 TransmitterAdapter를 구현해 간극을 메웠다. ADAPTER 패턴[2]으로 API 사용을 캡슐화해 API가 바뀔 때 수정할 코드를 한곳으로 모았다.

이와 같은 설계는 테스트도 아주 편하다.[3] 적절한 FakeTransmitter 클래스를 사용하면 CommunciationsController 클래스를 테스트할 수 있다. Transmitter API 인터페이스가 나온 다음 경계 테스트 케이스를 생성해 우리가 API를 올바로 사용하는지 테스트할 수도 있다.

깨끗한 경계

경계에서는 흥미로운 일이 많이 벌어진다. 변경이 대표적인 예다. 소프트웨어 설계가 우수하다면 변경하는데 많은 투자와 재작업이 필요하지 않다. 엄청난 시간과 노력과 재작업을 요구하지 않는다. 통제하지 못하는 코드를 사용할 때는

---

2 ADAPTER 패턴은 [GOF]를 참조.
3 자세한 내용은 [WELC]를 참조.

너무 많은 투자를 하거나 향후 변경 비용이 지나치게 커지지 않도록 각별히 주의해야 한다.

경계에 위치하는 코드는 깔끔히 분리한다. 또한 기대치를 정의하는 테스트 케이스도 작성한다. 이쪽 코드에서 외부 패키지를 세세하게 알아야 할 필요가 없다. 통제가 불가능한 외부 패키지에 의존하는 대신 통제가 가능한 우리 코드에 의존하는 편이 훨씬 좋다. 자칫하면 오히려 외부 코드에 휘둘리고 만다.

외부 패키지를 호출하는 코드를 가능한 줄여 경계를 관리하자. Map에서 봤듯이, 새로운 클래스로 경계를 감싸거나 아니면 ADAPTER 패턴을 사용해 우리가 원하는 인터페이스를 패키지가 제공하는 인터페이스로 변환하자. 어느 방법이든 코드 가독성이 높아지며, 경계 인터페이스를 사용하는 일관성도 높아지며, 외부 패키지가 변했을 때 변경할 코드도 줄어든다.

참고 문헌

[BeckTDD]: *Test Driven Development*, Kent Beck, Addison-Wesley, 2003.[4]

[GOF]: *Design Patterns: Elements of Reusable Object Oriented Software*, Gamma et al., Addison-Wesley, 1996.[5]

[WELC]: *Working Effectively with Legacy Code*, Addison-Wesley, 2004.

---

4 (옮긴이) 번역서는 『테스트 주도 개발』(2004 인사이트, 김창준 강규영 옮김)이다.
5 (옮긴이) 번역서는 『GOF의 디자인 패턴(개정판)』(2007 피어슨에듀케이션 코리아, 김정아 옮김)이다.

단위 테스트

07 Clean Code

지난 10년 동안 우리 분야는 눈부신 성장을 이뤘다. 1997년만 해도 TDD^{Test Driven Development}라는 개념을 아무도 몰랐다. 우리들 대다수에게 단위 테스트란 자기 프로그램이 '돌아간다'는 사실만 확인하는 일회성 코드에 불과했다. 클래스와 메서드를 공들여 구현한 후 임시 코드를 급조해 테스트를 수행했는데, 대개는 간단한 드라이버 프로그램을 구현해 자신이 짠 프로그램을 수동으로 실행했다.

아마 90년대 중반이라 기억한다. 당시 나는 임베디드 실시간 시스템에 들어갈 C++ 프로그램을 구현했는데, 서식이 다음과 같은 간단한 타이머였다.

```
void Timer::ScheduleCommand(Command* theCommand, int milliseconds)
```

개념은 단순했다. ScheduleCommand 함수는 milliseconds 후에 theCommand의 execute 메서드를 실행했다. 문제는 함수를 테스트하는 방법이었다.

나는 키보드로 입력 받는 간단한 드라이버 프로그램을 급조했다. 사용자가 키를 누를 때마다 그 키를 출력하는 명령을 ScheduleCommand 함수로 넘겼다. 시간은 5초로 지정했다. 그런 다음 나는 키보드로 노래 가사를 두들긴 후 5초를 기다려 가사가 출력되는 모습을 확인했다.

> "I . . . want-a-girl . . . just . . . like-the-girl-who-marr . . . ied . . . dear . . . old . . . dad."

마침표(.)를 누르면서 실제로 노래를 흥얼거렸으며, 화면에 점이 출력될 때도 또다시 노래를 흥얼거렸다.

그것이 내가 한 테스트였다! 돌아간다는 사실을 확인하고 동료들에게도 보여줬다. 그리고 나서는 테스트 코드를 버렸다.

앞서 말했듯이, 우리 분야는 눈부신 성장을 이뤘다. 지금이라면 꼬치꼬치 따지며 코드가 제대로 도는지 확인하는 테스트 코드를 작성했으리라. 표준 타이밍 함수를 호출하는 대신 운영체제에서 코드를 분리했으리라. 타이밍 함수를 직접 구현해 시간을 완전히 통제했으리라. 부울 플래그를 설정하는 명령을 ScheduleCommand 함수로 넘겨 시간을 올바른 값으로 바꾸는 즉시 부울 값이 false에서 true로 변하는지 확인했으리라.

테스트 케이스를 모두 구현하고 통과한 후에는 내 코드를 사용할 사람들에게도 공개했으리라. 테스트 코드와 내 코드를 같은 소스 패키지로 확실하게 묶어 체크인했으리라.

그렇다. 우리 분야는 지금까지 눈부신 성장을 이뤘지만 앞으로 갈 길은 여전히 멀다. 애자일과 TDD 덕택에 단위 테스트를 자동화하는 프로그래머들이 이미 많아졌으며 점점 더 늘어나는 추세다. 하지만 우리 분야에 테스트를 추가하려고 급하게 서두르는 와중에 많은 프로그래머들이 제대로 된 테스트 케이스를 작성해야 한다는 좀 더 미묘한 (그리고 더욱 중요한) 사실을 놓쳐버렸다.

TDD 법칙 세 가지

지금 즈음이면 TDD가 실제 코드를 짜기 전에 단위 테스트부터 짜라고 요구한다는 사실을 모르는 사람은 없으리라. 하지만 이 규칙은 빙산의 일각에 불과하다. 다음 세 가지 법칙을 살펴보자.[1]

- **첫째 법칙:** 실패하는 단위 테스트를 작성할 때까지 실제 코드를 작성하지 않는다.
- **둘째 법칙:** 컴파일은 실패하지 않으면서 실행이 실패하는 정도로만 단위 테스트를 작성한다.
- **셋째 법칙:** 현재 실패하는 테스트를 통과할 정도로만 실제 코드를 작성한다.

위 세 가지 규칙을 따르면 개발과 테스트가 대략 30초 주기로 묶인다. 테스트 코드와 실제 코드가 함께 나올뿐더러 테스트 코드가 실제 코드보다 불과 몇 초 전에 나온다.

이렇게 일하면 매일 수십 개, 매달 수백 개, 매년 수천 개에 달하는 테스트 케이스가 나온다. 이렇게 일하면 실제 코드를 사실상 전부 테스트하는 테스트 케이스가 나온다. 하지만 실제 코드와 맞먹을 정도로 방대한 테스트 코드는 심각한 관리 문제를 유발하기도 한다.

---

[1] *Professionalism and Test-Driven Development*, Robert C. Martin, Object Mentor, IEEE Software, May/June 2007 (Vol. 24, No. 3) pp. 32-36
http://doi.ieeecomputersociety.org/10.1109/MS.2007.85

깨끗한 테스트 코드 유지하기

몇 년 전 나는 테스트 코드에 실제 코드와 동일한 품질 기준을 적용하지 **않아야** 한다고 명시적으로 결정한 팀을 코치해달라는 요청을 받았다. 팀원들은 서로에게 단위 테스트에서 규칙을 깨도 좋다는 허가장을 줬다. '지저분해도 빨리'가 주제어였다. 변수 이름은 신경 쓸 필요가 없었고, 테스트 함수는 간결하거나 서술적일 필요가 없었고, 테스트 코드는 잘 설계하거나 주의해서 분리할 필요가 없었다. 그저 돌아만 가면, 그러니까 그저 실제 코드를 테스트만 하면 그만이었다.

팀이 내린 결정에 공감하는 독자들이 있을지도 모르겠다. 어쩌면 여러분도 오래 전 내가 짰던 Timer 클래스와 비슷하게 테스트 코드를 짰을지도 모르겠다. 일회용 테스트 코드를 짜오다가 새삼스레 자동화된 단위 테스트 슈트를 짜기란 쉽지 않다. 둘 사이는 간극이 아주 크다. 그래서 내가 조언했던 팀처럼 테스트를 안 하느니 지저분한 테스트 코드라도 있는 편이 좋다고 판단했을지도 모르겠다.

하지만 팀은 지저분한 테스트 코드를 내놓으나 테스트를 안 하나 오십보 백보라는, 아니 오히려 더 못하다는 사실을 깨닫지 못했다. 문제는 실제 코드가 진화하면 테스트 코드도 변해야 한다는 데 있다. 그런데 테스트 코드가 지저분할수록 변경하기 어려워진다. 테스트 코드가 복잡할수록 실제 코드를 짜는 시간보다 테스트 케이스를 추가하는 시간이 더 걸리기 십상이다. 실제 코드를 변경해 기존 테스트 케이스가 실패하기 시작하면, 지저분한 코드로 인해, 실패하는 테스트 케이스를 점점 더 통과시키기 어려워진다. 그래서 테스트 코드는 계속해서 늘어나는 부담이 되버린다.

새 버전을 출시할 때마다 팀이 테스트 케이스를 유지하고 보수하는 비용도 늘어난다. 점차 테스트 코드는 개발자 사이에서 가장 큰 불만으로 자리잡는다. 관리자가 예측값이 너무 큰 이유를 물어보면 팀은 테스트 코드를 비난한다. 결국 테스트 슈트를 폐기하지 않으면 안 되는 상황에 처한다.

하지만 테스트 슈트가 없으면 개발자는 자신이 수정한 코드가 제대로 도는지 확인할 방법이 없다. 테스트 슈트가 없으면 시스템 이쪽을 수정해도 저쪽이 안전하다는 사실을 검증하지 못한다. 그래서 결함율이 높아지기 시작한다. 의도하지 않은 결함 수가 많아지면 개발자는 변경을 주저한다. 변경하면 득보다 해가 크다 생각해 더 이상 코드를 정리하지 않는다. 그러면서 코드가 망가지기 시작한다. 결국 테스트 슈트도 없고, 얼기설기 뒤섞인 코드에, 좌절한 고객과, 테스트에 쏟아 부은 노력이 허사였다는 실망감만 남는다.

어떤 면에서 그들이 옳았다. 테스트에 쏟아 부은 노력은 확실히 허사였다. 하지만 실패를 초래한 원인은 테스트 코드를 막 짜도 좋다고 허용한 결정이었다. 테스트 코드를 깨끗하게 짰다면 테스트에 쏟아 부은 노력은 허사로 돌아가지 않았을 터이다. 내가 이처럼 어느 정도 자신 있게 말하는 이유는 내가 참여하고 조언한 많은 팀이 깨끗한 단위 테스트 코드로 성공했기 때문이다.

내 이야기가 전하는 교훈은 다음과 같다. **테스트 코드는 실제 코드 못지 않게 중요하다.** 테스트 코드는 이류 시민이 아니다. 테스트 코드는 사고와 설계와 주의가 필요하다. 실제 코드 못지 않게 깨끗하게 짜야 한다.

테스트는 유연성, 유지보수성, 재사용성을 제공한다

테스트 코드를 깨끗하게 유지하지 않으면 결국은 잃어버린다. 그리고 테스트 케이스가 없으면 실제 코드를 유연하게 만드는 버팀목도 사라진다. 맞다, 제대로 읽었다. 코드에 유연성, 유지보수성, 재사용성을 제공하는 버팀목이 바로 단위 테스트다. 이유는 단순하다. 테스트 케이스가 있으면 변경이 두렵지 않으니까! 테스트 케이스가 없다면 모든 변경이 잠정적인 버그다. 아키텍처가 아무리 유연하더라도, 설계를 아무리 잘 나눴더라도, 테스트 케이스가 없으면 개발자는 변경을 주저한다. 버그가 숨어들까 두렵기 때문이다.

하지만 테스트 케이스가 있다면 공포는 사실상 사라진다. 테스트 커버리지가 높을수록 공포는 줄어든다. 아키텍처가 부실한 코드나 설계가 모호하고 엉망인 코드라도 별다른 우려 없이 변경할 수 있다. 아니, 오히려 안심하고 아키텍처와 설계를 개선할 수 있다.

그러므로 실제 코드를 점검하는 자동화된 단위 테스트 슈트는 설계와 아키텍처를 최대한 깨끗하게 보존하는 열쇠다. 테스트는 유연성, 유지보수성, 재사용성을 제공한다. 테스트 케이스가 있으면 **변경**이 쉬워지기 때문이다.

따라서 테스트 코드가 지저분하면 코드를 변경하는 능력이 떨어지며 코드 구조를 개선하는 능력도 떨어진다. 테스트 코드가 지저분할수록 실제 코드도 지저분해진다. 결국 테스트 코드를 잃어버리고 실제 코드도 망가진다.

깨끗한 테스트 코드

깨끗한 테스트 코드를 만들려면? 세 가지가 필요하다. 가독성, 가독성, 가독성. 어쩌면 가독성은 실제 코드보다 테스트 코드에 더더욱 중요하다. 테스트 코드에서 가독성을 높이려면? 여느 코드와 마찬가지다. 명료성, 단순성, 풍부한 표현력이 필요하다. 테스트 코드는 최소의 표현으로 많은 것을 나타내야 한다.

목록 9-1은 FitNess에서 가져온 코드다. 아래 테스트 케이스 세 개는 이해하기 어렵기에 개선할 여지가 충분하다. 첫째, addPage와 assertSubString을 부르느라 중복되는 코드가 매우 많다.[G5] 좀 더 중요하게는 자질구레한 사항이 너무 많아 테스트 코드의 표현력이 떨어진다.

목록 9-1 SerializedPageResponderTest.java

```java
public void testGetPageHieratchyAsXml() throws Exception
{
  crawler.addPage(root, PathParser.parse("PageOne"));
  crawler.addPage(root, PathParser.parse("PageOne.ChildOne"));
  crawler.addPage(root, PathParser.parse("PageTwo"));

  request.setResource("root");
  request.addInput("type", "pages");
  Responder responder = new SerializedPageResponder();
  SimpleResponse response =
    (SimpleResponse) responder.makeResponse(
        new FitNesseContext(root), request);
  String xml = response.getContent();

  assertEquals("text/xml", response.getContentType());
  assertSubString("<name>PageOne</name>", xml);
  assertSubString("<name>PageTwo</name>", xml);
  assertSubString("<name>ChildOne</name>", xml);
}

public void testGetPageHieratchyAsXmlDoesntContainSymbolicLinks()
throws Exception
{
  WikiPage pageOne = crawler.addPage(root, PathParser.parse("PageOne"));
  crawler.addPage(root, PathParser.parse("PageOne.ChildOne"));
  crawler.addPage(root, PathParser.parse("PageTwo"));
```

```java
    PageData data = pageOne.getData();
    WikiPageProperties properties = data.getProperties();
    WikiPageProperty symLinks = properties.set(SymbolicPage.PROPERTY_NAME);
    symLinks.set("SymPage", "PageTwo");
    pageOne.commit(data);

    request.setResource("root");
    request.addInput("type", "pages");
    Responder responder = new SerializedPageResponder();
    SimpleResponse response =
      (SimpleResponse) responder.makeResponse(
        new FitNesseContext(root), request);
    String xml = response.getContent();

    assertEquals("text/xml", response.getContentType());
    assertSubString("<name>PageOne</name>", xml);
    assertSubString("<name>PageTwo</name>", xml);
    assertSubString("<name>ChildOne</name>", xml);
    assertNotSubString("SymPage", xml);
  }

  public void testGetDataAsHtml() throws Exception
  {
    crawler.addPage(root, PathParser.parse("TestPageOne"), "test page");

    request.setResource("TestPageOne");
    request.addInput("type", "data");
    Responder responder = new SerializedPageResponder();
    SimpleResponse response =
      (SimpleResponse) responder.makeResponse(
        new FitNesseContext(root), request);
    String xml = response.getContent();

    assertEquals("text/xml", response.getContentType());
    assertSubString("test page", xml);
    assertSubString("<Test", xml);
  }
```

예를 들어, PathParser 호출을 살펴보자. PathParser는 문자열을 pagePath 인스턴스로 변환한다. pagePath는 웹 로봇crawler이 사용하는 객체다. 이 코드는 테스트와 무관하며 테스트 코드의 의도만 흐린다. responder 객체를 생성하는 코드와 response를 수집해 변환하는 코드 역시 잡음에 불과하다. 게다가 resource와 인수에서 요청 URL을 만드는 어설픈 코드도 보인다. (내가 개발을 도왔으므로 대놓고 비판해도 괜찮다고 생각한다.)

마지막으로 위 코드는 읽는 사람을 고려하지 않는다. 불쌍한 독자들은 온갖 잡다하고 무관한 코드를 이해한 후라야 간신히 테스트 케이스를 이해한다.

이제 목록 9-2를 살펴보자. 목록 9-1을 개선한 코드로, 목록 9-1과 정확히 동일한 테스트를 수행한다. 하지만 목록 9-2는 좀 더 깨끗하고 좀 더 이해하기 쉽다.

목록 9-2 SerializedPageResponderTest.java (리팩터링한 코드)

```java
public void testGetPageHierarchyAsXml() throws Exception {
  makePages("PageOne", "PageOne.ChildOne", "PageTwo");

  submitRequest("root", "type:pages");

  assertResponseIsXML();
  assertResponseContains(
    "<name>PageOne</name>", "<name>PageTwo</name>", "<name>ChildOne</name>"
  );
}

public void testSymbolicLinksAreNotInXmlPageHierarchy() throws Exception {
  WikiPage page = makePage("PageOne");
  makePages("PageOne.ChildOne", "PageTwo");

  addLinkTo(page, "PageTwo", "SymPage");

  submitRequest("root", "type:pages");

  assertResponseIsXML();
  assertResponseContains(
    "<name>PageOne</name>", "<name>PageTwo</name>", "<name>ChildOne</name>"
  );
  assertResponseDoesNotContain("SymPage");
}

public void testGetDataAsXml() throws Exception {
  makePageWithContent("TestPageOne", "test page");
```

```
    submitRequest("TestPageOne", "type:data");

    assertResponseIsXML();
    assertResponseContains("test page", "<Test");
}
```

BUILD-OPERATE-CHECK 패턴[2]이 위와 같은 테스트 구조에 적합하다. 각 테스트는 명확히 세 부분으로 나눠진다. 첫 부분은 테스트 자료를 만든다. 두 번째 부분은 테스트 자료를 조작하며, 세 번째 부분은 조작한 결과가 올바른지 확인한다.

잡다하고 세세한 코드를 거의 다 없앴다는 사실에 주목한다. 테스트 코드는 본론에 돌입해 진짜 필요한 자료 유형과 함수만 사용한다. 그러므로 코드를 읽는 사람은 온갖 잡다하고 세세한 코드에 주눅들고 헷갈릴 필요 없이 코드가 수행하는 기능을 재빨리 이해한다.

도메인에 특화된 테스트 언어

목록 9-2는 도메인에 특화된 언어DSL로 테스트 코드를 구현하는 기법을 보여준다. 흔히 쓰는 시스템 조작 API를 사용하는 대신 API 위에다 함수와 유틸리티를 구현한 후 그 함수와 유틸리티를 사용하므로 테스트 코드를 짜기도 읽기도 쉬워진다. 이렇게 구현한 함수와 유틸리티는 테스트 코드에서 사용하는 특수 API가 된다. 즉, 테스트를 구현하는 당사자와 나중에 테스트를 읽어볼 독자를 도와주는 테스트 언어다.

이런 테스트 API는 처음부터 설계된 API가 아니다. 잡다하고 세세한 사항으로 범벅된 코드를 계속 리팩터링하다가 진화된 API다. 내가 목록 9-1에서 목록 9-2로 리팩터링했듯이, 숙련된 개발자라면 자기 코드를 좀 더 간결하고 표현력이 풍부한 코드로 리팩터링해야 마땅하다.

이중 표준

이 장을 시작하면서 언급한 팀은 어떤 면에서 올바른 판단을 내렸다. 테스트 API 코드에 적용하는 표준은 실제 코드에 적용하는 표준과 확실히 다르다. 단순하

[2] http://butunclebob.com/FitNesse.AcceptanceTestPatterns

고, 간결하고, 표현력이 풍부해야 하지만, 실제 코드만큼 효율적일 필요는 없다. 실제 환경이 아니라 테스트 환경에서 돌아가는 코드이기 때문이다. 실제 환경과 테스트 환경은 요구사항이 판이하게 다르다.

목록 9-3을 살펴보자. 내가 프로토타입으로 제작하던 환경 제어 시스템에 속한 테스트 코드다. 세세하게 설명하지 않더라도 온도가 '급격하게 떨어지면' 경보, 온풍기, 송풍기가 모두 가동되는지 확인하는 코드라는 사실이 드러난다.

목록 9-3 EnvironmentControllerTest.java

```
@Test
  public void turnOnLoTempAlarmAtThreashold() throws Exception {
    hw.setTemp(WAY_TOO_COLD);
    controller.tic();
    assertTrue(hw.heaterState());
    assertTrue(hw.blowerState());
    assertFalse(hw.coolerState());
    assertFalse(hw.hiTempAlarm());
    assertTrue(hw.loTempAlarm());
  }
```

물론 위 코드는 세세한 사항이 아주 많다. 예를 들어, 도대체 tic 함수가 무엇일까? 지금은 신경 쓰지 말기 바란다. 단지 시스템 최종 상태가 온도가 '급강하'했는지 그것만 신경 써서 살펴보기 바란다.

목록 9-3을 읽으면 코드에서 점검하는 상태 이름과 상태 값을 확인하느라 눈길이 이리저리 흩어진다. heaterState라는 상태를 보고서는 왼쪽으로 눈길을 돌려 assertTrue를 읽는다. coolerState를 보고서는 왼쪽으로 눈길을 돌려 assertFalse를 읽는다. 따분하고 미덥잖다. 테스트 코드를 읽기가 어렵다.

그래서 나는 목록 9-3을 목록 9-4로 변환해 코드 가독성을 크게 높였다.

목록 9-4 EnvironmentControllerTest.java (리팩터링)

```
@Test
  public void turnOnLoTempAlarmAtThreshold() throws Exception {
    wayTooCold();
    assertEquals("HBchL", hw.getState());
  }
```

당연히 tic 함수는 wayTooCold라는 함수를 만들어 숨겼다. 그런데 assertEquals에 들어있는 이상한 문자열에 주목한다. 대문자는 '켜짐on'이고 소문자는 '꺼짐off'을 뜻한다. 문자는 항상 {heater, blower, cooler, hi-temp-alarm, lo-temp-alarm} 순서다.

비록 위 방식이 그릇된 정보를 피하라[3]는 규칙의 위반에 가깝지만 여기서는 적절해 보인다. 일단 의미만 안다면 눈길이 문자열을 따라 움직이며 결과를 재빨리 판단한다. 테스트 코드를 읽기가 사뭇 즐거워진다. 목록 9-5를 살펴보면 테스트 코드를 이해하기 너무도 쉽다는 사실이 분명히 드러난다.

목록 9-5 EnvironmentControllerTest.java (더 복잡한 선택)

```
@Test
  public void turnOnCoolerAndBlowerIfTooHot() throws Exception {
    tooHot();
    assertEquals("hBChl", hw.getState());
  }

  @Test
  public void turnOnHeaterAndBlowerIfTooCold() throws Exception {
    tooCold();
    assertEquals("HBchl", hw.getState());
  }

  @Test
  public void turnOnHiTempAlarmAtThreshold() throws Exception {
    wayTooHot();
    assertEquals("hBCHl", hw.getState());
  }

  @Test
  public void turnOnLoTempAlarmAtThreshold() throws Exception {
    wayTooCold();
    assertEquals("HBchL", hw.getState());
  }
```

목록 9-6은 getState함수를 보여준다. 코드가 그리 효율적이지 못하다는 사실에 주목한다. 효율을 높이려면 StringBuffer가 더 적합하다.

---

[3] 24쪽에 나오는 "그릇된 정보를 피하라" 참조

목록 9-6 MockControlHardware.java

```java
public String getState() {
  String state = "";
  state += heater ? "H" : "h";
  state += blower ? "B" : "b";
  state += cooler ? "C" : "c";
  state += hiTempAlarm ? "H" : "h";
  state += loTempAlarm ? "L" : "l";
  return state;
}
```

StringBuffer는 보기에 흉하다. 나는 실제 코드에서도 크게 무리가 아니라면 StringBuffer를 피한다. 목록 9-6은 StringBuffer를 안 써서 치르는 대가가 미미하다. 하지만 이 애플리케이션은 확실히 실시간 임베디드 시스템이다. 즉, 컴퓨터 자원과 메모리가 제한적일 가능성이 높다. 하지만 테스트 환경은 자원이 제한적일 가능성이 낮다.

이것이 이중 표준의 본질이다. 실제 환경에서는 절대로 안 되지만 테스트 환경에서는 전혀 문제없는 방식이 있다. 대개 메모리나 CPU 효율과 관련 있는 경우다. 코드의 깨끗함과는 철저히 무관하다.

테스트당 assert 하나

JUnit으로 테스트 코드를 짤 때는 함수마다 assert 문을 단 하나만 사용해야 한다고 주장하는 학파[4]가 있다. 가혹한 규칙이라 여길지도 모르지만, 목록 9-5를 보면, 확실히 장점이 있다. assert 문이 단 하나인 함수는 결론이 하나라서 코드를 이해하기 쉽고 빠르다.

하지만 목록 9-2는 어떨까? 목록 9-2는 "출력이 XML이다"라는 assert 문과 "특정 문자열을 포함한다"는 assert 문을 하나로 병합하는 방식이 불합리해 보인다. 하지만 목록 9-7에서 보듯이 테스트를 두 개로 쪼개 각자가 assert를 수행하면 된다.

목록 9-7 SerializedPageResponderTest.java (단일 assert)

```java
public void testGetPageHierarchyAsXml() throws Exception {
  givenPages("PageOne", "PageOne.ChildOne", "PageTwo");
```

---

[4] 데이브 아스텔(Dave Astel)의 블로그 글 http://www.artima.com/weblogs/viewpost.jsp?thread=35578 참조.

```
  whenRequestIsIssued("root", "type:pages");

  thenResponseShouldBeXML();
}

public void testGetPageHierarchyHasRightTags() throws Exception {
  givenPages("PageOne", "PageOne.ChildOne", "PageTwo");

  whenRequestIsIssued("root", "type:pages");

  thenResponseShouldContain(
    "<name>PageOne</name>", "<name>PageTwo</name>", "<name>ChildOne</name>"
  );
}
```

위에서 함수 이름을 바꿔 given-when-then[5]이라는 관례를 사용했다는 사실에 주목한다. 그러면 테스트 코드를 읽기가 쉬워진다. 불행하게도, 위에서 보듯이, 테스트를 분리하면 중복되는 코드가 많아진다.

TEMPLATE METHOD 패턴[6]을 사용하면 중복을 제거할 수 있다. given/when 부분을 부모 클래스에 두고 then 부분을 자식 클래스에 두면 된다. 아니면 완전히 독자적인 테스트 클래스를 만들어 @Before 함수에 given/when 부분을 넣고 @Test 함수에 then 부분을 넣어도 된다. 하지만 모두가 배보다 배꼽이 더 크다. 이것저것 감안해 보면 결국 목록 9-2처럼 assert 문을 여럿 사용하는 편이 좋다고 생각한다.

나는 '단일 assert 문'이라는 규칙이 훌륭한 지침이라 생각한다.[7] 목록 9-5에서 봤듯이, 대체로 나는 단일 assert를 지원하는 해당 분야 테스트 언어를 만들려 노력한다. 하지만 때로는 주저 없이 함수 하나에 여러 assert 문을 넣기도 한다. 단지 assert 문 개수는 최대한 줄여야 좋다는 생각이다.

---

5 [RSpec]

6 [GOF]

7 "코드를 지켜라!(Keep to the code!)"
   (옮긴이) "Keep to the code!"는 중의적인 표현이다. 원래 " '해적들의 규칙'(code)을 지켜라!"라는 뜻인데, 프로그래밍 문맥에서는 "프로그램 코드를 지켜라!"로 해석할 수 있다.

테스트당 개념 하나

어쩌면 "테스트 함수마다 한 개념만 테스트하라"는 규칙이 더 낫겠다. 이것저것 잡다한 개념을 연속으로 테스트하는 긴 함수는 피한다. 목록 9-8은 바람직하지 못한 테스트 함수다. 목록 9-8은 독자적인 개념 세 개를 테스트하므로 독자적인 테스트 세 개로 쪼개야 마땅하다. 세 개념을 한 함수로 몰아넣으면 독자가 각 절이 거기에 존재하는 이유와 각 절이 테스트하는 개념을 모두 이해해야 한다.

목록 9-8

```java
/**
 * addMonths() 메서드를 테스트하는 장황한 코드
 */
public void testAddMonths() {
  SerialDate d1 = SerialDate.createInstance(31, 5, 2004);

  SerialDate d2 = SerialDate.addMonths(1, d1);
  assertEquals(30, d2.getDayOfMonth());
  assertEquals(6, d2.getMonth());
  assertEquals(2004, d2.getYYYY());

  SerialDate d3 = SerialDate.addMonths(2, d1);
  assertEquals(31, d3.getDayOfMonth());
  assertEquals(7, d3.getMonth());
  assertEquals(2004, d3.getYYYY());

  SerialDate d4 = SerialDate.addMonths(1, SerialDate.addMonths(1, d1));
  assertEquals(30, d4.getDayOfMonth());
  assertEquals(7, d4.getMonth());
  assertEquals(2004, d4.getYYYY());
}
```

셋으로 분리한 테스트 함수는 각각 다음 기능을 수행한다.

- (5월처럼) 31일로 끝나는 달의 마지막 날짜가 주어지는 경우
    1. (6월처럼) 30일로 끝나는 한 달을 더하면 날짜는 30일이 되어야지 31일이 되어서는 안 된다.
    2. 두 달을 더하면 그리고 두 번째 달이 31일로 끝나면 날짜는 31일이 되어야 한다.

- (6월처럼) 30일로 끝나는 달의 마지막 날짜가 주어지는 경우
    1. 31일로 끝나는 한 달을 더하면 날짜는 30일이 되어야지 31일이 되면 안 된다.

이렇게 표현하면 장황한 테스트 코드 속에 감춰진 일반적인 규칙이 보인다. 날짜에 어떤 달을 더하면 날짜는 그 달의 마지막 날짜보다 커지지 못한다. 즉, 2월 28일에 한 달을 더하면 3월 28일이 나와야 한다는 말이다. 여기서는 바로 이런 테스트가 빠졌으므로 채워 넣으면 좋겠다.

즉, 목록 9-8은 각 절에 assert 문이 여럿이라는 사실이 문제가 아니다. 한 테스트 함수에서 여러 개념을 테스트한다는 사실이 문제다. 그러므로 가장 좋은 규칙은 "개념 당 assert 문 수를 최소로 줄여라"와 "테스트 함수 하나는 개념 하나만 테스트하라"라 하겠다.

F.I.R.S.T.[8]

깨끗한 테스트는 다음 다섯 가지 규칙을 따르는데, 각 규칙에서 첫 글자를 따오면 FIRST가 된다.

빠르게Fast: 테스트는 빨라야 한다. 테스트는 빨리 돌아야 한다는 말이다. 테스트가 느리면 자주 돌릴 엄두를 못 낸다. 자주 돌리지 않으면 초반에 문제를 찾아내 고치지 못한다. 코드를 마음껏 정리하지도 못한다. 결국 코드 품질이 망가지기 시작한다.

독립적으로Independent: 각 테스트는 서로 의존하면 안 된다. 한 테스트가 다음 테스트가 실행될 환경을 준비해서는 안 된다. 각 테스트는 독립적으로 그리고 어떤 순서로 실행해도 괜찮아야 한다. 테스트가 서로에게 의존하면 하나가 실패할 때 나머지도 잇달아 실패하므로 원인을 진단하기 어려워지며 후반 테스트가 찾아내야 할 결함이 숨겨진다.

반복가능하게Repeatable: 테스트는 어떤 환경에서도 반복 가능해야 한다. 실제 환경, QA 환경, 버스를 타고 집으로 가는 길에 사용하는 (네트워크에 연결되지 않은) 노트북 환경에서도 실행할 수 있어야 한다. 테스트가 돌아가지 않는 환경이 하나라도 있다면 테스트가 실패한 이유를 둘러댈 변명이 생긴다. 게다가 환경이 지원되지 않기에 테스트를 수행하지 못하는 상황에 직면한다.

자가검증하는Self-Validating: 테스트는 부울bool 값으로 결과를 내야 한다. 성공 아니면 실패다. 통과 여부를 알려고 로그 파일을 읽게 만들어서는 안 된다. 통과 여부를 보려고 텍스트 파일 두 개를 수작업으로 비교하게 만들어서도 안 된다. 테스트가 스스로 성공과 실패를 가늠하지 않는다면 판단은 주관적이 되며 지루한 수작업 평가가 필요하게 된다.

적시에Timely: 테스트는 적시에 작성해야 한다. 단위 테스트는 테스트하려는 실제 코드를 구현하기 직전에 구현한다. 실제 코드를 구현한 다음에 테스트 코드를 만들면 실제 코드가 테스트하기 어렵다는 사실을 발견할지도 모른다. 어떤 실제 코드는 테스트하기 너무 어렵다고 판명날지 모른다. 테스트가 불가능하도록 실제 코드를 설계할지도 모른다.

결론

이 장은 주제를 수박 겉핥기 정도로만 훑었다. 사실상 깨끗한 테스트 코드라는 주제는 책 한 권을 할애해도 모자랄 주제다. 테스트 코드는 실제 코드만큼이나 프로젝트 건강에 중요하다. 어쩌면 실제 코드보다 더 중요할지도 모르겠다. 테스트 코드는 실제 코드의 유연성, 유지보수성, 재사용성을 보존하고 강화하기 때문이다. 그러므로 테스트 코드는 지속적으로 깨끗하게 관리하자. 표현력을 높이고 간결하게 정리하자. 테스트 API를 구현해 도메인 특화 언어Domain Specific Language, DSL를 만들자. 그러면 그만큼 테스트 코드를 짜기가 쉬워진다.

테스트 코드가 방치되어 망가지면 실제 코드도 망가진다. 테스트 코드를 깨끗하게 유지하자.

참고 문헌

[RSpec]: RSpec: *Behavior Driven Development for Ruby Programmers*, Aslak Hellesøy, David Chelimsky, Pragmatic Bookshelf, 2008.

[GOF]: *Design Patterns: Elements of Reusable Object Oriented Software*, Gamma et al., Addison-Wesley, 1996.[9]

---

[9] (옮긴이) 번역서는 『GOF의 디자인 패턴(개정판)』(2007 피어슨에듀케이션코리아, 김정아 옮김)이다.

클래스

제프 랭(Jeff Langr)

07 Clean Code

* 미국의 '건국의 아버지(Founding Fathers)' 중 한 명으로 꼽히는 알렉산더 해밀턴의 『연방주의자 논집』
* 카를 마르크스의 『자본론』

지금까지 우리는 코드 행과 코드 블록을 올바로 작성하는 방법에 초점을 맞췄다. 함수를 올바로 구현하는 방법과 함수가 서로 관련을 맺는 방식도 공부했다. 하지만 코드의 표현력과 그 코드로 이루어진 함수에 아무리 신경 쓸지라도 좀 더 차원 높은 단계까지 신경 쓰지 않으면 깨끗한 코드를 얻기는 어렵다. 이 장에서는 깨끗한 클래스를 다룬다.

클래스 체계

클래스를 정의하는 표준 자바 관례에 따르면, 가장 먼저 변수 목록이 나온다. 정적static 공개public 상수가 있다면 맨 처음에 나온다. 다음으로 정적 비공개private 변수가 나오며, 이어서 비공개 인스턴스 변수가 나온다. 공개 변수가 필요한 경우는 거의 없다.

변수 목록 다음에는 공개 함수가 나온다. 비공개 함수는 자신을 호출하는 공개 함수 직후에 넣는다. 즉, 추상화 단계가 순차적으로 내려간다. 그래서 프로그램은 신문 기사처럼 읽힌다.

캡슐화

변수와 유틸리티 함수는 가능한 공개하지 않는 편이 낫지만 반드시 숨겨야 한다는 법칙도 없다. 때로는 변수나 유틸리티 함수를 protected로 선언해 테스트 코드에 접근을 허용하기도 한다. 우리에게 테스트는 아주 중요하다. 같은 패키지 안에서 테스트 코드가 함수를 호출하거나 변수를 사용해야 한다면 그 함수나 변수를 protected로 선언하거나 패키지 전체로 공개한다. 하지만 그 전에 비공개 상태를 유지할 온갖 방법을 강구한다. 캡슐화를 풀어주는 결정은 언제나 최후의 수단이다.

클래스는 작아야 한다!

클래스를 만들 때 첫 번째 규칙은 크기다. 클래스는 작아야 한다. 두 번째 규칙도 크기다. 더 작아야 한다. 앞서 함수 장에서 했던 이야기를 되풀이할 의도는 없다. 단지 클래스를 설계할 때도, 함수와 마찬가지로, '작게'가 기본 규칙이라는 의미다. 그렇다면 가장 먼저 떠오르는 의문은, 함수와 마찬가지로, "얼마나 작아야 하는가?"겠다.

함수는 물리적인 행 수로 크기를 측정했다. 클래스는 다른 척도를 사용한다. 클래스가 맡은 책임[1]을 센다.

목록 10-1은 SuperDashboard라는 클래스로, 공개 메서드 수가 대략 70개 정도다. 대다수 개발자는 클래스가 엄청나게 크다는 사실에 동의하리라. SuperDashboard 클래스를 '만능 클래스'라 부르는 개발자가 있을지도 모르겠다.

목록 10-1 너무 많은 책임

```
public class SuperDashboard extends JFrame implements MetaDataUser {
  public String getCustomizerLanguagePath()
  public void setSystemConfigPath(String systemConfigPath)
  public String getSystemConfigDocument()
  public void setSystemConfigDocument(String systemConfigDocument)
  public boolean getGuruState()
  public boolean getNoviceState()
  public boolean getOpenSourceState()
  public void showObject(MetaObject object)
  public void showProgress(String s)
  public boolean isMetadataDirty()
  public void setIsMetadataDirty(boolean isMetadataDirty)
  public Component getLastFocusedComponent()
  public void setLastFocused(Component lastFocused)
  public void setMouseSelectState(boolean isMouseSelected)
  public boolean isMouseSelected()
  public LanguageManager getLanguageManager()
  public Project getProject()
  public Project getFirstProject()
  public Project getLastProject()
  public String getNewProjectName()
  public void setComponentSizes(Dimension dim)
  public String getCurrentDir()
  public void setCurrentDir(String newDir)
  public void updateStatus(int dotPos, int markPos)
  public Class[] getDataBaseClasses()
  public MetadataFeeder getMetadataFeeder()
  public void addProject(Project project)
  public boolean setCurrentProject(Project project)
  public boolean removeProject(Project project)
  public MetaProjectHeader getProgramMetadata()
```

1 [RDD]

```java
    public void resetDashboard()
    public Project loadProject(String fileName, String projectName)
    public void setCanSaveMetadata(boolean canSave)
    public MetaObject getSelectedObject()
    public void deselectObjects()
    public void setProject(Project project)
    public void editorAction(String actionName, ActionEvent event)
    public void setMode(int mode)
    public FileManager getFileManager()
    public void setFileManager(FileManager fileManager)
    public ConfigManager getConfigManager()
    public void setConfigManager(ConfigManager configManager)
    public ClassLoader getClassLoader()
    public void setClassLoader(ClassLoader classLoader)
    public Properties getProps()
    public String getUserHome()
    public String getBaseDir()
    public int getMajorVersionNumber()
    public int getMinorVersionNumber()
    public int getBuildNumber()
    public MetaObject pasting(
       MetaObject target, MetaObject pasted, MetaProject project)
    public void processMenuItems(MetaObject metaObject)
    public void processMenuSeparators(MetaObject metaObject)
    public void processTabPages(MetaObject metaObject)
    public void processPlacement(MetaObject object)
    public void processCreateLayout(MetaObject object)
    public void updateDisplayLayer(MetaObject object, int layerIndex)
    public void propertyEditedRepaint(MetaObject object)
    public void processDeleteObject(MetaObject object)
    public boolean getAttachedToDesigner()
    public void processProjectChangedState(boolean hasProjectChanged)
    public void processObjectNameChanged(MetaObject object)
    public void runProject()
    public void setAllowDragging(boolean allowDragging)
    public boolean allowDragging()
    public boolean isCustomizing()
    public void setTitle(String title)
    public IdeMenuBar getIdeMenuBar()
    public void showHelper(MetaObject metaObject, String propertyName)
    // ... 많은 비공개 메서드가 이어진다 ...
}
```

하지만 만약 SuperDashboard가 목록 10-2와 같이 메서드 몇 개만 포함한다면?

목록 10-2 충분히 작을까?

```
public class SuperDashboard extends JFrame implements MetaDataUser {
  public Component getLastFocusedComponent()
  public void setLastFocused(Component lastFocused)
  public int getMajorVersionNumber()
  public int getMinorVersionNumber()
  public int getBuildNumber()
}
```

메서드 다섯 개 정도면 괜찮다. 안 그런가? 여기서는 아니다. SuperDashboard는 메서드 수가 작음에도 불구하고 **책임이 너무 많다**.

클래스 이름은 해당 클래스 책임을 기술해야 한다. 실제로 작명은 클래스 크기를 줄이는 첫 번째 관문이다. 간결한 이름이 떠오르지 않는다면 필경 클래스 크기가 너무 커서 그렇다. 클래스 이름이 모호하다면 필경 클래스 책임이 너무 많아서다. 예를 들어, 클래스 이름에 Processor, Manager, Super 등과 같이 모호한 단어가 있다면 클래스에다 여러 책임을 떠안겼다는 증거다.

또한 클래스 설명은 만일("if"), 그리고("and"), -(하)며("or"), 하지만("but")을 사용하지 않고서 25단어 내외로 가능해야 한다. SuperDashboard는 어떻게 설명할까? "SuperDashboard는 마지막으로 포커스를 얻었던 컴포넌트에 접근하는 방법을 제공하며, 버전과 빌드 번호를 추적하는 메커니즘을 제공한다." 첫 번째 "~하며,"는 SuperDashboard에 책임이 너무 많다는 증거다.

단일 책임 원칙

단일 책임 원칙Single Responsibility Principle, SRP[2]은 클래스나 모듈을 **변경할 이유가** 하나, 단 하나뿐이어야 한다는 원칙이다. SRP는 '책임'이라는 개념을 정의하며 적절한 클래스 크기를 제시한다. 클래스는 책임, 즉 변경할 이유가 하나여야 한다는 의미다.

겉보기에 작아 보이는 목록 10-2 SuperDashboard는 변경할 이유가 두 가지다. 첫째, SuperDashboard는 소프트웨어 버전 정보를 추적한다. 그런데 버전 정보는 소프트웨어를 출시할 때마다 달라진다. 둘째, SuperDashboard는 자바

---

[2] 자세한 설명은 [PPP] 참조.

스윙 컴포넌트를 관리한다. (SuperDashboard는 최상위 GUI 윈도의 스윙 표현인 JFrame에서 파생한 클래스다.) 즉, 스윙 코드를 변경할 때마다 버전 번호가 달라진다. (역은 참이 아니다. 때로는 다른 코드를 바꾸고 나서도 버전 번호를 바꾼다.)

책임, 즉 변경할 이유를 파악하려 애쓰다 보면 코드를 추상화하기도 쉬워진다. 더 좋은 추상화가 더 쉽게 떠오른다. SuperDashboard에서 버전 정보를 다루는 메서드 세 개를 따로 빼내 Version이라는 독자적인 클래스를 만든다(코드는 목록 10-3 참조). Version 클래스는 다른 애플리케이션에서 재사용하기 아주 쉬운 구조다!

목록 10-3 단일 책임 클래스

```
public class Version {
  public int getMajorVersionNumber()
  public int getMinorVersionNumber()
  public int getBuildNumber()
}
```

SRP는 객체 지향 설계에서 더욱 중요한 개념이다. 또한 이해하고 지키기 수월한 개념이기도 하다. 하지만 이상하게도 SRP는 클래스 설계자가 가장 무시하는 규칙 중 하나다. 우리는 수많은 책임을 떠안은 클래스를 꾸준하게 접한다. 왜일까?

소프트웨어를 돌아가게 만드는 활동과 소프트웨어를 깨끗하게 만드는 활동은 완전히 별개다. 우리들 대다수는 두뇌 용량에 한계가 있어 '깨끗하고 체계적인 소프트웨어'보다 '돌아가는 소프트웨어'에 초점을 맞춘다. 전적으로 올바른 태도다. 관심사를 분리하는 작업은 프로그램만이 아니라 프로그래밍 활동에서도 마찬가지로 중요하다.

문제는 우리들 대다수가 프로그램이 돌아가면 일이 끝났다고 여기는 데 있다. '깨끗하고 체계적인 소프트웨어'라는 다음 관심사로 전환하지 않는다. 프로그램으로 되돌아가 만능 클래스를 단일 책임 클래스 여럿으로 분리하는 대신 다음 문제로 넘어가버린다.

게다가 많은 개발자는 자잘한 단일 책임 클래스가 많아지면 큰 그림을 이해하기 어려워진다고 우려한다. 큰 그림을 이해하려면 이 클래스 저 클래스를 수없이 넘나들어야 한다고 걱정한다.

하지만 작은 클래스가 많은 시스템이든 큰 클래스가 몇 개뿐인 시스템이든 돌아가는 부품은 그 수가 비슷하다. 어느 시스템이든 익힐 내용은 그 양이 비슷하다. 그러므로 고민할 질문은 다음과 같다. "도구 상자를 어떻게 관리하고 싶은가? 작은 서랍을 많이 두고 기능과 이름이 명확한 컴포넌트를 나눠 넣고 싶은가? 아니면 큰 서랍 몇 개를 두고 모두를 던져 넣고 싶은가?"

규모가 어느 수준에 이르는 시스템은 논리가 많고도 복잡하다. 이런 복잡성을 다루려면 체계적인 정리가 필수다. 그래야 개발자가 무엇이 어디에 있는지 쉽게 찾는다. 그래야 (변경을 가할 때) 직접 영향이 미치는 컴포넌트만 이해해도 충분하다. 큼직한 다목적 클래스 몇 개로 이뤄진 시스템은 (변경을 가할 때) 당장 알 필요가 없는 사실까지 들이밀어 독자를 방해한다.

강조하는 차원에서 한 번 더 말하겠다. 큰 클래스 몇 개가 아니라 작은 클래스 여럿으로 이뤄진 시스템이 더 바람직하다. 작은 클래스는 각자 맡은 책임이 하나며, 변경할 이유가 하나며, 다른 작은 클래스와 협력해 시스템에 필요한 동작을 수행한다.

응집도 Cohesion

클래스는 인스턴스 변수 수가 작아야 한다. 각 클래스 메서드는 클래스 인스턴스 변수를 하나 이상 사용해야 한다. 일반적으로 메서드가 변수를 더 많이 사용할수록 메서드와 클래스는 응집도가 더 높다. 모든 인스턴스 변수를 메서드마다 사용하는 클래스는 응집도가 가장 높다.

일반적으로 이처럼 응집도가 가장 높은 클래스는 가능하지도 바람직하지도 않다. 그렇지만 우리는 응집도가 높은 클래스를 선호한다. 응집도가 높다는 말은 클래스에 속한 메서드와 변수가 서로 의존하며 논리적인 단위로 묶인다는 의미기 때문이다.

목록 10-4는 Stack을 구현한 코드다. 아래 클래스는 응집도가 아주 높다. size()를 제외한 다른 두 메서드는 두 변수를 모두 사용한다.

목록 10-4 Stack.java 응집도가 높은 클래스

```java
public class Stack {
  private int topOfStack = 0;
  List<Integer> elements = new LinkedList<Integer>();

  public int size() {
    return topOfStack;
  }

  public void push(int element) {
    topOfStack++;
    elements.add(element);
  }

  public int pop() throws PoppedWhenEmpty {
    if (topOfStack == 0)
      throw new PoppedWhenEmpty();
    int element = elements.get(--topOfStack);
    elements.remove(topOfStack);
    return element;
  }
}
```

'함수를 작게, 매개변수 목록을 짧게'라는 전략을 따르다 보면 때때로 몇몇 메서드만이 사용하는 인스턴스 변수가 아주 많아진다. 이는 십중팔구 새로운 클래스로 쪼개야 한다는 신호다. 응집도가 높아지도록 변수와 메서드를 적절히 분리해 새로운 클래스 두세 개로 쪼개준다.

응집도를 유지하면 작은 클래스 여럿이 나온다

큰 함수를 작은 함수 여럿으로 나누기만 해도 클래스 수가 많아진다. 예를 들어, 변수가 아주 많은 큰 함수 하나가 있다. 큰 함수 일부를 작은 함수 하나로 빼내고 싶은데, 빼내려는 코드가 큰 함수에 정의된 변수 넷을 사용한다. 그렇다면 변수 네 개를 새 함수에 인수로 넘겨야 옳을까?

전혀 아니다! 만약 네 변수를 클래스 인스턴스 변수로 승격한다면 새 함수는 인수가 필요없다. 그만큼 함수를 쪼개기 쉬워진다.

불행히도 이렇게 하면 클래스가 응집력을 잃는다. 몇몇 함수만 사용하는 인

스턴스 변수가 점점 더 늘어나기 때문이다. 그런데 잠깐만! 몇몇 함수가 몇몇 변수만 사용한다면 독자적인 클래스로 분리해도 되지 않는가? 당연하다. 클래스가 응집력을 잃는다면 쪼개라!

그래서 큰 함수를 작은 함수 여럿으로 쪼개다 보면 종종 작은 클래스 여럿으로 쪼갤 기회가 생긴다. 그러면서 프로그램에 점점 더 체계가 잡히고 구조가 투명해진다.

좀 더 자세히 설명하고자 커누스 교수가 쓴 멋진 책 *Literate Programming*[3]에 나오는 유서 깊은 예제를 소개한다. 목록 10-5는 커누스 교수의 PrintPrimes 프로그램을 자바로 변환한 코드다. 공정하게 말해 커누스 교수가 짠 프로그램이 아니라 그가 짠 WEB 도구로 출력한 결과다. 이 프로그램을 예제로 사용하는 이유는 큰 함수를 작은 함수/클래스 여럿으로 쪼개보는 출발점으로 훌륭하기 때문이다.

목록 10-5 PrintPrimes.java

```java
package literatePrimes;

public class PrintPrimes {
  public static void main(String[] args) {
    final int M = 1000;
    final int RR = 50;
    final int CC = 4;
    final int WW = 10;
    final int ORDMAX = 30;
    int P[] = new int[M + 1];
    int PAGENUMBER;
    int PAGEOFFSET;
    int ROWOFFSET;
    int C;
    int J;
    int K;
    boolean JPRIME;
    int ORD;
    int SQUARE;
    int N;
    int MULT[] = new int[ORDMAX + 1];
```

[3] [Knuth92]

```
J = 1;
K = 1;
P[1] = 2;
ORD = 2;
SQUARE = 9;

while (K < M) {
  do {
    J = J + 2;
    if (J == SQUARE) {
      ORD = ORD + 1;
      SQUARE = P[ORD] * P[ORD];
      MULT[ORD - 1] = J;
    }
    N = 2;
    JPRIME = true;
    while (N < ORD && JPRIME) {
      while (MULT[N] < J)
        MULT[N] = MULT[N] + P[N] + P[N];
      if (MULT[N] == J)
        JPRIME = false;
      N = N + 1;
    }
  } while (!JPRIME);
  K = K + 1;
  P[K] = J;
}
{
  PAGENUMBER = 1;
  PAGEOFFSET = 1;
  while (PAGEOFFSET <= M) {
    System.out.println("The First " + M +
                       " Prime Numbers --- Page " + PAGENUMBER);
    System.out.println("");
    for (ROWOFFSET = PAGEOFFSET; ROWOFFSET < PAGEOFFSET + RR; ROWOFFSET++) {
      for (C = 0; C < CC;C++)
        if (ROWOFFSET + C * RR <= M)
          System.out.format("%10d", P[ROWOFFSET + C * RR]);
      System.out.println("");
    }
    System.out.println("\f");
    PAGENUMBER = PAGENUMBER + 1;
    PAGEOFFSET = PAGEOFFSET + RR * CC;
```

```
      }
    }
  }
}
```

함수가 하나뿐인 위 프로그램은 엉망진창이다. 들여쓰기가 심하고, 이상한 변수가 많고, 구조가 빡빡하게 결합되었다. 최소한 여러 함수로 나눠야 마땅하다.

목록 10-6에서 목록 10-8까지는 목록 10-5를 작은 함수와 클래스로 나눈 후 함수와 클래스와 변수에 좀 더 의미 있는 이름을 부여한 결과다.

목록 10-6 PrimePrinter.java (리팩터링한 버전)

```
package literatePrimes;

public class PrimePrinter {
  public static void main(String[] args) {
    final int NUMBER_OF_PRIMES = 1000;
    int[] primes = PrimeGenerator.generate(NUMBER_OF_PRIMES);

    final int ROWS_PER_PAGE = 50;
    final int COLUMNS_PER_PAGE = 4;
    RowColumnPagePrinter tablePrinter =
      new RowColumnPagePrinter(ROWS_PER_PAGE,
                               COLUMNS_PER_PAGE,
                               "The First " + NUMBER_OF_PRIMES +
                                   " Prime Numbers");

    tablePrinter.print(primes);
  }
}
```

목록 10-7 RowColumnPagePrinter.java

```
package literatePrimes;

import java.io.PrintStream;

public class RowColumnPagePrinter {
  private int rowsPerPage;
  private int columnsPerPage;
  private int numbersPerPage;
  private String pageHeader;
  private PrintStream printStream;
```

```java
    public RowColumnPagePrinter(int rowsPerPage,
                                int columnsPerPage,
                                String pageHeader) {
      this.rowsPerPage = rowsPerPage;
      this.columnsPerPage = columnsPerPage;
      this.pageHeader = pageHeader;
      numbersPerPage = rowsPerPage * columnsPerPage;
      printStream = System.out;
    }

    public void print(int data[]) {
      int pageNumber = 1;
      for (int firstIndexOnPage = 0;
           firstIndexOnPage < data.length;
           firstIndexOnPage += numbersPerPage) {
        int lastIndexOnPage =
          Math.min(firstIndexOnPage + numbersPerPage - 1,
                   data.length - 1);
        printPageHeader(pageHeader, pageNumber);
        printPage(firstIndexOnPage, lastIndexOnPage, data);
        printStream.println("\f");
        pageNumber++;
      }
    }

    private void printPage(int firstIndexOnPage,
                           int lastIndexOnPage,
                           int[] data) {
      int firstIndexOfLastRowOnPage =
        firstIndexOnPage + rowsPerPage - 1;
      for (int firstIndexInRow = firstIndexOnPage;
           firstIndexInRow <= firstIndexOfLastRowOnPage;
           firstIndexInRow++) {
        printRow(firstIndexInRow, lastIndexOnPage, data);
        printStream.println("");
      }
    }

    private void printRow(int firstIndexInRow,
                          int lastIndexOnPage,
                          int[] data) {
      for (int column = 0; column < columnsPerPage; column++) {
        int index = firstIndexInRow + column * rowsPerPage;
```

```java
      if (index <= lastIndexOnPage)
        printStream.format("%10d", data[index]);
    }
  }

  private void printPageHeader(String pageHeader,
                               int pageNumber) {
    printStream.println(pageHeader + " --- Page " + pageNumber);
    printStream.println("");
  }

  public void setOutput(PrintStream printStream) {
    this.printStream = printStream;
  }
}
```

목록 10-8 PrimeGenerator.java

```java
package literatePrimes;

import java.util.ArrayList;

public class PrimeGenerator {
  private static int[] primes;
  private static ArrayList<Integer> multiplesOfPrimeFactors;

  protected static int[] generate(int n) {
    primes = new int[n];
    multiplesOfPrimeFactors = new ArrayList<Integer>();
    set2AsFirstPrime();
    checkOddNumbersForSubsequentPrimes();
    return primes;
  }

  private static void set2AsFirstPrime() {
    primes[0] = 2;
    multiplesOfPrimeFactors.add(2);
  }

  private static void checkOddNumbersForSubsequentPrimes() {
    int primeIndex = 1;
    for (int candidate = 3;
         primeIndex < primes.length;
         candidate += 2) {
```

```java
      if (isPrime(candidate))
        primes[primeIndex++] = candidate;
    }
  }

  private static boolean isPrime(int candidate) {
    if (isLeastRelevantMultipleOfNextLargerPrimeFactor(candidate)) {
      multiplesOfPrimeFactors.add(candidate);
      return false;
    }
    return isNotMultipleOfAnyPreviousPrimeFactor(candidate);
  }

  private static boolean
  isLeastRelevantMultipleOfNextLargerPrimeFactor(int candidate) {
    int nextLargerPrimeFactor = primes[multiplesOfPrimeFactors.size()];
    int leastRelevantMultiple = nextLargerPrimeFactor * nextLargerPrimeFactor;
    return candidate == leastRelevantMultiple;
  }

  private static boolean
  isNotMultipleOfAnyPreviousPrimeFactor(int candidate) {
    for (int n = 1; n < multiplesOfPrimeFactors.size(); n++) {
      if (isMultipleOfNthPrimeFactor(candidate, n))
        return false;
    }
    return true;
  }

  private static boolean
  isMultipleOfNthPrimeFactor(int candidate, int n) {
    return
       candidate == smallestOddNthMultipleNotLessThanCandidate(candidate, n);
  }

  private static int
  smallestOddNthMultipleNotLessThanCandidate(int candidate, int n) {
    int multiple = multiplesOfPrimeFactors.get(n);
    while (multiple < candidate)
      multiple += 2 * primes[n];
    multiplesOfPrimeFactors.set(n, multiple);
    return multiple;
  }
}
```

가장 먼저 눈에 띄는 변화가 프로그램이 길어졌다는 사실이다. 한 쪽을 조금 넘겼던 프로그램이 거의 세 쪽으로 늘어났다. 길이가 늘어난 이유는 여러 가지다. 첫째, 리팩터링한 프로그램은 좀 더 길고 서술적인 변수 이름을 사용한다. 둘째, 리팩터링한 프로그램은 코드에 주석을 추가하는 수단으로 함수 선언과 클래스 선언을 활용한다. 셋째, 가독성을 높이고자 공백을 추가하고 형식을 맞추었다.

원래 프로그램은 세 가지 책임으로 나눠졌다. PrimePrinter 클래스는 main 함수 하나만 포함하며 실행 환경을 책임진다. 호출 방식이 달라지면 클래스도 바뀐다. 예를 들어, 프로그램을 SOAP 서비스로 바꾸려면 PrimePrinter 클래스를 고쳐준다.

RowColumnPagePrinter 클래스는 숫자 목록을 주어진 행과 열에 맞춰 페이지에 출력하는 방법을 안다. 출력하는 모양새를 바꾸려면 RowColumnPagePrinter 클래스를 고쳐준다.

PrimeGenerator 클래스는 소수 목록을 생성하는 방법을 안다. 코드를 살펴보면 알겠지만, 객체로 인스턴스화하는 클래스가 아니다. 단순히 변수를 선언하고 감추려고 사용하는 유용한 공간일 뿐이다. 소수를 계산하는 알고리즘이 바뀐다면 PrimeGenerator 클래스를 고쳐준다.

재구현이 아니다! 프로그램을 처음부터 다시 짜지 않았다. 실제로 두 프로그램을 자세히 살펴보면 알고리즘과 동작 원리가 동일하다는 사실을 눈치채리라.

가장 먼저, 원래 프로그램의 정확한 동작을 검증하는 테스트 슈트를 작성했다. 그런 다음, 한 번에 하나씩 수 차례에 걸쳐 조금씩 코드를 변경했다. 코드를 변경할 때마다 테스트를 수행해 원래 프로그램과 동일하게 동작하는지 확인했다. 조금씩 원래 프로그램을 정리한 결과 최종 프로그램이 얻어졌다.

변경하기 쉬운 클래스

대다수 시스템은 지속적인 변경이 가해진다. 그리고 뭔가 변경할 때마다 시스템이 의도대로 동작하지 않을 위험이 따른다. 깨끗한 시스템은 클래스를 체계적으로 정리해 변경에 수반하는 위험을 낮춘다.

목록 10-9는 주어진 메타 자료로 적절한 SQL 문자열을 만드는 Sql 클래스다. 아직 미완성이라 update 문과 같은 일부 SQL 기능을 지원하지 않는다. 언젠가

update 문을 지원할 시점이 오면 클래스에 '손대어' 고쳐야 한다. 문제는 코드에 '손대면' 위험이 생긴다는 사실이다. 어떤 변경이든 클래스에 손대면 다른 코드를 망가뜨릴 잠정적인 위험이 존재한다. 그래서 테스트도 완전히 다시 해야 한다.

목록 10-9 변경이 필요해 '손대야' 하는 클래스

```
public class Sql {
  public Sql(String table, Column[] columns)
  public String create()
  public String insert(Object[] fields)
  public String selectAll()
  public String findByKey(String keyColumn, String keyValue)
  public String select(Column column, String pattern)
  public String select(Criteria criteria)
  public String preparedInsert()
  private String columnList(Column[] columns)
  private String valuesList(Object[] fields, final Column[] columns)
  private String selectWithCriteria(String criteria)
  private String placeholderList(Column[] columns)
}
```

새로운 SQL 문을 지원하려면 반드시 Sql 클래스에 손대야 한다. 또한 기존 SQL 문 하나를 수정할 때도 반드시 Sql 클래스에 손대야 한다. 예를 들어, select 문에 내장된 select 문을 지원하려면 Sql 클래스를 고쳐야 한다. 이렇듯 변경할 이유가 두 가지이므로 Sql 클래스는 SRP를 위반한다.

단순히 구조적인 관점에서도 Sql은 SRP를 위반한다. 메서드를 쭉 훑어보면 selectWithCriteria라는 비공개 메서드가 있는데, 이 메서드는 select 문을 처리할 때만 사용한다.

경험에 의하면 클래스 일부에서만 사용되는 비공개 메서드는 코드를 개선할 잠재적인 여지를 시사한다. 하지만 실제로 개선에 뛰어드는 계기는 시스템이 변해서라야 한다. Sql 클래스를 논리적으로 완성으로 여긴다면 책임을 분리하려 시도할 필요가 없다. 가까운 장래에 update 문이 필요하지 않다면 Sql 클래스를 내버려두는 편이 좋다. 하지만 클래스에 손대는 순간 설계를 개선하려는 고민과 시도가 필요하다.

목록 10-10과 같은 방법은 어떨까? 목록 10-9에 있던 공개 인터페이스를 각각

Sql 클래스에서 파생하는 클래스로 만들었다. valueList와 같은 비공개 메서드는 해당하는 파생 클래스로 옮겼다. 모든 파생 클래스가 공통으로 사용하는 비공개 메서드는 Where와 ColumnList라는 두 유틸리티 클래스에 넣었다.

목록 10-10 닫힌 클래스 집합

```
abstract public class Sql {
  public Sql(String table, Column[] columns)
  abstract public String generate();
}

public class CreateSql extends Sql {
  public CreateSql(String table, Column[] columns)
  @Override public String generate()
}

public class SelectSql extends Sql {
  public SelectSql(String table, Column[] columns)
  @Override public String generate()
}

public class InsertSql extends Sql {
  public InsertSql(String table, Column[] columns, Object[] fields)
  @Override public String generate()
  private String valuesList(Object[] fields, final Column[] columns)
}

public class SelectWithCriteriaSql extends Sql {
  public SelectWithCriteriaSql(
    String table, Column[] columns, Criteria criteria)
  @Override public String generate()
}

public class SelectWithMatchSql extends Sql {
  public SelectWithMatchSql(
    String table, Column[] columns, Column column, String pattern)
  @Override public String generate()
}

public class FindByKeySql extends Sql
  public FindByKeySql(
    String table, Column[] columns, String keyColumn, String keyValue)
```

```
  @Override public String generate()
}
public class PreparedInsertSql extends Sql {
  public PreparedInsertSql(String table, Column[] columns)
  @Override public String generate()
  private String placeholderList(Column[] columns)
}

public class Where {
  public Where(String criteria)
  public String generate()
}

public class ColumnList {
  public ColumnList(Column[] columns)
  public String generate()
}
```

각 클래스는 극도로 단순하다. 코드는 순식간에 이해된다. 함수 하나를 수정했다고 다른 함수가 망가질 위험도 사실상 사라졌다. 테스트 관점에서 모든 논리를 구석구석 증명하기도 쉬워졌다. 클래스가 서로 분리되었기 때문이다.

update 문을 추가할 때 기존 클래스를 변경할 필요가 전혀 없다는 사실 역시 중요하다! update 문을 만드는 논리는 Sql 클래스에서 새 클래스 UpdateSql을 상속받아 거기에 넣으면 그만이다. update 문을 지원해도 다른 코드가 망가질 염려는 전혀 없다.

목록 10-10처럼 재구성한 Sql 클래스는 세상의 모든 장점만 취한다! 우선 SRP를 지원한다. 여기다 객체 지향 설계에서 또 다른 핵심 원칙인 OCP Open-Closed Principle도 지원한다.[4] OCP란 클래스는 확장에 개방적이고 수정에 폐쇄적이어야 한다는 원칙이다. 우리가 재구성한 Sql 클래스는 파생 클래스를 생성하는 방식으로 새 기능에 개방적인 동시에 다른 클래스를 닫아놓는 방식으로 수정에 폐쇄적이다. 그저 UpdateSql 클래스를 제자리에 끼워 넣으면 끝난다.

새 기능을 수정하거나 기존 기능을 변경할 때 건드릴 코드가 최소인 시스템 구조가 바람직하다. 이상적인 시스템이라면 새 기능을 추가할 때 시스템을 확장할 뿐 기존 코드를 변경하지는 않는다.

4 [PPP]

변경으로부터 격리

요구사항은 변하기 마련이다. 따라서 코드도 변하기 마련이다. 객체 지향 프로그래밍 입문에서 우리는 구체적인concrete 클래스와 추상abstract 클래스가 있다고 배웠다. 구체적인 클래스는 상세한 구현(코드)을 포함하며 추상 클래스는 개념만 포함한다고도 배웠다. 상세한 구현에 의존하는 클라이언트 클래스는 구현이 바뀌면 위험에 빠진다. 그래서 우리는 인터페이스와 추상 클래스를 사용해 구현이 미치는 영향을 격리한다.

상세한 구현에 의존하는 코드는 테스트가 어렵다. 예를 들어, Portfolio 클래스를 만든다고 가정하자. 그런데 Portfolio 클래스는 외부 TokyoStockExchange API를 사용해 포트폴리오 값을 계산한다. 따라서 우리 테스트 코드는 시세 변화에 영향을 받는다. 5분마다 값이 달라지는 API로 테스트 코드를 짜기란 쉽지 않다.

Portfolio 클래스에서 TokyoStockExchange API를 직접 호출하는 대신 StockExchange라는 인터페이스를 생성한 후 메서드 하나를 선언한다.

```
public interface StockExchange {
  Money currentPrice(String symbol);
}
```

다음으로 StockExchange 인터페이스를 구현하는 TokyoStockExchange 클래스를 구현한다. 또한 Portfolio 생성자를 수정해 StockExchange 참조자를 인수로 받는다.

```
public Portfolio {
  private StockExchange exchange;
  public Portfolio(StockExchange exchange) {
    this.exchange = exchange;
  }
  // ...
}
```

이제 TokyoStockExchange 클래스를 흉내내는 테스트용 클래스를 만들 수 있다. 테스트용 클래스는 StockExchange 인터페이스를 구현하며 고정된 주가를 반환한다. 테스트에서 마이크로소프트 주식 다섯 주를 구입한다면 테스트용 클래스는 주가로 언제나 100불을 반환한다. 우리 테스트용 클래스는 단순히 미리 정해놓은 표 값만 참조한다. 그러므로 우리는 전체 포트폴리오 총계가 500불인지 확인하는 테스트 코드를 작성할 수 있다.

```java
public class PortfolioTest {
  private FixedStockExchangeStub exchange;
  private Portfolio portfolio;

  @Before
  protected void setUp() throws Exception {
    exchange = new FixedStockExchangeStub();
    exchange.fix("MSFT", 100);
    portfolio = new Portfolio(exchange);
  }

  @Test
  public void GivenFiveMSFTTotalShouldBe500() throws Exception {
    portfolio.add(5, "MSFT");
    Assert.assertEquals(500, portfolio.value());
  }
}
```

위와 같은 테스트가 가능할 정도로 시스템의 결합도를 낮추면 유연성과 재사용성도 더욱 높아진다. 결합도가 낮다는 소리는 각 시스템 요소가 다른 요소로부터 그리고 변경으로부터 잘 격리되어 있다는 의미다. 시스템 요소가 서로 잘 격리되어 있으면 각 요소를 이해하기도 더 쉬워진다.

 이렇게 결합도를 최소로 줄이면 자연스럽게 또 다른 클래스 설계 원칙인 DIP Dependency Inversion Principle5를 따르는 클래스가 나온다. 본질적으로 DIP는 클래스가 상세한 구현이 아니라 추상화에 의존해야 한다는 원칙이다.

 우리가 개선한 Portfolio 클래스는 TokyoStockExchange라는 상세한 구현 클래스가 아니라 StockExchange 인터페이스에 의존한다. StockExchange 인터페이스는 주식 기호를 받아 현재 주식 가격을 반환한다는 추상적인 개념을 표현한다. 이와 같은 추상화로 실제로 주가를 얻어오는 출처나 얻어오는 방식 등과 같은 구체적인 사실을 모두 숨긴다.

5 [PPP]

참고 문헌

[RDD]: *Object Design: Roles, Responsibilities, and Collaborations*, Rebecca Wirfs-Brock et al., Addison-Wesley, 2002.[6]

[PPP]: *Agile Software Development: Principles, Patterns, and Practices*, Robert C. Martin, Prentice Hall, 2002.[7]

[Knuth92]: *Literate Programming*, Donald E. Knuth, Center for the Study of language and Information, Leland Stanford Junior University, 1992.

---

6 (옮긴이) 번역서는 『오브젝트 디자인(소프트웨어 개발의 성공 열쇠)』(2004 인포북, 김동혁 외 옮김)이다.

7 (옮긴이) 번역서는 『소프트웨어 개발의 지혜』(2004 야스미디어, 이용원 외 옮김)이다.

11
시스템

케빈 딘 왐플러(Kevin Dean Wampler) 박사

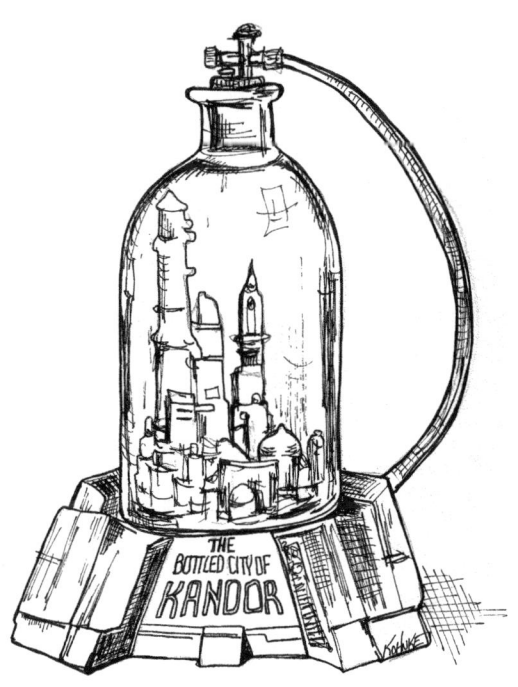

* 브레이니악에 의해 축소되어 유리병 속에 들어간 크립톤의 수도 칸도르 (『슈퍼맨 언바운드』)

"복잡성은 죽음이다. 개발자에게서 생기를 앗아가며, 제품을 계획하고 제작하고 테스트하기 어렵게 만든다."

- 레이 오지Ray Ozzie, 마이크로소프트 최고 기술 책임자CTO

도시를 세운다면?

여러분이 도시를 세운다면? 온갖 세세한 사항을 혼자서 직접 관리할 수 있을까? 아마도 불가능하리라. 이미 세워진 도시라도 한 사람의 힘으로는 무리다. 그럼에도 불구하고 (일상적으로) 도시는 잘 돌아간다. 왜? 수도 관리 팀, 전력 관리 팀, 교통 관리 팀, 치안 관리 팀, 건축물 관리 팀 등 각 분야를 관리하는 팀이 있기 때문이다. 도시에는 큰 그림을 그리는 사람들도 있으며 작은 사항에 집중하는 사람들도 있다.

도시가 돌아가는 또 다른 이유는 적절한 추상화와 모듈화 때문이다. 그래서 큰 그림을 이해하지 못할지라도 개인과 개인이 관리하는 '구성요소'는 효율적으로 돌아간다.

흔히 소프트웨어 팀도 도시처럼 구성한다. 그런데 막상 팀이 제작하는 시스템은 비슷한 수준으로 관심사를 분리하거나 추상화를 이뤄내지 못한다. 깨끗한 코드를 구현하면 낮은 추상화 수준에서 관심사를 분리하기 쉬워진다. 이 장에서는 높은 추상화 수준, 즉 시스템 수준에서도 깨끗함을 유지하는 방법을 살펴본다.

시스템 제작과 시스템 사용을 분리하라

우선 제작construction은 사용use과 아주 다르다는 사실을 명심한다. 이 글을 쓰는 지금 시카고에 있는 내 사무실 창문으로 호텔이 새로 들어서는 모습이 보인다. 아직은 콘크리트 상자에 기중기와 승강기를 부착해놓았을 뿐이다. 안전모에 작업복을 착용한 사람들이 바쁘게 움직인다. 1년 정도면 호텔은 완공된다. 기중기와 승강기는 사라지리라. 건물은 유리벽과 예쁜 색상의 벽으로 말끔히 꾸며지리라. 호텔에 근무하고 체류하는 사람들은 지금 보이는 사람들과 아주 다른 차림새리라.

소프트웨어 시스템은 (애플리케이션 객체를 제작하고 의존성을 서로 '연결'하는) 준비 과정과 (준비 과정 이후에 이어지는) 런타임 로직을 분리해야 한다.

시작 단계는 모든 애플리케이션이 풀어야 할 관심사concern다. 이것이 이 장에서 우리가 맨 처음 살펴볼 관심사다. **관심사 분리는** 우리 분야에서 가장 오래되고 가장 중요한 설계 기법 중 하나다.

불행히도 대다수 애플리케이션은 시작 단계라는 관심사를 분리하지 않는다. 준비 과정 코드를 주먹구구식으로 구현할 뿐만 아니라 런타임 로직과 마구 뒤섞는다. 다음이 전형적인 예다.

```
public Service getService() {
  if (service == null)
    service = new MyServiceImpl(...);   // 모든 상황에 적합한 기본값일까?
  return service;
}
```

이것이 초기화 지연Lazy Initialization 혹은 계산 지연Lazy Evaluation이라는 기법이다. 장점은 여러 가지다. 우선, 실제로 필요할 때까지 객체를 생성하지 않으므로 불필요한 부하가 걸리지 않는다. 따라서 애플리케이션을 시작하는 시간이 그만큼 빨라진다. 둘째, 어떤 경우에도 null 포인터를 반환하지 않는다.

하지만 getService 메서드가 MyServiceImpl과 (위에서는 생략된) 생성자 인수에 명시적으로 의존한다. 런타임 로직에서 MyServiceImpl 객체를 전혀 사용하지 않더라도 의존성을 해결하지 않으면 컴파일이 안 된다.

테스트도 문제다. MyServiceImpl이 무거운 객체라면 단위 테스트에서 getService 메서드를 호출하기 전에 적절한 **테스트 전용 객체**(TEST DOUBLE이나 MOCK OBJECT[1])를 service 필드에 할당해야 한다. 또한 일반 런타임 로직에다 객체 생성 로직을 섞어놓은 탓에 (service가 null인 경로와 null이 아닌 경로 등) 모든 실행 경로도 테스트해야 한다. 책임이 둘이라는 말은 메서드가 작업을 두 가지 이상 수행한다는 의미다. 즉, 작게나마 **단일 책임 원칙**Single Responsibility Principle, SRP을 깬다는 말이다.

무엇보다 MyServiceImpl이 모든 상황에 적합한 객체인지 모른다는 사실이

---

[1] [Mezzaros07]

가장 큰 우려다. 주석도 그렇게 달았다. 그렇다고 getService 메서드를 포함한 클래스가 전체 문맥을 알 필요가 있을까? 과연 이 시점에서 어떤 객체를 사용할지 알 수나 있을까? 현실적으로 한 객체 유형이 모든 문맥에 적합할 가능성이 있을까?

초기화 지연 기법을 한 번 정도 사용한다면 별로 심각한 문제가 아니다. 하지만 많은 애플리케이션이 이처럼 좀스러운 설정 기법을 수시로 사용한다. 그래서 전반적인 설정 방식이 (뭔가 방식이 있다면) 애플리케이션 곳곳에 흩어져 있다. 모듈성은 저조하며 대개 중복이 심각하다.

체계적이고 탄탄한 시스템을 만들고 싶다면 흔히 쓰는 좀스럽고 손쉬운 기법으로 모듈성을 깨서는 절대로 안 된다. 객체를 생성하거나 의존성을 연결할 때도 마찬가지다. 설정 논리는 일반 실행 논리와 분리해야 모듈성이 높아진다. 또한 주요 의존성을 해소하기 위한 방식, 즉 전반적이며 일관적인 방식도 필요하다.

Main 분리

시스템 생성과 시스템 사용을 분리하는 한 가지 방법으로, 생성과 관련된 코드는 모두 main이나 main이 호출하는 모듈로 옮기고, 나머지 시스템은 모든 객체가 생성되었고 모든 의존성이 연결되었다고 가정한다. (그림 11-1 참조.)

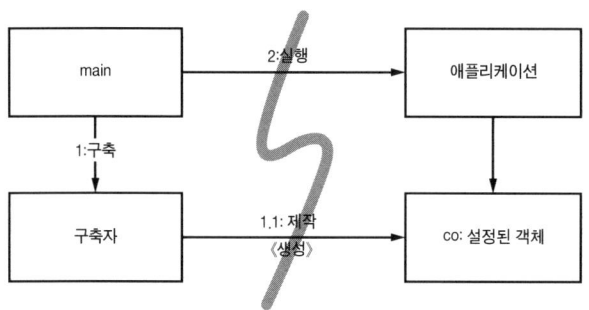

그림 11.1 main()에서 생성 분리

제어 흐름은 따라가기 쉽다. main 함수에서 시스템에 필요한 객체를 생성한 후 이를 애플리케이션에 넘긴다. 애플리케이션은 그저 객체를 사용할 뿐이다.

main과 애플리케이션 사이에 표시된 의존성 화살표의 방향에 주목한다. 모든 화살표가 main 쪽에서 애플리케이션 쪽을 향한다. 즉, 애플리케이션은 main이나 객체가 생성되는 과정을 전혀 모른다는 뜻이다. 단지 모든 객체가 적절히 생성되었다고 가정한다.

팩토리

물론 때로는 객체가 생성되는 **시점**을 애플리케이션이 결정할 필요도 생긴다. 예를 들어, 주문처리 시스템에서 애플리케이션은 LineItem 인스턴스를 생성해 Order에 추가한다. 이때는 ABSTRACT FACTORY 패턴[2]을 사용한다. 그러면 LineItem을 생성하는 시점은 애플리케이션이 결정하지만 LineItem을 생성하는 코드는 애플리케이션이 모른다. (그림 11-2 참조)

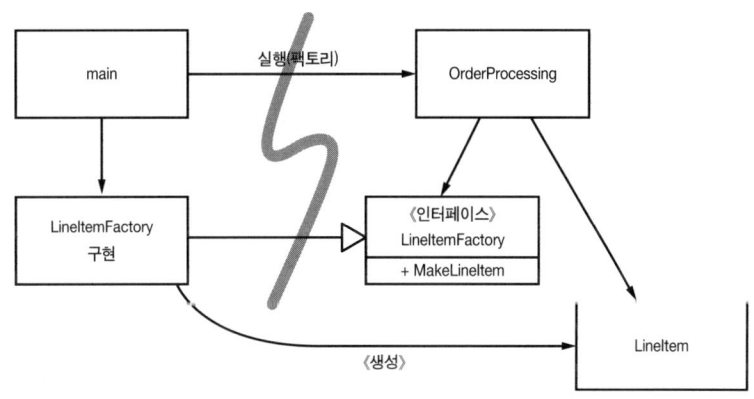

그림 11.2 팩토리로 생성 분리

여기서도 마찬가지로 모든 의존성이 main에서 OrderProcessing 애플리케이션으로 향한다. 즉, OrderProcessing 애플리케이션은 LineItem이 생성되는 구체적인 방법을 모른다. 그 방법은 main 쪽에 있는 LineItemFactoryImplementation이 안다. 그럼에도 OrderProcessing 애플리케이션은 LineItem 인스턴스가 생성되는 시점을 완벽하게 통제하며, 필요하다면 OrderProcessing 애플리케이션에서만 사용하는 생성자 인수도 넘길 수 있다.

2 [GOF]

의존성 주입

사용과 제작을 분리하는 강력한 메커니즘 하나가 **의존성 주입**Dependency Injection, DI이다. 의존성 주입은 제어 역전Inversion of Control, IoC 기법3을 의존성 관리4에 적용한 메커니즘이다. 제어 역전에서는 한 객체가 맡은 보조 책임을 새로운 객체에게 전적으로 떠넘긴다. 새로운 객체는 넘겨받은 책임만 맡으므로 **단일 책임 원칙**Single Responsibility Principle, SRP을 지키게 된다. 의존성 관리 맥락에서 객체는 의존성 자체를 인스턴스로 만드는 책임은 지지 않는다. 대신에 이런 책임을 다른 '전담' 메커니즘에 넘겨야만 한다. 그렇게 함으로써 제어를 역전한다. 초기 설정은 시스템 전체에서 필요하므로 대개 '책임질' 메커니즘으로 'main' 루틴이나 특수 **컨테이너**를 사용한다.

JNDI 검색은 의존성 주입을 '부분적으로' 구현한 기능이다. 객체는 디렉터리 서버에 이름을 제공하고 그 이름에 일치하는 서비스를 요청한다.

```
MyService myService = (MyService)(jndiContext.lookup("NameOfMyService"));
```

호출하는 객체는 (반환되는 객체가 적절한 인터페이스를 구현하는 한) 실제로 반환되는 객체의 유형을 제어하지 않는다. 대신 호출하는 객체는 의존성을 능동적으로 해결한다.

진정한 의존성 주입은 여기서 한 걸음 더 나간다. 클래스가 의존성을 해결하려 시도하지 않는다. 클래스는 완전히 수동적이다. 대신에 의존성을 주입하는 방법으로 설정자setter 메서드나 생성자 인수를 (혹은 둘 다를) 제공한다. DI 컨테이너는 (대개 요청이 들어올 때마다) 필요한 객체의 인스턴스를 만든 후 생성자 인수나 설정자 메서드를 사용해 의존성을 설정한다. 실제로 생성되는 객체 유형은 설정 파일에서 지정하거나 특수 생성 모듈에서 코드로 명시한다.

스프링 프레임워크5는 가장 널리 알려진 자바 DI 컨테이너를 제공한다. 객체 사이 의존성은 XML 파일에 정의한다. 그리고 자바 코드에서는 이름으로 특정한 객체를 요청한다. 예제는 잠시 후에 살펴본다.

그러나 초기화 지연으로 얻는 장점은 포기해야 하는 걸까? 이 기법은 DI를 사

---

3 (옮긴이) 의존성 주입/제어 역전 관련 내용은 『토비의 스프링 3.1 Vol. 1 스프링의 이해와 원리』(2012 에이콘출판사, 이일민 지음)에 자세히 잘 설명되어 있다.

4 예제는 [Fowler]를 참조한다.

5 [Spring]을 참조한다. Spring.NET 프레임워크도 있다.

용하더라도 때론 여전히 유용하다. 먼저 대다수 DI 컨테이너는 필요할 때까지는 객체를 생성하지 않고, 대부분은 계산 지연이나 비슷한 최적화에 쓸 수 있도록 팩토리를 호출하거나 프록시를 생성하는 방법을 제공한다. 즉, 계산 지연 기법이나 이와 유사한 최적화 기법6에서 이런 메커니즘을 사용할 수 있다.

확장

군락은 마을로, 마을은 도시로 성장한다. 처음에는 좁거나 사실상 없던 길이 포장되며 점차 넓어진다. 작은 건물과 공터는 큰 건물로 채워지고 결국 곳곳에 고층 건물이 들어선다.

처음에는 전력, 상수도, 하수도, 인터넷(허걱!)과 같은 서비스가 없었다. 인구와 건물 밀도가 늘어나면서 서비스도 생겨났다.

그렇지만 성장에는 고통이 따른다. '확장' 공사로 꽉 막힌 도로에서 "왜 처음부터 넓게 만들지 않았지?"라고 자문한 적이 얼마나 많던가?

하지만 다른 방식으로는 확장이 일어나기 어렵다. 성장할지 모른다는 기대로 자그만 마을에 6차선을 뚫는데 들어가는 비용을 정당화할 수 있을까? 아니, 어느 조그만 마을이 6차선을 **반길까**?

'처음부터 올바르게' 시스템을 만들 수 있다는 믿음은 미신이다. 대신에 우리는 오늘 주어진 사용자 스토리에 맞춰 시스템을 구현해야 한다. 내일은 새로운 스토리에 맞춰 시스템을 조정하고 확장하면 된다. 이것이 반복적이고 점진적인 애자일 방식의 핵심이다. 테스트 주도 개발Test-driven Development, TDD, 리팩터링, (TDD와 리팩터링으로 얻어지는) 깨끗한 코드는 코드 수준에서 시스템을 조정하고 확장하기 쉽게 만든다.

하지만 시스템 수준에서는 어떨까? 시스템 아키텍처는 사전 계획이 필요하지 않을까? 단순한 아키텍처를 복잡한 아키텍처로 조금씩 키울 수 없다는 현실은 정확하다. 맞는 말 아닌가?

> 소프트웨어 시스템은 물리적인 시스템과 다르다. 관심사를 적절히 분리해 관리한다면 소프트웨어 아키텍처는 점진적으로 발전할 수 있다.

---

6 인스턴스 지연/계산 지연은 최적화 기법 중 하나일 뿐이며, 섣부른 최적화일지도 모른다는 사실을 명심한다.

나중에 보겠지만, 소프트웨어 시스템은 '수명이 짧다'는 본질로 인해 아키텍처의 점진적인 발전이 가능하다. 먼저, 관심사를 적절히 분리하지 못하는 아키텍처 예를 소개한다.

원래 EJB1과 EJB2 아키텍처는 관심사를 적절히 분리하지 못했기에 유기적인 성장이 어려웠다. 불필요한 장벽이 생긴 탓이다. 영속적으로 저장될 Bank 클래스에 필요한 엔티티 빈을 살펴보자. 엔티티 빈은 관계형 자료, 즉 테이블 행을 표현하는 객체로, 메모리에 상주한다.

먼저, 클라이언트가 사용할 (프로세스 내) 지역 인터페이스나 (다른 JVM에 있는) 원격 인터페이스를 정의해야 한다. 목록 11-1은 가능한 지역 인터페이스다.

목록 11-1 Bank EJB용 EJB2 지역 인터페이스

```
package com.example.banking;
import java.util.Collections;
import javax.ejb.*;

public interface BankLocal extends java.ejb.EJBLocalObject {
  String getStreetAddr1() throws EJBException;
  String getStreetAddr2() throws EJBException;
  String getCity() throws EJBException;
  String getState() throws EJBException;
  String getZipCode() throws EJBException;
  void setStreetAddr1(String street1) throws EJBException;
  void setStreetAddr2(String street2) throws EJBException;
  void setCity(String city) throws EJBException;
  void setState(String state) throws EJBException;
  void setZipCode(String zip) throws EJBException;
  Collection getAccounts() throws EJBException;
  void setAccounts(Collection accounts) throws EJBException;
  void addAccount(AccountDTO accountDTO) throws EJBException;
}
```

목록 11-1에서 열거하는 속성은 Bank 주소, 은행이 소유하는 계좌다. 각 계좌 정보는 Account EJB로 처리한다. 목록 11-2는 목록 11-1 인터페이스를 구현한 Bank 빈bean에 대한 구현 클래스다.

목록 11-2 상응하는 EJB2 엔티티 빈 구현

```
package com.example.banking;
import java.util.Collections;
import javax.ejb.*;

public abstract class Bank implements javax.ejb.EntityBean {
  // 비즈니스 논리...
  public abstract String getStreetAddr1();
  public abstract String getStreetAddr2();
  public abstract String getCity();
  public abstract String getState();
  public abstract String getZipCode();
  public abstract void setStreetAddr1(String street1);
  public abstract void setStreetAddr2(String street2);
  public abstract void setCity(String city);
  public abstract void setState(String state);
  public abstract void setZipCode(String zip);
  public abstract Collection getAccounts();
  public abstract void setAccounts(Collection accounts);
  public void addAccount(AccountDTO accountDTO) {
    InitialContext context = new InitialContext();
    AccountHomeLocal accountHome = context.lookup("AccountHomeLocal");
    AccountLocal account = accountHome.create(accountDTO);
    Collection accounts = getAccounts();
    accounts.add(account);
  }
  // EJB 컨테이너 논리
  public abstract void setId(Integer id);
  public abstract Integer getId();
  public Integer ejbCreate(Integer id) { ... }
  public void ejbPostCreate(Integer id) { ... }
  // 나머지도 구현해야 하지만 일반적으로 비어있다.
  public void setEntityContext(EntityContext ctx) {}
  public void unsetEntityContext() {}
  public void ejbActivate() {}
  public void ejbPassivate() {}
  public void ejbLoad() {}
  public void ejbStore() {}
  public void ejbRemove() {}
}
```

객체를 생성하는 팩토리인 LocalHome 인터페이스는 생략했다. 기타 Bank 탐색(질의) 메서드도 생략했다.

마지막으로, 영구 저장소에서 객체와 관계형 자료가 매핑되는 방식, 원하는 트랜잭션 동작 방식, 보안 제약조건 등이 들어가는 XML 배포 기술자deployment descriptors를 작성해야 한다.

비즈니스 논리는 EJB2 애플리케이션 '컨테이너'에 강하게 결합된다. 클래스를 생성할 때는 컨테이너에서 파생해야 하며 컨테이너가 요구하는 다양한 생명주기 메서드도 제공해야 한다.

이렇듯 비즈니스 논리가 덩치 큰 컨테이너와 밀접하게 결합된 탓에 독자적인 단위 테스트가 어렵다. 컨테이너를 흉내 내거나(쉽지 않은 일이다!) 아니면 많은 시간을 낭비하며 EJB와 테스트를 실제 서버에 배치해야 한다. 그래서 EJB2 코드는 프레임워크 밖에서 재사용하기란 사실상 불가능하다.

결국 객체 지향 프로그래밍이라는 개념조차 뿌리가 흔들린다. 빈은 다른 빈을 상속 받지 못한다. 새로운 계정을 추가하기 위한 논리에 주목하자. 일반적으로 EJB2 빈은 DTO^{Data Transfer Object}를 정의한다. DTO에는 메서드가 없으며 사실상 구조체다. 즉, 동일한 정보를 저장하는 자료 유형이 두 개라는 의미다. 그래서 한 객체에서 다른 객체로 자료를 복사하는 반복적인 규격 코드가 필요하다.

횡단(cross-cutting) 관심사

EJB2 아키텍처는 일부 영역에서 관심사를 거의 완벽하게 분리한다. 예를 들어, 원하는 트랜잭션, 보안, 일부 영속적인 동작은 소스 코드가 아니라 배치 기술자에서 정의한다.

영속성과 같은 관심사는 애플리케이션의 자연스러운 객체 경계를 넘나드는 경향이 있다. 모든 객체가 전반적으로 동일한 방식을 이용하게 만들어야 한다. 예를 들어, 특정 DBMS[7]나 독자적인 파일을 사용하고, 테이블과 열은 같은 명명 관례를 따르며, 트랜잭션 의미가 일관적이면 더욱 바람직하다.

원론적으로는 모듈화되고 캡슐화된 방식으로 영속성 방식을 구상할 수 있다. 하지만 현실적으로는 영속성 방식을 구현한 코드가 온갖 객체로 흩어진다. 여기서 횡단 관심사라는 용어가 나온다. 영속성 프레임워크 또한 모듈화할 수 있다.

---

7 데이터베이스 관리 시스템(Database Management System)

도메인 논리도 (독자적으로) 모듈화할 수 있다. 문제는 이 두 영역이 세밀한 단위로 겹친다는 점이다.

사실 EJB 아키텍처가 영속성, 보안, 트랜잭션을 처리하는 방식은 관점 지향 프로그래밍Aspect-Oriented Programming, AOP8을 예견했다고 보인다. AOP는 횡단 관심사에 대처해 모듈성을 확보하는 일반적인 방법론이다.

AOP에서 **관점**aspect이라는 모듈 구성 개념은 "특정 관심사를 지원하려면 시스템에서 특정 지점들이 동작하는 방식을 일관성 있게 바꿔야 한다"라고 명시한다. 명시는 간결한 선언이나 프로그래밍 메커니즘으로 수행한다.

영속성을 예로 들면, 프로그래머는 영속적으로 저장할 객체와 속성을 선언한 후 영속성 책임을 영속성 프레임워크에 위임한다. 그러면 AOP 프레임워크는 대상 코드에 영향을 미치지 않는 상태9로 동작 방식을 변경한다. 자바에서 사용하는 관점 혹은 관점과 유사한 메커니즘 세 개를 살펴보자.

자바 프록시

자바 프록시는 단순한 상황에 적합하다. 개별 객체나 클래스에서 메서드 호출을 감싸는 경우가 좋은 예다. 하지만 JDK에서 제공하는 동적 프록시는 인터페이스만 지원한다. 클래스 프록시를 사용하려면 CGLIB, ASM, Javassist[10] 등과 같은 바이트 코드 처리 라이브러리가 필요하다.

목록 11-3은 Bank 애플리케이션에서 JDK 프록시를 사용해 영속성을 지원하는 예제이다. 여기서는 계좌 목록을 가져오고 설정하는 메서드만 소개한다.

목록 11-3 JDK 프록시 예제

```
// Bank.java (패키지 이름을 감춘다)
import java.util.*;

// 은행 추상화
public interface Bank {
  Collection<Account> getAccounts();
  void setAccounts(Collection<Account> accounts);
}
```

---

8 관점에 대한 일반적인 정보는 [AOSD]를 참조한다. AspectJ에 대한 정보는 [AspectJ]와 [Colyer]를 참조한다.
9 대상 소스 코드를 수작업으로 편집할 필요가 없다는 뜻이다.
10 [CGLIB], [ASM], [Javassist]를 참조한다.

```java
// BankImpl.java
import java.util.*;

// 추상화를 위한 POJO("Plain Old Java Object") 구현
public class BankImpl implements Bank {
  private List<Account> accounts;

  public Collection<Account> getAccounts() {
    return accounts;
  }
  public void setAccounts(Collection<Account> accounts) {
    this.accounts = new ArrayList<Account>();
    for (Account account: accounts) {
      this.accounts.add(account);
    }
  }
}

// BankProxyHandler.java
import java.lang.reflect.*;
import java.util.*;

// 프록시 API가 필요한 "InvocationHandler"
public class BankProxyHandler implements InvocationHandler {
  private Bank bank;

  public BankProxyHandler (Bank bank) {
    this.bank = bank;
  }

  // InvocationHandler에 정의된 메서드
  public Object invoke(Object proxy, Method method, Object[] args)
      throws Throwable {
    String methodName = method.getName();
    if (methodName.equals("getAccounts")) {
      bank.setAccounts(getAccountsFromDatabase());
      return bank.getAccounts();
    } else if (methodName.equals("setAccounts")) {
      bank.setAccounts((Collection<Account>) args[0]);
      setAccountsToDatabase(bank.getAccounts());
      return null;
    } else {
      ...
```

```
    }
  }

  // 세부사항은 여기에 이어진다.
  protected Collection<Account> getAccountsFromDatabase() { ... }
  protected void setAccountsToDatabase(Collection<Account> accounts) { ... }
}

// 다른 곳에 위치하는 코드

Bank bank = (Bank) Proxy.newProxyInstance(
  Bank.class.getClassLoader(),
  new Class[] { Bank.class },
  new BankProxyHandler(new BankImpl()));
```

위에서는 프록시로 감쌀 인터페이스 Bank와 비즈니스 논리를 구현하는 POJO Plain Old Java Object BankImpl을 정의했다. (POJO는 잠시 후에 다시 설명한다.)

프록시 API에는 InvocationHandler를 넘겨 줘야 한다. 넘긴 InvocationHandler는 프록시에 호출되는 Bank 메서드를 구현하는 데 사용된다. BankProxyHandler는 자바 리플렉션 API를 사용해 제네릭스 메서드를 상응하는 BankImpl 메서드로 매핑한다.

단순한 예제지만 코드가 상당히 많으며 제법 복잡하다.[11] 바이트 조작 라이브러리를 사용하더라도 만만찮게 어렵다. 코드 '양'과 크기는 프록시의 두 가지 단점이다. 다시 말해서, 프록시를 사용하면 깨끗한 코드를 작성하기 어렵다! 또한 프록시는 (진정한 AOP 해법에 필요한) 시스템 단위로 실행 '지점'을 명시하는 메커니즘도 제공하지 않는다.[12]

순수 자바 AOP 프레임워크

다행스럽게도 대부분의 프록시 코드는 판박이라 도구로 자동화할 수 있다. 순수 자바 관점을 구현하는 스프링 AOP, JBoss AOP 등과 같은 여러 자바 프레임워크는 내부적으로 프록시를 사용한다.[13] 스프링은 비즈니스 논리를 POJO로 구현한

---

11 상세한 프록시 API 예제와 사용 예는 [Goetz]를 참조한다.
12 흔히 (메서드 가로채기, 프록시를 통한 '감싸기' 등) AOP를 구현하는 기법과 AOP 자체를 혼동한다. AOP 시스템의 진정한 가치는 시스템 동작을 간결하고 모듈화된 방식으로 명시하는 능력이다.
13 [Spring]과 [JBoss]를 참조한다. '순수 자바'란 AspectJ를 사용하지 않는다는 뜻이다.

다. POJO는 순수하게 도메인에 초점을 맞춘다. POJO는 엔터프라이즈 프레임워크에 (그리고 다른 도메인에도) 의존하지 않는다. 따라서 테스트가 개념적으로 더 쉽고 간단하다. 상대적으로 단순하기 때문에 사용자 스토리를 올바로 구현하기 쉬우며 미래 스토리에 맞춰 코드를 보수하고 개선하기 편하다.

프로그래머는 설정 파일이나 API를 사용해 필수적인 애플리케이션 기반 구조를 구현한다. 여기에는 영속성, 트랜잭션, 보안, 캐시, 장애조치 등과 같은 횡단 관심사도 포함된다. 많은 경우 실제로는 스프링이나 JBoss 라이브러리의 관점을 명시한다. 이때 프레임워크는 사용자가 모르게 프록시나 바이트코드 라이브러리를 사용해 이를 구현한다. 이런 선언들이 요청에 따라 주요 객체를 생성하고 서로 연결하는 등 DI 컨테이너의 구체적인 동작을 제어한다.

목록 11-4는 스프링 V2.5 설정 파일 app.xml[14] 일부로, 아주 전형적인 모습이다.

목록 11-4 스프링 2.X 설정 파일

```
<beans>
  ...
  <bean id="appDataSource"
  class="org.apache.commons.dbcp.BasicDataSource"
  destroy-method="close"
  p:driverClassName="com.mysql.jdbc.Driver"
  p:url="jdbc:mysql://localhost:3306/mydb"
  p:username="me"/>

  <bean id="bankDataAccessObject"
  class="com.example.banking.persistence.BankDataAccessObject"
  p:dataSource-ref="appDataSource"/>

  <bean id="bank"
  class="com.example.banking.model.Bank"
  p:dataAccessObject-ref="bankDataAccessObject"/>
  ...
</beans>
```

각 '빈'은 중첩된 '러시아 인형'[15]의 일부분과 같다. Bank 도메인 객체는 자료 접

---

[14] http://www.theserverside.com/tt/articles/article.tss?l=IntrotoSpring25에서 발췌했다.

[15] (옮긴이) 통통한 인형 안에 똑같은 인형이 중첩되어 들어있는 러시아 전통 목각 인형 '마뜨료쉬까(Matryo-shka)'를 말한다.

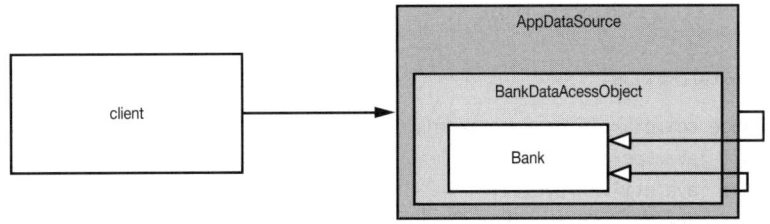

그림 11.3 DECORATOR의 '러시아 인형'

근자 객체[Data Accessor Object, DAO로 프록시되었으며, 자료 접근자 객체는 JDBC 드라이버 자료 소스로 프록시되었다. (그림 11-3을 참조한다.)

클라이언트는 Bank 객체에서 getAccounts()를 호출한다고 믿지만 실제로는 Bank POJO의 기본 동작을 확장한 중첩 DECORATOR[16] 객체 집합의 가장 외곽과 통신한다. 필요하다면 트랙잭션, 캐싱 등에도 DECORATOR를 추가할 수 있다.

애플리케이션에서 DI 컨테이너에게 (XML 파일에 명시된) 시스템 내 최상위 객체를 요청하려면 다음 코드가 필요하다.

```
XmlBeanFactory bf =
  new XmlBeanFactory(new ClassPathResource("app.xml", getClass()));
Bank bank = (Bank) bf.getBean("bank");
```

스프링 관련 자바 코드가 거의 필요 없으므로 애플리케이션은 **사실상 스프링과 독립적이다**. 즉, EJB2 시스템이 지녔던 강한 결합tight-coupling이라는 문제가 모두 사라진다.

XML은 장황하고 읽기 어렵다는 문제가 있음에도 불구하고[17], 이런 설정 파일에 명시된 '정책'이 겉으로 보이지 않지만 자동으로 생성되는 프록시나 관점 논리보다는 단순하다. 이런 아키텍처가 너무 매력적이라 스프링 프레임워크는 EJB 버전 3를 완전히 뜯어고치는 계기를 제공했다. EJB3는 XML 설정 파일과 자바 5 애너테이션 기능을 사용해 횡단 관심사를 선언적으로 지원하는 스프링 모델을 따른다.

---

16 [GOF]
17 이 예제는 설정보다 관례를 이용하는 메커니즘이나 자바 5 애너테이션 기능으로 명시적인 '연결' 논리 양을 줄여 단순화할 수 있다.

목록 11-5는 EJB3[18]로 Bank 객체를 다시 작성한 코드다.

목록 11-5 EBJ3 Bank EJB

```java
package com.example.banking.model;
import javax.persistence.*;
import java.util.ArrayList;
import java.util.Collection;

@Entity
@Table(name = "BANKS")
public class Bank implements java.io.Serializable {
  @Id @GeneratedValue(strategy=GenerationType.AUTO)
  private int id;

  @Embeddable // Bank의 데이터베이스 행에 '인라인으로 포함된' 객체
  public class Address {
    protected String streetAddr1;
    protected String streetAddr2;
    protected String city;
    protected String state;
    protected String zipCode;
  }

  @Embedded
  private Address address;

  @OneToMany(cascade = CascadeType.ALL, fetch = FetchType.EAGER,
             mappedBy="bank")
  private Collection<Account> accounts = new ArrayList<Account>();

  public int getId() {
    return id;
  }

  public void setId(int id) {
    this.id = id;
  }

  public void addAccount(Account account) {
    account.setBank(this);
    accounts.add(account);
  }
```

---

[18] http://www.onjava.com/pub/a/onjava/2006/05/17/standardizing-with-ejb3-java-persistence-api.html에서 발췌했다.

```
  public Collection<Account> getAccounts() {
    return accounts;
  }

  public void setAccounts(Collection<Account> accounts) {
    this.accounts = accounts;
  }
}
```

원래 EJB2 코드보다 위 코드가 훨씬 더 깨끗하다. 일부 상세한 엔티티 정보는 애너테이션에 포함되어 그대로 남아있지만, 모든 정보가 애너테이션 속에 있으므로 코드 자체는 깔끔하고 깨끗하다. 즉, 그만큼 코드를 테스트하고 개선하고 보수하기가 쉬워졌다.

애너테이션에 들어있는 영속성 정보는 일부든 전부든, 필요하다면, XML 배치 deployment 기술자로 옮겨도 괜찮다. 그러면 진짜로 순수한 POJO만 남는다. 영속성 매핑 정보가 자주 바뀌지 않는다면 많은 팀이 그냥 애너테이션을 그대로 유지하는 편을 택할지도 모르겠다. 그래도 EJB2에 비해 해로운 문제가 발생할 가능성이 훨씬 적다.

AspectJ 관점

마지막으로, 관심사를 관점으로 분리하는 가장 강력한 도구는 AspectJ 언어[19]다. AspectJ는 언어 차원에서 관점을 모듈화 구성으로 지원하는 자바 언어 확장이다. 스프링 AOP와 JBoss AOP가 제공하는 순수 자바 방식은 관점이 필요한 상황 중 80-90%에 충분하다. AspectJ는 관점을 분리하는 강력하고 풍부한 도구 집합을 제공하긴 하지만, 새 도구를 사용하고 새 언어 문법과 사용법을 익혀야 한다는 단점이 있다.

최근에 나온 AspectJ '애너테이션 폼'은 새로운 도구와 새로운 언어라는 부담을 어느 정도 완화한다. '애너테이션 폼'은 순수한 자바 코드에 자바 5 애너테이션을 사용해 관점을 정의한다. 또한 스프링 프레임워크는 AspectJ에 미숙한 팀들이 애너테이션 기반 관점을 쉽게 사용하도록 다양한 기능을 제공한다.

AspectJ에 대한 상세한 설명은 이 책 범위를 벗어난다. 자세한 내용은 [AspectJ],

---

19 [AspectJ]와 [Colyer]를 참조한다.

[Colyer], [Spring]을 참조한다.

테스트 주도 시스템 아키텍처 구축

관점으로 (혹은 유사한 개념으로) 관심사를 분리하는 방식은 그 위력이 막강하다. 애플리케이션 도메인 논리를 POJO로 작성할 수 있다면, 즉 코드 수준에서 아키텍처 관심사를 분리할 수 있다면, 진정한 **테스트 주도** 아키텍처 구축이 가능해진다. 그때그때 새로운 기술을 채택해 단순한 아키텍처를 복잡한 아키텍처로 키워갈 수도 있다. BDUF$^{Big\ Design\ Up\ Front}$[20]를 추구할 필요가 없다. 실제로 BDUF는 해롭기까지 하다. 처음에 쏟아 부은 노력을 버리지 않으려는 심리적 저항으로 인해, 그리고 처음 선택한 아키텍처가 향후 사고 방식에 미치는 영향으로 인해, 변경을 쉽사리 수용하지 못하는 탓이다.

건축가는 BDUF 방식을 취한다. 물리적 구조는 일단 짓기 시작하면 극적인 변경이 불가능한 탓이다.[21] 소프트웨어 역시 나름대로 형체^{physics}가 있지만[22], 소프트웨어 구조가 관점을 효과적으로 분리한다면, 극적인 변화가 경제적으로 가능하다.

다시 말해, '아주 단순하면서도' 멋지게 분리된 아키텍처로 소프트웨어 프로젝트를 진행해 결과물을 재빨리 출시한 후, 기반 구조를 추가하며 조금씩 확장해 나가도 괜찮다는 말이다. 세계 최대 웹 사이트들은 고도의 자료 캐싱, 보안, 가상화 등을 이용해 아주 높은 가용성과 성능을 효율적이고도 유연하게 달성했다. 설계가 최대한 분리되어 각 추상화 수준과 범위에서 코드가 적당히 단순하기 때문이다.

그렇다고 '아무 방향 없이' 프로젝트에 뛰어들어도 좋다는 소리는 아니다. 프로젝트를 시작할 때는 일반적인 범위, 목표, 일정은 물론이고 결과로 내놓을 시스템의 일반적인 구조도 생각해야 한다. 하지만 변하는 환경에 대처해 진로를 변경할 능력도 반드시 유지해야 한다.

초창기 EJB 아키텍처는 기술을 너무 많이 넣느라 관심사를 제대로 분리하지

---

[20] 선행 설계(up-front design)라는 우수한 설계 기법과 혼동하지 않도록 주의한다. BDUF는 구현을 시작하기 전에 앞으로 벌어질 모든 사항을 설계하는 기법이다.

[21] 건축 역시 시작한 후에도 세세한 사항에 대해 심각한 수준의 반복적인 탐험과 토론이 이루어진다.

[22] 소프트웨어 형체(software physics)라는 용어는 [Kolence]가 처음으로 사용했다.

못했던 유명한 API 중 하나다. 설계가 아주 멋진 API조차도 정말 필요하지 않으면 과유불급이다. 좋은 API는 걸리적거리지 않아야 한다. 그래야 팀이 창의적인 노력을 사용자 스토리에 집중한다. 그리하지 않으면 아키텍처에 발이 묶여 고객에게 최적의 가치를 효율적으로 제공하지 못한다.

지금까지 한 이야기를 요약하면 다음과 같다.

> 최선의 시스템 구조는 각기 POJO (또는 다른) 객체로 구현되는 모듈화된 관심사 영역(도메인)으로 구성된다. 이렇게 서로 다른 영역은 해당 영역 코드에 최소한의 영향을 미치는 관점이나 유사한 도구를 사용해 통합한다. 이런 구조 역시 코드와 마찬가지로 테스트 주도 기법을 적용할 수 있다.

의사 결정을 최적화하라

모듈을 나누고 관심사를 분리하면 지엽적인 관리와 결정이 가능해진다. 도시든 소프트웨어 프로젝트든, 아주 큰 시스템에서는 한 사람이 모든 결정을 내리기 어렵다.

가장 적합한 사람에게 책임을 맡기면 가장 좋다. 우리는 때때로 **가능한 마지막 순간까지 결정을 미루는 방법이 최선**이라는 사실을 까먹곤 한다. 게으르거나 무책임해서가 아니다. 최대한 정보를 모아 최선의 결정을 내리기 위해서다. 성급한 결정은 불충분한 지식으로 내린 결정이다. 너무 일찍 결정하면 고객 피드백을 더 모으고, 프로젝트를 더 고민하고, 구현 방안을 더 탐험할 기회가 사라진다.

> 관심사를 모듈로 분리한 POJO 시스템은 기민함을 제공한다. 이런 기민함 덕택에 최신 정보에 기반해 최선의 시점에 최적의 결정을 내리기가 쉬워진다. 또한 결정의 복잡성도 줄어든다.

명백한 가치가 있을 때 표준을 현명하게 사용하라

건축 현장을 바라보면 경탄이 나온다. (심지어 한겨울에도) 새로운 건물이 들어서는 속도는 놀랍기 그지없다. 오늘날 기술 발전으로 놀라운 설계도 가능하다. 건축은 성숙한 산업이다. 여러 세기 동안 압박 하에 발전한 최적화된 부품과 방법과 표준이 있다.

EJB2는 단지 표준이라는 이유만으로 많은 팀이 사용했다. 가볍고 간단한 설계로 충분했을 프로젝트에서도 EJB2를 채택했다. 나는 업계에서 여러 형태로 아주 과장되게 포장된 표준에 집착하는 바람에 고객 가치가 뒷전으로 밀려난 사례를 많이 봤다.

> 표준을 사용하면 아이디어와 컴포넌트를 재사용하기 쉽고, 적절한 경험을 가진 사람을 구하기 쉬우며, 좋은 아이디어를 캡슐화하기 쉽고, 컴포넌트를 엮기 쉽다. 하지만 때로는 표준을 만드는 시간이 너무 오래 걸려 업계가 기다리지 못한다. 어떤 표준은 원래 표준을 제정한 목적을 잊어버리기도 한다.

시스템은 도메인 특화 언어가 필요하다

대다수 도메인과 마찬가지로, 건축 분야 역시 필수적인 정보를 명료하고 정확하게 전달하는 어휘, 관용구, 패턴[23]이 풍부하다. 소프트웨어 분야에서도 최근 들어 DSL^{Domain-Specific Language}[24]이 새롭게 조명 받기 시작했다.[25] DSL은 간단한 스크립트 언어나 표준 언어로 구현한 API를 가리킨다. DSL로 짠 코드는 도메인 전문가가 작성한 구조적인 산문처럼 읽힌다.

좋은 DSL은 도메인 개념과 그 개념을 구현한 코드 사이에 존재하는 '의사소통 간극'을 줄여준다. 애자일 기법이 팀과 프로젝트 이해관계자 사이에 의사소통 간극을 줄여주듯이 말이다. 도메인 전문가가 사용하는 언어로 도메인 논리를 구현하면 도메인을 잘못 구현할 가능성이 줄어든다.

효과적으로 사용한다면 DSL은 추상화 수준을 코드 관용구나 디자인 패턴 이상으로 끌어올린다. 그래서 개발자가 적절한 추상화 수준에서 코드 의도를 표현할 수 있다.

> 도메인 특화 언어(Domain-Specific Language, DSL)를 사용하면 고차원 정책에

---

23 [Alexander]의 작품은 소프트웨어 공동체에 커다란 영향을 미쳤다.
24 예는 [DSL]을 참조한다. [JMock]은 DSL을 생성하는 좋은 자바 API 예다.
25 (옮긴이) 자세한 내용은 2010년 마틴 파울러가 *Domain-Specific Languages*라는 제목으로 펴낸 책을 참고하라. 번역서는 『DSL: 고객과 함께 하는 도메인 특화 언어』(2012 인사이트, 송준이 한익준 손준영 옮김).

서 저차원 세부사항에 이르기까지 모든 추상화 수준과 모든 도메인을 POJO로 표현할 수 있다.

결론

시스템 역시 깨끗해야 한다. 깨끗하지 못한 아키텍처는 도메인 논리를 흐리며 기민성을 떨어뜨린다. 도메인 논리가 흐려지면 제품 품질이 떨어진다. 버그가 숨어들기 쉬워지고, 스토리를 구현하기 어려워지는 탓이다. 기민성이 떨어지면 생산성이 낮아져 TDD가 제공하는 장점이 사라진다.

모든 추상화 단계에서 의도는 명확히 표현해야 한다. 그러려면 POJO를 작성하고 관점 혹은 관점과 유사한 메커니즘을 사용해 각 구현 관심사를 분리해야 한다.

시스템을 설계하든 개별 모듈을 설계하든, 실제로 돌아가는 가장 단순한 수단을 사용해야 한다는 사실을 명심하자.

참고 문헌

[Alexander]: Christopher Alexander, *A Timeless Way of Building*, Oxford University Press, New York, 1979.

[AOSD]: 관점지향 소프트웨어 개발, http://aosd.net

[ASM]: ASM 홈 페이지, http://asm.ow2.org/

[AspectJ]: http://eclipse.org/aspectj

[CGLIB]: 코드 생성 라이브러리, http://cglib.sourceforge.net/

[Colyer]: Adrian Colyer, Andy Clement, George Hurley, Mathew Webster, *Eclipse AspectJ*, Person Education, Inc., Upper Saddle River, NJ, 2005.

[DSL]: 도메인 특화 프로그래밍 언어, http://en.wikipedia.org/wiki/Domain-specific_programming_language

[Fowler]: 제어 컨테이너 역전과 의존성 주입 패턴, http://martinfowler.com/articles/injection.html

[Goetz]: Brian Goetz, *Java Theory and Practice: Decorating with Dynamic Proxies*, http://www.ibm.com/developerworks/java/library/j-jtp08305.html

[Javassist]: Javassist 홈 페이지, http://www.csg.is.titech.ac.jp/~chiba/javassist/

[JBoss]: JBoss 홈 페이지, http://jboss.org

[JMock]: JMock – A Lightweight Mock Object Library for Java, http://jmock.org

[Kolence]: Kenneth W. Kolence, Software physics and computer performance measurements, *Proceedings of the ACM annual conference – Volume 2*, Boston, Massachusetts, pp. 1024 – 1040, 1972.

[Spring]: Spring 프레임워크, http://www.springsource.org/

[Mezzaros07]: *XUnit Patterns*, Gerard Mezzaros, Addison-Wesley, 2007.[26]

[GOF]: *Design Patterns: Elements of Reusable Object Oriented Software*, Gamma et al., Addison-Wesley, 1996.[27]

---

[26] (옮긴이) 번역서는 『xUnit 테스트 패턴: 68가지 단위 테스트 패턴을 통한 테스트 코드 리팩토링 기법』(2010 에이콘, 박일 옮김)이다.

[27] (옮긴이) 번역서는 『GOF의 디자인 패턴(개정판)』(2007 피어슨에듀케이션코리아, 김정아 옮김)이다.

창발성(創發性)

제프 랑(Jeff Langr)

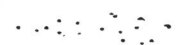

07 **Clean Code**

창발적 설계로 깔끔한 코드를 구현하자

착실하게 따르기만 하면 우수한 설계가 나오는 간단한 규칙 네 가지가 있다면? 네 가지 규칙을 따르면 코드 구조와 설계를 파악하기 쉬워진다면? 그래서 SRP[1]나 DIP[2]와 같은 원칙을 적용하기 쉬워진다면? 네 가지 규칙이 우수한 설계의 창발성을 촉진한다면?

우리들 대다수는 켄트 벡이 제시한 **단순한 설계 규칙 네 가지**[3]가 소프트웨어 설계 품질을 크게 높여준다고 믿는다.

켄트 벡은 다음 규칙을 따르면 설계는 '단순하다'고 말한다.

- 모든 테스트를 실행한다.
- 중복을 없앤다.
- 프로그래머 의도를 표현한다.
- 클래스와 메서드 수를 최소로 줄인다.

위 목록은 중요도 순이다.

단순한 설계 규칙 1: 모든 테스트를 실행하라

무엇보다 먼저, 설계는 의도한 대로 돌아가는 시스템을 내놓아야 한다. 문서로는 시스템을 완벽하게 설계했지만, 시스템이 의도한 대로 돌아가는지 검증할 간단한 방법이 없다면, 문서 작성을 위해 투자한 노력에 대한 가치는 인정받기 힘들다.

테스트를 철저히 거쳐 모든 테스트 케이스를 항상 통과하는 시스템은 '테스트가 가능한 시스템'이다. 당연하지만 중요한 말이다. 테스트가 불가능한 시스템은 검증도 불가능하다. 논란의 여지는 있지만, 검증이 불가능한 시스템은 절대 출시하면 안 된다.

다행스럽게도, 테스트가 가능한 시스템을 만들려고 애쓰면 설계 품질이 더불어 높아진다. 크기가 작고 목적 하나만 수행하는 클래스가 나온다. SRP를 준수하는 클래스는 테스트가 훨씬 더 쉽다. 테스트 케이스가 많을수록 개발자는 테

---

1 (옮긴이) SRP — Single Responsibility Principle, 단일 책임 원칙
2 (옮긴이) DIP — Dependency Inversion Principle, 의존 관계 역전 원칙
3 [XPE]

스트가 쉽게 코드를 작성한다. 따라서 철저한 테스트가 가능한 시스템을 만들면 더 나은 설계가 얻어진다.

결합도가 높으면 테스트 케이스를 작성하기 어렵다. 그러므로, 앞서와 마찬가지로, 테스트 케이스를 많이 작성할수록 개발자는 DIP와 같은 원칙을 적용하고 의존성 주입Dependency Injection, 인터페이스, 추상화 등과 같은 도구를 사용해 결합도를 낮춘다. 따라서 설계 품질은 더욱 높아진다.

놀랍게도 "테스트 케이스를 만들고 계속 돌려라"라는 간단하고 단순한 규칙을 따르면 시스템은 낮은 결합도와 높은 응집력이라는, 객체 지향 방법론이 지향하는 목표를 저절로 달성한다. 즉, 테스트 케이스를 작성하면 설계 품질이 높아진다.

단순한 설계 규칙 2~4: 리팩터링

테스트 케이스를 모두 작성했다면 이제 코드와 클래스를 정리해도 괜찮다. 구체적으로는 코드를 점진적으로 리팩터링 해나간다. 코드 몇 줄을 추가할 때마다 잠시 멈추고 설계를 조감한다. 새로 추가하는 코드가 설계 품질을 낮추는가? 그렇다면 깔끔히 정리한 후 테스트 케이스를 돌려 기존 기능을 깨뜨리지 않았다는 사실을 확인한다. 코드를 정리하면서 시스템이 깨질까 걱정할 필요가 없다. 테스트 케이스가 있으니까!

리팩터링 단계에서는 소프트웨어 설계 품질을 높이는 기법이라면 무엇이든 적용해도 괜찮다. 응집도를 높이고, 결합도를 낮추고, 관심사를 분리하고, 시스템 관심사를 모듈로 나누고, 함수와 클래스 크기를 줄이고, 더 나은 이름을 선택하는 등 다양한 기법을 동원한다. 또한 이 단계는 단순한 설계 규칙 중 나머지 3개를 적용해 중복을 제거하고, 프로그래머 의도를 표현하고, 클래스와 메서드 수를 최소로 줄이는 단계이기도 하다.

중복을 없애라

우수한 설계에서 중복은 커다란 적이다. 중복은 추가 작업, 추가 위험, 불필요한 복잡도를 뜻하기 때문이다. 중복은 여러 가지 형태로 표출된다. 똑같은 코드는 당연히 중복이다. 비슷한 코드는 더 비슷하게 고쳐주면 리팩터링이 쉬워진다.

구현 중복도 중복의 한 형태다. 예를 들어, 집합 클래스에 다음 메서드가 있다고 가정하자.

```
int size() {}
  boolean isEmpty() {}
```

각 메서드를 따로 구현하는 방법도 있다. isEmpty 메서드는 부울 값을 반환하며 size 메서드는 개수를 반환한다. 하지만 isEmpty 메서드에서 size 메서드를 이용하면 코드를 중복해 구현할 필요가 없어진다.

```
boolean isEmpty() {
  return 0 == size();
}
```

깔끔한 시스템을 만들려면 단 몇 줄이라도 중복을 제거하겠다는 의지가 필요하다. 다음 코드를 살펴보자.

```
public void scaleToOneDimension(
    float desiredDimension, float imageDimension) {
  if (Math.abs(desiredDimension - imageDimension) <errorThreshold)
    return;
  float scalingFactor = desiredDimension / imageDimension;
  scalingFactor = (float)(Math.floor(scalingFactor * 100) * 0.01f);

  RenderedOp newImage = ImageUtilities.getScaledImage(
      image, scalingFactor, scalingFactor);
  image.dispose();
  System.gc();
  image = newImage;
}
public synchronized void rotate(int degrees) {
  RenderedOp newImage = ImageUtilities.getRotatedImage(
      image, degrees);
  image.dispose();
  System.gc();
  image = newImage;
}
```

scaleToOneDimension 메서드와 rotate 메서드를 살펴보면 일부 코드가 동일하다. 다음과 같이 코드를 정리해 중복을 제거한다.

```
public void scaleToOneDimension(
    float desiredDimension, float imageDimension) {
  if (Math.abs(desiredDimension - imageDimension) <errorThreshold)
    return;
  float scalingFactor = desiredDimension / imageDimension;
  scalingFactor = (float)(Math.floor(scalingFactor * 100) * 0.01f);
    replaceImage(ImageUtilities.getScaledImage(
        image, scalingFactor, scalingFactor));
}

public synchronized void rotate(int degrees) {
  replaceImage(ImageUtilities.getRotatedImage(image, degrees));
}

private void replaceImage(RenderedOp newImage) {
  image.dispose();
  System.gc();
  image = newImage;
}
```

아주 적은 양이지만 공통적인 코드를 새 메서드로 뽑고 보니 클래스가 SRP를 위반한다. 그러므로 새로 만든 replaceImage 메서드를 다른 클래스로 옮겨도 좋겠다. 그러면 새 메서드의 가시성이 높아진다. 따라서 다른 팀원이 새 메서드를 좀 더 추상화해 다른 맥락에서 재사용할 기회를 포착할지도 모른다. 이런 '소규모 재사용'은 시스템 복잡도를 극적으로 줄여준다. 소규모 재사용을 제대로 익혀야 대규모 재사용이 가능하다.

TEMPLATE METHOD 패턴[4]은 고차원 중복을 제거할 목적으로 자주 사용하는 기법이다. 예를 살펴보자.

```
public class VacationPolicy {
  public void accrueUSDivisionVacation() {
    // 지금까지 근무한 시간을 바탕으로 휴가 일수를 계산하는 코드
    // ...
    // 휴가 일수가 미국 최소 법정 일수를 만족하는지 확인하는 코드
    // ...
    // 휴가 일수를 급여 대장에 적용하는 코드
```

4 [GOF]

```
    // ...
  }

  public void accrueEUDivisionVacation() {
    // 지금까지 근무한 시간을 바탕으로 휴가 일수를 계산하는 코드
    // ...
    // 휴가 일수가 유럽연합 최소 법정 일수를 만족하는지 확인하는 코드
    // ...
    // 휴가 일수를 급여 대장에 적용하는 코드
    // ...
  }
}
```

최소 법정 일수를 계산하는 코드만 제외하면 두 메서드는 거의 동일하다. 최소 법정 일수를 계산하는 알고리즘은 직원 유형에 따라 살짝 변한다.

여기에 TEMPLATE METHOD 패턴을 적용해 눈에 들어오는 중복을 제거한다.

```
abstract public class VacationPolicy {
  public void accrueVacation() {
    calculateBaseVacationHours();
    alterForLegalMinimums();
    applyToPayroll();
  }

  private void calculateBaseVacationHours() { /* ... */ };
  abstract protected void alterForLegalMinimums();
  private void applyToPayroll() { /* ... */ };
}

public class USVacationPolicy extends VacationPolicy {
  @Override protected void alterForLegalMinimums() {
    // 미국 최소 법정 일수를 사용한다.
  }
}

public class EUVacationPolicy extends VacationPolicy {
  @Override protected void alterForLegalMinimums() {
    // 유럽연합 최소 법정 일수를 사용한다.
  }
}
```

하위 클래스는 중복되지 않는 정보만 제공해 accrueVacation 알고리즘에서 빠진 '구멍'을 메운다.

표현하라

아마 우리 대다수는 엉망인 코드를 접한 경험이 있으리라. 아마 우리 대다수는 스스로 엉망인 코드를 내놓은 경험도 있으리라. **자신이 이해하는 코드를 짜기는 쉽다.** 코드를 짜는 동안에는 문제에 푹 빠져 코드를 구석구석 이해하니까. 하지만 나중에 코드를 유지보수할 사람이 코드를 짜는 사람만큼이나 문제를 깊이 이해할 가능성은 희박하다.

소프트웨어 프로젝트 비용 중 대다수는 장기적인 유지보수에 들어간다. 코드를 변경하면서 버그의 싹을 심지 않으려면 유지보수 개발자가 시스템을 제대로 이해해야 한다. 하지만 시스템이 점차 복잡해지면서 유지보수 개발자가 시스템을 이해하느라 보내는 시간은 점점 늘어나고 동시에 코드를 오해할 가능성도 점점 커진다. 그러므로 코드는 개발자의 의도를 분명히 표현해야 한다. 개발자가 코드를 명백하게 짤수록 다른 사람이 그 코드를 이해하기 쉬워진다. 그래야 결함이 줄어들고 유지보수 비용이 적게 든다.

우선, 좋은 이름을 선택한다. 이름과 기능이 완전히 딴판인 클래스나 함수로 유지보수 담당자를 놀라게 해서는 안 된다.

둘째, 함수와 클래스 크기를 가능한 줄인다. 작은 클래스와 작은 함수는 이름 짓기도 쉽고, 구현하기도 쉽고, 이해하기도 쉽다.

셋째, 표준 명칭을 사용한다. 예를 들어, 디자인 패턴은 의사소통과 표현력 강화가 주요 목적이다. 클래스가 COMMAND나 VISITOR와 같은 표준 패턴을 사용해 구현된다면 클래스 이름에 패턴 이름을 넣어준다. 그러면 다른 개발자가 클래스 설계 의도를 이해하기 쉬워진다.

넷째, 단위 테스트 케이스를 꼼꼼히 작성한다. 테스트 케이스는 소위 '예제로 보여주는 문서'다. 다시 말해, 잘 만든 테스트 케이스를 읽어보면 클래스 기능이 한눈에 들어온다.

하지만 표현력을 높이는 가장 중요한 방법은 노력이다. 흔히 코드만 돌린 후 다음 문제로 직행하는 사례가 너무도 흔하다. 나중에 읽을 사람을 고려해 조금이라도 읽기 쉽게 만들려는 충분한 고민은 거의 찾기 어렵다. 하지만 나중에 코드를 읽을 사람은 바로 자신일 가능성이 높다는 사실을 명심하자.

그러므로 자신의 작품을 조금 더 자랑하자. 함수와 클래스에 조금 더 시간을 투자하자. 더 나은 이름을 선택하고, 큰 함수를 작은 함수 여럿으로 나누고, 자신의 작품에 조금만 더 주의를 기울이자. 주의는 대단한 재능이다.

클래스와 메서드 수를 최소로 줄여라

중복을 제거하고, 의도를 표현하고, SRP를 준수한다는 기본적인 개념도 극단으로 치달으면 득보다 실이 많아진다. 클래스와 메서드 크기를 줄이자고 조그만 클래스와 메서드를 수없이 만드는 사례도 없지 않다. 그래서 이 규칙은 함수와 클래스 수를 가능한 줄이라고 제안한다.

때로는 무의미하고 독단적인 정책 탓에 클래스 수와 메서드 수가 늘어나기도 한다. 클래스마다 무조건 인터페이스를 생성하라고 요구하는 구현 표준이 좋은 예다. 자료 클래스와 동작 클래스는 무조건 분리해야 한다고 주장하는 개발자도 좋은 예다. 가능한 독단적인 견해는 멀리하고 실용적인 방식을 택한다.

목표는 함수와 클래스 크기를 작게 유지하면서 동시에 시스템 크기도 작게 유지하는 데 있다. 하지만 이 규칙은 간단한 설계 규칙 네 개 중 우선순위가 가장 낮다. 다시 말해, 클래스와 함수 수를 줄이는 작업도 중요하지만, 테스트 케이스를 만들고 중복을 제거하고 의도를 표현하는 작업이 더 중요하다는 뜻이다.

결론

경험을 대신할 단순한 개발 기법이 있을까? 당연히 없다. 하지만 이 장, 아니 이 책에서 소개하는 기법은 저자들이 수십 년 동안 쌓은 경험의 정수다. 단순한 설계 규칙을 따른다면 (오랜 경험 후에야 익힐) 우수한 기법과 원칙을 단번에 활용할 수 있다.

참고 문헌

[XPE]: *Extreme Programming Explained: Embrace Change*, Kent Beck, Addison-Wesley, 1999.[5]

[GOF]: *Design Patterns: Elements of Reusable Object Oriented Software*, Gamma et al., Addison-Wesley, 1996.[6]

---

[5] (옮긴이) 2판의 번역서는 『익스트림 프로그래밍, 제2판 : 변화를 포용하라』(2006 인사이트, 김창준 정지호 옮김)이다.

[6] (옮긴이) 번역서는 『GOF의 디자인 패턴(개정판)』(2007 피어슨에듀케이션코리아, 김정아 옮김)이다.

13

동시성

브레트 L. 슈허트(Brett L. Schuchert)

> 객체는 처리의 추상화다. 스레드는 일정의 추상화다.
>
> - 제임스 O. 코플리엔James O. Coplien[1]

동시성과 깔끔한 코드는 양립하기 어렵다. 아주 어렵다. 스레드를 하나만 실행하는 코드는 짜기가 쉽다. 겉으로 보기에는 멀쩡하나 깊숙한 곳에 문제가 있는 다중 스레드 코드도 짜기 쉽다. 이런 코드는 시스템이 부하를 받기 전까지 멀쩡하게 돌아간다.

이 장에서는 여러 스레드를 동시에 돌리는 이유를 논한다. 여러 스레드를 동시에 돌리는 어려움도 논한다. 이런 어려움에 대처하고 깨끗한 코드를 작성하는 방법도 몇 가지 제안한다. 마지막으로, 동시성을 테스트하는 방법과 문제점을 논한다.

깨끗한 동시성은 책 하나를 할당할 정도로 복잡한 주제다. 이 장에서는 동시성을 간략히 조감한다. 좀 더 자세한 내용은 407쪽 "동시성 II"에서 설명한다. 이게 바로 이 책에서 우리가 세운 전략이다. 동시성이 무엇인지 궁금한 정도라면 이 장만으로 충분하다. 좀 더 깊이 이해하고 싶다면 "동시성 II"도 읽어보기 바란다.

동시성이 필요한 이유?

동시성은 결합coupling을 없애는 전략이다. 즉, **무엇**what과 **언제**when를 분리하는 전략이다. 스레드가 하나인 프로그램은 무엇과 언제가 서로 밀접하다. 그래서 호출 스택을 살펴보면 프로그램 상태가 곧바로 드러난다. 흔히 단일 스레드 프로그램을 디버깅하는 프로그래머는 (일련의) 정지점breakpoint을 정한 후 어느 정지점에 걸렸는지 살펴보면서 시스템 상태를 파악한다.

무엇과 언제를 분리하면 애플리케이션 구조와 효율이 극적으로 나아진다. 구조적인 관점에서 프로그램은 거대한 루프 하나가 아니라 작은 협력 프로그램 여럿으로 보인다. 따라서 시스템을 이해하기가 쉽고 문제를 분리하기도 쉽다.

예를 들어, 웹 애플리케이션이 표준으로 사용하는 '서블릿Servlet' 모델을 살펴보자. 서블릿은 웹 혹은 EJB 컨테이너라는 우산 아래서 돌아가는데, 이들 컨테이

---

[1] 지인

너는 동시성을 **부분적으로** 관리한다. 웹 요청이 들어올 때마다 웹 서버는 비동기식으로 서블릿을 실행한다. 서블릿 프로그래머는 들어오는 모든 웹 요청을 관리할 필요가 없다. **원칙적으로** 각 서블릿 스레드는 다른 서블릿 스레드와 무관하게 자신만의 세상에서 돌아간다.

그런데 동시성이 이렇게 간단한 문제라면 이 장이 필요하지 않으리라. 실제로 웹 컨테이너가 제공하는 결합분리decoupling 전략은 완벽과 거리가 아주 멀다. 서블릿 프로그래머는 동시성을 정확히 구현하도록 각별한 주의와 노력을 기울여야 한다. 그럼에도 서블릿 모델이 제공하는 구조적 이점은 아주 크다.

하지만 구조적 개선만을 위해 동시성을 채택하는 건 아니다. 어떤 시스템은 응답 시간과 작업 처리량throughput 개선이라는 요구사항으로 인해 직접적인 동시성 구현이 불가피하다. 예를 들어, 매일 수많은 웹 사이트에서 정보를 가져와 요약하는 정보 수집기information aggregator를 생각해보자. 만약 수집기가 단일 스레드 프로그램이라면 한 번에 한 웹 사이트를 방문해 정보를 가져오며, 이 과정에서 한 사이트를 끝내야 다음 사이트로 넘어간다. 매일 실행하므로 24시간 안에 끝나야 한다. 그런데 웹 사이트를 계속 추가하면 정보를 수집하는 시간도 늘어나므로 결국은 24시간을 넘긴다. 단일 스레드 수집기는 웹 소켓에서 입출력을 기다리는 시간이 아주 많다. 한 번에 한 사이트를 방문하는 대신 다중 스레드 알고리즘을 이용하면 수집기 성능을 높일 수 있다.

또 다른 예로, 한 번에 한 사용자를 처리하는 시스템이 있다고 가정하자. 한 사용자를 처리하는 시간은 1초다. 사용자가 소수라면 시스템이 아주 빨리 반응한다. 하지만 사용자 수가 늘어날수록 시스템이 응답하는 속도도 늦어진다. 150명 뒤에 줄 서려는 사용자는 없다. 대신 많은 사용자를 동시에 처리하면 시스템 응답 시간을 높일 수 있다.

이번에는 정보를 대량으로 분석하는 시스템을 살펴보자. 시스템은 모든 정보를 처리한 후에야 최종적인 답을 낸다. 정보를 나눠 여러 컴퓨터에서 돌리면 어떨까? 대량의 정보를 병렬로 처리한다면?

미신과 오해

이렇듯 반드시 동시성이 필요한 상황이 존재한다. 하지만, 앞서 말했듯이, 동시성은 **어렵다**. 각별히 주의하지 않으면 난감한 상황에 처한다. 다음은 동시성과 관련한 일반적인 미신과 오해다.

- **동시성은 항상 성능을 높여준다.**
  동시성은 때로 성능을 높여준다. 대기 시간이 아주 길어 여러 스레드가 프로세서를 공유할 수 있거나, 여러 프로세서가 동시에 처리할 독립적인 계산이 충분히 많은 경우에만 성능이 높아진다. 어느 쪽도 일상적으로 발생하는 상황은 아니다.
- **동시성을 구현해도 설계는 변하지 않는다.**
  단일 스레드 시스템과 다중 스레드 시스템은 설계가 판이하게 다르다. 일반적으로 무엇과 언제를 분리하면 시스템 구조가 크게 달라진다.
- **웹 또는 EJB 컨테이너를 사용하면 동시성을 이해할 필요가 없다.**
  실제로는 컨테이너가 어떻게 동작하는지, 어떻게 동시 수정, 데드락 등과 같은 문제를 피할 수 있는지를 알아야만 한다. (동시 수정과 데드락은 이 장 후반에 설명한다.)

반대로 다음은 동시성과 관련된 타당한 생각 몇 가지다.

- **동시성은 다소 부하를 유발한다.** 성능 측면에서 부하가 걸리며, 코드도 더 짜야 한다.
- **동시성은 복잡하다.** 간단한 문제라도 동시성은 복잡하다.
- **일반적으로 동시성 버그는 재현하기 어렵다.** 그래서 진짜 결함으로 간주되지 않고 일회성 문제[2]로 여겨 무시하기 쉽다.
- **동시성을 구현하려면 흔히 근본적인 설계 전략을 재고해야 한다.**

난관

동시성을 구현하기가 어려운 이유는 무엇일까? 다음에 소개하는 간단한 클래스를 살펴보자.

---

[2] 우주선(宇宙線, cosmic-ray), 작은 문제(또는 결함, glitches)이라고도 한다.

```
public class X {
  private int lastIdUsed;

  public int getNextId() {
    return ++lastIdUsed;
  }
}
```

인스턴스 X를 생성하고, lastIdUsed 필드를 42로 설정한 다음, 두 스레드가 해당 인스턴스를 공유한다. 이제 두 스레드가 getNextId();를 호출한다고 가정하자. 결과는 셋 중 하나다.

- 한 스레드는 43을 받는다. 다른 스레드는 44를 받는다. lastIdUsed는 44가 된다.
- 한 스레드는 44를 받는다. 다른 스레드는 43을 받는다. lastIdUsed는 44가 된다.
- 한 스레드는 43을 받는다. 다른 스레드는 43을 받는다. lastIdUsed는 43이 된다.

두 스레드가 같은 변수를 동시에 참조하면 세 번째와 같이 놀라운 결과[3]가 발생한다. 두 스레드가 자바 코드 한 줄을 거치는 경로는 수없이 많은데, 그 중에서 일부 경로가 잘못된 결과를 내놓기 때문이다. 경로가 얼마나 많냐고? 정확히 답하려면 JIT(Just-In-Time) 컴파일러가 바이트 코드를 처리하는 방식과 자바 메모리 모델이 원자로 간주하는 최소 단위를 알아야 한다.

간단하게 답하자면, 바이트 코드만 고려했을 때, 두 스레드가 getNextId 메서드를 실행하는 잠재적인 경로[4]는 최대 12,870개에 달한다. lastIdUsed 변수를 int에서 long으로 변경하면 조합 가능한 경로 수는 2,704,156개로 증가한다. 물론 대다수 경로는 올바른 결과를 내놓는다. 문제는 잘못된 결과를 내놓는 일부 경로다.

---

[3] 416쪽 "심층 분석" 참조.
[4] 413쪽 "가능한 실행 경로" 참조.

동시성 방어 원칙

지금부터 동시성 코드가 일으키는 문제로부터 시스템을 방어하는 원칙과 기술을 소개한다.

단일 책임 원칙 Single Responsibility Principle, SRP

SRP[5]는 주어진 메서드/클래스/컴포넌트를 변경할 이유가 하나여야 한다는 원칙이다. 동시성은 복잡성 하나만으로도 따로 분리할 이유가 충분하다. 즉, 동시성 관련 코드는 다른 코드와 분리해야 한다는 뜻이다. 그런데 불행히도 동시성과 관련이 없는 코드에 동시성을 곧바로 구현하는 사례가 너무도 흔하다. 동시성을 구현할 때는 다음 몇 가지를 고려한다.

- 동시성 코드는 독자적인 개발, 변경, 조율 주기가 있다.
- 동시성 코드에는 독자적인 난관이 있다. 다른 코드에서 겪는 난관과 다르며 훨씬 어렵다.
- 잘못 구현한 동시성 코드는 별의별 방식으로 실패한다. 주변에 있는 다른 코드가 발목을 잡지 않더라도 동시성 하나만으로도 충분히 어렵다.

권장사항: 동시성 코드는 다른 코드와 분리하라.[6]

따름 정리corollary: **자료 범위를 제한하라**

앞서 봤듯이, 객체 하나를 공유한 후 동일 필드를 수정하던 두 스레드가 서로 간섭하므로 예상치 못한 결과를 내놓는다. 이런 문제를 해결하는 방안으로 공유 객체를 사용하는 코드 내 **임계영역**critical section을 synchronized 키워드로 보호하라고 권장한다. 이런 임계영역의 수를 줄이는 기술이 중요하다. 공유 자료를 수정하는 위치가 많을수록 다음 가능성도 커진다.

- 보호할 임계영역을 빼먹는다. 그래서 공유 자료를 수정하는 모든 코드를 망가뜨린다.

---

5 [PPP]
6 408쪽 "클라이언트/서버 예제" 참조.

- 모든 임계영역을 올바로 보호했는지(DRY 위반7) 확인하느라 똑같은 노력과 수고를 반복한다.
- 그렇지 않아도 찾아내기 어려운 버그가 더욱 찾기 어려워진다.

권장사항: 자료를 캡슐화encapsulation하라. 공유 자료를 최대한 줄여라.

따름 정리: 자료 사본을 사용하라

공유 자료를 줄이려면 처음부터 공유하지 않는 방법이 제일 좋다. 어떤 경우에는 객체를 복사해 읽기 전용으로 사용하는 방법이 가능하다. 어떤 경우에는 각 스레드가 객체를 복사해 사용한 후 한 스레드가 해당 사본에서 결과를 가져오는 방법도 가능하다.

 공유 객체를 피하는 방법이 있다면 코드가 문제를 일으킬 가능성도 아주 낮아진다. 물론 객체를 복사하는 시간과 부하가 걱정스러울지도 모르겠다. 그렇다면 복사 비용이 진짜 문제인지 실측해볼 필요가 있다. 하지만 사본으로 동기화를 피할 수 있다면 내부 잠금을 없애 절약한 수행 시간이 사본 생성과 가비지 컬렉션에 드는 부하를 상쇄할 가능성이 크다.

따름 정리: 스레드는 가능한 독립적으로 구현하라

자신만의 세상에 존재하는 스레드를 구현한다. 즉, 다른 스레드와 자료를 공유하지 않는다. 각 스레드는 클라이언트 요청 하나를 처리한다. 모든 정보는 비공유 출처에서 가져오며 로컬 변수에 저장한다. 그러면 각 스레드는 세상에 자신만 있는 듯이 돌아갈 수 있다. 다른 스레드와 동기화할 필요가 없으므로.

 예를 들어, HttpServlet 클래스에서 파생한 클래스는 모든 정보를 doGet과 doPost 매개변수로 받는다. 그래서 각 서블릿은 마치 자신이 독자적인 시스템에서 동작하는 양 요청을 처리한다. 서블릿 코드가 로컬 변수만 사용한다면 서블릿이 동기화 문제를 일으킬 가능성은 전무하다. 물론 서블릿을 사용하는 대다수 애플리케이션은 결국 데이터베이스 연결과 같은 자원을 공유하는 상황에 처한다.

권장사항: 독자적인 스레드로, 가능하면 다른 프로세서에서, 돌려도 괜찮도록 자료를 독립적인 단위로 분할하라.

라이브러리를 이해하라

자바 5는 동시성 측면에서 이전 버전보다 많이 나아졌다. 자바 5로 스레드 코드를 구현한다면 다음을 고려하기 바란다.

- 스레드 환경에 안전한 컬렉션을 사용한다. 자바 5부터 제공한다.
- 서로 무관한 작업을 수행할 때는 executor 프레임워크를 사용한다.
- 가능하다면 스레드가 차단blocking 되지 않는 방법을 사용한다.
- 일부 클래스 라이브러리는 스레드에 안전하지 못하다.

스레드 환경에 안전한 컬렉션

자바가 아직 초창기였을 때, 더그 리Doug Lea는 *Cuncurrent Programming in Java*[8] 라는 중요한 책을 집필했다.[9] 책을 쓰면서 리는 스레드에 사용해도 안전한 컬렉션 클래스 몇 개를 구현했는데, 나중에 java.util.concurrent 패키지에 추가되었다. java.util.concurrent 패키지가 제공하는 클래스는 다중 스레드 환경에서 사용해도 안전하며, 성능도 좋다. 실제로 ConcurrentHashMap은 거의 모든 상황에서 HashMap보다 빠르다. 동시 읽기/쓰기를 지원하며, (보통 다중 스레드 환경에서 문제가 생기는) 자주 사용하는 복합 연산을 다중 스레드 상에서 안전하게 만든 메서드로 제공한다. 자바 5를 사용한다면 ConcurrentHashMap부터 살펴보라고 권한다.

좀 더 복잡한 동시성 설계를 지원하고자 자바 5에는 다른 클래스도 추가되었다. 다음에 몇 가지를 소개한다.

---

8 [Lea99]

9 (옮긴이) 2006년 Addison-Wesley에서 출간된 *Java Concurrency in Practice*가 더 최신 내용을 담고 있다(더그 리를 비롯해 유명한 저자들이 집필에 참여했다). 번역서는 『자바 병렬 프로그래밍: 멀티코어를 100% 활용하는』(2008 에이콘, 강철구 옮김)이다.

ReentrantLock	한 메서드에서 잠그고 다른 메서드에서 푸는 락(lock)이다.
Semaphore	전형적인 세마포다. 개수(count)가 있는 락이다.
CountDownLatch	지정한 수만큼 이벤트가 발생하고 나서야 대기 중인 스레드를 모두 해제하는 락이다. 모든 스레드에게 동시에 공평하게 시작할 기회를 준다.

권장사항: 언어가 제공하는 클래스를 검토하라. 자바에서는 java.util.concurrent, java.util.concurrent.atomic, java.util.concurrent.locks를 익혀라.

실행 모델을 이해하라

다중 스레드 애플리케이션을 분류하는 방식은 여러 가지다. 구체적으로 논하기 전에 먼저 몇 가지 기본 용어부터 이해하자.

한정된 자원(Bound Resource)	다중 스레드 환경에서 사용하는 자원으로, 크기나 숫자가 제한적이다. 데이터베이스 연결, 길이가 일정한 읽기/쓰기 버퍼 등이 예다.
상호 배제(Mutual Exclusion)	한 번에 한 스레드만 공유 자료나 공유 자원을 사용할 수 있는 경우를 가리킨다.
기아(Starvation)	한 스레드나 여러 스레드가 굉장히 오랫동안 혹은 영원히 자원을 기다린다. 예를 들어, 항상 짧은 스레느에게 우선순위를 준다면, 짧은 스레느가 시속석으로 이어질 경우, 긴 스레드가 기아 상태에 빠진다.
데드락(Deadlock)	여러 스레드가 서로가 끝나기를 기다린다. 모든 스레드가 각기 필요한 자원을 다른 스레드가 점유하는 바람에 어느 쪽도 더 이상 진행하지 못한다.
라이브락(Livelock)	락을 거는 단계에서 각 스레드가 서로를 방해한다. 스레드는 계속해서 진행하려 하지만, 공명(resonance)으로 인해, 굉장히 오랫동안 혹은 영원히 진행하지 못한다.

기본 개념을 이해했으니 이제 다중 스레드 프로그래밍에서 사용하는 실행 모델을 몇 가지 살펴보자.

생산자-소비자 Producer-Consumer 10

하나 이상 생산자 스레드가 정보를 생성해 버퍼buffer나 대기열queue에 넣는다. 하나 이상 소비자 스레드가 대기열에서 정보를 가져와 사용한다. 생산자 스레드와 소비자 스레드가 사용하는 대기열은 한정된 자원이다. 생산자 스레드는 대기열에 빈 공간이 있어야 정보를 채운다. 즉, 빈 공간이 생길 때까지 기다린다. 소비자 스레드는 대기열에 정보가 있어야 가져온다. 즉, 정보가 채워질 때까지 기다린다. 대기열을 올바로 사용하고자 생산자 스레드와 소비자 스레드는 서로에게 시그널을 보낸다. 생산자 스레드는 대기열에 정보를 채운 다음 소비자 스레드에게 "대기열에 정보가 있다"는 시그널을 보낸다. 소비자 스레드는 대기열에서 정보를 읽어들인 후 "대기열에 빈 공간이 있다"는 시그널을 보낸다. 따라서 잘못하면 생산자 스레드와 소비자 스레드가 둘 다 진행 가능함에도 불구하고 동시에 서로에게서 시그널을 기다릴 가능성이 존재한다.

읽기-쓰기 Readers-Writers 11

읽기 스레드를 위한 주된 정보원으로 공유 자원을 사용하지만, 쓰기 스레드가 이 공유 자원을 이따금 갱신한다고 하자. 이런 경우 처리율throughput이 문제의 핵심이다. 처리율을 강조하면 기아starvation 현상이 생기거나 오래된 정보가 쌓인다. 갱신을 허용하면 처리율에 영향을 미친다. 쓰기 스레드가 버퍼를 갱신하는 동안 읽기 스레드가 버퍼를 읽지 않으려면, 마찬가지로 읽기 스레드가 버퍼를 읽는 동안 쓰기 스레드가 버퍼를 갱신하지 않으려면, 복잡한 균형잡기가 필요하다. 대개는 쓰기 스레드가 버퍼를 오랫동안 점유하는 바람에 여러 읽기 스레드가 버퍼를 기다리느라 처리율이 떨어진다.

    따라서 읽기 스레드의 요구와 쓰기 스레드의 요구를 적절히 만족시켜 처리율도 적당히 높이고 기아도 방지하는 해법이 필요하다. 간단한 전략은 읽기 스레드가 없을 때까지 갱신을 원하는 쓰기 스레드가 버퍼를 기다리는 방법이다. 하지만 읽기 스레드가 계속 이어진다면 쓰기 스레드는 기아 상태에 빠진다. 반면, 쓰기 스레드에게 우선권을 준 상태에서 쓰기 스레드가 계속 이어진다면 처리율이 떨어진다. 양쪽 균형을 잡으면서 동시 갱신 문제를 피하는 해법이 필요하다.

---

10 http://en.wikipedia.org/wiki/Producer-consumer
11 http://en.wikipedia.org/wiki/Readers-writers_problem

식사하는 철학자들 Dining Philosophers[12]

둥근 식탁에 철학자 한 무리가 둘러앉았다. 각 철학자 왼쪽에는 포크가 놓였다. 식탁 가운데는 커다란 스파게티 한 접시가 놓였다. 철학자들은 배가 고프지 않으면 생각하며 시간을 보낸다. 배가 고프면 양손에 포크를 집어들고 스파게티를 먹는다. 양손에 포크를 쥐지 않으면 먹지 못한다. 왼쪽 철학자나 오른쪽 철학자가 포크를 사용하는 중이라면 그쪽 철학자가 먹고 나서 포크를 내려놓을 때까지 기다려야 한다. 스파게티를 먹고 나면 포크를 내려놓고 배가 고플 때까지 다시 생각에 잠긴다.

여기서 철학자를 스레드로, 포크를 자원으로 바꿔 생각해보라. 많은 기업 애플리케이션에서 겪는 문제다. 기업 애플리케이션은 여러 프로세스가 자원을 얻으려 경쟁한다. 주의해서 설계하지 않으면 데드락, 라이브락, 처리율 저하, 효율성 저하 등을 겪는다.

일상에서 접하는 대다수 다중 스레드 문제는 (형태가 조금씩 다를지라도) 위 세 범주 중 하나에 속한다. 각 알고리즘을 공부하고 해법을 직접 구현해보라. 그러면 나중에 실전 문제에 부닥쳤을 때 해결이 쉬워지리라.

권장사항: 위에서 설명한 기본 알고리즘과 각 해법을 이해하라.

동기화하는 메서드 사이에 존재하는 의존성을 이해하라

동기화하는 메서드 사이에 의존성이 존재하면 동시성 코드에 찾아내기 어려운 버그가 생긴다. 자바 언어는 개별 메서드를 보호하는 synchronized라는 개념을 지원한다. 하지만 공유 클래스 하나에 동기화된 메서드가 여럿이라면 구현이 올바른지 다시 한 번 확인하기 바란다.[13]

권장사항: 공유 객체 하나에는 메서드 하나만 사용하라.

공유 객체 하나에 여러 메서드가 필요한 상황도 생긴다. 그럴 때는 다음 세 가지 방법을 고려한다.

---

[12] http://en.wikipedia.org/wiki/Dining_philosophers_problem
[13] 424쪽 "메서드 사이에 존재하는 의존성을 조심하라" 참조.

- 클라이언트에서 잠금 - 클라이언트에서 첫 번째 메서드를 호출하기 전에 서버를 잠근다. 마지막 메서드를 호출할 때까지 잠금을 유지한다.
- 서버에서 잠금 - 서버에다 "서버를 잠그고 모든 메서드를 호출한 후 잠금을 해제하는" 메서드를 구현한다. 클라이언트는 이 메서드를 호출한다.
- 연결Adapted 서버 - 잠금을 수행하는 중간 단계를 생성한다. '서버에서 잠금' 방식과 유사하지만 원래 서버는 변경하지 않는다.

동기화하는 부분을 작게 만들어라

자바에서 synchronized 키워드를 사용하면 락을 설정한다. 같은 락으로 감싼 모든 코드 영역은 한 번에 한 스레드만 실행이 가능하다. 락은 스레드를 지연시키고 부하를 가중시킨다. 그러므로 여기저기서 synchronized 문을 남발하는 코드는 바람직하지 않다. 반면, 임계영역critical section[14]은 반드시 보호해야 한다. 따라서, 코드를 짤 때는 임계영역 수를 최대한 줄여야 한다.

임계영역 개수를 줄인답시고 거대한 임계영역 하나로 구현하는 순진한 프로그래머도 있다. 필요 이상으로 임계영역 크기를 키우면 스레드 간에 경쟁이 늘어나고 프로그램 성능이 떨어진다.[15]

권장사항: 동기화하는 부분을 최대한 작게 만들어라.

올바른 종료 코드는 구현하기 어렵다

영구적으로 돌아가는 시스템을 구현하는 방법과 잠시 돌다 깔끔하게 종료하는 시스템을 구현하는 방법은 다르다.

깔끔하게 종료하는 코드는 올바로 구현하기 어렵다. 가장 흔히 발생하는 문제가 데드락이다.[16] 즉, 스레드가 절대 오지 않을 시그널을 기다린다.

예를 들어, 부모 스레드가 자식 스레드를 여러 개 만든 후 모두가 끝나기를 기다렸다 자원을 해제하고 종료하는 시스템이 있다고 가정하자. 만약 자식 스레드 중 하나가 데드락에 걸렸다면? 부모 스레드는 영원히 기다리고, 시스템은 영원

---

[14] 임계영역(critical section)은 동시 사용을 막아야만 프로그램이 올바로 동작하는 보호받는 코드 영역을 가리킨다.
[15] 429쪽 "작업 처리량 높이기" 참조.
[16] 432쪽 "데드락" 참조.

히 종료하지 못한다.

이번에는 유사한 시스템이 사용자에게서 종료하라는 지시를 받았다고 가정하자. 부모 스레드는 모든 자식 스레드에게 작업을 멈추고 종료하라는 시그널을 전달한다. 그런데 자식 스레드 중 두 개가 생산자/소비자 관계라면? 생산자 스레드는 재빨리 종료했는데 소비자 스레드가 생산자 스레드에서 오는 메시지를 기다린다면? 생산자에서 메시지를 기다리는 소비자 스레드는 차단^{blocked} 상태에 있으므로 종료하라는 시그널을 못 받는다. 소비자 스레드는 생산자 스레드를 영원히 기다리고, 부모 스레드는 자식 스레드를 영원히 기다린다.

실제로 이와 같은 상황은 종종 발생한다. 그러므로 깔끔하게 종료하는 다중 스레드 코드를 짜야 한다면 시간을 투자해 올바로 구현하기 바란다.

권장사항: 종료 코드를 개발 초기부터 고민하고 동작하게 초기부터 구현하라. 생각보다 오래 걸린다. 생각보다 어려우므로 이미 나온 알고리즘을 검토하라.

스레드 코드 테스트하기

코드가 올바르다고 증명하기는 현실적으로 불가능하다. 테스트가 정확성을 보장하지는 않는다. 그럼에도 충분한 테스트는 위험을 낮춘다. 스레드가 하나인 프로그램은 지금까지 한 말이 모두 옳다. 그런데 같은 코드와 같은 자원을 사용하는 스레드가 둘 이상으로 늘어나면 상황은 급격하게 복잡해진다.

권장사항: 문제를 노출하는 테스트 케이스를 작성하라. 프로그램 설정과 시스템 설정과 부하를 바꿔가며 자주 돌려라. 테스트가 실패하면 원인을 추적하라. 다시 돌렸더니 통과하더라는 이유로 그냥 넘어가면 절대로 안 된다.

고려할 사항이 아주 많다는 뜻이다. 아래에 몇 가지 구체적인 지침을 제시한다.

- 말이 안 되는 실패는 잠정적인 스레드 문제로 취급하라.
- 다중 스레드를 고려하지 않은 순차 코드부터 제대로 돌게 만들자.

- 다중 스레드를 쓰는 코드 부분을 다양한 환경에 쉽게 끼워 넣을 수 있도록 스레드 코드를 구현하라.
- 다중 스레드를 쓰는 코드 부분을 상황에 맞춰 조정할 수 있게 작성하라.
- 프로세서 수보다 많은 스레드를 돌려보라.
- 다른 플랫폼에서 돌려보라.
- 코드에 보조 코드 instrument를 넣어 돌려라. 강제로 실패를 일으키게 해보라.

말이 안 되는 실패는 잠정적인 스레드 문제로 취급하라

다중 스레드 코드는 때때로 '말이 안 되는' 오류를 일으킨다. (우리 저자를 포함해) 대다수 개발자는 스레드가 다른 코드와 교류하는 방식을 직관적으로 이해하지 못한다. 스레드 코드에 잠입한 버그는 수천, 아니 수백만 번에 한 번씩 드러나기도 한다. 실패를 재현하기가 아주 어렵다. 그래서 많은 개발자가 우주선 cosmic-ray, 하드웨어 문제, 단순한 '일회성' 문제로 치부하고 무시한다. 일회성 문제란 존재하지 않는다고 가정하는 편이 안전하다. '일회성' 문제를 계속 무시한다면 잘못된 코드 위에 코드가 계속 쌓인다.

권장사항: 시스템 실패를 '일회성'이라 치부하지 마라.

다중 스레드를 고려하지 않은 순차 코드부터 제대로 돌게 만들자

당연한 소리지만 다시 한 번 강조한다. 스레드 환경 밖에서 코드가 제대로 도는지 반드시 확인한다. 일반적인 방법으로, 스레드가 호출하는 POJO[17]를 만든다. POJO는 스레드를 모른다. 따라서 스레드 환경 밖에서 테스트가 가능하다. POJO에 넣는 코드는 많을수록 더 좋다.

권장사항: 스레드 환경 밖에서 생기는 버그와 스레드 환경에서 생기는 버그를 동시에 디버깅하지 마라. 먼저 스레드 환경 밖에서 코드를 올바로 돌려라.

---

17 (옮긴이) POJO란 Plain Old Java Object를 줄인 말이다. 특별한 객체가 아니라 평범한 자바 객체를 뜻한다.

다중 스레드를 쓰는 코드 부분을 다양한 환경에 쉽게 끼워 넣을 수 있게 스레드 코드를 구현하라

다중 스레드를 쓰는 코드를 다양한 설정으로 실행하기 쉽게 구현하라.

- 한 스레드로 실행하거나, 여러 스레드로 실행하거나, 실행 중 스레드 수를 바꿔본다.
- 스레드 코드를 실제 환경이나 테스트 환경에서 돌려본다.
- 테스트 코드를 빨리, 천천히, 다양한 속도로 돌려본다.
- 반복 테스트가 가능하도록 테스트 케이스를 작성한다.

권장사항: 다양한 설정에서 실행할 목적으로 다른 환경에 쉽게 끼워 넣을 수 있게 코드를 구현하라.

다중 스레드를 쓰는 코드 부분을 상황에 맞게 조율할 수 있게 작성하라

적절한 스레드 개수를 파악하려면 상당한 시행착오가 필요하다. 처음부터 다양한 설정으로 프로그램의 성능 측정 방법을 강구한다. 스레드 개수를 조율하기 쉽게 코드를 구현한다. 프로그램이 돌아가는 도중에 스레드 개수를 변경하는 방법도 고려한다. 프로그램 처리율과 효율에 따라 스스로 스레드 개수를 조율하는 코드도 고민한다.

프로세서 수보다 많은 스레드를 돌려보라

시스템이 스레드를 스와핑swapping할 때도 문제가 발생한다. 스와핑을 일으키려면 프로세서 수보다 많은 스레드를 돌린다. 스와핑이 잦을수록 임계영역을 빼먹은 코드나 데드락을 일으키는 코드를 찾기 쉬워진다.

다른 플랫폼에서 돌려보라

2007년 중반에 우리는 동시성 프로그래밍이라는 강의를 개발했다. 강의에서 사용할 코드는 주로 OS X에서 개발했다. 실제 강의는 VM 상에서 돌아가는 윈도 XP를 사용했는데, 실패 조건을 보여주는 예제 코드가 XP 환경에서는 OS X만큼

자주 실패하지 않았다.

윈도 XP에서 돌리든 OS X에서 돌리든 예제 코드는 확실히 잘못된 코드였다. 단지 운영체제마다 스레드를 처리하는 정책이 달라 결과가 달라졌을 뿐이었다. 다중 스레드 코드는 플랫폼에 따라 다르게 돌아간다.[18] 따라서 코드가 돌아갈 가능성이 있는 플랫폼 전부에서 테스트를 수행해야 마땅하다.

권장사항: 처음부터 그리고 자주 모든 목표 플랫폼에서 코드를 돌려라.

코드에 보조 코드instrument**를 넣어 돌려라. 강제로 실패를 일으키게 해보라**

흔히 스레드 코드는 오류를 찾기가 쉽지 않다. 간단한 테스트로는 버그가 드러나지 않는다. 아니, 대개 일상적인 상황에서는 아무 문제도 없다. 몇 시간, 며칠, 혹은 몇 주가 지나서야 한 번씩 모습을 드러낸다.

스레드 버그가 산발적이고 우발적이고 재현이 어려운 이유는 코드가 실행되는 수천 가지 경로 중에 아주 소수만 실패하기 때문이다. 즉, 실패하는 경로가 실행될 확률은 극도로 저조하다. 그래서 버그를 발견하고 찾아내기가 아주 어렵다.

이렇듯 드물게 발생하는 오류를 좀 더 자주 일으킬 방법은 없을까? 보조 코드를 추가해 코드가 실행되는 순서를 바꿔준다. 예를 들어, Object.wait(), Object.sleep(), Object.yield(), Object.priority() 등과 같은 메서드를 추가해 코드를 다양한 순서로 실행한다.

각 메서드는 스레드가 실행되는 순서에 영향을 미친다. 따라서 버그가 드러날 가능성도 높아진다. 잘못된 코드라면 가능한 초반에 그리고 가능한 자주 실패하는 편이 좋다.

코드에 보조 코드를 추가하는 방법은 두 가지다.

- 직접 구현하기
- 자동화

---

[18] 자바 스레드 모델은 선점형(preemptive) 스레드 스케줄링을 보장하지 않는다는 사실을 아는가? 현대적인 OS는 선점형 스레드 스케줄링을 지원하므로 기능을 '공짜'로 얻는다. 그럼에도 JVM은 선점형 스레드 스케줄링을 보장하지 않는다.

직접 구현하기

코드에다 직접 wait(), sleep(), yield(), priority() 함수를 추가한다. 특별히 까다로운 코드를 테스트할 때 적합하다.

다음은 코드에 보조 코드를 직접 추가한 예다.

```
public synchronized String nextUrlOrNull() {
  if(hasNext()) {
    String url = urlGenerator.next();
    Thread.yield(); // 테스트를 위해 추가되었다.
    updateHasNext();
    return url;
  }
  return null;
}
```

yield()를 삽입하면 코드가 실행되는 경로가 바뀐다. 그래서 이전에 실패하지 않았던 코드가 실패할 가능성을 열어준다. 코드가 실패한다면 yield()를 추가했기 때문이 아니다.[19] 원래 잘못된 코드인데 증거가 드러났을 뿐이다.

이 방법에는 여러 가지 문제가 있다.

- 보조 코드를 삽입할 적정 위치를 직접 찾아야 한다.
- 어떤 함수를 어디서 호출해야 적당한지 어떻게 알까?
- 배포 환경에 보조 코드를 그대로 남겨두면 프로그램 성능이 떨어진다.
- 무작위적이다. 오류가 드러날지도 모르고 드러나지 않을지도 모른다. 사실상 드러나지 않을 확률이 더 높다.

배포 환경이 아니라 테스트 환경에서 보조 코드를 실행할 방법이 필요하다. 실행할 때마다 설정을 바꿔줄 방법도 필요하다. 그래야 전체적으로 오류가 드러날 확률이 높아진다.

확실히 스레드를 전혀 모르는 POJO와 스레드를 제어하는 클래스로 프로그램을 분할하면 보조 코드를 추가할 위치를 찾기가 쉬워진다. 게다가 여러 상황에서 sleep, yield 등으로 POJO를 호출하게 다양한 테스트 지그[19]를 구현할 수도 있다.

---

[19] 항상 참은 아니다. JVM은 선점형 스레드 스케줄링을 지원하지 않는다. 따라서 선점형 스레드 스케줄링을 지원하지 않는 OS에서 코드가 문제 없이 돌아갈지도 모른다. 이유는 다르지만 반대 상황 역시 가능하다.

자동화

보조 코드를 자동으로 추가하려면 AOF^{Aspect-Oriented Framework}, CGLIB, ASM 등과 같은 도구를 사용한다. 예를 들어, 다음은 메서드가 하나인 클래스다.

```
public class ThreadJigglePoint {
  public static void jiggle() {
  }
}
```

여기서 다양한 위치에 ThreadJigglePoint.jiggle() 호출을 추가한다.

```
public synchronized String nextUrlOrNull() {
  if(hasNext()) {
    ThreadJigglePoint.jiggle();
    String url = urlGenerator.next();
    ThreadJigglePoint.jiggle();
    updateHasNext();
    ThreadJigglePoint.jiggle();
    return url;
  }
  return null;
}
```

ThreadJigglePoint.jiggle() 호출은 무작위로 sleep이나 yield를 호출한다. 때로는 아무 동작^{nop}도 하지 않는다.

    ThreadJigglePoint 클래스를 두 가지로 구현하면 편리하다. 하나는 jiggle() 메서드를 비워두고 배포 환경에서 사용한다. 다른 하나는 무작위로 nop, sleep이나 yield 등을 테스트 환경에서 수행한다. 둘째 구현으로 테스트를 수천 번 실행하면 스레드 오류가 드러날지 모른다. 코드가 수천 번에 이르는 테스트를 통과한다면 나름대로 할 만큼 했다고 말해도 되겠다. 조금 단순한 방법이긴 하지만, 좀 더 복잡한 도구를 사용하기 어렵다면 합리적인 대안으로 나쁘지는 않다.

    IBM이 개발한 ConTest[20]라는 도구가 있는데, 유사하게 동작하지만 좀 더 복잡하다.

    코드를 흔드는^{jiggle} 이유는 스레드를 매번 다른 순서로 실행하기 위해서다. 좋은 테스트 케이스와 흔들기^{jiggling} 기법은 오류가 드러날 확률을 크게 높여준다.

---

20 440쪽 부록 A의 "스레드 코드 테스트를 도와주는 도구"를 참조.

권장사항: 흔들기 기법을 사용해 오류를 찾아내라.

결론

다중 스레드 코드는 올바로 구현하기 어렵다. 간단했던 코드가 여러 스레드와 공유 자료를 추가하면서 악몽으로 변한다. 다중 스레드 코드를 작성한다면 각별히 깨끗하게 코드를 짜야 한다. 주의하지 않으면 희귀하고 오묘한 오류에 직면하게 된다.

무엇보다 먼저, SRP^{Single Responsibility Principle}를 준수한다. POJO를 사용해 스레드를 아는 코드와 스레드를 모르는 코드를 분리한다. 스레드 코드를 테스트할 때는 전적으로 스레드만 테스트한다. 즉, 스레드 코드는 최대한 집약되고 작아야 한다는 의미다.

동시성 오류를 일으키는 잠정적인 원인을 철저히 이해한다. 예를 들어, 여러 스레드가 공유 자료를 조작하거나 자원 풀을 공유할 때 동시성 오류가 발생한다. 루프 반복을 끝내거나 프로그램을 깔끔하게 종료하는 등 경계 조건의 경우가 까다로우므로 특히 주의한다.

사용하는 라이브러리와 기본 알고리즘을 이해한다. 특정 라이브러리 기능이 기본 알고리즘과 유사한 어떤 문제를 어떻게 해결하는지 파악한다.

보호할 코드 영역을 찾아내는 방법과 특정 코드 영역을 잠그는 방법을 이해한다. 잠글 필요가 없는 코드는 잠그지 않는다. 잠긴 영역에서 다른 잠긴 영역을 호출하지 않는다. 그러려면 공유하는 정보와 공유하지 않는 정보를 제대로 이해해야 한다. 공유하는 객체 수와 범위를 최대한 줄인다. 클라이언트에게 공유 상태를 관리하는 책임을 떠넘기지 않는다. 필요하다면 객체 설계를 변경해 클라이언트에게 편의를 제공한다.

어떻게든 문제는 생긴다. 초반에 드러나지 않는 문제는 일회성으로 치부해 무시하기 십상이다. 소위 일회성 문제는 대개 시스템에 부하가 걸릴 때나 아니면 뜬금없이 발생한다. 그러므로 스레드 코드는 많은 플랫폼에서 많은 설정으로 반복해서 계속 테스트해야 한다. 테스트 용이성은 TDD^{Test Driven Development} 3대 규칙을 따르면 자연히 얻어진다. 테스트 용이성은 또한 좀 더 넓은 설정 범위에서 코드를 수행하기 위해 필요한 기능을 제공하는 플러그인 수준을 의미한다.

시간을 들여 보조 코드를 추가하면 오류가 드러날 가능성이 크게 높아진다. 직접 구현해도 괜찮고 몇 가지 자동화 기술을 사용해도 괜찮다. 초반부터 보조 코드를 고려한다. 스레드 코드는 출시하기 전까지 최대한 오랫동안 돌려봐야 한다.

깔끔한 접근 방식을 취한다면 코드가 올바로 돌아갈 가능성이 극적으로 높아진다.

참고 문헌

[Lea99]: *Concurrent Programming in Java: Design Principles and Patterns*, 2d. ed., Doug Lea, Prentice Hall, 1999.[21]

[PPP]: *Agile Software Development: Principles, Patterns, and Practices*, Robert C. Martin, Prentice Hall, 2002.[22]

[PRAG]: *The Pragmatic Programmer*, Andrew Hunt, Dave Thomas, Addison-Wesley, 2000.[23]

---

[21] (옮긴이) 번역서는 『자바 병행 프로그래밍 디자인 원리와 패턴』(2003 성안당, 최용호 옮김)이다.
[22] (옮긴이) 번역서는 『소프트웨어 개발의 지혜 』(2004 야스미디어, 이용원 외 옮김)이다.
[23] (옮긴이) 번역서는 『실용주의 프로그래머』(2006 인사이트, 김창준 정지호 옮김)이다.

점진적인 개선

명령행 인수 구문분석기 사례 연구

07 Clean Code

이 장은 점진적인 개선을 보여주는 사례 연구다. 우선, 출발은 좋았으나 확장성이 부족했던 모듈을 소개한다. 그런 다음, 모듈을 개선하고 정리하는 단계를 살펴본다.

프로그램을 짜다 보면 종종 명령행 인수의 구문을 분석할 필요가 생긴다. 편리한 유틸리티가 없다면 main 함수로 넘어오는 문자열 배열을 직접 분석하게 된다. 여러 가지 훌륭한 유틸리티가 있지만 내 사정에 딱 맞는 유틸리티가 없다면? 물론 직접 짜겠다고 결심한다. 새로 짤 유틸리티를 Args라 부르겠다.

Args는 사용법이 간단하다. Args 생성자에 (입력으로 들어온) 인수 문자열과 형식 문자열을 넘겨 Args 인스턴스를 생성한 후 Args 인스턴스에다 인수 값을 질의한다. 다음 간단한 예를 살펴보자.

목록 14-1 간단한 Args 사용법

```
public static void main(String[] args) {
  try {
    Args arg = new Args("l,p#,d*", args);
    boolean logging = arg.getBoolean('l');
    int port = arg.getInt('p');
    String directory = arg.getString('d');
    executeApplication(logging, port, directory);
  } catch (ArgsException e) {
    System.out.printf("Argument error: %s\n", e.errorMessage());
  }
}
```

사용법이 아주 간단하다는 사실이 분명히 드러난다. 매개변수 두 개로 Args 클래스의 인스턴스를 만들었을 뿐이다. 첫째 매개변수는 형식 또는 스키마를 지정하는 "l,p#,d*."다. 이 문자열은 명령행 인수 세 개를 정의한다. 첫 번째 -l은 부울 인수다. 두 번째 -p는 정수 인수다. 세 번째 -d는 문자열 인수다. Args 생성자로 넘긴 둘째 매개변수는 main으로 넘어온 명령행 인수 배열 자체다.

생성자에서 ArgsException이 발생하지 않는다면 명령행 인수의 구문을 성공적으로 분석했으며 Args 인스턴스에 질의를 던져도 좋다는 말이다. 인수 값을 가져오려면 getBoolean, getInteger, getString 등과 같은 메서드를 사용한다.

형식 문자열이나 명령행 인수 자체에 문제가 있다면 ArgsException이 발생한다. 구체적인 오류를 알아내려면 예외가 제공하는 errorMessage 메서드를 사용한다.

Args 구현

목록 14-2는 Args 클래스다. 아주 주의 깊게 읽어보기 바란다. 스타일과 구조에 신경을 썼으므로 흉내 낼 가치가 있다고 믿는다.

목록 14-2 Args.java

```java
package com.objectmentor.utilities.args;

import static com.objectmentor.utilities.args.ArgsException.ErrorCode.*;
import java.util.*;

public class Args {
  private Map<Character, ArgumentMarshaler> marshalers;
  private Set<Character> argsFound;
  private ListIterator<String> currentArgument;

  public Args(String schema, String[] args) throws ArgsException {
    marshalers = new HashMap<Character, ArgumentMarshaler>();
    argsFound = new HashSet<Character>();

    parseSchema(schema);
    parseArgumentStrings(Arrays.asList(args));
  }

  private void parseSchema(String schema) throws ArgsException {
    for (String element : schema.split(","))
      if (element.length() > 0)
        parseSchemaElement(element.trim());
  }

  private void parseSchemaElement(String element) throws ArgsException {
    char elementId = element.charAt(0);
    String elementTail = element.substring(1);
    validateSchemaElementId(elementId);
    if (elementTail.length() == 0)
      marshalers.put(elementId, new BooleanArgumentMarshaler());
    else if (elementTail.equals("*"))
      marshalers.put(elementId, new StringArgumentMarshaler());
```

```
      else if (elementTail.equals("#"))
        marshalers.put(elementId, new IntegerArgumentMarshaler());
      else if (elementTail.equals("##"))
        marshalers.put(elementId, new DoubleArgumentMarshaler());
      else if (elementTail.equals("[*]"))
        marshalers.put(elementId, new StringArrayArgumentMarshaler());
      else
        throw new ArgsException(INVALID_ARGUMENT_FORMAT, elementId, elementTail);
  }

  private void validateSchemaElementId(char elementId) throws ArgsException {
    if (!Character.isLetter(elementId))
      throw new ArgsException(INVALID_ARGUMENT_NAME, elementId, null);
  }

  private void parseArgumentStrings(List<String> argsList) throws ArgsException
  {
    for (currentArgument = argsList.listIterator(); currentArgument.hasNext();)
    {
      String argString = currentArgument.next();
      if (argString.startsWith("-")) {
        parseArgumentCharacters(argString.substring(1));
      } else {
        currentArgument.previous();
        break;
      }
    }
  }

  private void parseArgumentCharacters(String argChars) throws ArgsException {
    for (int i = 0; i < argChars.length(); i++)
      parseArgumentCharacter(argChars.charAt(i));
  }

  private void parseArgumentCharacter(char argChar) throws ArgsException {
    ArgumentMarshaler m = marshalers.get(argChar);
    if (m == null) {
      throw new ArgsException(UNEXPECTED_ARGUMENT, argChar, null);
    } else {
      argsFound.add(argChar);
      try {
        m.set(currentArgument);
      } catch (ArgsException e) {
```

```java
          e.setErrorArgumentId(argChar);
          throw e;
        }
      }
    }
  }

  public boolean has(char arg) {
    return argsFound.contains(arg);
  }

  public int nextArgument() {
    return currentArgument.nextIndex();
  }

  public boolean getBoolean(char arg) {
    return BooleanArgumentMarshaler.getValue(marshalers.get(arg));
  }

  public String getString(char arg) {
    return StringArgumentMarshaler.getValue(marshalers.get(arg));
  }

  public int getInt(char arg) {
    return IntegerArgumentMarshaler.getValue(marshalers.get(arg));
  }

  public double getDouble(char arg) {
    return DoubleArgumentMarshaler.getValue(marshalers.get(arg));
  }

  public String[] getStringArray(char arg) {
    return StringArrayArgumentMarshaler.getValue(marshalers.get(arg));
  }
}
```

여기저기 뒤적일 필요 없이 위에서 아래로 코드가 읽힌다는 사실에 주목한다. 한 가지 먼저 읽어볼 코드가 있다면 ArgumentMarshaler 정의인데, 이 코드는 일부러 빼놓았다. 코드를 주의 깊게 읽었다면 ArgumentMarshaler 인터페이스가 무엇이며 파생 클래스가 무슨 기능을 하는지 이해하리라. 목록 14-3에서 목록 14-6까지는 ArgumentMarshaler 인터페이스와 파생 클래스다.

목록 14-3 ArgumentMarshaler.java

```java
public interface ArgumentMarshaler {
  void set(Iterator<String> currentArgument) throws ArgsException;
}
```

목록 14-4 BooleanArgumentMarshaler.java

```java
public class BooleanArgumentMarshaler implements ArgumentMarshaler {
  private boolean booleanValue = false;

  public void set(Iterator<String> currentArgument) throws ArgsException {
    booleanValue = true;
  }

  public static boolean getValue(ArgumentMarshaler am) {
    if (am != null && am instanceof BooleanArgumentMarshaler)
      return ((BooleanArgumentMarshaler) am).booleanValue;
    else
      return false;
  }
}
```

목록 14-5 StringArgumentMarshaler.java

```java
import static com.objectmentor.utilities.args.ArgsException.ErrorCode.*;

public class StringArgumentMarshaler implements ArgumentMarshaler {
  private String stringValue = "";

  public void set(Iterator<String> currentArgument) throws ArgsException {
    try {
      stringValue = currentArgument.next();
    } catch (NoSuchElementException e) {
      throw new ArgsException(MISSING_STRING);
    }
  }

  public static String getValue(ArgumentMarshaler am) {
    if (am != null && am instanceof StringArgumentMarshaler)
      return ((StringArgumentMarshaler) am).stringValue;
    else
      return "";
  }
}
```

목록 14-6 IntegerArgumentMarshaler.java

```java
import static com.objectmentor.utilities.args.ArgsException.ErrorCode.*;

public class IntegerArgumentMarshaler implements ArgumentMarshaler {
  private int intValue = 0;

  public void set(Iterator<String> currentArgument) throws ArgsException {
    String parameter = null;
    try {
      parameter = currentArgument.next();
      intValue = Integer.parseInt(parameter);
    } catch (NoSuchElementException e) {
      throw new ArgsException(MISSING_INTEGER);
    } catch (NumberFormatException e) {
      throw new ArgsException(INVALID_INTEGER, parameter);
    }
  }

  public static int getValue(ArgumentMarshaler am) {
    if (am != null && am instanceof IntegerArgumentMarshaler)
      return ((IntegerArgumentMarshaler) am).intValue;
    else
      return 0;
  }
}
```

나머지 DoubleArgumentMarshaler와 StringArrayArgumentMarshaler는 다른 파생 클래스와 똑같은 패턴이므로 코드를 생략한다. 연습 문제로 독자에게 남기겠다.

한 가지가 눈에 거슬릴지 모르겠다. 바로 오류 코드 상수를 정의하는 부분이다. 목록 14-7을 살펴본다.

목록 14-7 ArgsException.java

```java
import static com.objectmentor.utilities.args.ArgsException.ErrorCode.*;

public class ArgsException extends Exception {
  private char errorArgumentId = '\0';
  private String errorParameter = null;
  private ErrorCode errorCode = OK;
```

```java
public ArgsException() {}

public ArgsException(String message) {super(message);}

public ArgsException(ErrorCode errorCode) {
  this.errorCode = errorCode;
}

public ArgsException(ErrorCode errorCode, String errorParameter) {
  this.errorCode = errorCode;
  this.errorParameter = errorParameter;
}

public ArgsException(ErrorCode errorCode,
                     char errorArgumentId, String errorParameter) {
  this.errorCode = errorCode;
  this.errorParameter = errorParameter;
  this.errorArgumentId = errorArgumentId;
}

public char getErrorArgumentId() {
  return errorArgumentId;
}

public void setErrorArgumentId(char errorArgumentId) {
  this.errorArgumentId = errorArgumentId;
}

public String getErrorParameter() {
  return errorParameter;
}

public void setErrorParameter(String errorParameter) {
  this.errorParameter = errorParameter;
}

public ErrorCode getErrorCode() {
  return errorCode;
}

public void setErrorCode(ErrorCode errorCode) {
  this.errorCode = errorCode;
}
```

```
  public String errorMessage() {
    switch (errorCode) {
      case OK:
        return "TILT: Should not get here.";
      case UNEXPECTED_ARGUMENT:
        return String.format("Argument -%c unexpected.", errorArgumentId);
      case MISSING_STRING:
        return String.format("Could not find string parameter for -%c.",
                             errorArgumentId);
      case INVALID_INTEGER:
        return String.format("Argument -%c expects an integer but was '%s'.",
                             errorArgumentId, errorParameter);
      case MISSING_INTEGER:
        return String.format("Could not find integer parameter for -%c.",
                             errorArgumentId);
      case INVALID_DOUBLE:
        return String.format("Argument -%c expects a double but was '%s'.",
                             errorArgumentId, errorParameter);
      case MISSING_DOUBLE:
        return String.format("Could not find double parameter for -%c.",
                             errorArgumentId);
      case INVALID_ARGUMENT_NAME:
        return String.format("'%c' is not a valid argument name.",
                             errorArgumentId);
      case INVALID_ARGUMENT_FORMAT:
        return String.format("'%s' is not a valid argument format.",
                             errorParameter);
    }
    return "";
  }

  public enum ErrorCode {
    OK, INVALID_ARGUMENT_FORMAT, UNEXPECTED_ARGUMENT,
    INVALID_ARGUMENT_NAME,
    MISSING_STRING,
    MISSING_INTEGER, INVALID_INTEGER,
    MISSING_DOUBLE, INVALID_DOUBLE}
}
```

이처럼 단순한 개념을 구현하는데 코드가 너무 많이 필요해 놀랄지도 모르겠다. 한 가지 이유는 우리가 장황한 언어인 자바를 사용하는 탓이다. 자바는 정적 타입 언어라서 타입 시스템을 만족하려면 많은 단어가 필요하다. 루비, 파이썬, 스

몰토크 등과 같은 언어를 사용했다면 프로그램이 훨씬 작아졌으리라.[1]

코드를 한 번 더 읽어보기 바란다. 이름을 붙인 방법, 함수 크기, 코드 형식에 각별히 주목한다. 노련한 프로그래머라면 여기저기 자잘한 구조나 스타일이 거슬릴지 모르겠지만 전반적으로 깔끔한 구조에 잘 짜인 프로그램으로 여겨주면 좋겠다.

예를 들어, 날짜 인수나 복소수 인수 등 새로운 인수 유형을 추가하는 방법이 명백하다. 고칠 코드도 별로 없다. 간단히 설명하자면, ArgumentMarshaler에서 새 클래스를 파생해 getXXX 함수를 추가한 후 parseSchemaElement 함수에 새 case 문만 추가하면 끝이다. 필요하다면 새 ArgsException.ErrorCode를 만들고 새 오류 메시지를 추가한다.

어떻게 짰느냐고?

일단 진정하기 바란다. 나는 위 프로그램을 처음부터 저렇게 구현하지 않았다. 더욱 중요하게는 여러분이 깨끗하고 우아한 프로그램을 한 방에 뚝딱 내놓으리라 기대하지 않는다. 지난 수십여 년 동안 쌓아온 경험에서 얻은 교훈이라면, 프로그래밍은 과학보다 공예craft에 가깝다는 사실이다. 깨끗한 코드를 짜려면 먼저 지저분한 코드를 짠 뒤에 정리해야 한다는 의미다.

처음 듣는 이야기가 아니라고 생각한다. 초등학교 시절 선생님들도 (대개 허사였지만) 작문할 때 초안부터 쓰라고 하셨다. 먼저 1차 초안을 쓰고, 그 초안을 고쳐 2차 초안을 만들고, 계속 고쳐 최종안을 만들라 말씀하셨다. 깔끔한 작품을 내놓으려면 단계적으로 개선해야 한다고 가르치려 애쓰셨다.

대다수 신참 프로그래머는 (대다수 초딩과 마찬가지로) 이 충고를 충실히 따르지 않는다. 그들은 무조건 돌아가는 프로그램을 목표로 잡는다. 일단 프로그램이 '돌아가면' 다음 업무로 넘어간다. '돌아가는' 프로그램은 그 상태가 어떻든 그대로 버려둔다. 경험이 풍부한 전문 프로그래머라면 이런 행동이 전문가로서 자살 행위라는 사실을 잘 안다.

---

1 최근에 같은 모듈을 루비로 다시 짰다. 크기는 1/7로 줄었고 구조도 약간 나아졌다.
 (옮긴이) Args의 루비 버전은 https://github.com/unclebob/rubyargs/tree/master 참고.

Args: 1차 초안

목록 14-8은 내가 맨 처음 짰던 Args 클래스다. 코드는 '돌아가지만' 엉망이다.

목록 14-8 Args.java (1차 초안)

```java
import java.text.ParseException;
import java.util.*;

public class Args {
  private String schema;
  private String[] args;
  private boolean valid = true;
  private Set<Character> unexpectedArguments = new TreeSet<Character>();
  private Map<Character, Boolean> booleanArgs =
    new HashMap<Character, Boolean>();
  private Map<Character, String> stringArgs = new HashMap<Character, String>();
  private Map<Character, Integer> intArgs = new HashMap<Character, Integer>();
  private Set<Character> argsFound = new HashSet<Character>();
  private int currentArgument;
  private char errorArgumentId = '\0';
  private String errorParameter = "TILT";
  private ErrorCode errorCode = ErrorCode.OK;

  private enum ErrorCode {
    OK, MISSING_STRING, MISSING_INTEGER, INVALID_INTEGER, UNEXPECTED_ARGUMENT}

  public Args(String schema, String[] args) throws ParseException {
    this.schema = schema;
    this.args = args;
    valid = parse();
  }

  private boolean parse() throws ParseException {
    if (schema.length() == 0 && args.length == 0)
      return true;
    parseSchema();
    try {
      parseArguments();
    } catch (ArgsException e) {
    }
    return valid;
  }
```

```
  private boolean parseSchema() throws ParseException {
    for (String element : schema.split(",")) {
      if (element.length() > 0) {
        String trimmedElement = element.trim();
        parseSchemaElement(trimmedElement);
      }
    }
    return true;
  }

  private void parseSchemaElement(String element) throws ParseException {
    char elementId = element.charAt(0);
    String elementTail = element.substring(1);
    validateSchemaElementId(elementId);
    if (isBooleanSchemaElement(elementTail))
      parseBooleanSchemaElement(elementId);
    else if (isStringSchemaElement(elementTail))
      parseStringSchemaElement(elementId);
    else if (isIntegerSchemaElement(elementTail)) {
      parseIntegerSchemaElement(elementId);
    } else {
      throw new ParseException(
        String.format("Argument: %c has invalid format: %s.",
                      elementId, elementTail), 0);
    }
  }

  private void validateSchemaElementId(char elementId) throws ParseException {
    if (!Character.isLetter(elementId)) {
      throw new ParseException(
        "Bad character:" + elementId + "in Args format: " + schema, 0);
    }
  }

  private void parseBooleanSchemaElement(char elementId) {
    booleanArgs.put(elementId, false);
  }

  private void parseIntegerSchemaElement(char elementId) {
    intArgs.put(elementId, 0);
  }

  private void parseStringSchemaElement(char elementId) {
```

```java
      stringArgs.put(elementId, "");
  }

  private boolean isStringSchemaElement(String elementTail) {
    return elementTail.equals("*");
  }

  private boolean isBooleanSchemaElement(String elementTail) {
    return elementTail.length() == 0;
  }

  private boolean isIntegerSchemaElement(String elementTail) {
    return elementTail.equals("#");
  }

  private boolean parseArguments() throws ArgsException {
    for (currentArgument = 0; currentArgument < args.length; currentArgument++)
    {
      String arg = args[currentArgument];
      parseArgument(arg);
    }
    return true;
  }

  private void parseArgument(String arg) throws ArgsException {
    if (arg.startsWith("-"))
      parseElements(arg);
  }

  private void parseElements(String arg) throws ArgsException {
    for (int i = 1; i < arg.length(); i++)
      parseElement(arg.charAt(i));
  }

  private void parseElement(char argChar) throws ArgsException {
    if (setArgument(argChar))
      argsFound.add(argChar);
    else {
      unexpectedArguments.add(argChar);
      errorCode = ErrorCode.UNEXPECTED_ARGUMENT;
      valid = false;
    }
  }
```

```
private boolean setArgument(char argChar) throws ArgsException {
  if (isBooleanArg(argChar))
    setBooleanArg(argChar, true);
  else if (isStringArg(argChar))
    setStringArg(argChar);
  else if (isIntArg(argChar))
    setIntArg(argChar);
  else
    return false;

  return true;
}

private boolean isIntArg(char argChar) {return intArgs.containsKey(argChar);}

private void setIntArg(char argChar) throws ArgsException {
  currentArgument++;
  String parameter = null;
  try {
    parameter = args[currentArgument];
    intArgs.put(argChar, new Integer(parameter));
  } catch (ArrayIndexOutOfBoundsException e) {
    valid = false;
    errorArgumentId = argChar;
    errorCode = ErrorCode.MISSING_INTEGER;
    throw new ArgsException();
  } catch (NumberFormatException e) {
    valid = false;
    errorArgumentId = argChar;
    errorParameter = parameter;
    errorCode = ErrorCode.INVALID_INTEGER;
    throw new ArgsException();
  }
}

private void setStringArg(char argChar) throws ArgsException {
  currentArgument++;
  try {
    stringArgs.put(argChar, args[currentArgument]);
  } catch (ArrayIndexOutOfBoundsException e) {
    valid = false;
    errorArgumentId = argChar;
    errorCode = ErrorCode.MISSING_STRING;
```

```java
      throw new ArgsException();
    }
  }

  private boolean isStringArg(char argChar) {
    return stringArgs.containsKey(argChar);
  }

  private void setBooleanArg(char argChar, boolean value) {
    booleanArgs.put(argChar, value);
  }

  private boolean isBooleanArg(char argChar) {
    return booleanArgs.containsKey(argChar);
  }

  public int cardinality() {
    return argsFound.size();
  }

  public String usage() {
    if (schema.length() > 0)
      return "-[" + schema + "]";
    else
      return "";
  }

  public String errorMessage() throws Exception {
    switch (errorCode) {
      case OK:
        throw new Exception("TILT: Should not get here.");
      case UNEXPECTED_ARGUMENT:
        return unexpectedArgumentMessage();
      case MISSING_STRING:
        return String.format("Could not find string parameter for -%c.",
                             errorArgumentId);
      case INVALID_INTEGER:
        return String.format("Argument -%c expects an integer but was '%s'.
                             errorArgumentId, errorParameter);
      case MISSING_INTEGER:
        return String.format("Could not find integer parameter for -%c.",
                             errorArgumentId);
  }
```

```java
      return "";
    }

    private String unexpectedArgumentMessage() {
      StringBuffer message = new StringBuffer("Argument(s) -");
      for (char c : unexpectedArguments) {
        message.append(c);
      }
      message.append(" unexpected.");

      return message.toString();
    }

    private boolean falseIfNull(Boolean b) {
      return b != null && b;
    }

    private int zeroIfNull(Integer i) {
      return i == null ? 0 : i;
    }

    private String blankIfNull(String s) {
      return s == null ? "" : s;
    }

    public String getString(char arg) {
      return blankIfNull(stringArgs.get(arg));
    }

    public int getInt(char arg) {
      return zeroIfNull(intArgs.get(arg));
    }

    public boolean getBoolean(char arg) {
      return falseIfNull(booleanArgs.get(arg));
    }

    public boolean has(char arg) {
      return argsFound.contains(arg);
    }

    public boolean isValid() {
      return valid;
```

```
  }

  private class ArgsException extends Exception {
  }
}
```

이처럼 지저분한 코드를 보고 처음 든 생각이 "저자가 그냥 버려두지 않아서 진짜 다행이야!"이기 바란다. 만약 그렇다면 자신이 대충 짜서 남겨둔 코드를 남들이 어떻게 느낄지 생각하기 바란다.

사실 '1차 초안'은 낯 뜨거운 표현이다. 목록 14-8은 명백히 미완성이다. 인스턴스 변수 개수만도 압도적이다. 'TILT'와 같은 희한한 문자열, HashSets와 TreeSets, try-catch-catch 블록 등 모두가 지저분한 코드에 기여하는 요인이다.

처음부터 지저분한 코드를 짜려는 생각은 없었다. 실제로도 코드를 어느 정도 손보려 애썼다. 함수 이름이나 변수 이름을 선택한 방식, 어설프지만 나름대로 구조가 있다는 사실 등이 내 노력의 증거다. 하지만 어느 순간 프로그램은 내 손을 벗어났다.

코드는 조금씩 엉망이 되어갔다. 첫 버전은 이만큼 엉망이지 않았다. 예를 들어, 목록 14-9는 Boolean 인수만 지원하던 초기 버전이다.

목록 14-9 Args.java (Boolean만 지원하는 버전)

```java
package com.objectmentor.utilities.getopts;

import java.util.*;

public class Args {
  private String schema;
  private String[] args;
  private boolean valid;
  private Set<Character> unexpectedArguments = new TreeSet<Character>();
  private Map<Character, Boolean> booleanArgs =
    new HashMap<Character, Boolean>();
  private int numberOfArguments = 0;

  public Args(String schema, String[] args) {
    this.schema = schema;
    this.args = args;
    valid = parse();
```

```
  }

  public boolean isValid() {
    return valid;
  }

  private boolean parse() {
    if (schema.length() == 0 && args.length == 0)
      return true;
    parseSchema();
    parseArguments();
    return unexpectedArguments.size() == 0;
  }

  private boolean parseSchema() {
    for (String element : schema.split(",")) {
      parseSchemaElement(element);
    }
    return true;
  }

  private void parseSchemaElement(String element) {
    if (element.length() == 1) {
      parseBooleanSchemaElement(element);
    }
  }

  private void parseBooleanSchemaElement(String element) {
    char c = element.charAt(0);
    if (Character.isLetter(c)) {
      booleanArgs.put(c, false);
    }
  }

  private boolean parseArguments() {
    for (String arg : args)
      parseArgument(arg);
    return true;
  }

  private void parseArgument(String arg) {
    if (arg.startsWith("-"))
      parseElements(arg);
```

```
  }

  private void parseElements(String arg) {
    for (int i = 1; i < arg.length(); i++)
      parseElement(arg.charAt(i));
  }

  private void parseElement(char argChar) {
    if (isBoolean(argChar)) {
      numberOfArguments++;
      setBooleanArg(argChar, true);
    } else
      unexpectedArguments.add(argChar);
  }

  private void setBooleanArg(char argChar, boolean value) {
    booleanArgs.put(argChar, value);
  }

  private boolean isBoolean(char argChar) {
    return booleanArgs.containsKey(argChar);
  }

  public int cardinality() {
    return numberOfArguments;
  }

  public String usage() {
    if (schema.length() > 0)
      return "-["+schema+"]";
    else
      return "";
  }

  public String errorMessage() {
    if (unexpectedArguments.size() > 0) {
      return unexpectedArgumentMessage();
    } else
      return "";
  }

  private String unexpectedArgumentMessage() {
    StringBuffer message = new StringBuffer("Argument(s) -");
```

```
      for (char c : unexpectedArguments) {
        message.append(c);
      }
      message.append(" unexpected.");

      return message.toString();
    }

    public boolean getBoolean(char arg) {
      return booleanArgs.get(arg);
    }
  }
```

위 코드도 불평 거리가 많겠지만 나름대로 괜찮은 코드다. 간결하고 단순하며 이해하기도 쉽다. 하지만 코드를 잘 살펴보면 나중에 엉망으로 변해갈 씨앗이 보인다. 코드가 점차 지저분해진 이유가 분명히 드러난다.

뒤에 나올 코드는 위 코드에 String과 Integer라는 인수 유형 두 개만 추가했을 뿐이라는 사실에 주목한다. 인수 유형 두 개만 더했을 뿐인데 코드가 엄청나게 지저분해졌다. 유지와 보수가 적당히 수월했던 코드가 버그와 결함이 숨어있을 지도 모른다는 상당히 의심스러운 코드로 뒤바뀌어버렸다.

나는 두 인수 유형을 단계적으로 추가했다. 먼저 String 인수 유형을 추가해 다음 코드를 얻었다.

목록 14-10 Args.java (Boolean과 String)

```java
package com.objectmentor.utilities.getopts;

import java.text.ParseException;
import java.util.*;

public class Args {
  private String schema;
  private String[] args;
  private boolean valid = true;
  private Set<Character> unexpectedArguments = new TreeSet<Character>();
  private Map<Character, Boolean> booleanArgs =
    new HashMap<Character, Boolean>();
  private Map<Character, String> stringArgs =
    new HashMap<Character, String>();
```

```java
  private Set<Character> argsFound = new HashSet<Character>();
  private int currentArgument;
  private char errorArgument = '\0';

  enum ErrorCode {
    OK, MISSING_STRING}

  private ErrorCode errorCode = ErrorCode.OK;

  public Args(String schema, String[] args) throws ParseException {
    this.schema = schema;
    this.args = args;
    valid = parse();
  }

  private boolean parse() throws ParseException {
    if (schema.length() == 0 && args.length == 0)
      return true;
    parseSchema();
    parseArguments();
    return valid;
  }

  private boolean parseSchema() throws ParseException {
    for (String element : schema.split(",")) {
      if (element.length() > 0) {
        String trimmedElement = element.trim();
        parseSchemaElement(trimmedElement);
      }
    }
    return true;
  }

  private void parseSchemaElement(String element) throws ParseException {
    char elementId = element.charAt(0);
    String elementTail = element.substring(1);
    validateSchemaElementId(elementId);
    if (isBooleanSchemaElement(elementTail))
      parseBooleanSchemaElement(elementId);
    else if (isStringSchemaElement(elementTail))
      parseStringSchemaElement(elementId);
  }
```

14장 점진적인 개선　　265

```java
  private void validateSchemaElementId(char elementId) throws ParseException {
    if (!Character.isLetter(elementId)) {
      throw new ParseException(
        "Bad character:" + elementId + "in Args format: " + schema, 0);
    }
  }

  private void parseStringSchemaElement(char elementId) {
    stringArgs.put(elementId, "");
  }

  private boolean isStringSchemaElement(String elementTail) {
    return elementTail.equals("*");
  }

  private boolean isBooleanSchemaElement(String elementTail) {
    return elementTail.length() == 0;
  }

  private void parseBooleanSchemaElement(char elementId) {
    booleanArgs.put(elementId, false);
  }

  private boolean parseArguments() {
    for (currentArgument = 0; currentArgument < args.length; currentArgument++)
    {
      String arg = args[currentArgument];
      parseArgument(arg);
    }
    return true;
  }

  private void parseArgument(String arg) {
    if (arg.startsWith("-"))
      parseElements(arg);
  }

  private void parseElements(String arg) {
    for (int i = 1; i < arg.length(); i++)
      parseElement(arg.charAt(i));
  }

  private void parseElement(char argChar) {
```

```java
    if (setArgument(argChar))
      argsFound.add(argChar);
    else {
      unexpectedArguments.add(argChar);
      valid = false;
    }
  }
}

private boolean setArgument(char argChar) {
  boolean set = true;
  if (isBoolean(argChar))
    setBooleanArg(argChar, true);
  else if (isString(argChar))
    setStringArg(argChar, "");
  else
    set = false;

  return set;
}

private void setStringArg(char argChar, String s) {
  currentArgument++;
  try {
    stringArgs.put(argChar, args[currentArgument]);
  } catch (ArrayIndexOutOfBoundsException e) {
    valid = false;
    errorArgument = argChar;
    errorCode = ErrorCode.MISSING_STRING;
  }
}

private boolean isString(char argChar) {
 return stringArgs.containsKey(argChar);
}

private void setBooleanArg(char argChar, boolean value) {
  booleanArgs.put(argChar, value);
}

private boolean isBoolean(char argChar) {
  return booleanArgs.containsKey(argChar);
}
```

```java
  public int cardinality() {
    return argsFound.size();
  }

  public String usage() {
    if (schema.length() > 0)
      return "-[" + schema + "]";
    else
      return "";
  }

  public String errorMessage() throws Exception {
    if (unexpectedArguments.size() > 0) {
      return unexpectedArgumentMessage();
    } else
      switch (errorCode) {
        case MISSING_STRING:
          return String.format("Could not find string parameter for -%c.",
                               errorArgument);
        case OK:
          throw new Exception("TILT: Should not get here.");
      }
    return "";
  }

  private String unexpectedArgumentMessage() {
    StringBuffer message = new StringBuffer("Argument(s) -");
    for (char c : unexpectedArguments) {
      message.append(c);
    }
    message.append(" unexpected.");

    return message.toString();
  }

  public boolean getBoolean(char arg) {
    return falseIfNull(booleanArgs.get(arg));
  }

  private boolean falseIfNull(Boolean b) {
    return b == null ? false : b;
  }
```

```
  public String getString(char arg) {
    return blankIfNull(stringArgs.get(arg));
  }

  private String blankIfNull(String s) {
    return s == null ? "" : s;
  }

  public boolean has(char arg) {
    return argsFound.contains(arg);
  }

  public boolean isValid() {
    return valid;
  }
}
```

보다시피 코드는 통제를 벗어나기 시작했다. 아직 끔찍한 수준은 아니지만 확실히 분위기가 수상쩍다. 여기저기 눈에 거슬리지만 아직은 엉망이라 부르기 어렵다. 여기다 Integer 인수 유형을 추가하니 코드는 완전히 엉망이 되어버렸다.

그래서 멈췄다

추가할 인수 유형이 적어도 두 개는 더 있었는데 그러면 코드가 훨씬 더 나빠지리라는 사실이 자명했다. 계속 밀어붙이면 프로그램은 어떻게든 완성하겠지만 그랬다가는 너무 커서 손대기 어려운 골칫거리가 생겨날 참이었다. 코드 구조를 유지보수하기 좋은 상태로 만들려면 지금이 적기라 판단했다.

그래서 나는 기능을 더 이상 추가하지 않기로 결정하고 리팩터링을 시작했다. String 인수 유형과 Integer 인수 유형을 추가한 경험에서 나는 새 인수 유형을 추가하려면 주요 지점 세 곳에다 코드를 추가해야 한다는 사실을 이미 깨달았다. 첫째, 인수 유형에 해당하는 HashMap을 선택하기 위해 스키마 요소의 구문을 분석한다. 둘째, 명령행 인수에서 인수 유형을 분석해 진짜 유형으로 변환한다. 셋째, getXXX 메서드를 구현해 호출자에게 진짜 유형을 반환한다.

인수 유형은 다양하지만 모두가 유사한 메서드를 제공하므로 클래스 하나가 적합하다 판단했다. 그래서 ArgumentMarshaler라는 개념이 탄생했다.

점진적으로 개선하다

프로그램을 망치는 가장 좋은 방법 중 하나는 개선이라는 이름 아래 구조를 크게 뒤집는 행위다. 어떤 프로그램은 그저 그런 '개선'에서 결코 회복하지 못한다. '개선' 전과 똑같이 프로그램을 돌리기가 아주 어렵기 때문이다.

그래서 나는 테스트 주도 개발Test-Driven Development, TDD이라는 기법을 사용했다. TDD는 언제 어느 때라도 시스템이 돌아가야 한다는 원칙을 따른다. 다시 말해, TDD는 시스템을 망가뜨리는 변경을 허용하지 않는다. 변경을 가한 후에도 시스템이 변경 전과 똑같이 돌아가야 한다는 말이다.

변경 전후에 시스템이 똑같이 돌아간다는 사실을 확인하려면 언제든 실행이 가능한 자동화된 테스트 슈트가 필요하다. 앞서 Args 클래스를 구현하는 동안에 나는 이미 단위 테스트 슈트와 인수 테스트를 만들어 놓았었다. 단위 테스트 슈트는 JUnit 프레임워크에서 자바로 작성했다. 인수 테스트는 FitNess에서 위키 페이지로 작성했다. 두 테스트 모두 언제든 실행이 가능했으며, 시스템이 두 테스트를 모두 통과하면 올바로 동작한다고 봐도 좋았다.

그래서 나는 시스템에 자잘한 변경을 가하기 시작했다. 코드를 변경할 때마다 시스템 구조는 조금씩 ArgumentMarshaler 개념에 가까워졌다. 또한 변경 후에도 시스템은 변경 전과 다름없이 돌아갔다. 가장 먼저 나는 기존 코드 끝에 ArgumentMarshaler 클래스의 골격을 추가했다. 목록 14-11을 참조한다.

목록 14-11 Args.java 끝에 추가한 ArgumentMarshaler

```
private class ArgumentMarshaler {
   private boolean booleanValue = false;

   public void setBoolean(boolean value) {
     booleanValue = value;
   }

   public boolean getBoolean() {return booleanValue;}
}

private class BooleanArgumentMarshaler extends ArgumentMarshaler {
}

private class StringArgumentMarshaler extends ArgumentMarshaler {
```

```
  }

  private class IntegerArgumentMarshaler extends ArgumentMarshaler {
  }
}
```

당연히 위와 같은 변경은 아무 문제도 일으키지 않았다. 다음으로 나는 코드를 최소로 건드리는, 가장 단순한 변경을 가했다. 구체적으로 Boolean 인수를 저장하는 HashMap에서 Boolean 인수 유형을 ArgumentMarshaler 유형으로 바꿨다.

```
private Map<Character, ArgumentMarshaler> booleanArgs =
  new HashMap<Character, ArgumentMarshaler>();
```

그러면 코드 일부가 깨지기에 재빨리 고쳤다.

```
...
  private void parseBooleanSchemaElement(char elementId) {
    booleanArgs.put(elementId, new BooleanArgumentMarshaler());
  }
..
  private void setBooleanArg(char argChar, boolean value) {
    booleanArgs.get(argChar).setBoolean(value);
  }
...
  public boolean getBoolean(char arg) {
    return falseIfNull(booleanArgs.get(arg).getBoolean());
  }
```

앞서 새 인수 유형을 추가하려면 세 곳(parse, get, set)을 변경해야 한다고 말했는데, 위에서 수정한 부분과 정확히 일치한다는 사실에 주목한다. 불행히도, 사소한 변경이었으나 몇몇 테스트 케이스가 실패하기 시작했다. getBoolean 함수를 자세히 살펴보자. 'y'라는 인수가 없는데 args로 'y'를 넘긴다면 booleanArgs.get('y')는 null을 반환하고 함수는 NullPointerException을 던진다. 이전 코드는 falseIfNull 함수로 NullPointerException을 막았으나 내가 고친 코드는 falseIfNull 함수가 더 이상 아무런 효력을 발휘하지 못했다.

다음 변경으로 넘어가기 전에 나는 재빨리 이것부터 고쳐야 했다. 실제로 그다지 어렵지는 않았다. null 점검 위치만 바꿔주면 충분했다. 이제 null인지 확인할 객체는 boolean이 아니라 ArgumentMarshaler였다.

가장 먼저, 나는 getBoolean 함수에서 falseIfNull을 제거했다. 더 이상 쓸모가 없으므로 falseIfNull 함수 자체도 없애버렸다. 테스트 케이스는 여전히 똑같은 시나리오로 실패하므로 falseIfNull 함수를 제거해도 새로운 오류가 발생하지 않으리라 확신했다.

```
public boolean getBoolean(char arg) {
  return booleanArgs.get(arg).getBoolean();
}
```

다음으로 함수를 두 행으로 쪼갠 후 ArgumentMarshaler를 argumentMarshaler라는 독자적인 변수에 저장했다. 그렇지만 긴 변수 이름이 싫었다. 유형 이름과 중복이 심했고 함수가 길어졌다. 그래서 argumentMarshaler를 am으로 줄였다.[N5]

```
public boolean getBoolean(char arg) {
  Args.ArgumentMarshaler am = booleanArgs.get(arg);
  return am.getBoolean();
}
```

그런 다음 null을 점검했다.

```
public boolean getBoolean(char arg) {
  Args.ArgumentMarshaler am = booleanArgs.get(arg);
  return am != null && am.getBoolean();
}
```

String 인수

String 인수를 추가하는 과정은 boolean 인수와 매우 유사했다. HashMap을 변경한 후 parse, set, get 함수를 고쳤다. 아래에 코드를 소개한다. 별로 놀랄 부분은 없으리라 생각한다. 단, 내가 모든 논리를 (파생 클래스를 만드는 대신) ArgumentMarshaler 클래스에 곧바로 넣었다는 사실을 의아하게 여길지도 모르겠다.

```
private Map<Character, ArgumentMarshaler> stringArgs =
  new HashMap<Character, ArgumentMarshaler>();
...
```

```
  private void parseStringSchemaElement(char elementId) {
    stringArgs.put(elementId, new StringArgumentMarshaler());
  }
...
  private void setStringArg(char argChar) throws ArgsException {
    currentArgument++;
    try {
      stringArgs.get(argChar).setString(args[currentArgument]);
    } catch (ArrayIndexOutOfBoundsException e) {
      valid = false;
      errorArgumentId = argChar;
      errorCode = ErrorCode.MISSING_STRING;
      throw new ArgsException();
    }
  }
...
  public String getString(char arg) {
    Args.ArgumentMarshaler am = stringArgs.get(arg);
    return am == null ? "" : am.getString();
  }
...
  private class ArgumentMarshaler {
    private boolean booleanValue = false;
    private String stringValue;

    public void setBoolean(boolean value) {
      booleanValue = value;
    }

    public boolean getBoolean() {
      return booleanValue;
    }

    public void setString(String s) {
      stringValue = s;
    }

    public String getString() {
      return stringValue == null ? "" : stringValue;
    }
  }
```

이번에도 앞서 구현과 마찬가지로 한 번에 하나씩 고치면서 테스트를 계속 돌렸다. 테스트 케이스가 하나라도 실패하면 다음 변경으로 넘어가기 전에 오류를 수정했다.

지금쯤이면 내 의도를 눈치챘으리라. 일단 각 인수 유형을 처리하는 코드를 모두 ArgumentMarshaler 클래스에 넣고 나서 ArgumentMarshaler 파생 클래스를 만들어 코드를 분리할 작정이었다. 그러면 프로그램 구조를 조금씩 변경하는 동안에도 시스템의 정상 동작을 유지하기 쉬워지기 때문이다.

충분히 짐작하겠지만, 다음으로 int 인수 기능을 ArgumentMarshaler로 옮겼다. 여기서도 특이한 부분은 없다.

```java
  private Map<Character, ArgumentMarshaler> intArgs =
    new HashMap<Character, ArgumentMarshaler>();
...
  private void parseIntegerSchemaElement(char elementId) {
    intArgs.put(elementId, new IntegerArgumentMarshaler());
  }
...
  private void setIntArg(char argChar) throws ArgsException {
    currentArgument++;
    String parameter = null;
    try {
      parameter = args[currentArgument];
      intArgs.get(argChar).setInteger(Integer.parseInt(parameter));
    } catch (ArrayIndexOutOfBoundsException e) {
      valid = false;
      errorArgumentId = argChar;
      errorCode = ErrorCode.MISSING_INTEGER;
      throw new ArgsException();
  } catch (NumberFormatException e) {
      valid = false;
      errorArgumentId = argChar;
      errorParameter = parameter;
      errorCode = ErrorCode.INVALID_INTEGER;
      throw new ArgsException();
    }
  }
...
  public int getInt(char arg) {
    Args.ArgumentMarshaler am = intArgs.get(arg);
    return am == null ? 0 : am.getInteger();
```

```
  }
...
  private class ArgumentMarshaler {
    private boolean booleanValue = false;
    private String stringValue;
    private int integerValue;

    public void setBoolean(boolean value) {
      booleanValue = value;
    }

    public boolean getBoolean() {
      return booleanValue;
    }

    public void setString(String s) {
      stringValue = s;
    }

    public String getString() {
      return stringValue == null ? "" : stringValue;
    }

    public void setInteger(int i) {
      integerValue = i;
    }

    public int getInteger() {
      return integerValue;
    }
  }
```

이제 모든 논리를 ArgumentMarshaler로 옮겼으니 파생 클래스를 만들어 기능을 분산할 차례다. 첫 단계로 setBoolean 함수를 BooleanArgumentMarshaler로 옮긴 후 함수가 올바로 호출되는지 확인한다. 우선 ArgumentMarshaler 클래스에 추상 메서드 set을 만들었다.

```
private abstract class ArgumentMarshaler {
  protected boolean booleanValue = false;
  private String stringValue;
  private int integerValue;
```

```java
  public void setBoolean(boolean value) {
    booleanValue = value;
  }

  public boolean getBoolean() {
    return booleanValue;
  }

  public void setString(String s) {
    stringValue = s;
  }

  public String getString() {
    return stringValue == null ? "" : stringValue;
  }

  public void setInteger(int i) {
    integerValue = i;
  }

  public int getInteger() {
    return integerValue;
  }

  public abstract void set(String s);
}
```

그런 다음 BooleanArgumentMarshaler 클래스에 set 메서드를 구현했다.

```java
private class BooleanArgumentMarshaler extends ArgumentMarshaler {
  public void set(String s) {
    booleanValue = true;
  }
}
```

마지막으로 setBoolean 호출을 set 호출로 바꿨다.

```java
private void setBooleanArg(char argChar, boolean value) {
    booleanArgs.get(argChar).set("true");
  }
```

코드는 여전히 모든 테스트를 통과했다. 이제 set 기능을 BooleanArgument

Marshaler로 옮겼으므로 ArgumentMarshaler에서 setBoolean 메서드를 제거
했다.

참고로, 추상 set 함수는 String 인수를 받아들이나 BooleanArgumentMarshaler는 인수를 사용하지 않는다. 추상 set 함수에 인수를 정의한 이유는 String ArgumentMarshaler와 IntegerArgumentMarshaler에서 필요하기 때문이다.

다음으로 get 메서드를 BooleanArgumentMarshaler로 옮겼다. get 함수는 언제나 옮기기 어렵다. 반환 객체 유형이 Object여야 하기 때문이다. 여기서는 Boolean으로 형변환되어야 한다.

```
public boolean getBoolean(char arg) {
   Args.ArgumentMarshaler am = booleanArgs.get(arg);
   return am != null && (Boolean)am.get();
}
```

순전히 위 코드를 컴파일할 목적으로 ArgumentMarshaler에 get 함수를 추가했다.

```
private abstract class ArgumentMarshaler {
   ...
   public Object get() {
     return null;
   }
}
```

코드는 컴파일되었으나 당연히 테스트는 실패했다. 테스트를 통과하기 위해 ArgumentMarshaler에서 get을 추상 메서드로 만든 후 BooleanArgumentMarshaler에다 get을 구현했다.

```
private abstract class ArgumentMarshaler {
   protected boolean booleanValue = false;
   ...

   public abstract Object get();
}

private class BooleanArgumentMarshaler extends ArgumentMarshaler {
   public void set(String s) {
```

```
      booleanValue = true;
    }

    public Object get() {
      return booleanValue;
    }
  }
```

코드는 모든 테스트를 통과했다! 이로써 get과 set을 BooleanArgumentMarshaler로 모두 옮겼다. 그러므로 ArgumentMarshaler에서 getBoolean 함수를 제거한 후 protected 변수인 booleanValue를 BooleanArgumentMarshaler로 내려 private 변수로 선언한다.

Strings 인수 유형도 동일한 방식으로 변경했다. set과 get을 옮긴 후 사용하지 않는 함수를 제거하고 변수를 옮겼다.

```
  private void setStringArg(char argChar) throws ArgsException {
    currentArgument++;
      try {
      stringArgs.get(argChar).set(args[currentArgument]);
    } catch (ArrayIndexOutOfBoundsException e) {
      valid = false;
      errorArgumentId = argChar;
      errorCode = ErrorCode.MISSING_STRING;
      throw new ArgsException();
    }
  }
...
  public String getString(char arg) {
    Args.ArgumentMarshaler am = stringArgs.get(arg);
    return am == null ? "" : (String) am.get();
  }
...
  private abstract class ArgumentMarshaler {
    private int integerValue;

    public void setInteger(int i) {
      integerValue = i;
    }

    public int getInteger() {
```

```
      return integerValue;
    }

    public abstract void set(String s);

    public abstract Object get();
  }

  private class BooleanArgumentMarshaler extends ArgumentMarshaler {
    private boolean booleanValue = false;

    public void set(String s) {
       booleanValue = true;
    }

    public Object get() {
      return booleanValue;
    }
  }

  private class StringArgumentMarshaler extends ArgumentMarshaler {
    private String stringValue = "";

    public void set(String s) {
      stringValue = s;
    }

    public Object get() {
      return stringValue;
    }
  }

  private class IntegerArgumentMarshaler extends ArgumentMarshaler {

    public void set(String s) {
    }

    public Object get() {
      return null;
    }
  }
```

마지막으로 integer 인수 유형에도 같은 과정을 반복했다. integer 인수는 구문을 분석해야 하므로, 즉 parse에서 예외를 던질지도 모르므로, 앞서 구현보다 조금 더 복잡했다. 하지만 NumberFormatException이라는 개념 전체가 Integer ArgumentMarshaler에 숨겨지므로 결과는 더 좋았다.

```
  private boolean isIntArg(char argChar) {return intArgs.containsKey(argChar);}

  private void setIntArg(char argChar) throws ArgsException {
    currentArgument++;
    String parameter = null;
    try {
      parameter = args[currentArgument];
      intArgs.get(argChar).set(parameter);
    } catch (ArrayIndexOutOfBoundsException e) {
      valid = false;
      errorArgumentId = argChar;
      errorCode = ErrorCode.MISSING_INTEGER;
      throw new ArgsException();
    } catch (ArgsException e) {
      valid = false;
      errorArgumentId = argChar;
      errorParameter = parameter;
      errorCode = ErrorCode.INVALID_INTEGER;
      throw e;
    }
  }
...
  private void setBooleanArg(char argChar) {
    try {
      booleanArgs.get(argChar).set("true");
    } catch (ArgsException e) {
    }
  }
...
  public int getInt(char arg) {
    Args.ArgumentMarshaler am = intArgs.get(arg);
    return am == null ? 0 : (Integer) am.get();
  }
...
  private abstract class ArgumentMarshaler {
    public abstract void set(String s) throws ArgsException;
    public abstract Object get();
  }
```

```
...
  private class IntegerArgumentMarshaler extends ArgumentMarshaler {
    private int intValue = 0;

    public void set(String s) throws ArgsException {
        try {
          intValue = Integer.parseInt(s);
        } catch (NumberFormatException e) {
          throw new ArgsException();
        }
    }

    public Object get() {
        return intValue;
    }
  }
```

물론 코드는 테스트를 계속 통과했다. 다음으로 나는 알고리즘 처음에 나오는 (인수 유형마다 따로 만든) 맵 세 개를 없앴다. 그러면 전체 시스템이 훨씬 더 일반적으로 변한다. 하지만 맵을 그냥 없애지는 못했다. 그러면 시스템이 깨지기 때문이다. 그 대신 나는 ArgumentMarshaler로 맵을 만들어 원래 맵을 교체하고 관련 메서드를 변경했다.

```
public class Args {
...
  private Map<Character, ArgumentMarshaler> booleanArgs =
    new HashMap<Character, ArgumentMarshaler>();
  private Map<Character, ArgumentMarshaler> stringArgs =
    new HashMap<Character, ArgumentMarshaler>();
  private Map<Character, ArgumentMarshaler> intArgs =
    new HashMap<Character, ArgumentMarshaler>();
  private Map<Character, ArgumentMarshaler> marshalers =
      new HashMap<Character, ArgumentMarshaler>();
...
  private void parseBooleanSchemaElement(char elementId) {
      ArgumentMarshaler m = new BooleanArgumentMarshaler();
    booleanArgs.put(elementId, m);
      marshalers.put(elementId, m);
  }

  private void parseIntegerSchemaElement(char elementId) {
```

```
    ArgumentMarshaler m = new IntegerArgumentMarshaler();
  intArgs.put(elementId, m);
    marshalers.put(elementId, m);
}

private void parseStringSchemaElement(char elementId) {
  ArgumentMarshaler m = new StringArgumentMarshaler();
  stringArgs.put(elementId, m);
  marshalers.put(elementId, m);
}
```

물론 코드는 모든 테스트를 계속 통과했다. 다음으로 isBooleanArg를

```
private boolean isBooleanArg(char argChar) {
  return booleanArgs.containsKey(argChar);
}
```

에서

```
private boolean isBooleanArg(char argChar) {
  ArgumentMarshaler m = marshalers.get(argChar);
  return m instanceof BooleanArgumentMarshaler;
}
```

로 변경했다.

코드는 테스트를 계속 통과했다. 그래서 isIntArg와 isStringArg도 똑같이 변경했다.

```
private boolean isIntArg(char argChar) {
  ArgumentMarshaler m = marshalers.get(argChar);
  return m instanceof IntegerArgumentMarshaler;
}

private boolean isStringArg(char argChar) {
  ArgumentMarshaler m = marshalers.get(argChar);
  return m instanceof StringArgumentMarshaler;
}
```

코드는 테스트를 계속 통과했다. 그래서 marshalers.get을 호출하는 코드를 모두 제거했다.

```
private boolean setArgument(char argChar) throws ArgsException {
  ArgumentMarshaler m = marshalers.get(argChar);
  if (isBooleanArg(m))
    setBooleanArg(argChar);
  else if (isStringArg(m))
    setStringArg(argChar);
  else if (isIntArg(m))
    setIntArg(argChar);
  else
    return false;

  return true;
}

private boolean isIntArg(ArgumentMarshaler m) {
  return m instanceof IntegerArgumentMarshaler;
}

private boolean isStringArg(ArgumentMarshaler m) {
  return m instanceof StringArgumentMarshaler;
}

private boolean isBooleanArg(ArgumentMarshaler m) {
  return m instanceof BooleanArgumentMarshaler;
}
```

isxxxArg 메서드도 별도로 선언할 이유가 없어졌다. 그래서 인라인 코드로 만들었다.

```
private boolean setArgument(char argChar) throws ArgsException {
  ArgumentMarshaler m = marshalers.get(argChar);
  if (m instanceof BooleanArgumentMarshaler)
    setBooleanArg(argChar);
  else if (m instanceof StringArgumentMarshaler)
    setStringArg(argChar);
  else if (m instanceof IntegerArgumentMarshaler)
    setIntArg(argChar);
  else
    return false;

  return true;
}
```

다음으로 set 함수에서 기존 HashMap을 marshalers HashMap으로 교체하기 시작했다. 먼저 boolean 인수부터 시작했다.

```
  private boolean setArgument(char argChar) throws ArgsException {
    ArgumentMarshaler m = marshalers.get(argChar);
    if (m instanceof BooleanArgumentMarshaler)
      setBooleanArg(m);
    else if (m instanceof StringArgumentMarshaler)
      setStringArg(argChar);
    else if (m instanceof IntegerArgumentMarshaler)
      setIntArg(argChar);
    else
      return false;
    return true;
  }
...
  private void setBooleanArg(ArgumentMarshaler m) {
    try {
      m.set("true"); // 이전 코드: booleanArgs.get(argChar).set("true");
    } catch (ArgsException e) {
    }
  }
```

코드는 테스트를 계속 통과했다. 그래서 String과 Integer도 똑같이 변경했다. 이로써 일부 흉한 예외 관리 코드를 setArgument 함수에 넣을 수 있었다.

```
  private boolean setArgument(char argChar) throws ArgsException {
    ArgumentMarshaler m = marshalers.get(argChar);
    try {
      if (m instanceof BooleanArgumentMarshaler)
        setBooleanArg(m);
      else if (m instanceof StringArgumentMarshaler)
        setStringArg(m);
      else if (m instanceof IntegerArgumentMarshaler)
        setIntArg(m);
      else
        return false;
    } catch (ArgsException e) {
      valid = false;
      errorArgumentId = argChar;
      throw e;
```

```
      }
      return true;
    }

    private void setIntArg(ArgumentMarshaler m) throws ArgsException {
      currentArgument++;
      String parameter = null;
      try {
        parameter = args[currentArgument];
        m.set(parameter);
      } catch (ArrayIndexOutOfBoundsException e) {
        errorCode = ErrorCode.MISSING_INTEGER;
        throw new ArgsException();
      } catch (ArgsException e) {
        errorParameter = parameter;
        errorCode = ErrorCode.INVALID_INTEGER;
        throw e;
      }
    }

    private void setStringArg(ArgumentMarshaler m) throws ArgsException {
      currentArgument++;
      try {
        m.set(args[currentArgument]);
      } catch (ArrayIndexOutOfBoundsException e) {
        errorCode = ErrorCode.MISSING_STRING;
        throw new ArgsException();
      }
    }
```

이제 원래 맵 세 개를 제거해도 괜찮은 시점에 가까워졌다. 먼저 아래 getBoolean 함수를

```
    public boolean getBoolean(char arg) {
      Args.ArgumentMarshaler am = booleanArgs.get(arg);
      return am != null && (Boolean) am.get();
    }
```

아래와 같이 변경했다.

```
    public boolean getBoolean(char arg) {
      Args.ArgumentMarshaler am = marshalers.get(arg);
```

```
    boolean b = false;
      try {
      b = am != null && (Boolean) am.get();
    } catch (ClassCastException e) {
        b = false;
    }
        return b;
 }
```

위에서 가한 변경에 깜짝 놀랄지도 모르겠다. 갑자기 ClassCastException을 왜 사용했느냐고? 이유는 내가 인수 테스트 케이스를 FitNess에서 구현했기 때문이다. (단위 테스트 집합은 FitNess에서 구현하지 않았다.) 그런데 FitNess 테스트는 boolean이 아닌 인수로 getBoolean을 호출하면 무조건 false를 반환했다. (단위 테스트는 그렇지 않았다.) 그때까지 나는 단위 테스트만 돌려왔었다.[2]

직전 변경 덕택에 이전 boolean 맵을 사용하는 코드를 제거할 수 있게 되었다.

```
  private void parseBooleanSchemaElement(char elementId) {
    ArgumentMarshaler m = new BooleanArgumentMarshaler();
    booleanArgs.put(elementId, m);
    marshalers.put(elementId, m);
  }
```

이로써 boolean 맵도 제거가 가능하다.

```
public class Args {
...
  private Map<Character, ArgumentMarshaler> booleanArgs =
  new HashMap<Character, ArgumentMarshaler>();
  private Map<Character, ArgumentMarshaler> stringArgs =
  new HashMap<Character, ArgumentMarshaler>();
  private Map<Character, ArgumentMarshaler> intArgs =
  new HashMap<Character, ArgumentMarshaler>();
  private Map<Character, ArgumentMarshaler> marshalers =
  new HashMap<Character, ArgumentMarshaler>();
...
```

다음으로 String과 Integer 인수도 boolean과 똑같이 변경하고 이전 맵을 제거

---

2   나중에 이렇게 또 놀라지 않도록 나는 모든 FitNess 테스트를 호출하는 새 단위 테스트를 추가했다.

했다.

```
  private void parseBooleanSchemaElement(char elementId) {
    marshalers.put(elementId, new BooleanArgumentMarshaler());
  }

  private void parseIntegerSchemaElement(char elementId) {
    marshalers.put(elementId, new IntegerArgumentMarshaler());
  }

  private void parseStringSchemaElement(char elementId) {
    marshalers.put(elementId, new StringArgumentMarshaler());
  }
...
  public String getString(char arg) {
    Args.ArgumentMarshaler am = marshalers.get(arg);
    try {
      return am == null ? "" : (String) am.get();
    } catch (ClassCastException e) {
      return "";
    }
  }

  public int getInt(char arg) {
    Args.ArgumentMarshaler am = marshalers.get(arg);
    try {
      return am == null ? 0 : (Integer) am.get();
    } catch (Exception e) {
      return 0;
    }
  }
...
public class Args {
...
  private Map<Character, ArgumentMarshaler> stringArgs =
    new HashMap<Character, ArgumentMarshaler>();
  private Map<Character, ArgumentMarshaler> intArgs =
    new HashMap<Character, ArgumentMarshaler>();
  private Map<Character, ArgumentMarshaler> marshalers =
    new HashMap<Character, ArgumentMarshaler>();
...
```

다음으로 이제 거의 사용하지 않는 parse 메서드 세 개를 인라인 코드로 만들었다.

```java
private void parseSchemaElement(String element) throws ParseException {
  char elementId = element.charAt(0);
  String elementTail = element.substring(1);
  validateSchemaElementId(elementId);
  if (isBooleanSchemaElement(elementTail))
    marshalers.put(elementId, new BooleanArgumentMarshaler());
  else if (isStringSchemaElement(elementTail))
    marshalers.put(elementId, new StringArgumentMarshaler());
  else if (isIntegerSchemaElement(elementTail)) {
    marshalers.put(elementId, new IntegerArgumentMarshaler());
  } else {
    throw new ParseException(String.format(
      "Argument: %c has invalid format: %s.", elementId, elementTail), 0);
  }
}
```

자, 이제 전체 그림을 한 번 더 돌아볼 차례다. 목록 14-12는 현재 Args 클래스가 도달한 상태다.

목록 14-12 Args.java (첫 번째 리팩터링을 끝낸 버전)

```java
package com.objectmentor.utilities.getopts;

import java.text.ParseException;
import java.util.*;

public class Args {
  private String schema;
  private String[] args;
  private boolean valid = true;
  private Set<Character> unexpectedArguments = new TreeSet<Character>();
  private Map<Character, ArgumentMarshaler> marshalers =
    new HashMap<Character, ArgumentMarshaler>();
  private Set<Character> argsFound = new HashSet<Character>();
  private int currentArgument;
  private char errorArgumentId = '\0';
  private String errorParameter = "TILT";
  private ErrorCode errorCode = ErrorCode.OK;
```

```java
private enum ErrorCode {
  OK, MISSING_STRING, MISSING_INTEGER, INVALID_INTEGER, UNEXPECTED_ARGUMENT}

public Args(String schema, String[] args) throws ParseException {
  this.schema = schema;
  this.args = args;
  valid = parse();
}

private boolean parse() throws ParseException {
  if (schema.length() == 0 && args.length == 0)
    return true;
  parseSchema();
  try {
    parseArguments();
  } catch (ArgsException e) {
  }
  return valid;
}

private boolean parseSchema() throws ParseException {
  for (String element : schema.split(",")) {
    if (element.length() > 0) {
      String trimmedElement = element.trim();
      parseSchemaElement(trimmedElement);
    }
  }
  return true;
}

private void parseSchemaElement(String element) throws ParseException {
  char elementId = element.charAt(0);
  String elementTail = element.substring(1);
  validateSchemaElementId(elementId);
  if (isBooleanSchemaElement(elementTail))
    marshalers.put(elementId, new BooleanArgumentMarshaler());
  else if (isStringSchemaElement(elementTail))
    marshalers.put(elementId, new StringArgumentMarshaler());
  else if (isIntegerSchemaElement(elementTail)) {
    marshalers.put(elementId, new IntegerArgumentMarshaler());
  } else {
    throw new ParseException(String.format(
      "Argument: %c has invalid format: %s.", elementId, elementTail), 0);
```

```java
      }
    }

    private void validateSchemaElementId(char elementId) throws ParseException {
      if (!Character.isLetter(elementId)) {
        throw new ParseException(
      "Bad character:" + elementId + "in Args format: " + schema, 0);
      }
    }

    private boolean isStringSchemaElement(String elementTail) {
      return elementTail.equals("*");
    }

    private boolean isBooleanSchemaElement(String elementTail) {
      return elementTail.length() == 0;
    }

    private boolean isIntegerSchemaElement(String elementTail) {
      return elementTail.equals("#");
    }

    private boolean parseArguments() throws ArgsException {
      for (currentArgument=0; currentArgument<args.length; currentArgument++) {
        String arg = args[currentArgument];
        parseArgument(arg);
      }
      return true;
    }

    private void parseArgument(String arg) throws ArgsException {
      if (arg.startsWith("-"))
        parseElements(arg);
    }

    private void parseElements(String arg) throws ArgsException {
      for (int i = 1; i < arg.length(); i++)
        parseElement(arg.charAt(i));
    }

    private void parseElement(char argChar) throws ArgsException {
      if (setArgument(argChar))
        argsFound.add(argChar);
```

```
    else {
      unexpectedArguments.add(argChar);
      errorCode = ErrorCode.UNEXPECTED_ARGUMENT;
      valid = false;
    }
  }

  private boolean setArgument(char argChar) throws ArgsException {
    ArgumentMarshaler m = marshalers.get(argChar);
    try {
      if (m instanceof BooleanArgumentMarshaler)
        setBooleanArg(m);
      else if (m instanceof StringArgumentMarshaler)
        setStringArg(m);
      else if (m instanceof IntegerArgumentMarshaler)
        setIntArg(m);
      else
        return false;
    } catch (ArgsException e) {
      valid = false;
      errorArgumentId = argChar;
      throw e;
    }
    return true;
  }

  private void setIntArg(ArgumentMarshaler m) throws ArgsException {
    currentArgument++;
    String parameter = null;
    try {
      parameter = args[currentArgument];
      m.set(parameter);
    } catch (ArrayIndexOutOfBoundsException e) {
      errorCode = ErrorCode.MISSING_INTEGER;
      throw new ArgsException();
    } catch (ArgsException e) {
      errorParameter = parameter;
      errorCode = ErrorCode.INVALID_INTEGER;
      throw e;
    }
  }

  private void setStringArg(ArgumentMarshaler m) throws ArgsException {
```

```java
      currentArgument++;
      try {
        m.set(args[currentArgument]);
      } catch (ArrayIndexOutOfBoundsException e) {
        errorCode = ErrorCode.MISSING_STRING;
        throw new ArgsException();
      }
    }

    private void setBooleanArg(ArgumentMarshaler m) {
      try {
        m.set("true");
      } catch (ArgsException e) {
      }
    }

    public int cardinality() {
      return argsFound.size();
    }

    public String usage() {
      if (schema.length() > 0)
        return "-[" + schema + "]";
      else
        return "";
    }

    public String errorMessage() throws Exception {
      switch (errorCode) {
        case OK:
          throw new Exception("TILT: Should not get here.");
        case UNEXPECTED_ARGUMENT:
          return unexpectedArgumentMessage();
        case MISSING_STRING:
          return String.format("Could not find string parameter for -%c.",
                               errorArgumentId);
        case INVALID_INTEGER:
          return String.format("Argument -%c expects an integer but was '%s'.",
                               errorArgumentId, errorParameter);
        case MISSING_INTEGER:
          return String.format("Could not find integer parameter for -%c.",
                               errorArgumentId);
      }
```

```
    return "";
}

private String unexpectedArgumentMessage() {
  StringBuffer message = new StringBuffer("Argument(s) -");
  for (char c : unexpectedArguments) {
    message.append(c);
  }
  message.append(" unexpected.");

  return message.toString();
}

public boolean getBoolean(char arg) {
  Args.ArgumentMarshaler am = marshalers.get(arg);
  boolean b = false;
  try {
    b = am != null && (Boolean) am.get();
  } catch (ClassCastException e) {
    b = false;
  }
  return b;
}

public String getString(char arg) {
  Args.ArgumentMarshaler am = marshalers.get(arg);
  try {
    return am == null ? "" : (String) am.get();
  } catch (ClassCastException e) {
    return "";
  }
}

public int getInt(char arg) {
  Args.ArgumentMarshaler am = marshalers.get(arg);
  try {
    return am == null ? 0 : (Integer) am.get();
  } catch (Exception e) {
    return 0;
  }
}

public boolean has(char arg) {
```

```java
    return argsFound.contains(arg);
  }

  public boolean isValid() {
    return valid;
  }

  private class ArgsException extends Exception {
  }

  private abstract class ArgumentMarshaler {
    public abstract void set(String s) throws ArgsException;
    public abstract Object get();
  }

  private class BooleanArgumentMarshaler extends ArgumentMarshaler {
    private boolean booleanValue = false;

    public void set(String s) {
      booleanValue = true;
    }

    public Object get() {
      return booleanValue;
    }
  }

  private class StringArgumentMarshaler extends ArgumentMarshaler {
    private String stringValue = "";

    public void set(String s) {
      stringValue = s;
    }

    public Object get() {
      return stringValue;
    }
  }

  private class IntegerArgumentMarshaler extends ArgumentMarshaler {
    private int intValue = 0;

    public void set(String s) throws ArgsException {
```

```
    try {
      intValue = Integer.parseInt(s);
    } catch (NumberFormatException e) {
      throw new ArgsException();
    }
  }

  public Object get() {
    return intValue;
  }
  }
}
```

열심히 고쳤건만 결과는 다소 실망스럽다. 구조만 조금 나아졌을 뿐이다. 첫머리에 나오는 변수는 그대로 남아있으며, setArgument에는 유형을 일일이 확인하는 보기 싫은 코드도 그대로 남아있다. 게다가 모든 set 함수는 정말로 흉하다. 오류 처리 코드도 마찬가지다. 아직도 할 일은 아주 많다.

나는 setArgument 함수에서 유형을 일일이 확인하는 코드를 정말로 없애고 싶었다.[G23] setArgument에서 ArgumentMarshaler.set만 호출하면 충분하게 만들고 싶었다. 즉, setIntArg, setStringArg, setBooleanArg을 해당 Argument Marshaler 파생 클래스로 내려야 한다는 뜻이었다. 하지만 문제가 있었다.

setIntArg를 자세히 살펴보면 args와 currentArgument라는 인스턴스 변수 두 개가 쓰인다. setIntArg를 IntArgumentMarshaler로 내리려면 args와 currentArgument를 인수로 넘겨야 한다는 말이다. 그러면 코드가 지저분해진다.[F1] 인수를 하나만 넘기는 편이 낫다. 다행스럽게도 해결책은 간단하다. args 배열을 list로 변환한 후 Iterator를 set 함수로 전달하면 된다. 다음 변경은 10단계에 걸쳐 이뤄졌다. 물론 단계마다 코드는 테스트를 통과했다. 여기서는 결과만 보여준다. 구체적인 단계는 여러분이 짐작하리라 믿는다.

```
public class Args {

  private String schema;
  private String[] args;
  private boolean valid = true;
  private Set<Character> unexpectedArguments = new TreeSet<Character>();
```

```java
    private Map<Character, ArgumentMarshaler> marshalers =
    new HashMap<Character, ArgumentMarshaler>();
    private Set<Character> argsFound = new HashSet<Character>();
    private Iterator<String> currentArgument;
    private char errorArgumentId = '\0';
    private String errorParameter = "TILT";
    private ErrorCode errorCode = ErrorCode.OK;
    private List<String> argsList;

    private enum ErrorCode {
      OK, MISSING_STRING, MISSING_INTEGER,
      INVALID_INTEGER, UNEXPECTED_ARGUMENT
    }

    public Args(String schema, String[] args) throws ParseException {
      this.schema = schema;
      argsList = Arrays.asList(args);
      valid = parse();
    }

    private boolean parse() throws ParseException {
      if (schema.length() == 0 && argsList.size() == 0)
        return true;
      parseSchema();
        try {
      parseArguments();
    } catch (ArgsException e) {
    }
      return valid;
  }
---
  private boolean parseArguments() throws ArgsException {
    for (currentArgument = argsList.iterator(); currentArgument.hasNext();) {
      String arg = currentArgument.next();
      parseArgument(arg);
    }

    return true;
  }
---
  private void setIntArg(ArgumentMarshaler m) throws ArgsException {
    String parameter = null;
    try {
```

```
      parameter = currentArgument.next();
      m.set(parameter);
    } catch (NoSuchElementException e) {
      errorCode = ErrorCode.MISSING_INTEGER;
      throw new ArgsException();
    } catch (ArgsException e) {
      errorParameter = parameter;
      errorCode = ErrorCode.INVALID_INTEGER;
      throw e;
    }
  }

  private void setStringArg(ArgumentMarshaler m) throws ArgsException {
    try {
      m.set(currentArgument.next());
    } catch (NoSuchElementException e) {
      errorCode = ErrorCode.MISSING_STRING;
      throw new ArgsException();
    }
  }
```

변경은 간단했으며 코드는 모든 테스트를 통과했다. 이제는 set 함수를 적절한 파생 클래스로 내려도 괜찮아졌다. 우선 나는 setArgument 클래스를 다음과 같이 변경했다.

```
  private boolean setArgument(char argChar) throws ArgsException {
    ArgumentMarshaler m = marshalers.get(argChar);
      if (m == null)
        return false;
    try {
      if (m instanceof BooleanArgumentMarshaler)
        setBooleanArg(m);
      else if (m instanceof StringArgumentMarshaler)
        setStringArg(m);
      else if (m instanceof IntegerArgumentMarshaler)
        setIntArg(m);
      else
        return false;
    } catch (ArgsException e) {
      valid = false;
      errorArgumentId = argChar;
      throw e;
```

          }
          return true;
      }

위 변경은 중요하다. if-else가 연쇄적으로 이어지는 구문을 완전히 제거하기 위해서다. 그래서 if-else 연쇄문에서 오류 코드를 꺼냈다.

이제 set 함수를 옮길 차례다. setBooleanArg 함수가 쉬우므로 가장 먼저 고치기 시작한다. 이제 setBooleanArg 함수는 모든 책임을 단순히 BooleanArgumentMarshaler로 전가한다.

```
  private boolean setArgument(char argChar) throws ArgsException {
    ArgumentMarshaler m = marshalers.get(argChar);
    if (m == null)
      return false;
    try {
      if (m instanceof BooleanArgumentMarshaler)
        setBooleanArg(m, currentArgument);
      else if (m instanceof StringArgumentMarshaler)
        setStringArg(m);
      else if (m instanceof IntegerArgumentMarshaler)
        setIntArg(m);

    } catch (ArgsException e) {
      valid = false;
      errorArgumentId = argChar;
      throw e;
    }
    return true;
  }

  private void setBooleanArg(ArgumentMarshaler m,
                             Iterator<String> currentArgument)
                             throws ArgsException {
    try {
      m.set("true");
    catch (ArgsException e) {
    }
  }
```

예외 처리 코드를 넣은 지 얼마나 되었다고 바로 빼버리다니! 리팩터링을 하다

보면 코드를 넣었다 뺐다 하는 사례가 아주 흔하다. 단계적으로 조금씩 변경하며 매번 테스트를 돌려야 하므로 코드를 여기저기 옮길 일이 많아진다. 리팩터링은 루빅 큐브 맞추기와 비슷하다. 큰 목표 하나를 이루기 위해 자잘한 단계를 수없이 거친다. 각 단계를 거쳐야 다음 단계가 가능하다.

setBooleanArg는 iterator가 필요 없다. 그런데도 iterator를 인수로 넘긴 이유가 무엇이냐고? setIntArg와 setStringArg에서 필요하기 때문이다! 또한 setBooleanArg, setIntArg, setStringArg 함수 모두를 ArgumentMarshaler의 추상 메서드로 호출하기 위해서다!

이제 setBooleanArg 함수는 필요 없다. ArgumentMarshaler에 set 함수가 있다면 직접 호출할 수 있다. 따라서 set 함수를 만들 시점이다. 먼저 ArgumentMarshaler에 새로운 추상 메서드를 추가한다.

```
private abstract class ArgumentMarshaler {
  public abstract void set(Iterator<String> currentArgument)
                     throws ArgsException;
  public abstract void set(String s) throws ArgsException;
  public abstract Object get();
}
```

물론 ArgumentMarshaler에 새로운 추상 메서드를 선언하면 모든 파생 클래스가 컴파일에 실패한다. 그래서 각 파생 클래스에도 set 메서드를 추가한다.

```
private class BooleanArgumentMarshaler extends ArgumentMarshaler {
  private boolean booleanValue = false;

  public void set(Iterator<String> currentArgument) throws ArgsException {
    booleanValue = true;
  }

  public void set(String s) {
    booleanValue = true;
  }

  public Object get() {
    return booleanValue;
  }
}
```

```
  private class StringArgumentMarshaler extends ArgumentMarshaler {
    private String stringValue = "";

    public void set(Iterator<String> currentArgument) throws ArgsException {
    }

    public void set(String s) {
      stringValue = s;
    }

    public Object get() {
      return stringValue;
    }
  }

  private class IntegerArgumentMarshaler extends ArgumentMarshaler {
    private int intValue = 0;

    public void set(Iterator<String> currentArgument) throws ArgsException {
    }

    public void set(String s) throws ArgsException {
      try {
        intValue = Integer.parseInt(s);
      } catch (NumberFormatException e) {
        throw new ArgsException();
      }
    }

    public Object get() {
      return intValue;
    }
  }
```

이제 setBooleanArg를 제거해도 안전하다.

```
  private boolean setArgument(char argChar) throws ArgsException {
    ArgumentMarshaler m = marshalers.get(argChar);
    if (m == null)
      return false;
    try {
      if (m instanceof BooleanArgumentMarshaler)
```

```
      m.set(currentArgument);
    else if (m instanceof StringArgumentMarshaler)
      setStringArg(m);
    else if (m instanceof IntegerArgumentMarshaler)
      setIntArg(m);
  } catch (ArgsException e) {
    valid = false;
    errorArgumentId = argChar;
    throw e;
  }
  return true;
}
```

코드는 모든 테스트를 통과한다. 그리고 set 함수는 BooleanArgumentMarshaler 에 속한다.

이제 String과 Integer 인수도 똑같이 변경할 차례다.

```
private boolean setArgument(char argChar) throws ArgsException {
  ArgumentMarshaler m = marshalers.get(argChar);
  if (m == null)
    return false;
  try {
    if (m instanceof BooleanArgumentMarshaler)
      m.set(currentArgument);
    else if (m instanceof StringArgumentMarshaler)
      m.set(currentArgument);
    else if (m instanceof IntegerArgumentMarshaler)
      m.set(currentArgument);
  } catch (ArgsException e) {
    valid = false;
    errorArgumentId = argChar;
    throw e;
  }
  return true;
}

private class StringArgumentMarshaler extends ArgumentMarshaler {
  private String stringValue = "";

  public void set(Iterator<String> currentArgument) throws ArgsException {
    try {
      stringValue = currentArgument.next();
```

```java
      } catch (NoSuchElementException e) {
        errorCode = ErrorCode.MISSING_STRING;
        throw new ArgsException();
      }
    }

    public void set(String s) {
    }

    public Object get() {
      return stringValue;
    }
  }

  private class IntegerArgumentMarshaler extends ArgumentMarshaler {
    private int intValue = 0;

    public void set(Iterator<String> currentArgument) throws ArgsException {
      String parameter = null;
        try {
        parameter = currentArgument.next();
        set(parameter);
      } catch (NoSuchElementException e) {
        errorCode = ErrorCode.MISSING_INTEGER;
        throw new ArgsException();
      } catch (ArgsException e) {
        errorParameter = parameter;
        errorCode = ErrorCode.INVALID_INTEGER;
        throw e;
      }
    }

    public void set(String s) throws ArgsException {
      try {
        intValue = Integer.parseInt(s);
      } catch (NumberFormatException e) {
        throw new ArgsException();
      }
    }

    public Object get() {
      return intValue;
    }
  }
```

이제 마지막 일격이다! 인수 유형을 일일이 확인하던 코드를 제거해도 괜찮다. 만세!

```
private boolean setArgument(char argChar) throws ArgsException {
  ArgumentMarshaler m = marshalers.get(argChar);
  if (m == null)
    return false;
  try {
    m.set(currentArgument);
    return true;
  } catch (ArgsException e) {
    valid = false;
    errorArgumentId = argChar;
    throw e;
  }
}
```

다음으로 IntegerArgumentMarshaler에서 몇 가지 허술한 코드를 고쳐 정리한다.

```
private class IntegerArgumentMarshaler extends ArgumentMarshaler {
  private int intValue = 0;

  public void set(Iterator<String> currentArgument) throws ArgsException {
    String parameter = null;
    try {
      parameter = currentArgument.next();
      intValue = Integer.parseInt(parameter);
    } catch (NoSuchElementException e) {
      errorCode = ErrorCode.MISSING_INTEGER;
      throw new ArgsException();
    } catch (NumberFormatException e) {
      errorParameter = parameter;
      errorCode = ErrorCode.INVALID_INTEGER;
      throw new ArgsException();
    }
  }

  public Object get() {
    return intValue;
  }
}
```

또한 ArgumentMarshaler를 인터페이스로 변환한다.

```java
private interface ArgumentMarshaler {
  void set(Iterator<String> currentArgument) throws ArgsException;
  Object get();
}
```

이제부터 우리 구조에 새로운 인수 유형을 추가하기 얼마나 쉬운지 살펴보자. 변경할 코드는 아주 적으며 나머지 시스템에 영향을 미치지 않는다. 우선 시스템이 double 인수 유형을 제대로 받아들이는지 확인할 테스트 케이스부터 추가한다.

```java
public void testSimpleDoublePresent() throws Exception {
  Args args = new Args("x##", new String[] {"-x","42.3"});
  assertTrue(args.isValid());
  assertEquals(1, args.cardinality());
  assertTrue(args.has('x'));
  assertEquals(42.3, args.getDouble('x'), .001);
}
```

이제 스키마 구문분석 코드를 정리하고 ## 감지 코드를 추가한다. 여기서 ##는 double 인수 유형을 뜻한다.

```java
private void parseSchemaElement(String element) throws ParseException {
  char elementId = element.charAt(0);
  String elementTail = element.substring(1);
  validateSchemaElementId(elementId);
  if (elementTail.length() == 0)
    marshalers.put(elementId, new BooleanArgumentMarshaler());
  else if (elementTail.equals("*"))
    marshalers.put(elementId, new StringArgumentMarshaler());
  else if (elementTail.equals("#"))
    marshalers.put(elementId, new IntegerArgumentMarshaler());
  else if (elementTail.equals("##"))
    marshalers.put(elementId, new DoubleArgumentMarshaler());
  else
    throw new ParseException(String.format(
      "Argument: %c has invalid format: %s.", elementId, elementTail), 0);
}
```

다음으로 DoubleArgumentMarshaler 클래스를 작성한다.

```
private class DoubleArgumentMarshaler implements ArgumentMarshaler {
  private double doubleValue = 0;

  public void set(Iterator<String> currentArgument) throws ArgsException {
    String parameter = null;
    try {
      parameter = currentArgument.next();
      doubleValue = Double.parseDouble(parameter);
    } catch (NoSuchElementException e) {
      errorCode = ErrorCode.MISSING_DOUBLE;
      throw new ArgsException();
    } catch (NumberFormatException e) {
      errorParameter = parameter;
      errorCode = ErrorCode.INVALID_DOUBLE;
      throw new ArgsException();
    }
  }

  public Object get() {
    return doubleValue;
  }
}
```

여기서 새로운 ErrCode가 필요하다.

```
private enum ErrorCode {
  OK, MISSING_STRING, MISSING_INTEGER, INVALID_INTEGER,
  UNEXPECTED_ARGUMENT, MISSING_DOUBLE, INVALID_DOUBLE
}
```

또한 getDouble 함수도 필요하다.

```
public double getDouble(char arg) {
  Args.ArgumentMarshaler am = marshalers.get(arg);
  try {
    return am == null ? 0 : (Double) am.get();
  } catch (Exception e) {
    return 0.0;
  }
}
```

코드는 모든 테스트를 통과한다! 어려움은 거의 없었다! 이제 오류 처리 코드가 제대로 도는지 확인할 차례다. 다음 테스트 케이스는 구문분석이 불가능한 문자열을 ## 인수에 전달해 오류 처리 코드 동작을 확인한다.

```
public void testInvalidDouble() throws Exception {
  Args args = new Args("x##", new String[] {"-x","Forty two"});
  assertFalse(args.isValid());
  assertEquals(0, args.cardinality());
  assertFalse(args.has('x'));
  assertEquals(0, args.getInt('x'));
  assertEquals("Argument -x expects a double but was 'Forty two'.",
               args.errorMessage());
}
```

```
public String errorMessage() throws Exception {
  switch (errorCode) {
    case OK:
      throw new Exception("TILT: Should not get here.");
    case UNEXPECTED_ARGUMENT:
      return unexpectedArgumentMessage();
    case MISSING_STRING:
      return String.format("Could not find string parameter for -%c.",
                           errorArgumentId);
    case INVALID_INTEGER:
      return String.format("Argument -%c expects an integer but was '%s'.",
                           errorArgumentId, errorParameter);
    case MISSING_INTEGER:
      return String.format("Could not find integer parameter for -%c.",
                           errorArgumentId);
    case INVALID_DOUBLE:
      return String.format("Argument -%c expects a double but was "%s".",
                            errorArgumentId, errorParameter);
    case MISSING_DOUBLE:
      return String.format("Could not find double parameter for -%c.",
                            errorArgumentId);
  }
  return "";
}
```

코드는 테스트를 통과한다. 다음 테스트 케이스는 double 인수를 빠뜨린 경우다.

```
public void testMissingDouble() throws Exception {
  Args args = new Args("x##", new String[]{"-x"});
  assertFalse(args.isValid());
  assertEquals(0, args.cardinality());
  assertFalse(args.has("x"));
  assertEquals(0.0, args.getDouble("x"), 0.01);
  assertEquals("Could not find double parameter for -x.",
               args.errorMessage());
}
```

예상대로 코드는 테스트를 통과한다. 철저함을 기하고자 테스트 케이스를 작성했을 뿐이다.

예외 코드는 아주 흉할뿐더러 사실상 Args 클래스에 속하지도 않는다. 게다가 ParseException을 던지지만 ParseException은 Args 클래스에 속하지 않는다. 그러므로 모든 예외를 하나로 모아 ArgsException 클래스를 만든 후 독자 모듈로 옮긴다.

```
public class ArgsException extends Exception {
  private char errorArgumentId = "\0";
  private String errorParameter = "TILT";
  private ErrorCode errorCode = ErrorCode.OK;

  public ArgsException() {}

  public ArgsException(String message) {super(message);}

  public enum ErrorCode {
    OK, MISSING_STRING, MISSING_INTEGER, INVALID_INTEGER,
    UNEXPECTED_ARGUMENT, MISSING_DOUBLE, INVALID_DOUBLE}
}
———
public class Args {
  ...
  private char errorArgumentId = '\0';
  private String errorParameter = "TILT";
  private ArgsException.ErrorCode errorCode = ArgsException.ErrorCode.OK;
  private List<String> argsList;

  public Args(String schema, String[] args) throws ArgsException {
    this.schema = schema;
```

```
    argsList = Arrays.asList(args);
    valid = parse();
  }

  private boolean parse() throws ArgsException {
    if (schema.length() == 0 && argsList.size() == 0)
      return true;
    parseSchema();
    try {
      parseArguments();
    } catch (ArgsException e) {
    }
    return valid;
  }

  private boolean parseSchema() throws ArgsException {
    ...
  }

  private void parseSchemaElement(String element) throws ArgsException {
    ...
    else
      throw new ArgsException(
        String.format("Argument: %c has invalid format: %s.",
                      elementId,elementTail));
  }

  private void validateSchemaElementId(char elementId) throws ArgsException {
    if (!Character.isLetter(elementId)) {
      throw new ArgsException(
        "Bad character:" + elementId + "in Args format: " + schema);
    }
  }

  ...

  private void parseElement(char argChar) throws ArgsException {
    if (setArgument(argChar))
      argsFound.add(argChar);
    else {
      unexpectedArguments.add(argChar);
      errorCode = ArgsException.ErrorCode.UNEXPECTED_ARGUMENT;
      valid = false;
```

```
      }
    }

  ...

  private class StringArgumentMarshaler implements ArgumentMarshaler {
    private String stringValue = "";

    public void set(Iterator<String> currentArgument) throws ArgsException {
      try {
        stringValue = currentArgument.next();
      } catch (NoSuchElementException e) {
        errorCode = ArgsException.ErrorCode.MISSING_STRING;
        throw new ArgsException();
      }
    }

    public Object get() {
      return stringValue;
    }
  }

  private class IntegerArgumentMarshaler implements ArgumentMarshaler {
    private int intValue = 0;

    public void set(Iterator<String> currentArgument) throws ArgsException {
      String parameter = null;
      try {
        parameter = currentArgument.next();
        intValue = Integer.parseInt(parameter);
      } catch (NoSuchElementException e) {
        errorCode = ArgsException.ErrorCode.MISSING_INTEGER;
        throw new ArgsException();
      } catch (NumberFormatException e) {
        errorParameter = parameter;
        errorCode = ArgsException.ErrorCode.INVALID_INTEGER;
        throw new ArgsException();
      }
    }

    public Object get() {
      return intValue;
    }
  }
```

```
  private class DoubleArgumentMarshaler implements ArgumentMarshaler {
    private double doubleValue = 0;

    public void set(Iterator<String> currentArgument) throws ArgsException {
      String parameter = null;
      try {
        parameter = currentArgument.next();
        doubleValue = Double.parseDouble(parameter);
      } catch (NoSuchElementException e) {
        errorCode = ArgsException.ErrorCode.MISSING_DOUBLE;
        throw new ArgsException();
      } catch (NumberFormatException e) {
        errorParameter = parameter;
        errorCode = ArgsException.ErrorCode.INVALID_DOUBLE;
        throw new ArgsException();
      }
    }

    public Object get() {
      return doubleValue;
    }
  }
}
```

멋지다. 이제 Args 클래스가 던지는 예외는 ArgsException뿐이다. ArgsException을 독자적인 모듈로 만들면 Args 모듈에서 잡다한 오류 지원 코드를 옮겨올 수 있다. ArgsException 모듈은 잡다한 오류 지원 코드가 들어갈 합당하고 당연한 장소다. 덕택에 Args 모듈이 깨끗해져 차후 확장도 쉬워진다.

이제 Args 모듈에서 예외/오류 처리 코드를 완벽하게 분리했다. (자세한 과정은 목록 14-13부터 목록 14-16까지 살펴본다.) 대략 30차례로 나눠 조금씩 코드를 바꿨다. 물론 매 단계마다 코드는 테스트를 통과했다.

목록 14-13 ArgsTest.java

```
package com.objectmentor.utilities.args;

import junit.framework.TestCase;

public class ArgsTest extends TestCase {
  public void testCreateWithNoSchemaOrArguments() throws Exception {
```

```
    Args args = new Args("", new String[0]);
    assertEquals(0, args.cardinality());
  }

  public void testWithNoSchemaButWithOneArgument() throws Exception {
    try {
      new Args("", new String[]{"-x"});
      fail();
    } catch (ArgsException e) {
      assertEquals(ArgsException.ErrorCode.UNEXPECTED_ARGUMENT,
                   e.getErrorCode());
      assertEquals('x', e.getErrorArgumentId());
    }
  }

  public void testWithNoSchemaButWithMultipleArguments() throws Exception {
    try {
      new Args("", new String[]{"-x", "-y"});
      fail();
    } catch (ArgsException e) {
      assertEquals(ArgsException.ErrorCode.UNEXPECTED_ARGUMENT,
                   e.getErrorCode());
      assertEquals('x', e.getErrorArgumentId());
    }
  }

  public void testNonLetterSchema() throws Exception {
    try {
      new Args("*", new String[]{});
      fail("Args constructor should have thrown exception");
    } catch (ArgsException e) {
      assertEquals(ArgsException.ErrorCode.INVALID_ARGUMENT_NAME,
                   e.getErrorCode());
      assertEquals('*', e.getErrorArgumentId());
    }
  }

  public void testInvalidArgumentFormat() throws Exception {
    try {
      new Args("f~", new String[]{});
      fail("Args constructor should have throws exception");
    } catch (ArgsException e) {
      assertEquals(ArgsException.ErrorCode.INVALID_FORMAT, e.getErrorCode());
```

```java
      assertEquals('f', e.getErrorArgumentId());
    }
  }

  public void testSimpleBooleanPresent() throws Exception {
    Args args = new Args("x", new String[]{"-x"});
    assertEquals(1, args.cardinality());
    assertEquals(true, args.getBoolean('x'));
  }

  public void testSimpleStringPresent() throws Exception {
    Args args = new Args("x*", new String[]{"-x", "param"});
    assertEquals(1, args.cardinality());
    assertTrue(args.has('x'));
    assertEquals("param", args.getString('x'));
  }

  public void testMissingStringArgument() throws Exception {
    try {
      new Args("x*", new String[]{"-x"});
      fail();
    } catch (ArgsException e) {
      assertEquals(ArgsException.ErrorCode.MISSING_STRING, e.getErrorCode());
      assertEquals('x', e.getErrorArgumentId());
    }
  }

  public void testSpacesInFormat() throws Exception {
    Args args = new Args("x, y", new String[]{"-xy"});
    assertEquals(2, args.cardinality());
    assertTrue(args.has('x'));
    assertTrue(args.has('y'));
  }

  public void testSimpleIntPresent() throws Exception {
    Args args = new Args("x#", new String[]{"-x", "42"});
    assertEquals(1, args.cardinality());
    assertTrue(args.has('x'));
    assertEquals(42, args.getInt('x'));
  }

  public void testInvalidInteger() throws Exception {
    try {
```

```
      new Args("x#", new String[]{"-x", "Forty two"});
      fail();
    } catch (ArgsException e) {
      assertEquals(ArgsException.ErrorCode.INVALID_INTEGER, e.getErrorCode());
      assertEquals('x', e.getErrorArgumentId());
      assertEquals("Forty two", e.getErrorParameter());
    }
  }

  public void testMissingInteger() throws Exception {
    try {
      new Args("x#", new String[]{"-x"});
      fail();
    } catch (ArgsException e) {
      assertEquals(ArgsException.ErrorCode.MISSING_INTEGER, e.getErrorCode());
      assertEquals('x', e.getErrorArgumentId());
    }
  }

  public void testSimpleDoublePresent() throws Exception {
    Args args = new Args("x##", new String[]{"-x", "42.3"});
    assertEquals(1, args.cardinality());
    assertTrue(args.has('x'));
    assertEquals(42.3, args.getDouble('x'), .001);
  }

  public void testInvalidDouble() throws Exception {
    try {
      new Args("x##", new String[]{"-x", "Forty two"});
      fail();
    } catch (ArgsException e) {
      assertEquals(ArgsException.ErrorCode.INVALID_DOUBLE, e.getErrorCode());
      assertEquals('x', e.getErrorArgumentId());
      assertEquals("Forty two", e.getErrorParameter());
    }
  }

  public void testMissingDouble() throws Exception {
    try {
      new Args("x##", new String[]{"-x"});
      fail();
    } catch (ArgsException e) {
      assertEquals(ArgsException.ErrorCode.MISSING_DOUBLE, e.getErrorCode());
```

```
      assertEquals('x', e.getErrorArgumentId());
    }
  }
}
```

목록 14-14 ArgsExceptionTest.java

```
public class ArgsExceptionTest extends TestCase {
  public void testUnexpectedMessage() throws Exception {
    ArgsException e =
      new ArgsException(ArgsException.ErrorCode.UNEXPECTED_ARGUMENT,
                        'x', null);
    assertEquals("Argument -x unexpected.", e.errorMessage());
  }

  public void testMissingStringMessage() throws Exception {
    ArgsException e = new ArgsException(
        ArgsException.ErrorCode.MISSING_STRING, 'x', null);
    assertEquals("Could not find string parameter for -x.", e.errorMessage());
  }

  public void testInvalidIntegerMessage() throws Exception {
    ArgsException e =
      new ArgsException(ArgsException.ErrorCode.INVALID_INTEGER,
                        'x', "Forty two");
    assertEquals("Argument -x expects an integer but was 'Forty two'.",
             e.errorMessage());
  }

  public void testMissingIntegerMessage() throws Exception {
    ArgsException e =
      new ArgsException(ArgsException.ErrorCode.MISSING_INTEGER, 'x', null);
    assertEquals("Could not find integer parameter for -x.",
             e.errorMessage());
  }

  public void testInvalidDoubleMessage() throws Exception {
    ArgsException e = new ArgsException(
        ArgsException.ErrorCode.INVALID_DOUBLE, 'x', "Forty two");
    assertEquals("Argument -x expects a double but was 'Forty two'.",
             e.errorMessage());
  }
```

```java
  public void testMissingDoubleMessage() throws Exception {
    ArgsException e = new ArgsException(
        ArgsException.ErrorCode.MISSING_DOUBLE, 'x', null);
    assertEquals("Could not find double parameter for -x.", e.errorMessage());
  }
}
```

목록 14-15 ArgsException.java

```java
public class ArgsException extends Exception {
  private char errorArgumentId = '\0';
  private String errorParameter = "TILT";
  private ErrorCode errorCode = ErrorCode.OK;

  public ArgsException() {}

  public ArgsException(String message) {super(message);}

  public ArgsException(ErrorCode errorCode) {
    this.errorCode = errorCode;
  }

  public ArgsException(ErrorCode errorCode, String errorParameter) {
    this.errorCode = errorCode;
    this.errorParameter = errorParameter;
  }

  public ArgsException(ErrorCode errorCode, char errorArgumentId,
                       String errorParameter) {
    this.errorCode = errorCode;
    this.errorParameter = errorParameter;
    this.errorArgumentId = errorArgumentId;
  }

  public char getErrorArgumentId() {
    return errorArgumentId;
  }

  public void setErrorArgumentId(char errorArgumentId) {
    this.errorArgumentId = errorArgumentId;
  }

  public String getErrorParameter() {
    return errorParameter;
  }
```

```java
  public void setErrorParameter(String errorParameter) {
    this.errorParameter = errorParameter;
  }

  public ErrorCode getErrorCode() {
    return errorCode;
  }

  public void setErrorCode(ErrorCode errorCode) {
    this.errorCode = errorCode;
  }

  public String errorMessage() throws Exception {
    switch (errorCode) {
      case OK:
        throw new Exception("TILT: Should not get here.");
      case UNEXPECTED_ARGUMENT:
        return String.format("Argument -%c unexpected.", errorArgumentId);
      case MISSING_STRING:
        return String.format("Could not find string parameter for -%c.",
                             errorArgumentId);
      case INVALID_INTEGER:
        return String.format("Argument -%c expects an integer but was '%s'.",
                             errorArgumentId, errorParameter);
      case MISSING_INTEGER:
        return String.format("Could not find integer parameter for -%c.",
                             errorArgumentId);
      case INVALID_DOUBLE:
        return String.format("Argument -%c expects a double but was '%s'.",
                             errorArgumentId, errorParameter);
      case MISSING_DOUBLE:
        return String.format("Could not find double parameter for -%c.",
                             errorArgumentId);
    }
    return "";
  }

  public enum ErrorCode {
    OK, INVALID_FORMAT, UNEXPECTED_ARGUMENT, INVALID_ARGUMENT_NAME,
    MISSING_STRING,
    MISSING_INTEGER, INVALID_INTEGER,
    MISSING_DOUBLE, INVALID_DOUBLE}
}
```

목록 14-16 Args.java

```java
public class Args {
  private String schema;
  private Map<Character, ArgumentMarshaler> marshalers =
    new HashMap<Character, ArgumentMarshaler>();
  private Set<Character> argsFound = new HashSet<Character>();
  private Iterator<String> currentArgument;
  private List<String> argsList;

  public Args(String schema, String[] args) throws ArgsException {
    this.schema = schema;
    argsList = Arrays.asList(args);
    parse();
  }

  private void parse() throws ArgsException {
    parseSchema();
    parseArguments();
  }

  private boolean parseSchema() throws ArgsException {
    for (String element : schema.split(",")) {
      if (element.length() > 0) {
        parseSchemaElement(element.trim());
      }
    }
    return true;
  }

  private void parseSchemaElement(String element) throws ArgsException {
    char elementId = element.charAt(0);
    String elementTail = element.substring(1);
    validateSchemaElementId(elementId);
    if (elementTail.length() == 0)
      marshalers.put(elementId, new BooleanArgumentMarshaler());
    else if (elementTail.equals("*"))
      marshalers.put(elementId, new StringArgumentMarshaler());
    else if (elementTail.equals("#"))
      marshalers.put(elementId, new IntegerArgumentMarshaler());
    else if (elementTail.equals("##"))
      marshalers.put(elementId, new DoubleArgumentMarshaler());
    else
```

```
      throw new ArgsException(ArgsException.ErrorCode.INVALID_FORMAT,
                              elementId, elementTail);
  }

  private void validateSchemaElementId(char elementId) throws ArgsException {
    if (!Character.isLetter(elementId)) {
      throw new ArgsException(ArgsException.ErrorCode.INVALID_ARGUMENT_NAME,
                              elementId, null);
    }
  }

  private void parseArguments() throws ArgsException {
    for (currentArgument = argsList.iterator(); currentArgument.hasNext();) {
      String arg = currentArgument.next();
      parseArgument(arg);
    }
  }

  private void parseArgument(String arg) throws ArgsException {
    if (arg.startsWith("-"))
      parseElements(arg);
  }

  private void parseElements(String arg) throws ArgsException {
    for (int i = 1; i < arg.length(); i++)
      parseElement(arg.charAt(i));
  }

  private void parseElement(char argChar) throws ArgsException {
    if (setArgument(argChar))
      argsFound.add(argChar);
    else {
      throw new ArgsException(ArgsException.ErrorCode.UNEXPECTED_ARGUMENT,
                              argChar, null);
    }
  }

  private boolean setArgument(char argChar) throws ArgsException {
    ArgumentMarshaler m = marshalers.get(argChar);
    if (m == null)
      return false;
    try {
      m.set(currentArgument);
```

```
      return true;
    } catch (ArgsException e) {
      e.setErrorArgumentId(argChar);
      throw e;
    }
  }

  public int cardinality() {
    return argsFound.size();
  }

  public String usage() {
    if (schema.length() > 0)
      return "-[" + schema + "]";
    else
      return "";
  }

  public boolean getBoolean(char arg) {
    ArgumentMarshaler am = marshalers.get(arg);
    boolean b = false;
    try {
      b = am != null && (Boolean) am.get();
    } catch (ClassCastException e) {
      b = false;
    }
    return b;
  }

  public String getString(char arg) {
    ArgumentMarshaler am = marshalers.get(arg);
    try {
      return am == null ? "" : (String) am.get();
    } catch (ClassCastException e) {
      return "";
    }
  }

  public int getInt(char arg) {
    ArgumentMarshaler am = marshalers.get(arg);
    try {
      return am == null ? 0 : (Integer) am.get();
    } catch (Exception e) {
```

```
      return 0;
    }
  }

  public double getDouble(char arg) {
    ArgumentMarshaler am = marshalers.get(arg);
    try {
      return am == null ? 0 : (Double) am.get();
    } catch (Exception e) {
      return 0.0;
    }
  }

  public boolean has(char arg) {
    return argsFound.contains(arg);
  }
}
```

Args 클래스에서는 주로 코드만 삭제했을 뿐이다. 상당한 코드를 Args 클래스에서 ArgsException 클래스로 옮겼다. 멋지다. 또한 모든 ArgumentMarshaler 클래스도 각자 파일로 옮겼다. 더욱 멋지다!

소프트웨어 설계는 분할만 잘해도 품질이 크게 높아진다. 적절한 장소를 만들어 코드만 분리해도 설계가 좋아진다. 관심사를 분리하면 코드를 이해하고 보수하기 훨씬 더 쉬워진다.

특별히 눈여겨볼 코드는 ArgsException의 errorMessage 메서드다. (Args 클래스에 속했던) 이 메서드는 명백히 SRP^{Single Responsibility Principle} 위반이었다. Args 클래스가 오류 메시지 형식까지 책임졌기 때문이다. Args 클래스는 인수를 처리하는 클래스지 오류 메시지 형식을 처리하는 클래스가 아니기 때문이다. 하지만 그렇다고 ArgsException 클래스가 오류 메시지 형식을 처리해야 옳을까?

솔직하게 말해, 이것은 절충안이다. ArgsException에게 맡겨서는 안 된다고 생각하는 독자라면 새로운 클래스가 필요하다. 하지만 미리 깔끔하게 만들어진 오류 메시지로 얻는 장점은 무시하기 어렵다.

지금쯤이면 이 장 처음에 소개했던 최종 코드에 거의 도달했다는 느낌이 들 것이다. 마지막 단계는 여러분에게 연습 문제로 남긴다.

결론

그저 돌아가는 코드만으로는 부족하다. 돌아가는 코드가 심하게 망가지는 사례는 흔하다. 단순히 돌아가는 코드에 만족하는 프로그래머는 전문가 정신이 부족하다. 설계와 구조를 개선할 시간이 없다고 변명할지 모르지만 나로서는 동의하기 어렵다. 나쁜 코드보다 더 오랫동안 더 심각하게 개발 프로젝트에 악영향을 미치는 요인도 없다. 나쁜 일정은 다시 짜면 된다. 나쁜 요구사항은 다시 정의하면 된다. 나쁜 팀 역학은 복구하면 된다. 하지만 나쁜 코드는 썩어 문드러진다. 점점 무게가 늘어나 팀의 발목을 잡는다. 속도가 점점 느려지다 못해 기어가는 팀도 많이 봤다. 너무 서두르다가 이후로 영원히 자신들의 운명을 지배할 악성 코드라는 굴레를 짊어진다.

물론 나쁜 코드도 깨끗한 코드로 개선할 수 있다. 하지만 비용이 엄청나게 많이 든다. 코드가 썩어가며 모듈은 서로서로 얽히고설켜 뒤엉키고 숨겨진 의존성이 수도 없이 생긴다. 오래된 의존성을 찾아내 깨려면 상당한 시간과 인내심이 필요하다. 반면 처음부터 코드를 깨끗하게 유지하기란 상대적으로 쉽다. 아침에 엉망으로 만든 코드를 오후에 정리하기는 어렵지 않다. 더욱이 5분 전에 엉망으로 만든 코드는 지금 당장 정리하기 아주 쉽다.

그러므로 코드는 언제나 최대한 깔끔하고 단순하게 정리하자. 절대로 썩어가게 방치하면 안 된다.

JUnit 들여다보기

07 Clean Code

JUnit은 자바 프레임워크 중에서 가장 유명하다. 일반적인 프레임워크가 그렇듯 개념은 단순하며 정의는 정밀하고 구현은 우아하다. 하지만 실제 코드는 어떨까? 이 장에서는 JUnit 프레임워크에서 가져온 코드를 평가한다.

JUnit 프레임워크

JUnit은 저자가 많다. 하지만 시작은 켄트 벡과 에릭 감마Erich Gamma, 두 사람이다. 두 사람이 함께 아틀란타 행 비행기를 타고 가다 JUnit을 만들었다. 켄트는 자바를 배우고 싶었고 에릭은 켄트의 스몰토크 테스트 프레임워크를 배우고 싶었다. "비좁은 기내에서 엔지니어 둘이 랩탑을 꺼내 코드를 짜는 일 밖에 다른 무엇을 하겠는가?"[1] 공중에서 세 시간 정도 일한 끝에 두 사람은 JUnit 기초를 구현했다.

우리가 살펴볼 모듈은 문자열 비교 오류를 파악할 때 유용한 코드다. ComparisonCompactor라는 모듈로, 영리하게 짜인 코드다. ComparisonCompactor는 두 문자열을 받아 차이를 반환한다. 예를 들어, ABCDE와 ABXDE를 받아 〈...B[X]D...〉를 반환한다.

내가 좀 더 자세히 설명해도 되겠지만 테스트 코드를 읽는 편이 훨씬 낫다. 목록 15-1을 살펴보면 모듈에 필요한 기능이 상세히 드러난다. 살펴보는 김에 테스트 구조도 분석해보자. 좀 더 단순하게 혹은 좀 더 명백하게 개선할 수 있을까?

목록 15-1 ComparisonCompactorTest.java

```
package junit.tests.framework;

import junit.framework.ComparisonCompactor;
import junit.framework.TestCase;

public class ComparisonCompactorTest extends TestCase {
  public void testMessage() {
    String failure= new ComparisonCompactor(0, "b", "c").compact("a");
    assertTrue("a expected:<[b]> but was:<[c]>".equals(failure));
  }

  public void testStartSame() {
```

---

[1] JUnit Pocket Guide, Kent Beck, O'Reilly, 2004. 43쪽.

```
    String failure= new ComparisonCompactor(1, "ba", "bc").compact(null);
    assertEquals("expected:<b[a]> but was:<b[c]>", failure);
}

public void testEndSame() {
    String failure= new ComparisonCompactor(1, "ab", "cb").compact(null);
    assertEquals("expected:<[a]b> but was:<[c]b>", failure);
}

public void testSame() {
    String failure= new ComparisonCompactor(1, "ab", "ab").compact(null);
    assertEquals("expected:<ab> but was:<ab>", failure);
}

public void testNoContextStartAndEndSame() {
    String failure= new ComparisonCompactor(0, "abc", "adc").compact(null);
    assertEquals("expected:<...[b]...> but was:<...[d]...>", failure);
}

public void testStartAndEndContext() {
    String failure= new ComparisonCompactor(1, "abc", "adc").compact(null);
    assertEquals("expected:<a[b]c> but was:<a[d]c>", failure);
}

public void testStartAndEndContextWithEllipses() {
    String failure=
        new ComparisonCompactor(1, "abcde", "abfde").compact(null);
    assertEquals("expected:<...b[c]d...> but was:<...b[f]d...>", failure);
}

public void testComparisonErrorStartSameComplete() {
    String failure= new ComparisonCompactor(2, "ab", "abc").compact(null);
    assertEquals("expected:<ab[]> but was:<ab[c]>", failure);
}

public void testComparisonErrorEndSameComplete() {
    String failure= new ComparisonCompactor(0, "bc", "abc").compact(null);
    assertEquals("expected:<[]...> but was:<[a]...>", failure);
}

public void testComparisonErrorEndSameCompleteContext() {
    String failure= new ComparisonCompactor(2, "bc", "abc").compact(null);
    assertEquals("expected:<[]bc> but was:<[a]bc>", failure);
}
```

```java
  }

  public void testComparisonErrorOverlapingMatches() {
    String failure= new ComparisonCompactor(0, "abc", "abbc").compact(null);
    assertEquals("expected:<...[]...> but was:<...[b]...>", failure);
  }

  public void testComparisonErrorOverlapingMatchesContext() {
    String failure= new ComparisonCompactor(2, "abc", "abbc").compact(null);
    assertEquals("expected:<ab[]c> but was:<ab[b]c>", failure);
  }

  public void testComparisonErrorOverlapingMatches2() {
    String failure=
      new ComparisonCompactor(0, "abcdde", "abcde").compact(null);
    assertEquals("expected:<...[d]...> but was:<...[]...>", failure);
  }

  public void testComparisonErrorOverlapingMatches2Context() {
    String failure=
      new ComparisonCompactor(2, "abcdde", "abcde").compact(null);
    assertEquals("expected:<...cd[d]e> but was:<...cd[]e>", failure);
  }

  public void testComparisonErrorWithActualNull() {
    String failure= new ComparisonCompactor(0, "a", null).compact(null);
    assertEquals("expected:<a> but was:<null>", failure);
  }

  public void testComparisonErrorWithActualNullContext() {
    String failure= new ComparisonCompactor(2, "a", null).compact(null);
    assertEquals("expected:<a> but was:<null>", failure);
  }

  public void testComparisonErrorWithExpectedNull() {
    String failure= new ComparisonCompactor(0, null, "a").compact(null);
    assertEquals("expected:<null> but was:<a>", failure);
  }

  public void testComparisonErrorWithExpectedNullContext() {
    String failure= new ComparisonCompactor(2, null, "a").compact(null);
    assertEquals("expected:<null> but was:<a>", failure);
  }
```

```
  public void testBug609972() {
    String failure= new ComparisonCompactor(10, "S&P500", "0").compact(null);
    assertEquals("expected:<[S&P50]0> but was:<[]0>", failure);
  }
}
```

위 테스트 케이스로 ComparisonCompactor 모듈에 대한 코드 커버리지 분석을 수행했더니 100%가 나왔다. 테스트 케이스가 모든 행, 모든 if 문, 모든 for 문을 실행한다는 의미다. 그래서 나는 모듈이 올바로 동작한다고 자신하게 되었고 모듈 작성자들의 장인정신을 높이 사게 되었다.

목록 15-2는 ComparisonCompactor 모듈이다. 잠시 시간을 들여 코드를 살펴보기 바란다. 코드는 잘 분리되었고, 표현력이 적절하며, 구조가 단순하다. 쭉 훑어보았다면 이제 꼬치꼬치 따져보자.

목록 15-2 ComparisonCompactor.java (원본)

```java
package junit.framework;

public class ComparisonCompactor {

  private static final String ELLIPSIS = "...";
  private static final String DELTA_END = "]";
  private static final String DELTA_START = "[";

  private int fContextLength;
  private String fExpected;
  private String fActual;
  private int fPrefix;
  private int fSuffix;

  public ComparisonCompactor(int contextLength,
                             String expected,
                             String actual) {
    fContextLength = contextLength;
    fExpected = expected;
    fActual = actual;
  }

  public String compact(String message) {
```

```java
    if (fExpected == null || fActual == null || areStringsEqual())
      return Assert.format(message, fExpected, fActual);

    findCommonPrefix();
    findCommonSuffix();
    String expected = compactString(fExpected);
    String actual = compactString(fActual);
    return Assert.format(message, expected, actual);
  }

  private String compactString(String source) {
    String result = DELTA_START +
                    source.substring(fPrefix, source.length() -
                      fSuffix + 1) + DELTA_END;
    if (fPrefix > 0)
      result = computeCommonPrefix() + result;
    if (fSuffix > 0)
      result = result + computeCommonSuffix();
    return result;
  }

  private void findCommonPrefix() {
    fPrefix = 0;
    int end = Math.min(fExpected.length(), fActual.length());
    for (; fPrefix < end; fPrefix++) {
      if (fExpected.charAt(fPrefix) != fActual.charAt(fPrefix))
        break;
    }
  }

  private void findCommonSuffix() {
    int expectedSuffix = fExpected.length() - 1;
    int actualSuffix = fActual.length() - 1;
    for (;
         actualSuffix >= fPrefix && expectedSuffix >= fPrefix;
           actualSuffix--, expectedSuffix--) {
      if (fExpected.charAt(expectedSuffix) != fActual.charAt(actualSuffix))
        break;
    }
    fSuffix = fExpected.length() - expectedSuffix;
  }

  private String computeCommonPrefix() {
```

```java
      return (fPrefix > fContextLength ? ELLIPSIS : "") +
          fExpected.substring(Math.max(0, fPrefix - fContextLength),
                            fPrefix);
  }

  private String computeCommonSuffix() {
    int end = Math.min(fExpected.length() - fSuffix + 1 + fContextLength,
                       fExpected.length());
    return fExpected.substring(fExpected.length() - fSuffix + 1, end) +
        (fExpected.length() - fSuffix + 1 < fExpected.length() -
          fContextLength ? ELLIPSIS : "");
  }

  private boolean areStringsEqual() {
    return fExpected.equals(fActual);
  }
}
```

몇 가지 불평이 있을지도 모르겠다. 긴 표현식 몇 개와 이상한 +1 등이 눈에 띈다. 하지만 전반적으로 상당히 훌륭한 모듈이다. 자칫 목록 15-3처럼 짰을 수도 있으니까.

목록 15-3 ComparisonCompactor.java (디팩터링 결과)[2]

```java
package junit.framework;

public class ComparisonCompactor {
  private int ctxt;
  private String s1;
  private String s2;
  private int pfx;
  private int sfx;

  public ComparisonCompactor(int ctxt, String s1, String s2) {
    this.ctxt = ctxt;
    this.s1 = s1;
    this.s2 = s2;
  }

  public String compact(String msg) {
    if (s1 == null || s2 == null || s1.equals(s2))
      return Assert.format(msg, s1, s2);
```

---

2 (옮긴이) 디팩터링은 리팩터링의 반대 과정이다. 디팩터링 결과로 나온 코드는 구조적으로 어지럽고 취약하다.

```java
      pfx = 0;
      for (; pfx < Math.min(s1.length(), s2.length()); pfx++) {
        if (s1.charAt(pfx) != s2.charAt(pfx))
          break;
      }
      int sfx1 = s1.length() - 1;
      int sfx2 = s2.length() - 1;
      for (; sfx2 >= pfx && sfx1 >= pfx; sfx2--, sfx1--) {
        if (s1.charAt(sfx1) != s2.charAt(sfx2))
          break;
      }
      sfx = s1.length() - sfx1;
      String cmp1 = compactString(s1);
      String cmp2 = compactString(s2);
      return Assert.format(msg, cmp1, cmp2);
    }

    private String compactString(String s) {
      String result =
        "[" + s.substring(pfx, s.length() - sfx + 1) + "]";
      if (pfx > 0)
        result = (pfx > ctxt ? "..." : "") +
          s1.substring(Math.max(0, pfx - ctxt), pfx) + result;
      if (sfx > 0) {
        int end = Math.min(s1.length() - sfx + 1 + ctxt, s1.length());
        result = result + (s1.substring(s1.length() - sfx + 1, end) +
          (s1.length() - sfx + 1 < s1.length() - ctxt ? "..." : ""));
      }
      return result;
    }
}
```

비록 저자들이 모듈을 아주 좋은 상태로 남겨두었지만 **보이스카우트 규칙**[3]에 따르면 우리는 처음 왔을 때보다 더 깨끗하게 해놓고 떠나야 한다. 그렇다면 목록 15-2에서 소개한 원래 코드를 어떻게 개선하면 좋을까?

가장 먼저 눈에 거슬리는 부분은 멤버 변수 앞에 붙인 접두어 f다.[N6] 오늘날 사용하는 개발 환경에서는 이처럼 변수 이름에 범위를 명시할 필요가 없다. 접두어 f는 중복되는 정보다. 그러므로 접두어 f를 모두 제거하자.

---

3   18쪽 "보이스카우트 규칙" 참조.

```
private int contextLength;
private String expected;
private String actual;
private int prefix;
private int suffix;
```

다음으로 compact 함수 시작부에 캡슐화되지 않은 조건문이 보인다.[G28]

```
public String compact(String message) {
  if (expected == null || actual == null || areStringsEqual())
    return Assert.format(message, expected, actual);

  findCommonPrefix();
  findCommonSuffix();
  String expected = compactString(this.expected);
  String actual = compactString(this.actual);
  return Assert.format(message, expected, actual);
}
```

의도를 명확히 표현하려면 조건문을 캡슐화해야 한다. 즉, 조건문을 메서드로 뽑아내 적절한 이름을 붙인다.

```
public String compact(String message) {
  if (shouldNotCompact())
    return Assert.format(message, expected, actual);

  findCommonPrefix();
  findCommonSuffix();
  String expected = compactString(this.expected);
  String actual = compactString(this.actual);
  return Assert.format(message, expected, actual);
}

private boolean shouldNotCompact() {
  return expected == null || actual == null || areStringsEqual();
}
```

compact 함수에서 사용하는 this.expected와 this.actual도 눈에 거슬린다. (함수에 이미 expected라는 지역 변수가 있는데) fExpected에서 f를 빼버리는 바람에 생긴 결과다. 함수에서 멤버 변수와 이름이 똑같은 변수를 사용하는 이유가

15장 JUnit 들여다보기   331

무엇일까? 서로 다른 의미가 아닌가?[N4] 이름은 명확하게 붙인다.

```
String compactExpected = compactString(expected);
String compactActual = compactString(actual);
```

부정문은 긍정문보다 이해하기 약간 더 어렵다.[G29] 그러므로 첫 문장 if를 긍정으로 만들어 조건문을 반전한다.

```
public String compact(String message) {
  if (canBeCompacted()) {
    findCommonPrefix();
    findCommonSuffix();
    String compactExpected = compactString(expected);
    String compactActual = compactString(actual);
    return Assert.format(message, compactExpected, compactActual);
  } else {
    return Assert.format(message, expected, actual);
  }
}

private boolean canBeCompacted() {
  return expected != null && actual != null && !areStringsEqual();
}
```

함수 이름이 이상하다.[N7] 문자열을 압축하는 함수라지만 실제로 canBeCompacted가 false이면 압축하지 않는다. 그러므로 함수에 compact라는 이름을 붙이면 오류 점검이라는 부가 단계가 숨겨진다. 게다가 함수는 단순히 압축된 문자열이 아니라 형식이 갖춰진 문자열을 반환한다. 따라서 실제로는 format CompatedComparison이라는 이름이 적합하다. 새 이름에 인수를 고려하면 가독성이 훨씬 더 좋아진다.

```
public String formatCompactedComparison(String message) {
```

if 문 안에서는 예상 문자열과 실제 문자열을 진짜로 압축한다. 이 부분을 빼내 compactExpectedAndActual이라는 메서드로 만든다. 하지만 형식을 맞추는 작업은 formatCompactedComparison에게 전적으로 맡긴다. compactExpectedAndActul은 압축만 수행한다.[G30] 따라서 함수를 분리하면 다음과 같다.

```
...
  private String compactExpected;
  private String compactActual;

...
  public String formatCompactedComparison(String message) {
    if (canBeCompacted()) {
      compactExpectedAndActual();
      return Assert.format(message, compactExpected, compactActual);
    } else {
      return Assert.format(message, expected, actual);
    }
  }

  private void compactExpectedAndActual() {
    findCommonPrefix();
    findCommonSuffix();
    compactExpected = compactString(expected);
    compactActual = compactString(actual);
  }
```

위에서 compactExpected와 compactAcutal을 멤버 변수로 승격했다는 사실에 주의한다. 새 함수에서 마지막 두 줄은 변수를 반환하지만 첫째 줄과 둘째 줄은 반환값이 없다. 함수 사용방식이 일관적이지 못하다.[G11] 그래서 findCommonPrefix와 findCommonSuffix를 변경해 접두어 값과 접미어 값을 반환한다.

```
  private void compactExpectedAndActual() {
    prefixIndex = findCommonPrefix();
    suffixIndex = findCommonSuffix();
    compactExpected = compactString(expected);
    compactActual = compactString(actual);
  }

  private int findCommonPrefix() {
    int prefixIndex = 0;
    int end = Math.min(expected.length(), actual.length());
    for (; prefixIndex < end; prefixIndex++) {
      if (expected.charAt(prefixIndex) != actual.charAt(prefixIndex))
        break;
    }
```

```
    return prefixIndex;
  }

  private int findCommonSuffix() {
    int expectedSuffix = expected.length() - 1;
    int actualSuffix = actual.length() - 1;
    for (; actualSuffix >= prefixIndex && expectedSuffix >= prefixIndex;
        actualSuffix--, expectedSuffix--) {
      if (expected.charAt(expectedSuffix) != actual.charAt(actualSuffix))
        break;
    }
    return expected.length() - expectedSuffix;
  }
```

멤버 변수 이름도 좀 더 정확하게 바꿨다.[N1] 결국 둘 다 색인 위치를 나타내기 때문이다.

findCommonSuffix를 주의 깊게 살펴보면 숨겨진 시간적인 결합hidden temporal coupling이 존재한다.[G31] 다시 말해, findCommonSuffix는 findCommonPrefix가 prefixIndex를 계산한다는 사실에 의존한다. 만약 findCommonPrefix와 findCommonSuffix를 잘못된 순서로 호출하면 밤샘 디버깅이라는 고생문이 열린다. 그래서 시간 결합을 외부에 노출하고자 findCommonSuffix를 고쳐 prefixIndex를 인수로 넘겼다.

```
private void compactExpectedAndActual() {
prefixIndex = findCommonPrefix();
suffixIndex = findCommonSuffix(prefixIndex);
compactExpected = compactString(expected);
compactActual = compactString(actual);
}

private int findCommonSuffix(int prefixIndex) {
int expectedSuffix = expected.length() - 1;
int actualSuffix = actual.length() - 1;
for (; actualSuffix >= prefixIndex && expectedSuffix >= prefixIndex;
    actualSuffix--, expectedSuffix--) {
  if (expected.charAt(expectedSuffix) != actual.charAt(actualSuffix))
    break;
}
return expected.length() - expectedSuffix;
}
```

사실 이 방법이 썩 내키지는 않는다. prefixIndex를 인수로 전달하는 방식은 다소 자의적이다.[G32] 함수 호출 순서는 확실히 정해지지만 prefixIndex가 필요한 이유는 설명하지 못한다. prefixIndex가 필요한 이유가 분명히 드러나지 않으므로 다른 프로그래머가 원래대로 되돌려놓을지도 모른다. 그러므로 이번에는 다른 방식을 고안해보자.

```
private void compactExpectedAndActual() {
  findCommonPrefixAndSuffix();
  compactExpected = compactString(expected);
  compactActual = compactString(actual);
}

private void findCommonPrefixAndSuffix() {
  findCommonPrefix();
  int expectedSuffix = expected.length() - 1;
  int actualSuffix = actual.length() - 1;
  for (;
       actualSuffix >= prefixIndex && expectedSuffix >= prefixIndex;
       actualSuffix--, expectedSuffix--
  ) {
    if (expected.charAt(expectedSuffix) != actual.charAt(actualSuffix))
      break;
  }
  suffixIndex = expected.length() - expectedSuffix;
}

private void findCommonPrefix() {
  prefixIndex = 0;
  int end = Math.min(expected.length(), actual.length());
  for (; prefixIndex < end; prefixIndex++)
    if (expected.charAt(prefixIndex) != actual.charAt(prefixIndex))
      break;
}
```

findCommonPrefix와 findCommonSuffix를 원래대로 되돌리고, findCommonSuffix라는 이름을 findCommonPrefixAndSuffix로 바꾸고, findCommonPrefixAndSuffix에서 가장 먼저 findCommonPrefix를 호출한다. 그러면 두 함수를 호출하는 순서가 앞서 고친 코드보다 훨씬 더 분명해진다. 또한 findCommon

PrefixAndSuffix 함수가 얼마나 지저분한지도 드러난다. 이제 함수를 정리해 보자.

```java
private void findCommonPrefixAndSuffix() {
findCommonPrefix();
int suffixLength = 1;
for (; !suffixOverlapsPrefix(suffixLength); suffixLength++) {
  if (charFromEnd(expected, suffixLength) !=
      charFromEnd(actual, suffixLength))
    break;
  }
suffixIndex = suffixLength;
}

private char charFromEnd(String s, int i) {
return s.charAt(s.length()-i);
}

private boolean suffixOverlapsPrefix(int suffixLength) {
return actual.length() - suffixLength < prefixLength ||
  expected.length() - suffixLength < prefixLength;
}
```

코드가 훨씬 나아졌다. 코드를 고치고 나니까 suffixIndex가 실제로는 접미어 길이라는 사실이 드러난다. 이름이 적절하지 못하다는 말이다. prefixIndex도 마찬가지로, 이 경우 "index"와 "length"가 동의어다. 비록 그렇다 하더라도, "length"가 더 합당하다. 실제로 suffixIndex는 0에서 시작하지 않는다. 1에서 시작하므로 진정한 길이가 아니다. computeCommonSuffix에 +1이 곳곳에 등장하는 이유가 여기에 있다.[G33] 고쳐보자. 결과는 목록 15-4와 같다.

목록 15-4 ComparisonCompactor.java (중간 버전)

```java
public class ComparisonCompactor {
...
private int suffixLength;
...
private void findCommonPrefixAndSuffix() {
  findCommonPrefix();
  suffixLength = 0;
  for (; !suffixOverlapsPrefix(suffixLength); suffixLength++) {
```

```
    if (charFromEnd(expected, suffixLength) !=
        charFromEnd(actual, suffixLength))
      break;
  }
}

private char charFromEnd(String s, int i) {
  return s.charAt(s.length() - i - 1);
}

private boolean suffixOverlapsPrefix(int suffixLength) {
  return actual.length() - suffixLength <= prefixLength ||
    expected.length() - suffixLength <= prefixLength;
}

...
private String compactString(String source) {
  String result =
    DELTA_START +
    source.substring(prefixLength, source.length() - suffixLength) +
    DELTA_END;
  if (prefixLength > 0)
    result = computeCommonPrefix() + result;
  if (suffixLength > 0)
    result = result + computeCommonSuffix();
  return result;
}

...
private String computeCommonSuffix() {
  int end = Math.min(expected.length() - suffixLength +
    contextLength, expected.length()
  );
  return
    expected.substring(expected.length() - suffixLength, end) +
    (expected.length() - suffixLength <
      expected.length() - contextLength ?
      ELLIPSIS : "");
}
```

computeCommonSuffix에서 +1을 없애고 charFromEnd에 -1을 추가하고 suffixOverlapsPrefix에 <=를 사용했다. 논리적으로 타당하다. 그런 다음 suffixIndex

를 suffixLength로 바꿨다. 이로써 코드 가독성이 크게 높아졌다.

그런데 문제가 하나 생겼다. +1을 제거하던 중 compactString에서 다음 행을 발견했다.

```
if (suffixLength > 0)
```

목록 15-4에서 위 행을 찾아보자. suffixLength가 이제 1씩 감소했으므로 당연히 > 연산자를 >= 연산자로 고쳐야 마땅하다. 하지만 >= 연산자는 말이 안 된다! 지금 그대로 > 연산자가 맞다! 즉, 원래 코드가 틀렸으며 필경 버그라는 말이다. 아니, 엄밀하게 버그는 아니다. 코드를 좀 더 분석해보면 이제 if 문은 길이가 0인 접미어를 걸러내 첨부하지 않는다. 원래 코드는 suffixIndex가 언제나 1 이상이었으므로 if 문 자체가 있으나마나였다.

그리고 나서 보니 compactString에 있는 if 문 둘 다 의심스럽다. 둘 다 필요 없어 보인다. 두 문장 모두 주석으로 처리한 후 테스트를 돌려보자. 테스트를 통과한다! 그러므로 불필요한 if 문을 제거하고 compactString 구조를 다듬어 좀 더 깔끔하게 만들자.[G9]

```java
private String compactString(String source) {
  return
    computeCommonPrefix() +
    DELTA_START +
    source.substring(prefixLength, source.length() - suffixLength) +
    DELTA_END +
    computeCommonSuffix();
}
```

훨씬 나아졌다! 이제 compactString 함수는 단순히 문자열 조각만 결합한다. 좀 더 깔끔하게 정리할 여지는 존재한다. 사실 사소하게 이것저것 손볼 곳이 아직 많다. 일일이 설명하는 대신 목록 15-5에 최종 코드를 제시한다.

목록 15-5 ComparisonCompactor.java (최종 버전)

```java
package junit.framework;

public class ComparisonCompactor {
```

```java
  private static final String ELLIPSIS = "...";
  private static final String DELTA_END = "]";
  private static final String DELTA_START = "[";

  private int contextLength;
  private String expected;
  private String actual;
  private int prefixLength;
  private int suffixLength;

  public ComparisonCompactor(
    int contextLength, String expected, String actual
  ) {
    this.contextLength = contextLength;
    this.expected = expected;
    this.actual = actual;
  }

  public String formatCompactedComparison(String message) {
    String compactExpected = expected;
    String compactActual = actual;
    if (shouldBeCompacted()) {
      findCommonPrefixAndSuffix();
      compactExpected = compact(expected);
      compactActual = compact(actual);
    }
    return Assert.format(message, compactExpected, compactActual);
  }

  private boolean shouldBeCompacted() {
    return !shouldNotBeCompacted();
  }

  private boolean shouldNotBeCompacted() {
    return expected == null ||
           actual == null ||
           expected.equals(actual);
  }

  private void findCommonPrefixAndSuffix() {
    findCommonPrefix();
    suffixLength = 0;
```

```java
    for (; !suffixOverlapsPrefix(); suffixLength++) {
      if (charFromEnd(expected, suffixLength) !=
          charFromEnd(actual, suffixLength)
      )
        break;
    }
  }

  private char charFromEnd(String s, int i) {
    return s.charAt(s.length() - i - 1);
  }

  private boolean suffixOverlapsPrefix() {
    return actual.length() - suffixLength <= prefixLength ||
      expected.length() - suffixLength <= prefixLength;
  }

  private void findCommonPrefix() {
    prefixLength = 0;
    int end = Math.min(expected.length(), actual.length());
    for (; prefixLength < end; prefixLength++)
      if (expected.charAt(prefixLength) != actual.charAt(prefixLength))
        break;
  }

  private String compact(String s) {
    return new StringBuilder()
      .append(startingEllipsis())
      .append(startingContext())
      .append(DELTA_START)
      .append(delta(s))
      .append(DELTA_END)
      .append(endingContext())
      .append(endingEllipsis())
      .toString();
  }

  private String startingEllipsis() {
    return prefixLength > contextLength ? ELLIPSIS : "";
  }

  private String startingContext() {
```

```
    int contextStart = Math.max(0, prefixLength - contextLength);
    int contextEnd = prefixLength;
    return expected.substring(contextStart, contextEnd);
  }

  private String delta(String s) {
    int deltaStart = prefixLength;
    int deltaEnd = s.length() - suffixLength;
    return s.substring(deltaStart, deltaEnd);
  }

  private String endingContext() {
    int contextStart = expected.length() - suffixLength;
    int contextEnd =
      Math.min(contextStart + contextLength, expected.length());
    return expected.substring(contextStart, contextEnd);
  }

  private String endingEllipsis() {
    return (suffixLength > contextLength ? ELLIPSIS : "");
  }
}
```

코드가 상당히 깔끔하다. 모듈은 일련의 분석 함수와 일련의 조합 함수로 나뉜다. 전체 함수는 위상적으로 정렬했으므로 각 함수가 사용된 직후에 정의된다. 분석 함수가 먼저 나오고 조합 함수가 그 뒤를 이어서 나온다.

코드를 주의 깊게 살핀다면 내가 이 장 초반에서 내렸던 결정 일부를 번복했다는 사실을 눈치채리라. 예를 들어, 처음에 추출했던 메서드 몇 개를 format CompactedComparison에다 도로 집어넣었다. 또한 shouldNotBeCompacted 조건도 원래대로 되돌렸다. 흔히 생기는 일이다. 코드를 리팩터링 하다 보면 원래 했던 변경을 되돌리는 경우가 흔하다. 리팩터링은 코드가 어느 수준에 이를 때까지 수많은 시행착오를 반복하는 작업이기 때문이다.

결론

게다가 우리는 보이스카우트 규칙도 지켰다. 모듈은 처음보다 조금 더 깨끗해졌다. 원래 깨끗하지 못했다는 말은 아니다. 저자들은 우수한 모듈을 만들었다. 하지만 세상에 개선이 불필요한 모듈은 없다. 코드를 처음보다 조금 더 깨끗하게 만드는 책임은 우리 모두에게 있다.

SerialDate 리팩터링

07 Clean Code

http://www.jfree.org/jcommon/index.php에서 JCommon 라이브러리를 제공한다. JCommon 라이브러리를 뒤져보면 org.jfree.date라는 패키지가 있으며, 여기에 SerialDate라는 클래스가 있다. 이 장에서는 바로 이 SerialDate라는 클래스를 탐험한다.

SerialDate를 구현한 사람은 데이비드 길버트$^{David\ Gilbert}$다. 데이비드는 확실히 숙련된 우수한 프로그래머다. 앞으로 보겠지만, SerialDate 코드에서 데이비드는 엄청난 절제력과 전문가 정신을 보여준다. 의도와 목적을 고려하건대, SerialDate는 분명히 '우수한' 코드다. 그럼에도 여기서는 SerialDate 코드를 낱낱이 까발긴다.

악의는 전혀 없다. 내가 데이비드보다 월등히 뛰어나 코드를 비판할 권리가 있다고는 생각하지 않는다. 실제로 여러분이 내가 짜놓은 코드를 본다면 불평할 여지가 상당히 많으리라 짐작한다.

강조하건대, 이 장에서 수행하는 분석은 악의나 자만과는 거리가 멀다. 전문가 입장에서 수행하는 검토, 그 이상도 그 이하도 아니다. 우리 모두가 편안하게 여겨야 할 활동이다. 남이 내게 해준다면 감사히 반겨야 할 활동이다. 이와 같은 비판이 있어야만 발전도 가능하다. 의사들도 한다. 조종사들도 한다. 법률가들도 한다. 우리 프로그래머들도 방법을 배워야 한다.

데이비드 길버트에 대해 한 가지 더 언급하고 넘어간다. 데이비드는 그저 우수한 프로그래머가 아니다. 데이비드는 용감하게 자기 코드를 오픈 소스로 공개하는 선의를 보였다. 누구나 사용하고 누구나 비판하라고 코드를 만천하에 공개했다. 참으로 훌륭한 행동이다!

SerialDate는 날짜를 표현하는 자바 클래스다(소스 코드는 448쪽 목록 B-1 참조). 하지만 자바는 이미 java.util.Date, java.util.Calendar 등과 같은 클래스를 제공한다. SerialDate 클래스가 왜 필요할까? 데이비드는 나 역시 자주 느꼈던 불편함을 없애고자 SerialDate 클래스를 구현했다. 449쪽 67행 Javadoc 주석에 데이비드는 이유를 잘 설명한다. 데이비드의 의도에 꼬투리를 달 수도 있겠지만, 나 역시 같은 문제를 겪었으므로 시간 기반 날짜 클래스보다 순수 날짜 클래스를 환영하는 바이다.

첫째, 돌려보자

SerialDateTests라는 클래스는 단위 테스트 케이스 몇 개를 포함한다(소스 코드는 473쪽 목록 B-2 참조). 돌려보면 실패하는 테스트 케이스는 없다. 하지만 테스트 케이스를 훑어보면 모든 경우를 점검하지 않는다는 사실이 드러난다.[T1] 예를 들어, SerialDateTests 클래스는 456쪽 MonthCodeToQuarter 메서드를 전혀 호출하지 않는다.[F4] 즉, MonthCodeToQuarter 코드를 전혀 실행하지 않는다는 말이다.

그래서 나는 (코드 커버리지 분석 도구인) 클로버^{Clover}를 이용해 단위 테스트가 실행하는 코드와 실행하지 않는 코드를 조사했다. 클로버에 따르면, SerialDate에서 실행 가능한 문장 185개 중 단위 테스트가 실행하는 문장은 91개에 불과했다. 즉, 대략 50% 정도였다.[T2] 커버리지 맵은 구멍이 숭숭 난 넝마와 비슷했다. 단위 테스트가 실행되지 않은 코드가 클래스 여기저기에 흩어져 있었다.

클래스를 철저히 이해하고 리팩터링하려면 훨씬 높은 테스트 커버리지가 필요했다. 그래서 나는 독자적으로 단위 테스트 케이스를 구현했다. (소스 코드는 484쪽 목록 B-4를 참조한다.)

테스트 케이스를 훑어보면 알겠지만 많은 코드가 주석으로 처리되었다. 이들은 실패한 테스트 케이스다. 하지만 내 생각으로는 SerialDate가 마땅히 통과해야 한다고 여겨지는 테스트 케이스다. 그래서 SerialDate를 리팩터링하면서 나는 모든 테스트 케이스를 통과하게 코드를 손 볼 작정이다.

많은 코드를 주석으로 뺐지만 그래도 새 단위 테스트는, 클로버에 따르면, 실행 가능한 문장 185개 중 170개를 실행한다. 즉, 코드 커버리지가 대략 92%에 이른다. 이 정도도 상당히 괜찮지만 앞으로 더 높일 수 있다고 생각한다.

사실 484쪽 23행에서 485쪽 63행까지 주석으로 빼놓은 코드가 조금은 고민이었다. SerialDate 설계상으로는 통과하지 않아야 맞지만 내 판단으로는 당연히 통과해야 한다고 생각했다.[G2]

애초에 stringToWeekdayCode라는 메서드를 왜 만들었는지 모르겠지만, 일단 만들었다면 대소문자 구분 없이 모두 통과해야 한다고 봤다. 테스트 케이스를 작성하기는 쉬웠다.[T3] 테스트 케이스를 통과시키기는 더욱 쉬웠다. 454쪽 259행과 263행을 equalsIgnoreCase로 바꾸면 충분했다.

484쪽 32행과 485쪽 45행은 주석으로 남겨두었는데, 'tues'와 'thurs'라는 약어를 지원해야 할지가 분명치 않았기 때문이다.

487쪽 153행과 154행은 통과하지 않는다. 코드를 살펴보면 통과해야 마땅하다.[G2] 고치기는 어렵지 않다. 487쪽 163행에서 488쪽 213행에 나오는 테스트도 고치기 쉽다. stringToMonthCode 메서드를 다음과 같이 수정한다.

```
457: if ((result < 1) || (result > 12)) {
        result = -1;
458:    for (int i = 0; i < monthNames.length; i++) {
459:       if (s.equalsIgnoreCase(shortMonthNames[i])) {
460:          result = i + 1;
461:          break;
462:       }
463:       if (s.equalsIgnoreCase(monthNames[i])) {
464:          result = i + 1;
465:          break;
466:       }
467:    }
468: }
```

491쪽 318행은 463쪽 672행 getFollowingDayOfWeek 메서드에 있는 버그를 드러낸다. 2004년 12월 25일은 토요일이었다. 다음 토요일은 2005년 1월 1일이다. 하지만 테스트를 돌리면 getFollowingdayOfWeek 메서드가 12월 25일을 다음 토요일로 반환한다. 명백한 버그다.[G3][T1] 메서드를 살펴보면 463쪽 685행에 버그가 보인다. 전형적인 경계 조건 오류다.[T5] 올바른 코드는 다음과 같다.

```
685   if (baseDOW >= targetWeekday) {
```

그런데 이 메서드는 이미 한 번 손봤다는 사실이 흥미롭다. 449쪽 43행을 보면 getPreviousDayOfWeek, getFollowingDayOfWeek, getNearestDayOfWeek에서 "버그"를 고쳤다고 말한다.[T6]

(464쪽 705행) getTestNearestDayOfWeek 메서드를 테스트하는 (491쪽 329행) testGetNearestDayOfWeek 단위 테스트 메서드는 처음부터 이렇게 길지는 않았다. 처음 구현한 테스트 케이스가 실패하는 바람에 계속 추가하게 되었다.[T6] 주석으로 처리한 코드를 살펴보면 실패하는 패턴이 보인다.[T7] 알고리

즘은 가장 가까운 날짜가 미래면 실패한다. 역시 경계 조건 오류다.[T5]

클로버로 확인한 테스트 커버리지 패턴도 흥미롭다.[T8] 464쪽 719행은 결코 실행되지 않는다. 즉, 718행에 있는 if 문이 항상 거짓이라는 말이다. 코드를 살펴보니 확실히 그렇다. 변수 adjust는 항상 음수다. 그러므로 4보다 크거나 같을 가능성은 전혀 없다. 즉, 알고리즘이 틀렸다.

올바른 알고리즘은 다음과 같다.

```
int delta = targetDOW - base.getDayOfWeek();
int positiveDelta = delta + 7;
int adjust = positiveDelta % 7;
if (adjust > 3)
  adjust -= 7;

return SerialDate.addDays(adjust, base);
```

마지막으로, 493쪽 417행과 494쪽 429행은 weekInMonthToString과 relativeToString에서 오류 문자열을 반환하는 대신 IllegalArgumentException을 던져 테스트를 통과시켰다.

위와 같이 변경한 SerialDate는 모든 테스트 케이스를 통과했다. 이제는 SerialDate 코드가 제대로 돈다고 믿는다. 지금부터는 SerialDate 코드를 '올바로' 고쳐보자.

둘째, 고쳐보자

SerialDate 코드를 처음부터 짚어가며 하나씩 고쳐보겠다. 별도로 언급하지 않지만, 코드를 고칠 때마다 나는 JCommon 단위 테스트와 내가 짠 단위 테스트를 실행했다. 즉, 아래에서 변경한 코드는 JCommon 프레임워크에서 사용해도 문제 없다.

448쪽 1행부터 살펴보자. 라이선스 정보, 저작권, 작성자, 변경 이력이 나온다. 법적인 정보는 필요하므로 라이선스 정보와 저작권은 보존한다. 반면, 변경 이력은 1960년대에 나온 방식이다. 이제는 소스 코드 제어 도구를 사용하므로 변경 이력은 없애도 되겠다.[C1]

449쪽 61행에서 시작하는 import 문은 java.text.*와 java.util.*로 줄여도 된다.[J1]

449쪽 67행부터 나오는 Javadoc 주석은 HTML 태그를 사용한다. 한 소스 코드에 여러 언어를 사용하다니, 나로서는 탐탁치 못하다. 이 주석은 네 가지 언어(자바, 영어, Javadoc, HTML)를 사용한다.[G1] 언어를 네 개나 사용하다보니 모양새를 제대로 맞추기 어렵다. 예를 들어, 71행과 72행은 앞뒤 행을 띄워 줄을 잘 맞췄지만 Javadoc을 생성하면 원래 위치를 잃는다. 게다가 소스 코드에서 <ul>나 <li>를 보고 싶은 사람이 어디 있겠는가? 차라리 주석 전부를 <pre>로 감싸는 편이 좋다. 그러면 소스 코드에 보이는 형식이 Javadoc에 그대로 유지된다.[1]

450쪽 86행은 클래스 선언이다. 클래스 이름이 SerialDate인 이유가 무엇일까? 'Serial'이라는 단어가 왜 들어갈까? 클래스가 Serializable에서 파생하니까? 아니라고 생각한다.

답을 알려주겠다. 'Serial'이라는 단어가 들어가는 이유를 나는 안다.(적어도 안다고 생각한다.) 단서는 (450쪽 98행과 101행) SERIAL_LOWER_BOUND와 SERIAL_UPPER_BOUND라는 상수에 있다. 더 나은 단서는 467쪽 830행부터 시작하는 주석에 있다. 클래스 이름이 SerialDate인 이유는 '일련번호serial number'를 사용해 클래스를 구현했기 때문이다. 여기서는 1899년 12월 30일을 기준으로 경과한 날짜 수를 사용한다.

나로서는 두 가지가 꺼림칙하다. 첫째, '일련번호'라는 용어는 정확하지 못하다. 사소한 꼬투리일지도 모르지만, 일련번호보다 '상대 오프셋relative offset'이 더 정확하다. '일련번호'라는 용어는 날짜보다 제품 식별 번호로 더 적합하다. 그래서 나는 SerialDate가 그다지 서술적인 이름이 아니라 생각한다.[N1] 좀 더 서술적인 용어로는 '서수ordinal'가 있다.

둘째로 꺼림칙한 문제는 좀 더 중요하다. SerialDate라는 이름은 구현을 암시하는데 실상은 추상 클래스다. 구현을 암시할 필요가 전혀 없다. 구현은 숨기는 편이 좋다. 그래서 나는 SerialDate라는 이름의 추상화 수준이 올바르지 못하다고 생각한다.[N2] 내 의견으로는 그냥 Date가 좋다.

불행하게도 이미 자바 라이브러리에는 Date라는 클래스가 너무 많다. 그러므로 Date가 최적이라 보기는 어렵다. 실제 SerialDate는 시간이 아니라 날짜를 다루므로 Day라는 이름도 고려했다. 하지만 Day라는 이름 역시 너무 많이 쓰인

---

[1] Javadoc이 모든 주석을 <pre>로 표현하면 더욱 좋다. 그러면 소스 코드와 문서에 주석이 동일한 모양새로 표현된다.

다. 여러모로 고민한 끝에 나는 DayDate를 쓰기로 결정했다.

지금부터는 DayDate라는 용어를 사용한다. 그래도 실제로는 SerialDate 클래스를 가리킨다는 사실을 명심하기 바란다.

DayDate 클래스가 Comparable과 Serializable을 상속하는 이유는 알겠다. 하지만 MonthConstants를 상속하는 이유는 무엇일까? 481쪽 목록 B-3을 보면 MonthConstants 클래스는 달月을 정의하는 static final 상수 모음에 불과하다. 상수 클래스를 상속하면 MonthConstants.January와 같은 표현을 사용할 필요가 없어진다. 옛날 자바 프로그래머들이 많이 쓰던 기교인데, 바람직하다고 보기는 어렵다.[J2] MonthConstants는 enum으로 정의해야 마땅하다.

```
public abstract class DayDate implements Comparable, Serializable {
  public static enum Month {
    JANUARY(1),
    FEBRUARY(2),
    MARCH(3),
    APRIL(4),
    MAY(5),
    JUNE(6),
    JULY(7),
    AUGUST(8),
    SEPTEMBER(9),
    OCTOBER(10),
    NOVEMBER(11),
    DECEMBER(12);

    Month(int index) {
      this.index = index;
    }

    public static Month make(int monthIndex) {
      for (Month m : Month.values()) {
        if (m.index == monthIndex)
          return m;
      }
      throw new IllegalArgumentException("Invalid month index " + monthIndex);
    }
    public final int index;
  }
}
```

MonthConstants를 enum으로 변경하면 DayDate 클래스 코드와 DayDate 클래스 사용자 코드에도 상당한 변경이 필요하다. 코드를 모두 고치는데 1시간 정도가 걸렸다. 하지만 달月을 int로 받던 메서드는 이제 Month로 받는다. 즉, (485쪽 76행) isValidMonthCode 메서드를 없애도 된다는 뜻이다. 또한 (456쪽 356행) monthCodeToQuarter와 같은 오류 검사 코드도 더 이상 필요하지 않다.[G5]

이제 450쪽 91행 serialVersionUID를 살펴볼 차례다. serialVersionUID 변수는 직렬화serializer를 제어한다. 이 변수 값을 변경하면 이전 소프트웨어 버전에서 직렬화한 DayDate를 더 이상 인식하지 못한다. 즉, 이전 버전에서 직렬화한 DayDate 클래스를 복원하려 시도하면 InvalidClassException이 발생한다. serialVersionUID 변수를 선언하지 않으면 컴파일러가 자동으로 생성한다. 즉, 모듈을 변경할 때마다 변수 값이 달라진다. 문서를 읽어보면 모두가 직접 선언하라고 권하지만, 나로서는 자동 제어가 훨씬 더 안전하게 여겨진다.[G4] 깜빡하고 serialVersionUID를 변경하지 않아 생기는 괴상한 오류를 디버깅하느니 차라리 InvalidClassException을 디버깅하는 편이 훨씬 나으니까. 그래서 serialVersionUID 변수를 없애기로 결정했다. 적어도 당분간은……2

450쪽 93행 주석은 불필요하다. 불필요한 주석은 거짓말과 잘못된 정보가 쌓이기 좋은 곳이다.[C2] 그래서 93행 주석과 기타 유사한 주석을 제거했다.

450쪽 97행과 100행 주석은 (앞서 설명한) 일련번호를 언급한다.[C1] 두 변수는 DayDate 클래스가 표현할 수 있는 최초 날짜와 최후 날짜를 의미한다. 좀 더 깔끔하게 표현하면 다음과 같다.[N1]

```
public static final int EARLIEST_DATE_ORDINAL = 2;        // 1/1/1900
public static final int LATEST_DATE_ORDINAL = 2958465;    // 12/31/9999
```

EARLIEST_DATE_ORDINAL이 0이 아니라 2인 이유는 분명치 않다. 467쪽 829행 주석에 따르면, 마이크로소프트 엑셀에서 날짜를 표현하는 방식과 관련이 있는 듯 보인다. DayDate 클래스에서 파생한 (495쪽 목록 B-5) SpreadsheetDate 클래스를 살펴보면 이해가 간다. 496쪽 71행 주석이 해당 사안을 잘 설명한다.

---

2 이 책을 검토한 검토자 여러 명이 내 의견에 반론을 제기했다. 그들은 오픈 소스 프레임워크에서는 직렬화 ID를 직접 제어하는 편이 낫다고 주장했다. 사소한 변경을 가했을 뿐인데 이전 클래스를 복원하지 못하는 사태를 피하기 위해서다. 타당한 의견이라 생각한다. 하지만 자동 제어를 사용함으로써 발생하는 오류는 (개발자 입장에서 불편할지라도) 원인과 결과가 분명하다. 반면, 클래스 작성자가 깜빡하고 ID를 갱신하지 않아 발생하는 오류는 원인도 결과도 모호하다. 요약하자면 특정 버전에서 직렬화한 클래스를 다른 버전에서 복원하지 않는 편이 안전하다.

그런데 내가 보기에 이 사안은 SpreadsheetDate의 구현과 관련되지 DayDate와 아무런 상관이 없다. 그래서 나는 EARLIEST_DATE_ORDINAL과 LATEST_DATE_ORDINAL이 DayDate에 속하지 않으며 SpreadsheetDate 클래스로 옮겨져야 한다고 판단했다.[G6]

실제로 코드를 검색하면 SpreadsheetDate 클래스만 두 변수를 사용한다. DayDate 클래스를 비롯해 다른 JCommon 클래스는 두 변수를 전혀 사용하지 않는다. 그래서 두 변수를 SpreadsheetDate 클래스로 옮겼다.

다음으로 나오는 변수는 (450쪽 104행과 107행) MINIMUM_YEAR_SUPPORTED와 MAXIMUM_YEAR_SUPPORTED인데, 두 변수 때문에 갈등이 조금 생겼다. DayDate는 어디까지나 추상 클래스로, 구체적인 구현 정보를 포함할 필요가 없다. 그렇다면 최소 년도와 최대 년도를 지정할 이유도 없어보인다. 그래서 나는, 앞서와 마찬가지로, 두 변수를 SpreadsheetDate 클래스로 옮길 생각이었다.[G6] 하지만 코드를 뒤져보니 (507쪽 목록 B-6) RelativeDayOfWeekRule이라는 클래스도 두 변수를 사용한다는 사실이 드러났다. 511쪽 177행과 178행에서 메서드 getDate로 넘어온 인수 year가 올바른지 확인할 목적으로 사용한다. 즉, 추상 클래스 사용자가 구현 정보를 알아야 한다는 딜레마가 생긴다.

DayDate 자체를 훼손하지 않으면서 구현 정보를 전달할 방법이 필요하다. 일반적으로 우리는 파생 클래스의 인스턴스로부터 구현 정보를 가져온다. 하지만 getDate 메서드로 넘어오는 인수는 DayDate 인스턴스가 아니다. 그런데 코드를 살펴보면 getDate 메서드는 DayDate 인스턴스를 반환한다. 그러니까 어디선가 DayDate 인스턴스를 생성한다는 말이다. 511쪽 187행부터 205행까지 단서가 있다. DayDate 인스턴스는 getPreviousDayOfWeek, getNearestDayOfWeek, getFollowingDayOfWeek 메서드 중 하나가 생성한다. 462쪽 638행부터 464쪽 724행까지 살펴보면 세 메서드는 모두 addDays가 생성하는 DayDate 인스턴스를 반환한다. 그리고 461쪽 571행에서 addDays 메서드는 createInstance 메서드를 호출해 DayDate 인스턴스를 생성한다. 그런데 466쪽 808행에서 createInstance 메서드는 SpreadsheetDate 인스턴스를 생성한다![G7]

일반적으로 기반 클래스base class, 부모 클래스는 파생 클래스derivative, 자식 클래스를 몰라야 바람직하다. 그래서 ABSTRACT FACTORY 패턴[3]을 적용해 DayDateFactory

---

[3] [GOF]

를 만들었다. DayDateFactory는 DayDate 인스턴스를 생성하며 (최대 날짜와 최소 날짜 등) 구현 관련 질문에도 답한다.

```java
public abstract class DayDateFactory {
  private static DayDateFactory factory = new SpreadsheetDateFactory();
  public static void setInstance(DayDateFactory factory) {
    DayDateFactory.factory = factory;
  }

  protected abstract DayDate _makeDate(int ordinal);
  protected abstract DayDate _makeDate(int day, DayDate.Month month, int year);
  protected abstract DayDate _makeDate(int day, int month, int year);
  protected abstract DayDate _makeDate(java.util.Date date);
  protected abstract int _getMinimumYear();
  protected abstract int _getMaximumYear();

  public static DayDate makeDate(int ordinal) {
    return factory._makeDate(ordinal);
  }

  public static DayDate makeDate(int day, DayDate.Month month, int year) {
    return factory._makeDate(day, month, year);
  }

  public static DayDate makeDate(int day, int month, int year) {
    return factory._makeDate(day, month, year);
  }

  public static DayDate makeDate(java.util.Date date) {
    return factory._makeDate(date);
  }

  public static int getMinimumYear() {
    return factory._getMinimumYear();
  }

  public static int getMaximumYear() {
    return factory._getMaximumYear();
  }
}
```

위 클래스에서 createInstance 메서드를 makeDate라는 이름으로 바꿨다. 이름이 좀 더 서술적이다.[N1] 기본적으로 SpreadsheetDateFactory를 사용하지만 필요하다면 언제든 바꿔도 괜찮다. 추상 메서드로 위임하는 정적 메서드는 SINGLETON,[4] DECORATOR,[5] ABSTRACT FACTORY 패턴 조합을 사용한다.

SpreadsheetDateFactory 클래스는 다음과 같다.

```
public class SpreadsheetDateFactory extends DayDateFactory {
  public DayDate _makeDate(int ordinal) {
    return new SpreadsheetDate(ordinal);
  }

  public DayDate _makeDate(int day, DayDate.Month month, int year) {
    return new SpreadsheetDate(day, month, year);
  }

  public DayDate _makeDate(int day, int month, int year) {
    return new SpreadsheetDate(day, month, year);
  }

  public DayDate _makeDate(Date date) {
    final GregorianCalendar calendar = new GregorianCalendar();
    calendar.setTime(date);
    return new SpreadsheetDate(
      calendar.get(Calendar.DATE),
      DayDate.Month.make(calendar.get(Calendar.MONTH) + 1),
      calendar.get(Calendar.YEAR));
  }

  protected int _getMinimumYear() {
    return SpreadsheetDate.MINIMUM_YEAR_SUPPORTED;
  }

  protected int _getMaximumYear() {
    return SpreadsheetDate.MAXIMUM_YEAR_SUPPORTED;
  }
}
```

위에서 보듯, MINIMUM_YEAR_SUPPORTED와 MAXIMUM_YEAR_SUPPORTED 변수를 적절한 위치인 SpreadsheetDate 클래스로 옮겼다.[G6]

DayDate에 나타나는 문제점은 450쪽 109행부터 나오는 요일 상수다. 이들은

---

[4] [GOF]

[5] [GOF]

enum이어야 마땅하다.[J3] 앞서 유사한 예제를 보았으므로 다시 반복하지 않는다. 부록에서 최종 코드를 확인하기 바란다.

다음으로 451쪽 140행 LAST_DAY_OF_MONTH부터 시작해 일련의 배열이 나온다. 그런데 각 배열을 설명하는 주석이 거의 비슷하다.[G3] 변수 이름만으로 의미가 확실하므로 주석을 삭제했다.

또한 LAST_DAY_OF_MONTH 변수는 public 변수일 이유가 없다. lastDayOfMonth라는 정적 메서드에서 LAST_DAY_OF_MONTH 변수를 사용할 뿐이다.

다음으로 등장하는 배열 AGGREGATE_DAYS_TO_END_OF_MONTH는 다소 수상쩍다. JCommon 프레임워크 어디서도 사용하지 않는다.[G9] 그래서 변수를 제거했다.

LEAP_YEAR_AGGREGATE_DAYS_TO_END_OF_MONTH 변수도 마찬가지다.

다음으로 등장하는 배열 AGGREGATE_DAYS_TO_END_OF_PRECEDING_MONTH는 (505쪽 434행과 506쪽 473행) SpreadsheetDate에서만 사용한다. 그렇다면 변수를 SpreadsheetDate로 옮겨야 하지 않을까? 그렇지만 이 변수는 특정 구현에 의존하지 않는다.[G6] 그렇더라도 SpreadsheetDate 외에 다른 구현이 없으므로 변수가 사용되는 위치에 가깝게 옮겼다.[G10]

사실 일관성을 유지하려면[G11], LAST_DAY_OF_MONTH 배열처럼, AGGREGATE_DAYS_TO_END_OF_PRECEDING_MONTH 배열을 private 변수로 만들고 julianDateOfLastDayOfMonth와 같은 정적 메서드로 노출해야 하리라. 하지만 아무도 이런 메서드를 사용하지 않는다. 게다가 새로운 DayDate 구현이 생기면 배열을 DayDate로 되돌리기 어렵지 않다. 그래서 일단 SpreadsheetDate로 옮겼다.

LEAP_YEAR_AGGREGATE_DAYS_TO_END_OF_PROCEEDING_MONTH 배열도 마찬가지다.

다음으로 451쪽 162행에서 452쪽 205행까지 나오는 상수는 enum으로 변환이 가능하다. 첫 세 상수는 달에서 주를 선택한다. 그래서 WeekInMonth라는 enum으로 변환했다.

```
public enum WeekInMonth {
  FIRST(1), SECOND(2), THIRD(3), FOURTH(4), LAST(0);
  public final int index;

  WeekInMonth(int index) {
    this.index = index;
  }
}
```

452쪽 177행에서 187행까지 나오는 상수는 다소 모호하다. INCLUDE_NONE, INCLUDE_FIRST, INCLUDE_SECOND, INCLUDE_BOTH 상수는 범위 끝 날짜를 범위에 포함할지 여부를 지정한다. 수학적으로 '개구간open interval', '반개구간 half-open interval', '폐구간closed interval'이라는 개념이다. 나는 수학적 명칭이 의도를 더 분명하게 표현한다고 봤다.[N3] 그래서 enum 이름을 DateInterval로 결정했으며 각 값을 CLOSED, CLOSED_LEFT, CLOSED_RIGHT, OPEN이라 정의했다.

452쪽 190행에서 205행까지 상수는 주어진 날짜를 기준으로 특정 요일을 계산할 때 사용한다. 각각 직전 요일, 다음 요일, 가장 가까운 요일을 의미한다. enum 이름을 정하기가 아주 어려웠는데, 결국은 WeekdayRange로 결정했다. 각 값은 LAST, NEXT, NEAREST로 정의했다.

내가 선택한 이름이 탐탁치 않을지도 모르겠다. 내게는 의미가 와닿지만 여러분에게는 와닿지 않을지도 모른다. 아직까지 이름 변경은 아주 쉽다.[J3] 정수가 아니라 기호를 사용하기 때문이다. IDE에서 제공하는 '이름 변경' 기능을 사용하면 이름과 유형을 금방 바꿔준다. 코드 어디선가 -1이나 2를 빼먹지는 않았을까 걱정할 필요가 없다. int 인수 선언을 충분히 설명하지 않았을까 걱정할 필요도 없다.

452쪽 208행 description 변수는 더 이상 사용하지 않는 듯이 보인다. 그래서 변수와 관련 메서드를 모두 제거했다.[G9]

452쪽 213행 기본 생성자도 제거했다.[G12] 기본 생성자는 컴파일러가 기본으로 생성한다.

453쪽 216행에서 238행까지 isValidWeekdayCode 메서드는 건너뛴다. Day enum을 생성할 때 삭제했기 때문이다.

다음으로 453쪽 242행에서 454쪽 270행까지 stringToWeekdayCode 메서드

가 나온다. 설명이 부실한 주석은 코드만 복잡하게 만든다.[C3] [G12] 유일하게 의미 있는 주석은 반환값 -1을 설명하는 행이다. 하지만 앞서 Day enum으로 변경했으므로 설명은 더 이상 유효하지 않다.[C2] 메서드는 이제 IllegalArgumentException을 던진다. 그래서 주석을 제거했다.

또한 인수와 변수 선언에서 final 키워드를 모두 없앴다. 실질적인 가치는 없으면서 코드만 복잡하게 만든다고 판단했기 때문이다.[G12] final을 제거하겠다는 결정은 일부 기존 관례에 어긋난다. 예를 들어, 로버트 시몬스는 "코드 전체에 final을 사용하라……"고 강력히 권장한다.[6] 확실히 나와 다른 생각이다. 내가 보기에 final 키워드는 final 상수 등 몇 군데를 제하면 별다른 가치가 없으며 코드만 복잡하게 만든다. 어쩌면 내가 이렇게 느끼는 이유는 내가 짠 단위 테스트가 final 키워드로 잡아낼 오류를 모두 잡아내기 때문인지도 모르겠다.

454쪽 259행에서 263행까지 for 루프 안에 if 문이 두 번 나오는데[G5] 별로 맘에 들지 않는다. 그래서 || 연산자를 사용해 if 문 하나로 만들었다. 또한 Day enum을 사용해 for 루프를 돌렸으며 몇 가지 미적인 변경도 가했다.

그런데 가만 보면 stringToWeekdayCode 메서드는 DayDate 클래스에 속하지 않는다. 사실은 Day의 구문분석 메서드다. 그래서 stringToWeekdayCode 메서드를 Day로 옮겼다. 그러고 나니까 Day가 아주 커졌다. 실제로 Day라는 개념은 DayDate에 의존하지 않으므로 Day를 DayDate 클래스에서 빼낸 다음 독자적인 소스 파일로 만들었다.[G13]

또한 454쪽 272행에서 286행까지 weekdayCodeToString 메서드도 Day로 옮기고 toString이라 명명했다.

```
public enum Day {
  MONDAY(Calendar.MONDAY),
  TUESDAY(Calendar.TUESDAY),
  WEDNESDAY(Calendar.WEDNESDAY),s
  THURSDAY(Calendar.THURSDAY),
  FRIDAY(Calendar.FRIDAY),
  SATURDAY(Calendar.SATURDAY),
  SUNDAY(Calendar.SUNDAY);

  public final int index;
```

---

[6] [Simmons04] 73쪽.

```
  private static DateFormatSymbols dateSymbols = new DateFormatSymbols();

  Day(int day) {
    index = day;
  }

  public static Day make(int index) throws IllegalArgumentException {
    for (Day d : Day.values())
      if (d.index == index)
        return d;
    throw new IllegalArgumentException(
      String.format("Illegal day index: %d.", index));
  }

  public static Day parse(String s) throws IllegalArgumentException {
    String[] shortWeekdayNames =
      dateSymbols.getShortWeekdays();
    String[] weekDayNames =
      dateSymbols.getWeekdays();

    s = s.trim();
    for (Day day : Day.values()) {
      if (s.equalsIgnoreCase(shortWeekdayNames[day.index]) ||
          s.equalsIgnoreCase(weekDayNames[day.index])) {
        return day;
      }
    }
    throw new IllegalArgumentException(
      String.format("%s is not a valid weekday string", s));
  }

  public String toString() {
    return dateSymbols.getWeekdays()[index];
  }
}
```

454쪽 288행부터 455쪽 316행까지 getMonths라는 메서드 두 개가 나온다. 첫 번째 getMonths는 두 번째 getMonths를 호출한다. 두 번째 getMonths를 호출하는 메서드는 첫 번째 getMonths뿐이다. 그래서 두 메서드를 하나로 합쳐 아주 단순화했다.[G9] [G12] [F4] 마지막으로 이름을 좀 더 서술적으로 변경했다.[N1]

```
public static String[] getMonthNames() {
  return dateFormatSymbols.getMonths();
}
```

455쪽 326행에서 346행까지 isValidMonthCode 메서드는 Month enum을 만들면서 필요가 없어졌다. 그래서 삭제했다.[G9]

456쪽 356행에서 375행까지 monthCodeToQuarter 메서드는 기능 욕심FEATURE ENVY7으로 보인다.[G14] 대신 Month에 quarter라는 메서드를 추가했다.

```
public int quarter() {
  return 1 + (index-1)/3;
}
```

그러고 나니까 Month가 아주 커졌다. 그래서 Day enum과 일관성을 유지하도록 DayDate에서 분리해 독자적인 원시 파일로 만들었다.[G11] [G13]

다음으로 456쪽 377행에서 457쪽 426행까지 monthCodeToString이라는 메서드 두 개가 나온다. 앞서와 마찬가지로, 한 메서드가 다른 메서드를 호출하며 플래그를 넘긴다. 일반적으로 메서드 인수로 플래그는 바람직하지 못하다. 특히 출력 형식을 선택하는 플래그는 가급적 피하는 편이 좋다.[G15] 그래서 두 메서드 이름을 변경하고, 단순화하고, Month enum으로 옮겼다.[N1] [N3] [C3] [G14]

```
public String toString() {
  return dateFormatSymbols.getMonths()[index - 1];
}

public String toShortString() {
  return dateFormatSymbols.getShortMonths()[index - 1];
}
```

다음으로 457쪽 428행에서 459쪽 472행까지 stringToMonthCode 메서드 역시 이름을 변경하고, Month enum으로 옮기고, 단순화했다.[N1] [N3] [C3] [G14] [G12]

```
public static Month parse(String s) {
  s = s.trim();
  for (Month m : Month.values())
```

7 [Refactoring]

```
    if (m.matches(s))
      return m;
  }

  try {
    return make(Integer.parseInt(s));
  }
  catch (NumberFormatException e) {}
  throw new IllegalArgumentException("Invalid month " + s);
}

private boolean matches(String s) {
  return s.equalsIgnoreCase(toString()) ||
    s.equalsIgnoreCase(toShortString());
}
```

459쪽 495행에서 517행까지 isLeapYear 메서드는 다음과 같이 좀 더 서술적인 표현으로 가독성을 높였다.[G16]

```
public static boolean isLeapYear(int year) {
  boolean fourth = year % 4 == 0;
  boolean hundredth = year % 100 == 0;
  boolean fourHundredth = year % 400 == 0;
  return fourth && (!hundredth || fourHundredth);
}
```

다음 메서드인 leapYearCount(460쪽 519행에서 536행까지)는 사실상 DayDate에 속하지 않는다. SpreadsheetDate에 있는 두 메서드를 제외하고는 부르는 곳이 없다. 따라서 이를 아래로 이동했다.[G6]

 460쪽 538행에서 560행까지 lastDayOfMonth 메서드는 LAST_DAY_OF_MONTH 배열을 사용한다. 그런데 LAST_DAY_OF_MONTH 배열은 Month enum에 속하므로[G17] 이 메서드도 여기로 옮겼다. 또한 메서드를 단순화하고 좀 더 서술적인 표현으로 고쳤다.[G16]

```
public static int lastDayOfMonth(Month month, int year) {
  if (month == Month.FEBRUARY && isLeapYear(year))
    return month.lastDay() + 1;
  else
    return month.lastDay();
}
```

이제부터 흥미로워진다. 461쪽 562행에서 576행까지 addDays 메서드가 나온다. 우선, 이 메서드는 온갖 DayDate 변수를 사용하므로 static이어서는 안 된다.[G18] 그래서 인스턴스 메서드로 변경했다. 둘째, 이 메서드는 toSerial 메서드를 호출하는데, 이 메서드 이름을 toOrdinal로 변경했다.[N1] 마지막으로 메서드를 단순화했다.

```
public DayDate addDays(int days) {
  return DayDateFactory.makeDate(toOrdinal() + days);
}
```

461쪽 578행에서 462쪽 602행까지 addMonths 메서드도 마찬가지다. 그래서 인스턴스 메서드로 고쳤다.[G18] 또한 알고리즘이 다소 복잡하므로 임시 변수 설명EXPLAINING TEMPORARY VARIABLES8을 사용해 좀 더 읽기 쉽게 고쳤다.[G19] getYYY라는 이름도 getYear로 고쳤다.[N1]

```
public DayDate addMonths(int months) {
  int thisMonthAsOrdinal = 12 * getYear() + getMonth().index - 1;
  int resultMonthAsOrdinal = thisMonthAsOrdinal + months;
  int resultYear = resultMonthAsOrdinal / 12;
  Month resultMonth = Month.make(resultMonthAsOrdinal % 12 + 1);

  int lastDayOfResultMonth = lastDayOfMonth(resultMonth, resultYear);
  int resultDay = Math.min(getDayOfMonth(), lastDayOfResultMonth);
  return DayDateFactory.makeDate(resultDay, resultMonth, resultYear);
}
```

462쪽 604행에서 626행까지 addYears 메서드도 마찬가지다.

```
public DayDate plusYears(int years) {
  int resultYear = getYear() + years;
  int lastDayOfMonthInResultYear = lastDayOfMonth(getMonth(), resultYear);
  int resultDay = Math.min(getDayOfMonth(), lastDayOfMonthInResultYear);
  return DayDateFactory.makeDate(resultDay, getMonth(), resultYear);
}
```

위 메서드를 정적 메서드에서 인스턴스 메서드로 바꾸면서 뭔가 꺼림칙했다. date.addDays(5)라는 표현이 date 객체를 변경하지 않고 새 DayDate 인스턴스

8 [Beck 97]

를 반환한다는 사실이 분명히 드러날까? 아니면 date 객체에 5일을 더한다고 오해할 소지는 없을까? 중대한 문제가 아니라고 여길지도 모르지만, 다음 코드는 오해할 소지가 충분하다.[G20]

```
DayDate date = DateFactory.makeDate(5, Month.DECEMBER, 1952);
date.addDays(7); // 날짜를 일주일만큼 뒤로 미룬다.
```

코드를 읽는 사람은 분명히 addDays가 date 객체를 변경한다고 생각한다. 그러므로 이런 모호함을 해결할 이름이 필요하다.[N4] 그래서 나는 plusDays와 plusMonths라는 이름을 선택했다. 메서드의 원래 의도를 잘 반영하는 이름이라 생각한다.

```
DayDate date = oldDate.plusDays(5);
```

반면, 아래 코드는 단순히 date 객체가 변했다고 받아들이기 어렵다.

```
date.plusDays(5);
```

알고리즘은 점점 더 흥미로워진다. 462쪽 628행에서 660행까지 getPreviousDayOfWeek 메서드는 올바로 동작하지만 다소 복잡하다. 메서드가 실제로 수행하는 기능을 고민한 끝에[G21] 단순화하고 임시 변수 설명을 사용해 좀 더 읽기 쉽게 고쳤다.[G19] 또한 정적 메서드를 인스턴스 메서드로 고쳤으며[G18] 471쪽 997행에서 1008행에 있는 중복된 인스턴스 메서드를 제거했다.[G15]

```
public DayDate getPreviousDayOfWeek(Day targetDayOfWeek) {
  int offsetToTarget = targetDayOfWeek.index - getDayOfWeek().index;
  if (offsetToTarget >= 0)
    offsetToTarget -= 7;
  return plusDays(offsetToTarget);
}
```

463쪽 662행에서 464쪽 693행까지 getFollowingDayOfWeek 메서드도 똑같은 원리를 적용해 고쳤다.

```
public DayDate getFollowingDayOfWeek(Day targetDayOfWeek) {
  int offsetToTarget = targetDayOfWeek.index - getDayOfWeek().index;
```

```
  if (offsetToTarget <= 0)
    offsetToTarget += 7;
  return plusDays(offsetToTarget);
}
```

다음으로 464쪽 695행에서 726행까지 getNearestDayOfWeek 메서드가 나온다. 앞서 347쪽에서 정정했으나, 앞서 가한 변경은 직전 두 메서드에서 가한 변경과 패턴이 다르다.[G11] 그래서 나는 패턴을 맞추고 임시 변수 설명을 사용해 알고리즘을 좀 더 명확하게 고쳤다.[G19]

```
public DayDate getNearestDayOfWeek(final Day targetDay) {
  int offsetToThisWeeksTarget = targetDay.index - getDayOfWeek().index;
  int offsetToFutureTarget = (offsetToThisWeeksTarget + 7) % 7;
  int offsetToPreviousTarget = offsetToFutureTarget - 7;
  if (offsetToFutureTarget > 3)
    return plusDays(offsetToPreviousTarget);
  else
    return plusDays(offsetToFutureTarget);
}
```

464쪽 728행에서 465쪽 740행까지 getEndOfCurrentMonth 메서드는 조금 이상하다. DayDate 인스턴스를 인수로 받아 거기서 DayDate 클래스 메서드를 호출하는 인스턴스 메서드이기 때문이다. 진짜 인스턴스 메서드로 바꾸고 몇몇 이름도 고쳤다.

```
public DayDate getEndOfMonth() {
  Month month = getMonth();
  int year = getYear();
  int lastDay = lastDayOfMonth(month, year);
  return DayDateFactory.makeDate(lastDay, month, year);
}
```

465쪽 742행부터 761행까지 weekInMonthToString은 리팩터링 작업이 매우 흥미로웠다. 먼저, IDE에서 제공하는 리팩터링 도구를 사용해 메서드를 354쪽에서 만든 WeekInMonth enum으로 옮긴 후 toString으로 이름을 변경했다. 그런 다음 정적 메서드를 인스턴스 메서드로 고쳤다. 테스트를 돌렸더니 모든 테스트를 통과했다. (내가 무엇을 하려는지 짐작이 가는지?)

다음으로 메서드를 완전히 삭제했다. 그랬더니 목록 B-4 493쪽 411행에서 415행까지 다섯 assert 문이 실패했다. 그래서 테스트 케이스를 FIRST, SECOND 등 enum 값을 사용하도록 변경했다. 이번에는 테스트를 모두 통과했다. 이유를 알겠는가? 위 단계가 왜 필요한지 알겠는가? 리팩터링 도구는 weekInMonthToString 메서드를 호출하던 코드를 모두 weekInMonth.toString으로 변경했다. 모든 enum 클래스는 toString을 사용해 이름을 반환하므로.

불행하게도 내가 너무 영리하게 굴었다. 일련의 리팩터링 작업은 나름대로 우아했지만, 실제로 이 메서드를 사용하는 코드는 방금 수정한 테스트 케이스가 유일했다. 그래서 나는 테스트 케이스를 삭제했다.

한 번은 속아도 두 번은 안 속는다! 465쪽 765행에서 466쪽 781행까지 relativeToString 메서드 역시 테스트 케이스 외에는 아무도 호출하지 않았다. 그래서 나는 메서드와 테스트 케이스 전부를 삭제했다.

드디어 추상 클래스 DayDate의 추상 메서드를 살펴볼 차례다. 첫 번째가 467쪽 829행에서 836행까지 toSerial 메서드다. 앞서 360쪽에서 toSerial을 toOrdinal로 변경했다. 메서드를 살펴본 후 나는 getOrdinalDay로 바꿔야 맞다고 결정했다.

두 번째 추상 메서드는 467쪽 844행에서 846행까지 toDate 메서드다. toDate 메서드는 DayDate를 java.util.Date으로 변경한다. 이 메서드가 왜 추상 메서드일까? 목록 B-5, 499쪽 198행에서 207행까지 SpreadsheetDate에서 구현한 toDate를 살펴보면 메서드는 SpreadsheetDate에 의존하지 않는다.[G6] 그래서 해당 코드를 DayDate 메서드로 끌어올렸다.

getYYYY, getMonth, getDayOfMonth는 제대로 된 추상 메서드다. 하지만 getDayOfWeek 메서드 역시 SpreadsheetDate 구현에 의존하지 않으므로(필요한 정보는 모두 DayDate에 있으므로) DayDate으로 끌어올려도 괜찮으리라 생각했다.[G6] 그런데 과연 그럴까?

목록 B-5 500쪽 247행을 가만히 살펴보면 알고리즘이 서수 날짜 시작일의 요일에 암시적으로 의존한다. 다시 말해, 0번째 날짜의 요일에 의존한다. 그래서 getDayOfWeek 메서드는 DayDate로 옮기지 못한다. 물리적 의존성은 없지만 논리적 의존성이 존재하기 때문이다.

이와 같은 논리적 의존성이 내게는 불편하다.[G22] 뭔가가 구현에 논리적으로 의존한다면 물리적으로도 의존해야 마땅하다. 게다가 구현에 의존하는 부분이 아주 작으므로 알고리즘 자체를 일반적인 메서드로 구현할 방법이 있으리라 생각했다.

그래서 나는 DayDate에 getDayOfWeekForOrdinalZero라는 추상 메서드를 구현하고 SpreadsheetDate에서 Day.SATURDAY를 반환하도록 구현했다. 그런 다음 getDayOfWeek 메서드를 DayDate로 옮긴 후 getOrdinalDay와 getDayOfWeekForOrdinalZero를 호출하게 변경했다.

```
public Day getDayOfWeek() {
  Day startingDay = getDayOfWeekForOrdinalZero();
  int startingOffset = startingDay.index - Day.SUNDAY.index;
  return Day.make((getOrdinalDay() + startingOffset) % 7 + 1);
}
```

참고로, 468쪽 895행에서 899행까지 주석을 자세히 살펴본다. 같은 주석을 반복할 필요가 있을까? 물론 제거했다.

다음은 469쪽 902행에서 913행에 나오는 compare 메서드다. 이 메서드 역시 추상 메서드일 필요가 없다.[G6] 그래서 SpreadsheetDate에 있는 compare 메서드를 DayDate로 끌어올렸다. 또한 이름도 불분명하다.[N1] 이 메서드는 오늘 날짜와 차이를 일수로 반환한다. 그래서 이름을 daysSince로 변경했다. 또한 메서드를 테스트하는 코드도 없어서 테스트 케이스를 추가했다.

469쪽 915행에서 470쪽 980행까지 다음 여섯 메서드는 모두 DayDate에서 구현해야 마땅한 추상 메서드다. 그래서 SpreadsheetDate에서 DayDate로 끌어올렸다.

470쪽 982행에서 471쪽 995행까지 마지막 메서드인 isInRange 역시 DayDate로 끌어올려 리팩터링했다. if 문 연쇄가 다소 번거롭게 보여[G23] DateInterval enum으로 옮기는 방법으로 해당 if 문 연쇄를 완전히 없앴다.

```
public enum DateInterval {
  OPEN {
    public boolean isIn(int d, int left, int right) {
      return d > left && d < right;
```

```
    }
  },
  CLOSED_LEFT {
    public boolean isIn(int d, int left, int right) {
      return d >= left && d < right;
    }
  },
  CLOSED_RIGHT {
    public boolean isIn(int d, int left, int right) {
      return d > left && d <= right;
    }
  },
  CLOSED {
    public boolean isIn(int d, int left, int right) {
      return d >= left && d <= right;
    }
  };

  public abstract boolean isIn(int d, int left, int right);
}

public boolean isInRange(DayDate d1, DayDate d2, DateInterval interval) {
  int left = Math.min(d1.getOrdinalDay(), d2.getOrdinalDay());
  int right = Math.max(d1.getOrdinalDay(), d2.getOrdinalDay());
  return interval.isIn(getOrdinalDay(), left, right);
}
```

이상으로 DayDate 클래스를 모두 살펴봤다. 마지막으로 지금까지 한 작업을 정리한다.

첫째, 처음에 나오는 주석은 너무 오래되었다. 그래서 간단하게 고치고 개선했다.[C2]

둘째, enum을 모두 독자적인 소스 파일로 옮겼다.[G12]

셋째, 정적 변수(dateFormatSymbols)와 정적 메서드(getMonthNames, isLeapYear, lastDayOfMonth)를 DateUtil이라는 새 클래스로 옮겼다.[G6]

넷째, 일부 추상 메서드를 DayDate 클래스로 끌어올렸다.[G24]

다섯째, Month.make를 Month.fromInt로 변경했다.[N1] 다른 enum도 똑같이 변경했다. 또한 모든 enum에 toInt() 접근자를 생성하고 index 필드를 private로 정의했다.

여섯째, plusYears와 plusMonths에 흥미로운 중복이 있었다.[G5] correct LastDayOfMonth라는 새 메서드를 생성해 중복을 없앴다. 그래서 세 메서드가 모두 좀 더 명확해졌다.

일곱째, 팔방미인으로 사용하던 숫자 1을 없앴다.[G25] 모두 Month.JANUARY. toInt() 혹은 Day.SUNDAY.toInt()로 적절히 변경했다. SpreadsheetDate 코드를 살펴보고 알고리즘을 조금 손봤다. 이렇게 얻어진 결과가 512쪽 목록 B-7에서 526쪽 목록 B-16이다.

흥미롭게도 DayDate 코드 커버리지는 84.9%로 감소했다! 테스트하는 코드가 줄어서가 아니라 클래스 크기가 작아지는 바람에 테스트하지 않는 코드의 비중이 커졌기 때문이다. 테스트 케이스는 DayDate 53개 실행 문 중 45개를 테스트한다. 테스트하지 않는 코드는 너무 사소해 테스트할 필요도 없다.

결론

다시 한 번 우리는 보이스카우트 규칙을 따랐다. 체크아웃한 코드보다 좀 더 깨끗한 코드를 체크인하게 되었다. 시간은 걸렸지만 가치 있는 작업이었다. 테스트 커버리지가 증가했으며, 버그 몇 개를 고쳤으며, 코드 크기가 줄었고, 코드가 명확해졌다. 다음 사람은 우리보다 코드를 좀 더 쉽게 이해하리라. 그래서 우리보다 코드를 좀 더 쉽게 개선하리라.

참고 문헌

[GOF]: *Design Patterns: Elements of Reusable Object Oriented Software*, Gamma et al., Addison-Wesley, 1996.[9]

[Simmons04]: *Hardcore Java*, Robert Simmons, Jr., O'Reilly, 2004.

[Refactoring]: *Refactoring: Improving the Design of Existing Code*, Martin Fowler et al., Addison-Wesley, 1999.[10]

[Beck97]: *Smalltalk Best Practice Patterns*, Kent Beck, Prentice Hall, 1997.

---

9 (옮긴이) 번역서는 『GOF의 디자인 패턴(개정판)』(2007 피어슨에듀케이션코리아, 김정아 옮김)이다.

10 (옮긴이) 번역서는 『Refactoring』(2012 한빛미디어, 김지원 옮김)이다.

냄새와 휴리스틱

07 Clean Code

자신의 멋진 저서 『Refactoring』[1]에서 마틴 파울러는 다양한 '코드 냄새'를 거론한다. 아래 소개하는 목록에서 마틴이 맡은 냄새에 내가 맡은 냄새를 추가했다. 또한 내가 코드를 짜면서 사용하는 기교와 휴리스틱도 포함한다.

아래 목록은 다양한 프로그램을 검토하고 리팩터링하면서 만들었다. 프로그램을 수정할 때마다 나는 "왜?"라고 자문한 다음 그 답을 기록했다. 코드를 읽으면서 나쁜 냄새를 정리하다보니 목록이 상당히 길어졌다.

가능하면 처음부터 끝까지 차근차근 읽기를 권한다. 그런 다음에는 필요할 때마다 참조하기 바란다. 531쪽 부록 C는 이 책 본문에서 각 휴리스틱이 언급되는 참조 위치를 보여준다.

주석

C1: 부적절한 정보

다른 시스템에 (예를 들어, 소스 코드 관리 시스템, 버그 추적 시스템, 이슈 추적 시스템, 기타 기록 관리 시스템에) 저장할 정보는 주석으로 적절하지 못하다. 예를 들어, 변경 이력은 장황한 날짜와 따분한 내용으로 소스 코드만 번잡하게 만든다. 일반적으로 작성자, 최종 수정일, SPR(Software Problem Report) 번호 등과 같은 메타 정보만 주석으로 넣는다. 주석은 코드와 설계에 기술적인 설명을 부연하는 수단이다.

C2: 쓸모 없는 주석

오래된 주석, 엉뚱한 주석, 잘못된 주석은 더 이상 쓸모가 없다. 주석은 빨리 낡는다. 쓸모 없어질 주석은 아예 달지 않는 편이 가장 좋다. 쓸모 없어진 주석은 재빨리 삭제하는 편이 가장 좋다. 쓸모 없는 주석은 일단 들어가고 나면 코드에서 쉽게 멀어진다. 코드와 무관하게 혼자서 따로 놀며 코드를 그릇된 방향으로 이끈다.

C3: 중복된 주석

코드만으로 충분한데 구구절절 설명하는 주석이 중복된 주석이다. 다음 주석이

---

[1] [Refactoring]

좋은 예다.

```
i++;   // i 증가
```

또 다른 예가 함수 서명signature만 달랑 기술하는 Javadoc이다.

```
/**
 * @param sellRequest
 * @return
 * @throws ManagedComponentException
 */
public SellResponse beginSellItem(SellRequest sellRequest)
    throws ManagedComponentException
```

주석은 코드만으로 다하지 못하는 설명을 부언한다.

C4: 성의 없는 주석

작성할 가치가 있는 주석은 잘 작성할 가치도 있다. 주석을 달 참이라면 시간을 들여 최대한 멋지게 작성한다. 단어를 신중하게 선택한다. 문법과 구두점을 올바로 사용한다. 주절대지 않는다. 당연한 소리를 반복하지 않는다. 간결하고 명료하게 작성한다.

C5: 주석 처리된 코드

코드를 읽다가 주석으로 처리된 코드가 줄줄이 나오면 신경이 아주 거슬린다. 얼마나 오래된 코드인지, 중요한 코드인지 아닌지, 알 길이 없다. 그럼에도 아무도 삭제하지 않는다. 누군가에게 필요하거나 다른 사람이 사용할 코드라 생각하기 때문이다.

그래서 코드는 그 자리에 남아 매일매일 낡아간다. 더 이상 존재하지 않는 함수를 호출한다. 이름이 바뀐 변수를 사용한다. 더 이상 사용하지 않는 표기법을 따른다. 자신이 포함된 모듈을 오염시킨다. 읽는 사람을 헷갈리게 만든다. 주석으로 처리된 코드는 흉물 그 자체다.

주석으로 처리된 코드를 발견하면 즉각 지워버려라! 걱정할 필요 없다. 소스 코드 관리 시스템이 기억하니까. 누군가 정말로 필요하다면 이전 버전을 가져오면 되니까. 주석으로 처리된 코드를 내버려 두지 마라.

환경

E1: 여러 단계로 빌드해야 한다

빌드는 간단히 한 단계로 끝나야 한다. 소스 코드 관리 시스템에서 이것저것 따로따로 체크아웃할 필요가 없어야 한다. 불가해한 명령이나 스크립트를 잇달아 실행해 각 요소를 따로 빌드할 필요가 없어야 한다. 온갖 JAR 파일, XML 파일, 기타 시스템에 필요한 파일을 찾느라 여기저기 뒤적일 필요가 없어야 한다. 한 명령으로 전체를 체크아웃해서 한 명령으로 빌드할 수 있어야 한다.

```
svn get mySystem
cd mySystem
ant all
```

E2: 여러 단계로 테스트해야 한다

모든 단위 테스트는 한 명령으로 돌려야 한다. IDE에서 버튼 하나로 모든 테스트를 돌린다면 가장 이상적이다. 아무리 열악한 환경이라도 셸에서 명령 하나로 가능해야 한다. 모든 테스트를 한 번에 실행하는 능력은 아주 근본적이고 아주 중요하다. 따라서 그 방법이 빠르고, 쉽고, 명백해야 한다.

함수

F1: 너무 많은 인수

함수에서 인수 개수는 작을수록 좋다. 아예 없으면 가장 좋다. 다음으로 하나, 둘, 셋이 차례로 좋다. 넷 이상은 그 가치가 아주 의심스러우므로 최대한 피한다. (50쪽 "함수 인수" 참조.)

F2: 출력 인수

출력 인수는 직관을 정면으로 위배한다. 일반적으로 독자는 인수를 (출력이 아니라) 입력으로 간주한다. 함수에서 뭔가의 상태를 변경해야 한다면 (출력 인수를 쓰지 말고) 함수가 속한 객체의 상태를 변경한다. (56쪽 "출력 인수" 참조.)

F3: 플래그 인수

boolean 인수는 함수가 여러 기능을 수행한다는 명백한 증거다. 플래그 인수는 혼란을 초래하므로 피해야 마땅하다. (52쪽 "플래그 인수" 참조.)

F4: 죽은 함수

아무도 호출하지 않는 함수는 삭제한다. 죽은 코드는 낭비다. 과감히 삭제하라. 소스 코드 관리 시스템이 모두 기억하므로 걱정할 필요 없다.

일반

G1: 한 소스 파일에 여러 언어를 사용한다

오늘날 프로그래밍 환경은 한 소스 파일 내에서 다양한 언어를 지원한다. 예를 들어, 어떤 자바 소스 파일은 XML, HTML, YAML, Javadoc, JavaScript, 영어 등을 포함한다. 또 다른 예로, 어떤 JSP 파일은 HTML, 자바, 태그 라이브러리 구문, 영어 주석, Javadoc, XML, JavaScript 등을 포함한다. 좋게 말하자면 혼란스럽고, 나쁘게 말하자면 조잡하다.

이상적으로는 소스 파일 하나에 언어 하나만 사용하는 방식이 가장 좋다. 현실적으로는 여러 언어가 불가피하다. 하지만 각별한 노력을 기울여 소스 파일에서 언어 수와 범위를 최대한 줄이도록 애써야 한다.

G2: 당연한 동작을 구현하지 않는다

최소 놀람의 원칙The Principle of Least Surprise[2]에 의거해 함수나 클래스는 다른 프로그래머가 당연하게 여길 만한 동작과 기능을 제공해야 한다. 예를 들어, 요일 문자열에서 요일을 나타내는 enum으로 변환하는 함수를 살펴보자.

```
Day day = DayDate.StringToDay(String dayName);
```

우리는 함수가 'Monday'를 Day.MONDAY로 변환하리라 기대한다. 또한 일반적으로 쓰는 요일 약어도 올바로 변환하리라 기대한다. 대소문자는 당연히 구분하지 않으리라 기대한다.

---

[2] 혹은 "The Principle of Least Astonishment"라고도 한다. 자세한 내용은 http://en.wikipedia.org/wiki/Principle_of_least_astonishment 참조.

당연한 동작을 구현하지 않으면 코드를 읽거나 사용하는 사람이 더 이상 함수 이름만으로 함수 기능을 직관적으로 예상하기 어렵다. 저자를 신뢰하지 못하므로 코드를 일일이 살펴야 한다.

G3: 경계를 올바로 처리하지 않는다

코드는 올바로 동작해야 한다. 너무나도 당연한 말이다. 그런데 우리는 올바른 동작이 아주 복잡하다는 사실을 자주 간과한다. 흔히 개발자들은 머릿속에서 코드를 돌려보고 끝낸다. 자신의 직관에 의존할 뿐 모든 경계와 구석진 곳에서 코드를 증명하려 애쓰지 않는다.

부지런함을 대신할 지름길은 없다. 모든 경계 조건, 모든 구석진 곳, 모든 기벽奇癖, 모든 예외는 우아하고 직관적인 알고리즘을 좌초시킬 암초다. 스스로의 직관에 의존하지 마라. 모든 경계 조건을 찾아내고, 모든 경계 조건을 테스트하는 테스트 케이스를 작성하라.

G4: 안전 절차 무시

체르노빌Chernobyl 원전 사고는 책임자가 안전 절차를 차례로 무시하는 바람에 일어났다. 실험을 수행하기에 번거롭다는 이유에서였다. 결국 실험은 제대로 수행되지 않았고, 세계는 사상 최악의 상업용 원자력 발전 사고를 목격했다.

안전 절차를 무시하면 위험하다. serialVersionUID를 직접 제어할 필요가 있을지도 모르지만 그래도 직접 제어는 언제나 위험하다. 컴파일러 경고 일부를 (혹은 전부를!) 꺼버리면 빌드가 쉬워질지 모르지만 자칫하면 끝없는 디버깅에 시달린다. 실패하는 테스트 케이스를 일단 제껴두고 나중으로 미루는 태도는 신용카드가 공짜 돈이라는 생각만큼 위험하다.

G5: 중복

이 책에 나오는 가장 중요한 규칙 중 하나이므로 심각하게 숙고하기 바란다. 소프트웨어 설계를 거론하는 저자라면 거의 모두가 이 규칙을 언급한다. 데이비드 토머스와 앤디 헌트는 이를 DRY^{Don't Repeat Yourself3} 원칙이라 부른다. 켄트 벡은

익스트림 프로그래밍의 핵심 규칙 중 하나로 선언한 후 "한 번, 단 한 번만Once, and only once"[4]이라 명명했다. 론 제프리스는 이 규칙을 "모든 테스트를 통과한다"는 규칙 다음으로 중요하게 꼽았다.

코드에서 중복을 발견할 때마다 추상화할 기회로 간주하라. 중복된 코드를 하위 루틴이나 다른 클래스로 분리하라. 이렇듯 추상화로 중복을 정리하면 설계 언어의 어휘가 늘어난다. 다른 프로그래머들이 그만큼 어휘를 사용하기 쉬워진다. 추상화 수준을 높였으므로 구현이 빨라지고 오류가 적어진다.

가장 뻔한 유형은 똑같은 코드가 여러 차례 나오는 중복이다. 프로그래머가 미친듯이 마우스로 긁어다 여기저기로 복사한 듯이 보이는 코드다. 이런 중복은 간단한 함수로 교체한다.

좀 더 미묘한 유형은 여러 모듈에서 일련의 switch/case나 if/else 문으로 똑같은 조건을 거듭 확인하는 중복이다. 이런 중복은 다형성polymorphism으로 대체해야 한다.

더더욱 미묘한 유형은 알고리즘이 유사하나 코드가 서로 다른 중복이다. 중복은 중복이므로 TEMPLATE METHOD 패턴[5]이나 STRATEGY 패턴[6]으로 중복을 제거한다.

사실 최근 15년 동안 나온 디자인 패턴은 대다수가 중복을 제거하는 잘 알려진 방법에 불과하다. BCNFBoyce-Codd Normal Form 역시 데이터베이스 스키마에서 중복을 제거하는 전략이다. OO 역시 모듈을 정리하고 중복을 제거하는 전략이다. 짐작하겠지만, 구조적 프로그래밍도 마찬가지다.

이만하면 요지를 이해하리라 믿는다. 어디서든 중복을 발견하면 없애라.

G6: 추상화 수준이 올바르지 못하다

추상화는 저차원 상세 개념에서 고차원 일반 개념을 분리한다. 때로 우리는 (고차원 개념을 표현하는) 추상 클래스와 (저차원 개념을 표현하는) 파생 클래스를 생성해 추상화를 수행한다. 추상화로 개념을 분리할 때는 철저해야 한다. 모든 저차원 개념은 파생 클래스에 넣고, 모든 고차원 개념은 기초 클래스에 넣는다.

---

4 (옮긴이) 흔히 줄여 OAOO라 하며 "모든 것은 오직 한 번만 말해야 한다"라는 표현도 사용한다.

5 [GOF]

6 [GOF]

예를 들어, 세부 구현과 관련한 상수, 변수, 유틸리티 함수는 기초 클래스에 넣으면 안 된다. 기초 클래스는 구현 정보에 무지해야 마땅하다.

소스 파일, 컴포넌트, 모듈도 마찬가지다. 우수한 소프트웨어 설계자는 개념을 다양한 차원으로 분리해 다른 컨테이너에 넣는다. 때로는 기초 클래스와 파생 클래스로 분리하고, 때로는 소스 파일과 모듈과 컴포넌트로 분리한다. 어느 경우든 철저히 분리해야 한다. 고차원 개념과 저차원 개념을 섞어서는 안 된다.

다음 코드를 살펴보자.

```
public interface Stack {
  Object pop() throws EmptyException;
  void push(Object o) throws FullException;
  double percentFull();
  class EmptyException extends Exception {}
  class FullException extends Exception {}
}
```

percentFull 함수는 추상화 수준이 올바르지 못하다. Stack을 구현하는 방법은 다양하다. 어떤 구현은 '꽉 찬 정도'라는 개념이 타당하다. 어떤 구현은 알아낼 방법이 전혀 없다. 그러므로 함수는 BoundedStack과 같은 파생 인터페이스에 넣어야 마땅하다.

크기가 무한한 스택은 0을 반환하면 되잖습니까? 이렇게 물을지도 모르겠다. 하지만 진정으로 무한한 스택은 존재하지 않는다. 다음 코드는 스택 크기를 확인했다는 이유만으로 OutOfMemoryException 예외가 절대 발생하지 않으리라 장담하지 못한다.

```
stack.percentFull() < 50.0;
```

그러므로 0을 반환하면 거짓말을 하는 셈이다.

다시 말해, 잘못된 추상화 수준은 거짓말이나 꼼수로 해결하지 못한다. 추상화는 소프트웨어 개발자에게 가장 어려운 작업 중 하나다. 잘못된 추상화를 임시변통으로 고치기는 불가능하다.

G7: 기초 클래스가 파생 클래스에 의존한다

개념을 기초 클래스와 파생 클래스로 나누는 가장 흔한 이유는 고차원 기초 클래스 개념을 저차원 파생 클래스 개념으로부터 분리해 독립성을 보장하기 위해서다. 그러므로 기초 클래스가 파생 클래스를 사용한다면 뭔가 문제가 있다는 말이다. 일반적으로 기초 클래스는 파생 클래스를 아예 몰라야 마땅하다.

물론 예외는 있다. 간혹 파생 클래스 개수가 확실히 고정되었다면 기초 클래스에 파생 클래스를 선택하는 코드가 들어간다. FSM$^{Finite\ State\ Machine}$ 구현에서 많이 본 사례다. 하지만 FSM은 기초 클래스와 파생 클래스가 굉장히 밀접하며 언제나 같은 JAR 파일로 배포한다. 일반적으로는 기초 클래스와 파생 클래스를 다른 JAR 파일로 배포하는 편이 좋다.

기초 클래스와 파생 클래스를 다른 JAR 파일로 배포하면, 그리고 기초 JAR 파일이 파생 JAR 파일을 전혀 모른다면, 독립적인 개별 컴포넌트 단위로 시스템을 배치할 수 있다. 만약 컴포넌트를 변경한다면 해당 컴포넌트만 다시 배치하면 된다. 기초 컴포넌트까지 다시 배치할 필요가 없다. 즉, 변경이 시스템에 미치는 영향이 아주 작아지므로 현장에서 시스템을 유지보수하기가 한결 수월하게 된다.

G8: 과도한 정보

잘 정의된 모듈은 인터페이스가 아주 작다. 하지만 작은 인터페이스로도 많은 동작이 가능하다. 부실하게 정의된 모듈은 인터페이스가 구질구질하다. 그래서 간단한 동작 하나에도 온갖 인터페이스가 필요하다. 잘 정의된 인터페이스는 많은 함수를 제공하지 않는다. 그래서 결합도^{coupling}가 낮다. 부실하게 정의된 인터페이스는 반드시 호출해야 하는 온갖 함수를 제공한다. 그래서 결합도가 높다.

우수한 소프트웨어 개발자는 클래스나 모듈 인터페이스에 노출할 함수를 제한할 줄 알아야 한다. 클래스가 제공하는 메서드 수는 작을수록 좋다. 함수가 아는 변수 수도 작을수록 좋다. 클래스에 들어있는 인스턴스 변수 수도 작을수록 좋다.

자료를 숨겨라. 유틸리티 함수를 숨겨라. 상수와 임시 변수를 숨겨라. 메서드나 인스턴스 변수가 넘쳐나는 클래스는 피하라. 하위 클래스에서 필요하다는 이유로 protected 변수나 함수를 마구 생성하지 마라. 인터페이스를 매우 작게 그리고 매우 깐깐하게 만들어라. 정보를 제한해 결합도를 낮춰라.

G9: 죽은 코드

죽은 코드란 실행되지 않는 코드를 가리킨다. 불가능한 조건을 확인하는 if 문과 throw 문이 없는 try 문에서 catch 블록이 좋은 예다. 아무도 호출하지 않는 유틸리티 함수와 switch/case 문에서 불가능한 case 조건도 또 다른 좋은 예다.

    죽은 코드는 시간이 지나면 악취를 풍기기 시작한다. 죽은 지 오래될수록 악취는 강해진다. 죽은 코드는 설계가 변해도 제대로 수정되지 않기 때문이다. 컴파일은 되지만 새로운 규칙이나 표기법을 따르지 않는다. 옛날옛적 시스템의 모양새가 다른 시절에 짜놓은 코드다. 죽은 코드를 발견하면 올바른 행동을 취하기 바란다. 적절한 장례식을 치뤄주라. 시스템에서 제거하라.

G10: 수직 분리

변수와 함수는 사용되는 위치에 가깝게 정의한다. 지역 변수는 처음으로 사용하기 직전에 선언하며 수직으로 가까운 곳에 위치해야 한다. 선언한 위치로부터 몇백 줄 아래에서 사용하면 안 된다.

    비공개 함수는 처음으로 호출한 직후에 정의한다. 비공개 함수는 전체 클래스 범위scope에 속하지만 그래도 정의하는 위치와 호출하는 위치를 가깝게 유지한다. 비공개 함수는 처음으로 호출되는 위치를 찾은 후 조금만 아래로 내려가면 쉽게 눈에 띄어야 한다.

G11: 일관성 부족

어떤 개념을 특정 방식으로 구현했다면 유사한 개념도 같은 방식으로 구현한다. 앞서 언급한 '최소 놀람의 원칙The Principle of Least Surprise'에도 부합한다. 표기법은 신중하게 선택하며, 일단 선택한 표기법은 신중하게 따른다.

    한 함수에서 response라는 변수에 HttpServletResponse 인스턴스를 저장했다면 (HttpServletResponse 객체를 사용하는) 다른 함수에서도 일관성 있게 동일한 변수 이름을 사용한다. 한 메서드를 processVerificationRequest라 명명했다면 (유사한 요청을 처리하는) 다른 메서드도 (processDeletionRequest처럼) 유사한 이름을 사용한다.

착실하게 적용한다면 이처럼 간단한 일관성만으로도 코드를 읽고 수정하기가 대단히 쉬워진다.

G12: 잡동사니

비어 있는 기본 생성자가 왜 필요한가? 쓸데없이 코드만 복잡하게 만든다. 아무도 사용하지 않는 변수, 아무도 호출하지 않는 함수, 정보를 제공하지 못하는 주석 등이 좋은 예다. 모두가 코드만 복잡하게 만들 뿐이므로 제거해야 마땅하다. 소스 파일은 언제나 깔끔하게 정리하라! 잡동사니를 없애라!

G13: 인위적 결합

서로 무관한 개념을 인위적으로 결합하지 않는다. 예를 들어, 일반적인 enum은 특정 클래스에 속할 이유가 없다. enum이 클래스에 속한다면 enum을 사용하는 코드가 특정 클래스를 알아야만 한다. 범용 static 함수도 마찬가지로 특정 클래스에 속할 이유가 없다.

일반적으로 인위적인 결합은 직접적인 상호작용이 없는 두 모듈 사이에서 일어난다. 뚜렷한 목적 없이 변수, 상수, 함수를 당장 편한 위치에 (물론 잘못된 위치에) 넣어버린 결과다. 게으르고 부주의한 행동이다.

함수, 상수, 변수를 선언할 때는 시간을 들여 올바른 위치를 고민한다. 그저 당장 편한 곳에 선언하고 내버려두면 안 된다.

G14: 기능 욕심

마틴 파울러가 말하는 코드 냄새 중 하나다.7 클래스 메서드는 자기 클래스의 변수와 함수에 관심을 가져야지 다른 클래스의 변수와 함수에 관심을 가져서는 안 된다. 메서드가 다른 객체의 참조자accessor와 변경자mutator를 사용해 그 객체 내용을 조작한다면 메서드가 그 객체 클래스의 범위를 욕심내는 탓이다. 자신이 그 클래스에 속해 그 클래스 변수를 직접 조작하고 싶다는 뜻이다. 예를 들어, 다음 코드를 살펴보자.

```
public class HourlyPayCalculator {
  public Money calculateWeeklyPay(HourlyEmployee e) {
    int tenthRate = e.getTenthRate().getPennies();
    int tenthsWorked = e.getTenthsWorked();
    int straightTime = Math.min(400, tenthsWorked);
    int overTime = Math.max(0, tenthsWorked - straightTime);
    int straightPay = straightTime * tenthRate;
    int overtimePay = (int)Math.round(overTime*tenthRate*1.5);
    return new Money(straightPay + overtimePay);
  }
}
```

calculateWeeklyPay 메서드는 HourlyEmployee 객체에서 온갖 정보를 가져온다. 즉, calculateWeeklyPay 메서드는 HourlyEmployee 클래스의 범위를 욕심낸다. calculateWeeklyPay 메서드는 자신이 HourlyEmployee 클래스에 '속하기'를 바란다.

 기능 욕심은 한 클래스의 속사정을 다른 클래스에 노출하므로, 별다른 문제가 없다면, 제거하는 편이 좋다. 하지만 때로는 어쩔 수 없는 경우도 생긴다. 다음 코드를 살펴보자.

```
public class HourlyEmployeeReport {
  private HourlyEmployee employee ;

  public HourlyEmployeeReport(HourlyEmployee e) {
    this.employee = e;
  }

  String reportHours() {
    return String.format(
      "Name: %s\tHours:%d.%1d\n",
      employee.getName(),
      employee.getTenthsWorked()/10,
      employee.getTenthsWorked()%10);
  }
}
```

확실히 reportHours 메서드는 HourlyEmployee 클래스를 욕심냅니다. 하지만 그렇다고 HourlyEmployee 클래스가 보고서 형식을 알 필요는 없다. 함수를 HourlyEmployee 클래스로 옮기면 객체 지향 설계의 여러 원칙을 위반한다.[8] HourlyEmployee가 보고서 형식과 결합되므로 보고서 형식이 바뀌면 클래스도 바뀐다.

G15: 선택자 인수

함수 호출 끝에 달리는 false 인수만큼이나 밉살스런 코드도 없다. 도대체 무슨 뜻인가? true로 바꾸면 뭐가 달라지는가? 선택자selector 인수는 목적을 기억하기 어려울 뿐 아니라 각 선택자 인수가 여러 함수를 하나로 조합한다. 선택자 인수는 큰 함수를 작은 함수 여럿으로 쪼개지 않으려는 게으름의 소산이다. 다음 코드를 살펴보자.

```java
public int calculateWeeklyPay(boolean overtime) {
  int tenthRate = getTenthRate();
  int tenthsWorked = getTenthsWorked();
  int straightTime = Math.min(400, tenthsWorked);
  int overTime = Math.max(0, tenthsWorked - straightTime);
  int straightPay = straightTime * tenthRate;
  double overtimeRate = overtime ? 1.5 : 1.0 * tenthRate;
  int overtimePay = (int)Math.round(overTime*overtimeRate);
  return straightPay + overtimePay;
}
```

초과근무 수당을 1.5배로 지급하면 true고 아니면 false다. 독자는 calculateWeeklyPay(false)라는 코드를 발견할 때마다 의미를 떠올리느라 골치를 앓는다. 안타깝게도 저자는 다음과 같이 코드를 구현할 기회를 놓쳤다.

```java
public int straightPay() {
  return getTenthsWorked() * getTenthRate();
}

public int overTimePay() {
```

---

[8] 특히 SRP(Single Responsibility Principle), OCP(Open Closed Principle), CCP(Common Closure Principle)를 위반한다. 자세한 내용은 [PPP]를 참조한다.

```
    int overTimeTenths = Math.max(0, getTenthsWorked() - 400);
    int overTimePay = overTimeBonus(overTimeTenths);
    return straightPay() + overTimePay;
}

private int overTimeBonus(int overTimeTenths) {
    double bonus = 0.5 * getTenthRate() * overTimeTenths;
    return (int) Math.round(bonus);
}
```

물론 부울 인수만이 문제라는 말은 아니다. enum, int 등 함수 동작을 제어하려는 인수는 하나 같이 바람직하지 않다. 일반적으로, 인수를 넘겨 동작을 선택하는 대신 새로운 함수를 만드는 편이 좋다.

G16: 모호한 의도

코드를 짤 때는 의도를 최대한 분명히 밝힌다. 행을 바꾸지 않고 표현한 수식, 헝가리식 표기법, 매직 번호 등은 모두 저자의 의도를 흐린다. 예를 들어, overTimePay 함수를 다음과 같이 짤 수도 있다.

```
public int m_otCalc() {
    return iThsWkd * iThsRte +
    (int) Math.round(0.5 * iThsRte *
        Math.max(0, iThsWkd - 400)
    );
}
```

짧고 빽빽할 뿐만 아니라 거의 불가해하다. 독자에게 의도를 분명히 표현하도록 시간을 투자할 가치가 있다.

G17: 잘못 지운 책임

소프트웨어 개발자가 내리는 가장 중요한 결정 중 하나가 코드를 배치하는 위치다. 예를 들어, PI 상수는 어디에 들어갈까? Math 클래스에? 아니면 Trigonometry 클래스에? 아니면 Circle 클래스에?

여기서도 '최소 놀람의 원칙The Principle of Least Surprise'을 적용한다. 코드는 독자가 자연스럽게 기대할 위치에 배치한다. PI 상수는 삼각함수를 선언한 클래스에 넣어야 맞다. OVERTIME_RATE 상수는 HourlyPayCalculator 클래스에 선언해야 맞다.

때로는 개발자가 '영리하게' 기능을 배치한다. 독자에게 직관적인 위치가 아니라 개발자에게 편한 함수에 배치한다. 예를 들어, 직원이 근무한 총 시간을 보고서로 출력하는 함수가 필요하다 가정하자. 보고서를 출력하는 함수에서 총계를 계산하는 방법이 있다. 아니면 근무 시간을 입력 받는 코드에서 총계를 보관하는 방법이 있다.

결정을 내리는 한 가지 방법으로, 함수 이름을 살펴본다. 예를 들어, 보고서 모듈에 getTotalHours라는 함수가 있다 가정하자. 근무 시간을 입력 받는 모듈에 saveTimeCard라는 함수가 있다고 가정하자. 이름만 보았을 때 두 함수 중 어느 쪽이 총계를 계산해야 옳을까? 답은 명백하다.

때로 성능을 높이고자 근무 시간을 입력 받는 모듈에서 총계를 계산하는 편이 좋다고 판단할 수도 있다. 그래도 괜찮지만, 그러려면 이런 사실을 반영해 함수 이름을 제대로 지어야 한다. 예를 들어, 근무 시간을 입력 받는 모듈에 computeRunningTotalOfHours 함수를 만든다.

G18: 부적절한 static 함수

Math.max(double a, double b)는 좋은 static 메서드다. 특정 인스턴스와 관련된 기능이 아니다. new Math().max(a, b)나 a.max(b)라 하면 오히려 우습다. max 메서드가 사용하는 정보는 두 인수가 전부다. 메서드를 소유하는 객체에서 가져오는 정보가 아니다. 결정적으로 Math.max 메서드를 재정의override할 가능성은 거의 아니 전혀 없다.

그런데 간혹 우리는 static으로 정의하면 안 되는 함수를 static으로 정의한다. 다음 예를 살펴보자.

HourlyPayCalculator.calculatePay(employee, overtimeRate);

언뜻 보면 static 함수로 여겨도 적당하다. 특정 객체와 관련이 없으면서 모든 정보를 인수에서 가져오니까. 하지만 함수를 재정의할 가능성이 존재한다. 수당을 계산하는 알고리즘이 여러 개일지도 모른다. 예를 들어, OvertimeHourlyPay

Calculator와 StraightTimeHourlyPayCalculator를 분리하고 싶을지도 모른다. 그러므로 위 함수는 static 함수로 정의하면 안 된다. Employee 클래스에 속하는 인스턴스 함수여야 한다.

일반적으로 static 함수보다 인스턴스 함수가 더 좋다. 조금이라도 의심스럽다면 인스턴스 함수로 정의한다. 반드시 static 함수로 정의해야겠다면 재정의할 가능성은 없는지 꼼꼼히 따져본다.

G19: 서술적 변수

켄트 벡이 *Smalltalk Best Practice Patterns*[9]라는 훌륭한 책과 *Implementation Patterns*[10]라는 훌륭한 책에서 지적하는 문제다. 프로그램 가독성을 높이는 가장 효과적인 방법 중 하나가 계산을 여러 단계로 나누고 중간 값으로 서술적인 변수 이름을 사용하는 방법이다.

FitNesse에서 가져온 다음 예제를 살펴보자.

```
Matcher match = headerPattern.matcher(line);
if(match.find())
{
  String key = match.group(1);
  String value = match.group(2);
  headers.put(key.toLowerCase(), value);
}
```

서술적인 변수 이름을 사용한 탓에 첫 번째로 일치하는 그룹이 키(key)이고 두 번째로 일치하는 그룹이 값(value)이라는 사실이 명확히 드러난다.

서술적인 변수 이름은 많이 써도 괜찮다. 일반적으로는 많을수록 더 좋다. 계산을 몇 단계로 나누고 중간값에 좋은 변수 이름만 붙여도 해독하기 어렵던 모듈이 순식간에 읽기 쉬운 모듈로 탈바꿈한다.

G20: 이름과 기능이 일치하는 함수

다음 코드를 살펴보자.

---

9 [Beck97] 108쪽
10 [Beck07]

```
Date newDate = date.add(5);
```

5일을 더하는 함수인가? 아니면 5주? 5시간? date 인스턴스를 변경하는 함수인가? 아니면 예전 date 인스턴스는 그대로 두고 새로운 Date를 반환하는 함수인가? 코드만 봐서는 알 수가 없다.

    date 인스턴스에 5일을 더해 date 인스턴스를 변경하는 함수라면 addDaysTo 혹은 increaseByDays라는 이름이 좋다. 반면, date 인스턴스는 변경하지 않으면서 5일 뒤인 새 날짜를 반환한다면 daysLater나 daysSince라는 이름이 좋다.

    이름만으로 분명하지 않기에 구현을 살피거나 문서를 뒤적여야 한다면 더 좋은 이름으로 바꾸거나 아니면 더 좋은 이름을 붙이기 쉽도록 기능을 정리해야 한다.

G21: 알고리즘을 이해하라

대다수 괴상한 코드는 사람들이 알고리즘을 충분히 이해하지 않은 채 코드를 구현한 탓이다. 잠시 멈추고 실제 알고리즘을 고민하는 대신 여기저기 if 문과 플래그를 넣어보며 코드를 돌리는 탓이다.

    프로그래밍은 흔히 탐험이다. 알고리즘을 안다고 생각하지만 실제는 코드가 '돌아갈' 때까지 이리저리 찔러보고 굴려본다. '돌아간다'는 사실은 어떻게 아느냐고? 생각할 수 있는 테스트 케이스를 모두 통과하니까.

    이 방식이 틀렸다는 말이 아니다. 사실상 대다수 상황에서는 원하는 대로 함수를 돌리는 유일한 방법이다. 하지만 '돌아간다'고 말하기는 뭔가 부족하다.

    구현이 끝났다고 선언하기 전에 함수가 돌아가는 방식을 확실히 이해하는지 확인하라. 테스트 케이스를 모두 통과한다는 사실만으로 부족하다. 작성자가 알고리즘이 올바르다는 사실을 알아야 한다.[11]

    알고리즘이 올바르다는 사실을 확인하고 이해하려면 기능이 뻔히 보일 정도로 함수를 깔끔하고 명확하게 재구성하는 방법이 최고다.

G22: 논리적 의존성은 물리적으로 드러내라

한 모듈이 다른 모듈에 의존한다면 물리적인 의존성도 있어야 한다. 논리적인

---

[11] 코드가 돌아간다는 사실을 아는 것과 돌아가기 위한 알고리즘이 올바르다는 사실을 아는 것은 다르다. 흔히 개발자들은 알고리즘이 올바르다고 확신하지 못한다. 게으름의 소치라 하겠다.

의존성만으로는 부족하다. 의존하는 모듈이 상대 모듈에 대해 뭔가를 가정하면 (즉, 논리적으로 의존하면) 안 된다. 의존하는 모든 정보를 명시적으로 요청하는 편이 좋다.

예를 들어, 근무시간 보고서를 가공되지 않은 상태로 출력하는 함수를 구현한다고 가정하자. HourlyReporter라는 클래스는 모든 정보를 모아 HourlyReportFormatter에 적당한 형태로 넘긴다. HourlyReportFormatter는 넘어온 정보를 출력한다. (목록 17-1 참조.)

목록 17-1 HourlyReporter.java

```java
public class HourlyReporter {
  private HourlyReportFormatter formatter;
  private List<LineItem> page;
  private final int PAGE_SIZE = 55;

  public HourlyReporter(HourlyReportFormatter formatter) {
    this.formatter = formatter;
    page = new ArrayList<LineItem>();
  }

  public void generateReport(List<HourlyEmployee> employees) {
    for (HourlyEmployee e : employees) {
      addLineItemToPage(e);
      if (page.size() == PAGE_SIZE)
        printAndClearItemList();
    }
    if (page.size() > 0)
      printAndClearItemList();
  }

  private void printAndClearItemList() {
    formatter.format(page);
    page.clear();
  }

  private void addLineItemToPage(HourlyEmployee e) {
    LineItem item = new LineItem();
    item.name = e.getName();
    item.hours = e.getTenthsWorked() / 10;
    item.tenths = e.getTenthsWorked() % 10;
```

```
      page.add(item);
    }

    public class LineItem {
      public String name;
      public int hours;
      public int tenths;
    }
}
```

위 코드는 논리적인 의존성이 존재한다. 무엇인지 알겠는가? 바로 PAGE_SIZE 라는 상수다. 어째서 HourlyReporter 클래스가 페이지 크기를 알아야 하는가? 페이지 크기는 HourlyReportFormatter가 책임질 정보다.

PAGE_SIZE를 HourlyReporter 클래스에 선언한 실수는 잘못 지운 책임[G17]에 해당한다. HourlyReporter 클래스는 HourlyReportFormatter가 페이지 크기를 알 거라고 가정한다. 바로 이 가정이 논리적 의존성이다. HourlyReporter 클래스는 HourlyReportFormatter 클래스가 페이지 크기 55를 처리할 줄 안다는 사실에 의존한다. 만약 HourlyReportFormatter 구현 중 하나가 페이지 크기 55를 제대로 처리하지 못한다면 오류가 생긴다.

HourlyReportFormatter에 getMaxPageSize()라는 메서드를 추가하면 논리적인 의존성이 물리적인 의존성으로 변한다. HourlyReporter 클래스는 PAGE_SIZE 상수를 사용하는 대신 getMaxPageSize() 함수를 호출하면 된다.

G23: If/Else 혹은 Switch/Case 문보다 다형성을 사용하라

3장을 떠올리면 이 주장을 다소 의아하게 여길지도 모르겠다. 3장에서 나는 새 유형을 추가할 확률보다 새 함수를 추가할 확률이 높은 코드에서는 switch 문이 더 적합하다 주장했다.

첫째, 대다수 개발자가 switch 문을 사용하는 이유는 그 상황에서 가장 올바른 선택이기보다는 당장 손쉬운 선택이기 때문이다. 그러므로 switch를 선택하기 전에 다형성을 먼저 고려하라는 의미다.

둘째, 유형보다 함수가 더 쉽게 변하는 경우는 극히 드물다. 그러므로 모든 switch 문을 의심해야 한다.

나는 'switch 문 하나' 규칙을 따른다. 즉, 선택 유형 하나에는 switch 문을 한 번만 사용한다. 같은 선택을 수행하는 다른 코드에서는 다형성 객체를 생성해 switch 문을 대신한다.

G24: 표준 표기법을 따르라

팀은 업계 표준에 기반한 구현 표준을 따라야 한다. 구현 표준은 인스턴스 변수 이름을 선언하는 위치, 클래스/메서드/변수 이름을 정하는 방법, 괄호를 넣는 위치 등을 명시해야 한다. 표준을 설명하는 문서는 코드 자체로 충분해야 하며 별도 문서를 만들 필요는 없어야 한다.

팀이 정한 표준은 팀원들 모두가 따라야 한다. 실제 괄호를 넣는 위치는 중요하지 않다. 모두가 동의한 위치에 넣는다는 사실이 중요하다. 이 사실을 이해할 정도로 팀원들이 성숙해야 한다.

내가 따르는 표기법이 궁금하다면 512쪽 목록 B-7에서 목록 B-14까지 제시한 코드를 살펴본다.

G25: 매직 숫자는 명명된 상수로 교체하라

아마 소프트웨어 개발에서 가장 오래된 규칙 중 하나라 여겨진다. 60년대 후반 COBOL, FORTRAN, PL/1 매뉴얼에서 읽었던 기억이 난다. 일반적으로 코드에서 숫자를 사용하지 말라는 규칙이다. 숫자는 명명된 상수 뒤로 숨기라는 의미다.

예를 들어, 86,400이라는 숫자는 SECONDS_PER_DAY라는 상수 뒤로 숨긴다. 쪽 당 55줄을 인쇄한다면 숫자 55는 LINES_PER_PAGE 상수 뒤로 숨긴다.

어떤 상수는 이해하기 쉬우므로, 코드 자체가 자명하다면, 상수 뒤로 숨길 필요가 없다. 예를 들어, 다음 코드를 살펴보자.

```
double milesWalked = feetWalked/5280.0;
int dailyPay = hourlyRate * 8;
double circumference = radius * Math.PI * 2;
```

위 예제에서 FEET_PER_MILE, WORK_HOURS_PER_DAY, TWO라는 상수가 반드시 필요할까? 마지막 TWO는 확실히 우습다. 어떤 공식은 그냥 숫자를 쓰는 편이 훨씬 좋다. 두 번째 WORK_HOURS_PER_DAY는 상수를 사용해도 괜찮겠다. 법이나 관례가 바뀔지도 모르니까. 하지만 8이 들어간 공식은 너무 깔끔하기에 굳이 18자나 되는 상수를 추가하기 꺼려진다. 첫 번째 FEET_PER_MILE은 5280이 너무나도 잘 알려진 고유한 숫자라 주변 코드 없이 숫자만 달랑 적어놔도 독자가 금방 알아본다.

3.141592653589793과 같은 숫자 역시 유명하기에 독자가 금방 이해한다. 하지만 그냥 숫자로 남겨두려니 오류가 발생할 가능성이 너무 크다. 독자가 3.1415927535890793이라는 숫자를 볼 때마다 π라 간주하고 면밀히 살펴보지 않는다. (숫자 하나가 다르다는 사실을 눈치챘는가?) 게다가 3.14, 3.14159, 3.142 등과 같은 근사값을 사용하면 오차가 발생한다. 다행스럽게 Math.PI가 정의되어 있으므로 Math.PI를 사용하면 된다.

'매직 숫자'라는 용어는 단지 숫자만 의미하지 않는다. 의미가 분명하지 않은 토큰을 모두 가리킨다. 예를 들어,

```
assertEquals(7777, Employee.find("John Doe").employeeNumber());
```

위 assert 코드에서 매직 숫자는 두 개다. 하나는 7777이고, 다른 하나는 "John Doe"이다. 둘 다 의미가 분명하지 않다.

실제로 "John Doe"는 직원 #7777의 이름이다. 우리 팀이 만든 테스트 데이터베이스를 위해 자주 사용하는 예제다. 우리 팀은 테스트 데이터베이스에 모두가 잘 아는 값과 속성을 넣어둔다. 그래서 테스트 데이터베이스에 연결하면 어떤 정보가 있으리라는 사실을 팀원 모두가 알고 있다. 우리 테스트 데이터베이스에서 "John Doe"는 시급 직원이다. 따라서 위 코드는 다음과 같이 해석된다.

```
assertEquals(
  HOURLY_EMPLOYEE_ID,
  Employee.find(HOURLY_EMPLOYEE_NAME).employeeNumber());
```

G26: 정확하라

검색 결과 중 첫 번째 결과만 유일한 결과로 간주하는 행동은 순진하다. 부동소수점으로 통화를 표현하는 행동은 거의 범죄에 가깝다. 마찬가지로 갱신할 가능

성이 희박하다고 잠금과 트랜잭션 관리를 건너뛰는 행동은 아무리 잘 봐줘도 게으름이다. List로 선언할 변수를 ArrayList로 선언하는 행동은 지나친 제약이다. 모든 변수를 protected로 선언한 코드는 무절제하다.

코드에서 뭔가를 결정할 때는 정확히 결정한다. 결정을 내리는 이유와 예외를 처리할 방법을 분명히 알아야 한다. 대충 결정해서는 안 된다. 호출하는 함수가 null을 반환할지도 모른다면 null을 반드시 점검한다. 조회 결과가 하나뿐이라 짐작한다면 하나인지 확실히 확인한다. 통화를 다뤄야 한다면 정수[12]를 사용하고 반올림을 올바로 처리한다. 병행concurrent 특성으로 인해 동시에 갱신할 가능성이 있다면 적절한 잠금 매커니즘을 구현한다.

코드에서 모호성과 부정확은 의견차나 게으름의 결과다. 어느 쪽이든 제거해야 마땅하다.

G27: 관례보다 구조를 사용하라

설계 결정을 강제할 때는 규칙보다 관례를 사용한다. 명명 관례도 좋지만 구조 자체로 강제하면 더 좋다. 예를 들어, enum 변수가 멋진 switch/case 문보다 추상 메서드가 있는 기초 클래스가 더 좋다. switch/case 문을 매번 똑같이 구현하게 강제하기는 어렵지만, 파생 클래스는 추상 메서드를 모두 구현하지 않으면 안 되기 때문이다.

G28: 조건을 캡슐화하라

부울 논리는 (if나 while 문에다 넣어 생각하지 않아도) 이해하기 어렵다. 조건의 의도를 분명히 밝히는 함수로 표현하라.

예를 들어,

```
if (shouldBeDeleted(timer))
```

라는 코드는 다음 코드보다 좋다.

```
if (timer.hasExpired() && !timer.isRecurrent())
```

---

[12] Money 클래스가 더 좋다. Money 클래스는 정수를 사용한다.

G29: 부정 조건은 피하라

부정 조건은 긍정 조건보다 이해하기 어렵다. 가능하면 긍정 조건으로 표현한다. 예를 들면,

```
if (buffer.shouldCompact())
```

라는 코드가 아래 코드보다 좋다.

```
if (!buffer.shouldNotCompact())
```

G30: 함수는 한 가지만 해야 한다

함수를 짜다보면 한 함수 안에 여러 단락을 이어, 일련의 작업을 수행하고픈 유혹에 빠진다. 이런 함수는 한 가지만 수행하는 함수가 아니다. 한 가지만 수행하는 좀 더 작은 함수 여럿으로 나눠야 마땅하다.

예를 들어,

```
public void pay() {
  for (Employee e : employees) {
    if (e.isPayday()) {
      Money pay = e.calculatePay();
      e.deliverPay(pay);
    }
  }
}
```

위 코드는 세 가지 임무를 수행한다. 직원 목록을 루프로 돌며, 각 직원의 월급일을 확인하고, 해당 직원에게 월급을 지급한다. 위 함수는 다음 함수 셋으로 나누는 편이 좋다.

```
public void pay() {
  for (Employee e : employees)
    payIfNecessary(e);
}

private void payIfNecessary(Employee e) {
  if (e.isPayday())
    calculateAndDeliverPay(e);
}
```

```
private void calculateAndDeliverPay(Employee e) {
  Money pay = e.calculatePay();
  e.deliverPay(pay);
}
```

위에서 각 함수는 한 가지 임무만 수행한다. (자세한 내용은 3장 "한 가지만 해라"를 참조한다.)

G31: 숨겨진 시간적인 결합

때로는 시간적인 결합이 필요하다. 하지만 시간적인 결합을 숨겨서는 안 된다. 함수를 짤 때는 함수 인수를 적절히 배치해 함수가 호출되는 순서를 명백히 드러낸다. 다음 코드를 살펴보자.

```
public class MoogDiver {
  Gradient gradient;
  List<Spline> splines;

  public void dive(String reason) {
    saturateGradient();
    reticulateSplines();
    diveForMoog(reason);
  }
  ...
}
```

위 코드에서 세 함수가 실행되는 순서가 중요하다. 먼저 gradient를 처리하기 위해 saturateGradient()를 호출하고 나서, 다시 splines를 처리하기 위해 reticulateSplines()를 호출하고, 마지막으로 diveForMoog()를 수행해야 한다. 불행히도 위 코드는 이런 시간적인 결합을 강제하지 않는다. 프로그래머가 reticulateSplines를 먼저 호출하고 saturateGradient를 다음으로 호출하는 바람에 UnsaturatedGradientException 오류가 발생해도 막을 도리가 없다. 다음 코드가 더 좋다.

```
public class MoogDiver {
  Gradient gradient;
  List<Spline> splines;
```

```
  public void dive(String reason) {
    Gradient gradient = saturateGradient();
    List<Spline> splines = reticulateSplines(gradient);
    diveForMoog(splines, reason);
  }
  ...
}
```

위 코드는 일종의 연결 소자를 생성해 시간적인 결합을 노출한다. 각 함수가 내놓는 결과는 다음 함수에 필요하다. 그러므로 순서를 바꿔 호출할 수가 없다.

함수가 복잡해진다고 불평할지도 모르겠다. 맞는 말이다. 하지만 의도적으로 추가한 구문적인 복잡성이 원래 있던 시간적인 복잡성을 드러낸 셈이다.

위에서 인스턴스 변수를 그대로 두었다는 사실에 주목한다. 해당 클래스의 private 메서드에 필요한 변수일지도 모른다. 그렇다 치더라도 제자리를 찾은 변수들이 시간적인 결합을 좀 더 명백히 드러낼 것이다.

G32: 일관성을 유지하라

코드 구조를 잡을 때는 이유를 고민하라. 그리고 그 이유를 코드 구조로 명백히 표현하라. 구조에 일관성이 없어 보인다면 남들이 맘대로 바꿔도 괜찮다고 생각한다. 시스템 전반에 걸쳐 구조가 일관성이 있다면 남들도 일관성을 따르고 보존한다. 예를 들어, 최근 나는 FitNess 코드를 고치다 커미터 한 명이 넣은 다음 코드를 발견했다.

```
public class AliasLinkWidget extends ParentWidget
{
  public static class VariableExpandingWidgetRoot {
    ...

    ...
  }
}
```

여기서 문제는 VariableExpandingWidgetRoot 클래스가 AliasLinkWidget 클래스 범위에 속할 필요가 전혀 없다는 점이다. 게다가 AliasLinkWidget과 무관한 클래스가 AliasLinkWidget.VariableExpandingWidgetRoot를 사용했다. 이들은

AliasLinkWidget 클래스를 알 필요가 없다.

프로그래머가 VariableExpandingWidgetRoot를 AliasWidget에 넣은 이유는 모른다. 편해서? 아니면 정말 AliasWidget에 속한다고 생각해서? 이유야 어찌되었든 결과는 일관성이 없어 보인다. 다른 클래스의 유틸리티가 아닌 public 클래스는 자신이 아닌 클래스 범위 안에서 선언하면 안 된다. 패키지 최상위 수준에 public 클래스로 선언하는 관례가 일반적이다.

G33: 경계 조건을 캡슐화하라

경계 조건은 빼먹거나 놓치기 십상이다. 경계 조건은 한 곳에서 별도로 처리한다. 코드 여기저기에서 처리하지 않는다. 다시 말해, 코드 여기저기에 +1이나 -1을 흩어놓지 않는다. 다음은 FIT에서 가져온 간단한 예제다.

```
if(level + 1 < tags.length)
{
  parts = new Parse(body, tags, level + 1, offset + endTag);
  body = null;
}
```

level + 1이 두 번 나온다. 이런 경계 조건은 변수로 캡슐화하는 편이 좋다. 변수 이름은 nextLevel이 적합하겠다.

```
int nextLevel = level + 1;
if(nextLevel < tags.length)
{
  parts = new Parse(body, tags, nextLevel, offset + endTag);
  body = null;
}
```

G34: 함수는 추상화 수준을 한 단계만 내려가야 한다

함수 내 모든 문장은 추상화 수준이 동일해야 한다. 그리고 그 추상화 수준은 함수 이름이 의미하는 작업보다 한 단계만 낮아야 한다. 이 장에서 설명하는 휴리스틱 중 가장 이해하기 어렵고 따르기도 어려운 항목이라 짐작한다. 개념은 아주 간단하지만 인간은 추상화 수준을 뒤섞는 능력이 너무나도 뛰어나다. 다음 예제를 살펴보자. FitNess에서 가져온 코드다.

```
public String render() throws Exception
{
  StringBuffer html = new StringBuffer("<hr");
  if(size > 0)
    html.append(" size=\"").append(size + 1).append("\"");
  html.append(">");

  return html.toString();
}
```

잠시만 살펴보면 무슨 일이 벌어지고 있는지 이해가 되리라. 위 함수는 페이지를 가로질러 수평자를 만드는 HTML 태그를 생성한다. 수평자 높이는 size 변수로 지정한다.

다시 한 번 코드를 살펴보자. 함수에는 추상화 수준이 최소한 두 개가 섞여 있다. 첫째는 수평선에 크기가 있다는 개념이다. 둘째는 HR 태그 자체의 문법이다. 위 코드는 FitNess 모듈 HruleWidget에서 가져왔다. 이 모듈은 네 개 이상 연이은 대시(-)를 감지해 HR 태그로 변환한다. 대시 수가 많을수록 크기는 커진다.

나는 위 코드를 다음과 같이 수정했다. size 변수 이름은 목적을 반영하게 적절히 변경했다. size 변수는 추가된 대시 개수를 저장한다.

```
public String render() throws Exception
{
  HtmlTag hr = new HtmlTag("hr");
  if (extraDashes > 0)
    hr.addAttribute("size", hrSize(extraDashes));
  return hr.html();
}

private String hrSize(int height)
{
  int hrSize = height + 1;
  return String.format("%d", hrSize);
}
```

위 코드는 뒤섞인 추상화 수준을 멋지게 분리한다. render 함수는 HR 태그만 생성한다. HR 태그 문법은 전혀 상관하지 않는다. HTML 문법은 HtmlTag 모듈이 알아서 처리한다.

게다가 코드를 변경하면서 미묘한 오류도 잡아냈다. 원래 코드는 HR 태그에 슬래시(/)를 추가하지 않았다. 즉, 〈hr /〉이 아니라 〈hr〉이라 출력했다. 하지만 XHTML 표준은 슬래시를 요구한다. HtmlTag 모듈은 오래 전부터 XHTML 표준을 준수했다.

추상화 수준 분리는 리팩터링을 수행하는 가장 중요한 이유 중 하나다. 제대로 하기에 가장 어려운 작업 중 하나이기도 하다. 예를 들어, 아래 코드를 살펴보자. HruleWidget.render 메서드에서 추상화 수준을 분리하려던 내 첫 번째 시도다.

```
public String render() throws Exception
{
  HtmlTag hr = new HtmlTag("hr");
  if (size > 0) {
    hr.addAttribute("size", ""+(size+1));
  }
  return hr.html();
}
```

당시 나는 필요한 추상화 수준을 분리한 후 테스트 케이스를 통과한다는 목표를 세웠다. 목표는 쉽사리 이뤘지만 결과로 얻어진 함수는 여전히 여러 추상화 수준이 뒤섞여 있었다. 이 경우 1) HR 태그의 생성, 2) size 변수의 해석과 형식 지정이 혼재된 추상화 수준이었다. 위 코드에서 보듯, 함수에서 추상화 수준을 분리하면 앞서 드러나지 않았던 새로운 추상화 수준이 드러나는 경우가 빈번하다.

G35: 설정 정보는 최상위 단계에 둬라

추상화 최상위 단계에 둬야 할 기본값 상수나 설정 관련 상수를 저차원 함수에 숨겨서는 안 된다. 대신 고차원 함수에서 저차원 함수를 호출할 때 인수로 넘긴다. 다음은 FitNess에서 가져온 코드다.

```
public static void main(String[] args) throws Exception
{
  Arguments arguments = parseCommandLine(args);
  ...
}
```

```
public class Arguments
{
  public static final String DEFAULT_PATH = ".";
  public static final String DEFAULT_ROOT = "FitNesseRoot";
  public static final int DEFAULT_PORT = 80;
  public static final int DEFAULT_VERSION_DAYS = 14;
  ...
}
```

FitNess 첫 행은 명령행 인수의 구문을 분석한다. 각 인수 기본값은 Argument 클래스 맨 처음에 나온다. 다음과 같은 코드를 찾으려 시스템의 저수준을 뒤질 필요가 없다.

```
if (arguments.port == 0) // 기본값으로 80을 사용한다.
```

설정 관련 상수는 최상위 단계에 둔다. 그래야 변경하기도 쉽다. 설정 관련 변수는 나머지 코드에 인수로 넘긴다. 저차원 함수에 상수 값을 정의하면 안 된다.

G36: 추이적 탐색을 피하라

일반적으로 한 모듈은 주변 모듈을 모를수록 좋다. 좀 더 구체적으로, A가 B를 사용하고 B가 C를 사용한다 하더라도 A가 C를 알아야 할 필요는 없다는 뜻이다. (예를 들어 a.getB().getC().doSomething();은 바람직하지 않다.)

이를 디미터의 법칙Law of Demeter이라 부른다. 실용주의 프로그래머들은 '부끄럼 타는 코드 작성Writing Shy Code'[13]이라고도 한다. 무엇이라 부르든 요지는 자신이 직접 사용하는 모듈만 알아야 한다는 뜻이다. 내가 아는 모듈이 연이어 자신이 아는 모듈을 따라가며 시스템 전체를 휘저을 필요가 없다는 의미다.

여러 모듈에서 a.getB().getC()라는 형태를 사용한다면 설계와 아키텍처를 바꿔 B와 C 사이에 Q를 넣기가 쉽지 않다. a.getB().getC()를 모두 찾아 a.getB().getQ().getC()로 바꿔야 하니까. 너무 많은 모듈이 아키텍처를 너무 많이 안다. 그래서 아키텍처가 굳어진다.

내가 사용하는 모듈이 내게 필요한 서비스를 모두 제공해야 한다. 원하는 메서드를 찾느라 객체 그래프를 따라 시스템을 탐색할 필요가 없어야 한다. 다시

---

[13] [PRAG] 138쪽(번역서는 227쪽)

말해, 다음과 같은 간단한 코드로 충분해야 한다.

```
myCollaborator.doSomething();
```

자바

J1: 긴 import 목록을 피하고 와일드카드를 사용하라

패키지에서 클래스를 둘 이상 사용한다면 와일드카드를 사용해 패키지 전체를 가져오라.

```
import package.*;
```

긴 import 목록은 읽기에 부담스럽다. 80행에 이르는 import 문으로 모듈 상단을 채우고 싶지는 않으리라.[14] 사용하는 패키지를 간단히 명시하면 충분하다.

명시적인 import 문은 강한 의존성을 생성하지만 와일드카드는 그렇지 않다. 명시적으로 클래스를 import하면 그 클래스가 반드시 존재해야 한다. 하지만 와일드카드로 패키지를 지정하면 특정 클래스가 존재할 필요는 없다. import 문은 패키지를 단순히 검색 경로에 추가하므로 진정한 의존성이 생기지 않는다. 그러므로 모듈 간에 결합성이 낮아진다.

명시적으로 import 문을 길게 나열해야 하는 경우도 있다. 예를 들어, 레거시 코드를 사용하면서 테스트용 모듈이나 스텁을 빌드할 클래스를 찾으려 한다면, 기다란 import 문을 하나씩 짚어가며 클래스 전체 이름을 찾은 후 적절한 스텁을 배치해야 하리라. 하지만 이렇게 명시적으로 import 문을 사용하는 경우는 극히 드물다. 게다가 요즘 IDE 대다수는 간단한 명령 하나로 와일드카드 import 문을 명시적인 import 문 목록으로 바꿔준다. 그러므로 레거시 코드라도 와일드카드 import 문을 사용하는 편이 좋다.

와일드카드 import 문은 때로 이름 충돌이나 모호성을 초래한다. 이름이 같으나 패키지가 다른 클래스는 명시적인 import 문을 사용하거나 아니면 코드에서 클래스를 사용할 때 전체 경로를 명시한다. 다소 번거롭지만 자주 발생하지 않으므로 여전히 와일드카드 import 문이 명시적인 import 문보다 좋다.

---

14 (옮긴이) 바로 이런 이유 때문에 이클립스나 인텔리제이 같은 IDE에서는 import 영역을 자동으로 가려주며 필요할 때만 확장해 볼 수 있다.

J2: 상수는 상속하지 않는다

이런 상황은 여러 차례 접했는데 매번 인상이 구겨진다. 어떤 프로그래머는 상수를 인터페이스에 넣은 다음 그 인터페이스를 상속해 해당 상수를 사용한다. 다음 코드를 살펴보자.

```
public class HourlyEmployee extends Employee {
  private int tenthsWorked;
  private double hourlyRate;

  public Money calculatePay() {
    int straightTime = Math.min(tenthsWorked, TENTHS_PER_WEEK);
    int overTime = tenthsWorked - straightTime;
    return new Money(
      hourlyRate * (tenthsWorked + OVERTIME_RATE * overTime)
    );
  }
  ...
}
```

TENTHS_PER_WEEK과 OVERTIME_RATE라는 상수는 어디서 왔을까? Employee 클래스에서 왔을지도 모른다. Employee 클래스를 살펴보자.

```
public abstract class Employee implements PayrollConstants {
  public abstract boolean isPayday();
  public abstract Money calculatePay();
  public abstract void deliverPay(Money pay);
}
```

아니다. 상수가 없다. 그렇다면 어디서 왔을까? Employee 클래스를 자세히 살펴보자. PayrollConstants라는 인터페이스를 구현한다.

```
public interface PayrollConstants {
  public static final int TENTHS_PER_WEEK = 400;
  public static final double OVERTIME_RATE = 1.5;
}
```

참으로 끔찍한 관행이다! 상수를 상속 계층 맨 위에 숨겨놨다. 우엑! 상속을 이렇게 사용하면 안 된다. 언어의 범위 규칙을 속이는 행위다. 대신 static import를 사용하라.

```
import static PayrollConstants.*;

public class HourlyEmployee extends Employee {
  private int tenthsWorked;
  private double hourlyRate;

  public Money calculatePay() {
    int straightTime = Math.min(tenthsWorked, TENTHS_PER_WEEK);
    int overTime = tenthsWorked - straightTime;
    return new Money(
      hourlyRate * (tenthsWorked + OVERTIME_RATE * overTime)
    );
  }
  ...
}
```

J3: 상수 대 Enum

자바 5는 enum을 제공한다. 마음껏 활용하라! public static final int라는 옛날 기교를 더 이상 사용할 필요가 없다. int는 코드에서 의미를 잃어버리기도 한다. 반면 enum은 그렇지 않다. enum은 이름이 부여된 열거체enumeration에 속하기 때문이다.

한 가지 덧붙이자면, enum 문법을 자세히 살펴보기 바란다. 메서드와 필드도 사용할 수 있다. int보다 훨씬 더 유연하고 서술적인 강력한 도구다. 다음 코드가 좋은 예다.

```
public class HourlyEmployee extends Employee {
  private int tenthsWorked;
  HourlyPayGrade grade;

  public Money calculatePay() {
    int straightTime = Math.min(tenthsWorked, TENTHS_PER_WEEK);
    int overTime = tenthsWorked - straightTime;
    return new Money(
      grade.rate() * (tenthsWorked + OVERTIME_RATE * overTime)
    );
  }
  ...
}
```

```java
public enum HourlyPayGrade {
  APPRENTICE {
    public double rate() {
      return 1.0;
    }
  },
  LIEUTENANT_JOURNEYMAN {
    public double rate() {
      return 1.2;
    }
  },
  JOURNEYMAN {
    public double rate() {
      return 1.5;
    }
  },
  MASTER {
    public double rate() {
      return 2.0;
    }
  };

  public abstract double rate();
}
```

이름

N1: 서술적인 이름을 사용하라

이름은 성급하게 정하지 않는다. 서술적인 이름을 신중하게 고른다. 소프트웨어가 진화하면 의미도 변하므로 선택한 이름이 적합한지 자주 되돌아본다.

단순히 '듣기 좋은' 충고가 아니다. 소프트웨어 가독성의 90%는 이름이 결정한다. 그러므로 시간을 들여 현명한 이름을 선택하고 유효한 상태로 유지한다. 대충 정하기에 이름은 너무나도 중요하다.

다음 코드를 살펴보자. 무엇을 하는 함수인가? 이름을 적절히 지었다면 코드를 금방 이해하리라. 하지만 아래 코드는 미지의 숫자와 기호가 뒤섞인 잡탕에 불과하다.

```
public int x() {
  int q = 0;
  int z = 0;
  for (int kk = 0; kk < 10; kk++) {
    if (l[z] == 10)
    {
      q += 10 + (l[z + 1] + l[z + 2]);
      z += 1;
    }
    else if (l[z] + l[z + 1] == 10)
    {
      q += 10 + l[z + 2];
      z += 2;
    } else {
      q += l[z] + l[z + 1];
      z += 2;
    }
  }
  return q;
}
```

다음과 같이 코드를 짰어야 마땅하다. 위 코드와 비교할 때 실제로 아래 코드는 미완성이다. 그럼에도 의도가 금방 드러난다. 의도를 유추해 빠진 함수를 채워 넣기도 쉽다. 미지의 숫자는 더 이상 미지가 아니다. 알고리즘 구조는 대단히 서술적이다.

```
public int score() {
  int score = 0;
  int frame = 0;
  for (int frameNumber = 0; frameNumber < 10; frameNumber++) {
    if (isStrike(frame)) {
      score += 10 + nextTwoBallsForStrike(frame);
      frame += 1;
    } else if (isSpare(frame)) {
      score += 10 + nextBallForSpare(frame);
      frame += 2;
    } else {
      score += twoBallsInFrame(frame);
      frame += 2;
    }
  }
  return score;
}
```

신중하게 선택한 이름은 추가 설명을 포함한 코드보다 강력하다. 신중하게 선택한 이름을 보고 독자는 모듈 내 다른 함수가 하는 일을 짐작한다.[15] 위 코드를 읽어보면 isStrike() 함수가 하는 일을 충분히 미뤄 짐작할 수 있다. isStrike() 함수를 찾아보면 '거의 예상한 대로' 돌아간다.

```
private boolean isStrike(int frame) {
  return rolls[frame] == 10;
}
```

N2: 적절한 추상화 수준에서 이름을 선택하라

구현을 드러내는 이름은 피하라. 작업 대상 클래스나 함수가 위치하는 추상화 수준을 반영하는 이름을 선택하라. 쉽지 않은 작업이다. 앞서 말했지만, 인간은 추상화 수준을 뒤섞는 능력이 너무나도 뛰어나다. 코드를 살펴볼 때마다 추상화 수준이 너무 낮은 변수 이름을 발견하리라. 발견할 때마다 기회를 잡아 바꿔놓아야 한다. 안정적인 코드를 만들려면 지속적인 개선과 노력이 필요하다. 다음 Modem 인터페이스를 살펴보자.

```
public interface Modem {
  boolean dial(String phoneNumber);
  boolean disconnect();
  boolean send(char c);
  char recv();
  String getConnectedPhoneNumber();
}
```

얼핏 봐서는 문제가 없다. 함수는 모두 적절해 보인다. 사실상 대다수 애플리케이션에서는 문제가 없다. 하지만 전화선에 연결되지 않는 일부 모뎀을 사용하는 애플리케이션을 생각해보자. (요즘 대다수 가정에서 사용하는 케이블 모뎀처럼) 전용선을 사용하는 모뎀을 고려해보라. 일부는 USB로 연결된 스위치에 포트 번호를 보낼지도 모른다. 그렇다면 전화번호라는 개념은 확실히 추상화 수준이 틀렸다. 더 좋은 '이름 선택' 전략은 다음과 같다.

```
public interface Modem {
  boolean connect(String connectionLocator);
```

---

[15] 15쪽 워드 커닝햄이 한 말을 참조한다.

```
  boolean disconnect();
  boolean send(char c);
  char recv();
  String getConnectedLocator();
}
```

위 코드는 연결 대상의 이름을 더 이상 전화번호로 제한하지 않는다. 전화번호는 물론이고 다른 연결 방식에도 사용 가능하다.

N3: 가능하다면 표준 명명법을 사용하라

기존 명명법을 사용하는 이름은 이해하기 더 쉽다. 예를 들어, DECORATOR 패턴을 활용한다면 장식하는 클래스 이름에 Decorator라는 단어를 사용해야 한다. 예를 들어, AutoHangupModemDecorator는 세션 끝 무렵에 자동으로 연결을 끊는 기능으로 Modem을 장식하는 클래스 이름에 적합하다.

패턴은 한 가지 표준에 불과하다. 예를 들어, 자바에서 객체를 문자열로 변환하는 함수는 toString이라는 이름을 많이 쓴다. 이런 이름은 (새로 만들어내기보다) 관례를 따르는 편이 좋다.

흔히 팀마다 특정 프로젝트에 적용할 표준을 나름대로 고안한다. 에릭 에반스 Eric Evans는 이를 프로젝트의 유비쿼터스 언어ubiquitous language16라 부른다. 코드는 이 언어에 속하는 용어를 열심히 써야 한다. 간단히 말해, 프로젝트에 유효한 의미가 담긴 이름을 많이 사용할수록 독자가 코드를 이해하기 쉬워진다.

N4: 명확한 이름

함수나 변수의 목적을 명확히 밝히는 이름을 선택한다. 다음은 FitNess에서 가져온 코드다.

```
private String doRename() throws Exception
{
  if(refactorReferences)
    renameReferences();
  renamePage();

  pathToRename.removeNameFromEnd();
```

16 [DDD]

```
  pathToRename.addNameToEnd(newName);
  return PathParser.render(pathToRename);
}
```

이름만 봐서는 함수가 하는 일이 분명하지 않다. 아주 광범위하며 모호하다. doRename 함수 안에 renamePage라는 함수가 있어 더욱 모호하다. 이름만으로도 두 함수 사이의 차이점이 드러나는가? 전혀 아니다.

renamePageAndOptionallyAllReferences라는 이름이 더 좋다. 아주 길지만 모듈에서 한 번만 호출된다. 길다는 단점을 서술성이 충분히 메꾼다.

N5: 긴 범위는 긴 이름을 사용하라

이름 길이는 범위 길이에 비례해야 한다. 범위가 작으면 아주 짧은 이름을 사용해도 괜찮다. 하지만 범위가 길어지면 긴 이름을 사용한다.

범위가 5줄 안팎이라면 i나 j와 같은 변수 이름도 괜찮다. 다음은 전통적인 "볼링 게임"에서 가져온 코드다.

```
private void rollMany(int n, int pins)
{
  for (int i=0; i<n; i++)
    g.roll(pins);
}
```

깔끔한 코드다. 오히려 변수 i를 rollCount라고 썼다면 헷갈릴 터이다. 반면, 이름이 짧은 변수나 함수는 범위가 길어지면 의미를 잃는다. 그러므로 이름 범위가 길수록 이름을 정확하고 길게 짓는다.

N6: 인코딩을 피하라

이름에 유형 정보나 범위 정보를 넣어서는 안 된다. 오늘날 개발 환경에서는 이름 앞에 m_이나 f와 같은 접두어가 불필요하다. 프로젝트 이름이나 하위 시스템 이름에 (시각적 이미지 시스템이라는 뜻으로) vis_와 같은 접두어도 불필요하다. 중복된 정보이며 독자만 혼란하게 만든다. 오늘날 환경은 이름을 조작하지 않고도 모든 정보를 제공한다. 헝가리안 표기법의 오염에서 이름을 보호하라.

N7: 이름으로 부수 효과를 설명하라

함수, 변수, 클래스가 하는 일을 모두 기술하는 이름을 사용한다. 이름에 부수 효과를 숨기지 않는다. 실제로 여러 작업을 수행하는 함수에다 동사 하나만 달랑 사용하면 곤란하다. 예를 들어, 다음은 TestNG에서 가져온 코드다.

```
public ObjectOutputStream getOos() throws IOException {
  if (m_oos == null) {
    m_oos = new ObjectOutputStream(m_socket.getOutputStream());
  }
  return m_oos;
}
```

위 함수는 단순히 "oos"만 가져오지 않는다. 기존에 "oos"가 없으면 생성한다. 그러므로 createOrReturnOos라는 이름이 더 좋다.

테스트

T1: 불충분한 테스트

테스트 케이스는 몇 개나 만들어야 충분할까? 불행히도 많은 프로그래머들이 "이 정도면 충분하지 않을까"라는 척도를 사용한다. 테스트 케이스는 잠재적으로 깨질 만한 부분을 모두 테스트해야 한다. 테스트 케이스가 확인하지 않는 조건이나 검증하지 않는 계산이 있다면 그 테스트는 불완전하다.

T2: 커버리지 도구를 사용하라!

커버리지 도구는 테스트가 빠뜨리는 공백을 알려준다. 커버리지 도구를 사용하면 테스트가 불충분한 모듈, 클래스, 함수를 찾기가 쉬워진다. 대다수 IDE는 테스트 커버리지를 시각적으로 표현한다. (예를 들어, 테스트되는 행은 녹색으로, 테스트되지 않는 행은 붉은색으로 표시한다.) 그러므로 전혀 실행되지 않는 if 혹은 case 문 블록이 금방 드러난다.

T3: 사소한 테스트를 건너뛰지 마라

사소한 테스트는 짜기 쉽다. 사소한 테스트가 제공하는 문서적 가치는 구현에 드는 비용을 넘어선다.

T4: 무시한 테스트는 모호함을 뜻한다

때로는 요구사항이 불분명하기에 프로그램이 돌아가는 방식을 확신하기 어렵다. 불분명한 요구사항은 테스트 케이스를 주석으로 처리하거나 테스트 케이스에 @Ignore를 붙여 표현한다. 선택 기준은 모호함이 존재하는 테스트 케이스가 컴파일이 가능한지 불가능한지에 달려있다.

T5: 경계 조건을 테스트하라

경계 조건은 각별히 신경 써서 테스트한다. 알고리즘의 중앙 조건은 올바로 짜 놓고 경계 조건에서 실수하는 경우가 흔하다.

T6: 버그 주변은 철저히 테스트하라

버그는 서로 모이는 경향이 있다. 한 함수에서 버그를 발견했다면 그 함수를 철저히 테스트하는 편이 좋다. 십중팔구 다른 버그도 발견하리라.

T7: 실패 패턴을 살펴라

때로는 테스트 케이스가 실패하는 패턴으로 문제를 진단할 수 있다. 테스트 케이스를 최대한 꼼꼼히 짜라는 이유도 여기에 있다. 합리적인 순서로 정렬된 꼼꼼한 테스트 케이스는 실패 패턴을 드러낸다.

간단한 예로, 입력이 5자를 넘기는 테스트 케이스가 모두 실패한다면? 함수 둘째 인수로 음수를 넘기는 테스트 케이스가 실패한다면? 때로는 테스트 보고서에서 빨간색/녹색 패턴만 보고도 "아!"라는 깨달음을 얻는다. 343쪽 SerialDate 클래스에서 흥미로운 예제를 소개하니 살펴보기 바란다.

T8: 테스트 커버리지 패턴을 살펴라

통과하는 테스트가 실행하거나 실행하지 않는 코드를 살펴보면 실패하는 테스트 케이스의 실패 원인이 드러난다.

T9: 테스트는 빨라야 한다

느린 테스트 케이스는 실행하지 않게 된다. 일정이 촉박하면 느린 테스트 케이스를 제일 먼저 건너뛴다. 그러므로 테스트 케이스가 빨리 돌아가게 최대한 노력한다.

결론

이 장에서 소개한 휴리스틱과 냄새 목록이 완전하다 말하기는 어렵다. 아니, 완전한 목록이 가능하다고도 생각하지 않는다. 하지만 완전한 목록이 목표가 아니다. 여기서 소개한 목록은 가치 체계를 피력할 뿐이다.

사실상 가치 체계는 이 책의 주제이자 목표다. 일군의 규칙만 따른다고 깨끗한 코드가 얻어지지 않는다. 휴리스틱 목록을 익힌다고 소프트웨어 장인이 되지는 못한다. 전문가 정신과 장인 정신은 가치에서 나온다. 그 가치에 기반한 규율과 절제가 필요하다.

참고 문헌

[**Refactoring**]: *Refactoring: Improving the Design of Existing Code*, Martin Fowler et al., Addison-Wesley, 1999.[17]

[**PRAG**]: *The Pragmatic Programmer*, Andrew Hunt, Dave Thomas, Addison-Wesley, 2000.[18]

[**GOF**]: *Design Patterns: Elements of Reusable Object Oriented Software*, Gamma et al., Addison-Wesley, 1996.[19]

[**Beck97**]: *Smalltalk Best Practice Patterns*, Kent Beck, Prentice Hall, 1997.

[**Beck07**]: *Implementation Patterns*, Kent Beck, Addison-Wesley, 2008.[20]

[**PPP**]: *Agile Software Development: Principles, Patterns, and Practices*, Robert C. Martin, Prentice Hall, 2002.[21]

[**DDD**]: *Domain Driven Design*, Eric Evans, Addison-Wesley, 2003.[22]

---

[17] (옮긴이) 번역서는 『Refactoring』(2012 한빛미디어, 김지원 옮김)이다.
[18] (옮긴이) 번역서는 『실용주의 프로그래머』(2006 인사이트, 김창준 정지호 옮김)이다.
[19] (옮긴이) 번역서는 『GOF의 디자인 패턴(개정판)』(2007 피어슨에듀케이션코리아, 김정아 옮김)이다.
[20] (옮긴이) 번역서는 『켄트 벡의 구현 패턴』(2008 에이콘, 전동환 옮김)이다.
[21] (옮긴이) 번역서는 『소프트웨어 개발의 지혜: 원칙, 디자인패턴, 실천방법』(2004 야스미디어, 이용원 외 옮김)이다.
[22] (옮긴이) 번역서는 『도메인 주도 설계』(2011 위키북스, 이대엽 옮김)이다.

부록 A

동시성 II

브레트 L. 슈처트(Brett L. Schuchert)

이 부록은 225쪽에서 소개한 동시성을 좀 더 자세히 설명하고 보완한다. 독립적인 일련의 주제를 다뤘으므로 어떤 순서로 읽어도 괜찮다. 어떤 주제부터 읽어도 좋도록 때로는 내용이 중복되기도 한다.

클라이언트/서버 예제

간단한 클라이언트/서버 애플리케이션이 있다. 서버는 소켓을 열어놓고 클라이언트가 연결하기를 기다린다. 클라이언트는 소켓에 연결해 요청을 보낸다.

서버

다음은 서버 애플리케이션을 단순화한 버전이다. 전체 소스 코드는 441쪽 클라이언트/서버 - 단일스레드 버전을 참조한다.

```
ServerSocket serverSocket = new ServerSocket(8009);

while (keepProcessing) {
  try {
    Socket socket = serverSocket.accept();
    process(socket);
  } catch (Exception e) {
    handle(e);
  }
}
```

위 서버는 연결을 기다리다, 들어오는 메시지를 처리한 후, 다음 클라이언트 요청을 기다린다. 다음은 위 서버에 연결하는 클라이언트 코드다.

```
private void connectSendReceive(int i) {
  try {
    Socket socket = new Socket("localhost", PORT);
    MessageUtils.sendMessage(socket, Integer.toString(i));
    MessageUtils.getMessage(socket); socket.close();
  } catch (Exception e) {
    e.printStackTrace();
  }
}
```

위 클라이언트/서버 쌍은 성능이 어떨까? 성능을 공식적으로 표현할 방법은 없을까? 다음은 성능이 '만족'스러운지 확인하는 테스트 케이스다.

```
@Test(timeout = 10000)
public void shouldRunInUnder10Seconds() throws Exception {
  Thread[] threads = createThreads();
  startAllThreads(threads);
  waitForAllThreadsToFinish(threads);
}
```

위에서 초기화 코드는 생략했다. 자세한 내용은 443쪽 ClientTest.java를 참조하기 바란다. 위 테스트 케이스는 테스트가 10,000밀리초 내에 끝나는지를 검사한다.

이런 테스트 케이스는 시스템 작업 처리량을 검증하는 전형적인 예다. 시스템이 일련의 클라이언트 요청을 10초 내에 처리해야 한다는 의미다. 서버가 각 클라이언트 요청을 적절한 시간 내에 처리하면 시스템은 테스트를 통과한다.

만약 테스트가 실패한다면? 이벤트 폴링 루프를 구현하면 모를까, 단일스레드 환경에서 속도를 끌어올릴 방법은 거의 없다. 다중 스레드를 사용하면 성능이 높아질까? 그럴지도 모르지만, 먼저 애플리케이션이 어디서 시간을 보내는지 알아야 한다. 가능성은 다음 두 가지다.

- I/O - 소켓 사용, 데이터베이스 연결, 가상 메모리 스와핑 기다리기 등에 시간을 보낸다.
- 프로세서 - 수치 계산, 정규 표현식 처리, 가비지 컬렉션 등에 시간을 보낸다.

대개 시스템은 둘 다 하느라 시간을 보내지만, 특정 연산을 살펴보면 대개 하나가 지배적이다. 만약 프로그램이 주로 프로세서 연산에 시간을 보낸다면, 새로운 하드웨어를 추가해 성능을 높여 테스트를 통과하는 방식이 적합하다. 프로세서 연산에 시간을 보내는 프로그램은 스레드를 늘인다고 빨라지지 않는다. CPU 사이클은 한계가 있기 때문이다.

반면 프로그램이 주로 I/O 연산에 시간을 보낸다면 동시성이 성능을 높여주기도 한다. 시스템 한쪽이 I/O를 기다리는 동안에 다른 쪽이 뭔가를 처리해 노는 CPU를 효과적으로 활용할 수 있다.

스레드 추가하기

여기서 성능 테스트가 실패했다고 가정하자. 자료 처리량을 높여 테스트를 통과할 방법은 무엇일까? 서버의 process 함수가 주로 I/O 연산에 시간을 보낸다면, 한 가지 방법으로, 다음처럼 스레드를 추가한다. (process 함수만 변경한다.)

```
void process(final Socket socket) {
  if (socket == null)
    return;

  Runnable clientHandler = new Runnable() {
    public void run() {
      try {
        String message = MessageUtils.getMessage(socket);
        MessageUtils.sendMessage(socket, "Processed: " + message);
        closeIgnoringException(socket);
      } catch (Exception e) {
        e.printStackTrace();
      }
    }
  };
  Thread clientConnection = new Thread(clientHandler);
  clientConnection.start();
}
```

이렇게 코드를 고치니 테스트를 통과한다고 하자.[1] 구현이 끝났다. 안 그런가?

서버 살펴보기

위에서 고친 서버는 대략 1초 만에 성능 테스트를 완료한다. 성공이다. 하지만 불행히도 새로 고친 코드는 다소 부실하기에 새로운 문제를 일으킨다.

새 서버가 만드는 스레드 수는 몇 개일까? 코드에서 한계를 명시하지 않으므로 이론상으로 JVM(Java Virtual Machine)이 허용하는 수까지 가능하다. 대다수 간단한 시스템은 그래도 괜찮다. 하지만 공용 네트워크에 연결된 수많은 사용자를 지원하는 시스템이라면 어떨까? 너무 많은 사용자가 한꺼번에 몰린다면 시스템이 동작을 멈출지도 모른다.

하지만 동작 문제는 잠시 미뤄두자. 새로 고친 서버는 깨끗한 코드와 구조라

---

[1] 고치기 전후 코드를 실행해 직접 확인해도 좋겠다. 단일스레드 코드는 441쪽부터, 다중 스레드 코드는 446쪽부터 나오니 살펴보기 바란다.

는 관점에서도 문제가 있다. 서버 코드가 지는 책임이 몇 개일까?

- 소켓 연결 관리
- 클라이언트 처리
- 스레드 정책
- 서버 종료 정책

불행하게도 이 모든 책임은 process 함수가 진다. 게다가 코드는 추상화 수준도 다양하다. process 함수가 작기는 하지만 확실히 분할할 필요가 있다.

서버 프로그램은 고칠 이유가 여럿이다. 즉, 단일 책임 원칙SRP, Single Responsibility Principle을 위반한다. 다중 스레드 프로그램을 깨끗하게 유지하려면 잘 통제된 몇 곳으로 스레드 관리를 모아야 한다. 아니, 스레드를 관리하는 코드는 스레드만 관리해야 한다. 왜냐고? 비동시성 문제까지 뒤섞지 않더라도 동시성 문제는 그 자체만으로도 추적하기 어려운 탓이다.

앞서 열거한 책임마다 클래스를 만든다면, 즉 스레드 관리 책임을 클래스로 분리한다면, 스레드 관리 전략이 변할 때 전체 코드에 미치는 영향이 작아지며 다른 책임을 간섭하지 않는다. 더구나 스레드를 걱정하지 않고서 다른 책임을 테스트하기가 훨씬 더 쉬워진다. 다음은 각 책임을 클래스로 분할한 서버 코드다.

```
public void run() {
  while (keepProcessing) {
    try {
      ClientConnection clientConnection = connectionManager.awaitClient();
      ClientRequestProcessor requestProcessor
        = new ClientRequestProcessor(clientConnection);
      clientScheduler.schedule(requestProcessor);
    } catch (Exception e) {
      e.printStackTrace();
    }
  }
connectionManager.shutdown();
}
```

이제 스레드와 관련한 코드는 모두 한 곳에 위치한다. ClientScheduler라는 클래스다. 서버에 동시성 문제가 생긴다면 살펴볼 코드는 단 한 곳이다.

```
public interface ClientScheduler {
  void schedule(ClientRequestProcessor requestProcessor);
}
```

동시성 정책은 구현하기 쉽다.

```
public class ThreadPerRequestScheduler implements ClientScheduler {
  public void schedule(final ClientRequestProcessor requestProcessor) {
    Runnable runnable = new Runnable() {
      public void run() {
        requestProcessor.process();
      }
    };

    Thread thread = new Thread(runnable);
    thread.start();
  }
}
```

스레드 관리를 한 곳으로 몰았으니 스레드를 제어하는 동시성 정책을 바꾸기도 쉬워진다. 예를 들어, 애플리케이션을 자바 5 Executor 프레임워크로 옮기려면 새 클래스를 작성해 대체하면 그만이다. 새 클래스 코드는 목록 A-1을 참조한다.

목록 A-1 ExecutorClientScheduler.java

```
import java.util.concurrent.Executor;
import java.util.concurrent.Executors;

public class ExecutorClientScheduler implements ClientScheduler {
  Executor executor;

  public ExecutorClientScheduler(int availableThreads) {
    executor = Executors.newFixedThreadPool(availableThreads);
  }

  public void schedule(final ClientRequestProcessor requestProcessor) {
    Runnable runnable = new Runnable() {
      public void run() {
        requestProcessor.process();
      }
```

```
      };
      executor.execute(runnable);
  }
}
```

결론

지금까지 살펴본 예제에서는 단일스레드 시스템을 다중 스레드 시스템으로 변환해 시스템 성능을 높이는 방법과 테스트 프레임워크에서 시스템 성능을 검증하는 방법을 소개했다. 동시성과 관련한 코드를 몇몇 클래스로 집중해 단일 책임 원칙도 지켰다. 동시성은 그 자체가 복잡한 문제이므로 다중 스레드 프로그램에서는 단일 책임 원칙이 특히 중요하다.

가능한 실행 경로

다음 incrementValue 메서드를 살펴보자. incrementValue는 루프나 분기가 없는, 한 줄짜리 자바 메서드다.

```
public class IdGenerator {
  int lastIdUsed;

  public int incrementValue() {
    return ++lastIdUsed;
  }
}
```

정수 오버플로는 무시한다. 또한 스레드 하나가 IdGenerator 인스턴스 하나를 사용한다고 가정한다. 그렇다면 가능한 실행 경로는 단 하나다. 가능한 결과도 단 하나다.

- 반환값은 lastIdUsed 값과 동일하다. 두 값 모두 메서드를 호출하기 전보다 1이 크다.

만약 IdGenerator 인스턴스는 그대로지만 스레드가 두 개라면? 각 스레드가 incrementValue 메서드를 한 번씩 호출한다면 가능한 결과는 무엇일까? 가능한 실행 경로는? lastIdUsed 초깃값을 93으로 가정할 때 가능한 결과는 다음과 같다.

- 스레드 1이 94를 얻고, 스레드 2가 95를 얻고, lastIdUsed가 95가 된다.
- 스레드 1이 95를 얻고, 스레드 2가 94를 얻고, lastIdUsed가 95가 된다.
- 스레드 1이 94를 얻고, 스레드 2가 94를 얻고, lastIdused가 94가 된다.

놀랄지도 모르지만 마지막 결과도 가능하다. 이처럼 다양한 결과가 나오는 이유를 알려면 가능한 실행 경로 수와 JVM의 동작 방식을 알아야 한다.

경로 수

가능한 경로 수를 계산하기 위해 자바 컴파일러가 생성한 바이트 코드를 살펴보자. return ++lastIdUsed라는 자바 코드 한 줄은 바이트 코드 명령 8개에 해당한다. 즉, 도박사가 카드를 뒤섞듯이[2], 두 스레드가 명령 8개를 뒤섞어 실행할 가능성이 충분하다. 각 손에 카드를 8장만 쥐었다 치더라도 양쪽 카드가 뒤섞이는 경우 수는 엄청나게 많아진다.

루프나 분기가 없는 명령 N개를 스레드 T개가 차례로 실행한다면 가능한 경로 수는 다음과 같다.

$$\frac{(NT)!}{N!^T}$$

> **가능한 순열 수 계산하기**
>
> 다음은 밥 아저씨가 브레트(Brett)에게 보낸 이메일에서 발췌한 내용이다.[3]
>
> 단계가 N개이고 스레드가 T개라면 총 단계는 $N*T$개다. 각 단계를 실행하기 전에는 스레드 T개 중 하나를 선택하는 문맥 전환context switch이 일어난다. 그러므로 각 경로는 문맥 전환을 나타내는 일련의 순열로 표현할 수 있다. 예를 들어,

---

2 단순하게 표현하면 그렇다. 여기서는 이해하기 쉽도록 이와 같이 단순한 모델을 사용한다.

3 (옮긴이) 간단한 순열 문제인데 원문을 읽다 보면 오히려 복잡하게 느껴진다. 예전에 배운 순열과 조합을 떠올리기 바란다. 1이 N개, 2가 N개, 3이 N개…… T가 N개인 숫자를 열거하는 경우 수를 구하는 문제다. 예를 들어, $N=4$이고 $T=3$이라면 111122223333을 열거하는 경우 수=12!/(4!*4!*4!)이다. 총 경우 수는 $(N*T)!$개이고 똑같은 경우가 $N!**T$개씩 있으므로 고유한 순열 수는 $(N*T)!/(N!**T)$가 된다.

단계가 A/B이고 스레드가 1/2라면 가능한 경로는 6개다. 구체적으로는 1122, 1212, 1221, 2112, 2121, 2211이다. 단계까지 표현하면 A1B1A2B2, A1A2B1B2, A1A2B2B1, A2A1B1B2, A2A1B2B1, A2B2A1B1이다. 스레드가 세 개라면 가능한 순열은 112233, 112323, 113223, 113322, 121233, 121323, 123132, 123123,······이다.

한 가지 특징이라면 각 순열은 언제나 각 스레드를 N번 포함한다는 점이다. 그러므로 순열 111111은 올바르지 못하다. 1이 6개고 2와 3이 없기 때문이다.

즉, 1이 N개, 2가 N개, ······, T가 N개인 순열 수를 구하는 문제다. 단순히 $N*T$개를 일렬로 배열하는 순열 수에 중복하는 순열 수를 빼주면 된다. $N*T$개를 일렬로 배열하는 순열 수는 $(N*T)!$이다. 그렇다면 중복하는 순열 수는 어떻게 계산할까?

단계가 2개이고 스레드가 2개라면 중복하는 순열 수는 몇 개일까? 각 순열은 1이 두 개고 2가 두 개다. 1끼리 혹은 2끼리 자리를 바꿔도 순열은 똑같다. 그러니까 각 순열마다 1끼리 바꾼 순열, 2끼리 바꾼 순열, 1끼리 2끼리 둘 다 바꾼 순열, 이렇게 똑같은 순열이 세 개 더 있다는 말이다. 그러므로 순열 네 개 중 세 개는 중복이다. 바꿔 말하면, 순열 네 개 중 하나만 중복이 아니라는 말이다. 4! * .25 = 6. 옳은 값이 나온다.

그렇다면 일반적으로 중복되는 순열 수는 몇 개일까? $N=2$이고 $T=2$이면 각 순열마다 1끼리 바꾼 순열, 2끼리 바꾼 순열, 1과 2끼리 둘 다 바꾼 순열이 중복이다. $N=2$이고 $T=3$이라면 각 순열마다 1끼리, 2끼리, 3끼리, 1과 2끼리, 1과 3끼리, 2와 3끼리 바꾼 순열이 중복이다. 같은 숫자끼리 (예를 들어, 1끼리) 바꾸는 순열 수는 $N!$이다. 이 값을 P라 부르자. (숫자가 T개이므로) 모든 순열을 열거하는 경우 수는 $P**T$이다.

즉, 중복하는 순열 수는 $N!**T$이다. 그러므로 경로 수는 $(T*N)!/(N!**T)$이다. 다시 말해, $T=2$이고 $N=2$이면 $24/4=6$이 나온다.

$N=2$이고 $T=3$이면 $720/8=90$이 나온다.

$N=3$이고 $T=3$이면 $9!/6^3=1680$이 나온다.

우리가 예제로 사용한 자바 코드 한 줄은 $N=8$이고 $T=2$이다. 계산하면 가능한 경로 수가 12,870개다. 만약 lastIdUsed가 long 정수라면 읽기/쓰기 명령은 한 단계가 아니라 두 단계로 실행된다. 그러면 가능한 경로 수는 2,704,156개로 늘어난다.

만약 메서드를 이렇게 변경하면 어떨까?

```
public synchronized void incrementValue() {
  ++lastIdUsed;
}
```

가능한 경로 수는 (스레드가 2개일 때) 2개로 줄어든다! 스레드가 N개라면 가능한 경로 수는 N!이다.

심층 분석

앞서 (synchronized를 추가하기 전에) 두 스레드가 메서드를 한 번씩 호출해 같은 값을 얻는 시나리오가 가능하다고 말했다. 어떻게? 차근차근 살펴보자.

원자적 연산atomic operation이란 무엇일까? 우리는 중단이 불가능한 연산을 원자적 연산으로 정의한다. 예를 들어, 다음 코드에서 5행 lastid에 0을 할당하는 연산은 원자적이다. 자바 메모리 모델에 의하면 32비트 메모리에 값을 할당하는 연산은 중단이 불가능하기 때문이다.

```
01:   public class Example {
02:     int lastId;
03:
04:     public void resetId() {
05:       lastID = 0;
06:     }
07:
08:     public int getNextId() {
09:       ++lastID;
10:     }
11:   }
```

lastId를 int에서 long으로 바꾼다면? 5행은 여전히 원자적 연산일까? JVM 명세에 따르면 아니다. 어떤 프로세서는 원자적 연산으로 처리할지도 모르지만, JVM 명세에 따르면 64비트 값을 할당하는 연산은 32비트 값을 할당하는 연산 두 개로 나뉘진다. 그러니까 첫 32비트 값을 할당한 직후에 그리고 둘째 32비트 값을 할당하기 직전에 다른 스레드가 끼어들어 두 32비트 값 중 하나를 변경할 수 있다는 의미다.

9행에 있는 전처리 증가 연산자 ++는 어떨까? 전처리 증가 연산자는 중단이 가능하다. 따라서 원자적 연산이 아니다. 이해를 위해 할당 연산과 증가 연산의 바이트 코드를 살펴보자.

바이트 코드를 상세히 보기 전에 다음 정의 세 개를 명심하기 바란다.

- 프레임frame - 모든 메서드 호출에는 프레임이 필요하다. 프레임은 반환 주소, 메서드로 넘어온 매개변수, 메서드가 정의하는 지역 변수를 포함한다. 프레임은 호출 스택call stack을 정의할 때 사용하는 표준 기법이다. 현대 언어는 호출 스택으로 기본 함수/메서드 호출과 재귀적 호출을 지원한다.
- 지역 변수local variables - 메서드 범위 내에 정의되는 모든 변수를 가리킨다. 정적 메서드를 제외한 모든 메서드는 기본적으로 this라는 지역 변수를 갖는다. this는 현재 객체, 즉 현재 스레드에서 가장 최근에 메시지를 받아 메서드를 호출한 객체를 가리킨다.
- 피연산자 스택operand stack - JVM이 지원하는 명령 대다수는 매개변수를 받는다. 피연산자 스택은 이런 매개변수를 저장하는 장소다. 피연산자 스택은 표준 LIFOlast in, first out 자료 구조다.

니모닉	설명	피연산자 스택 (명령 실행 후)
ALOAD 0	0번째 변수를 피연산자 스택에 넣는다. 0번째 변수가 무엇이냐고? 현재 객체, 즉 this다. resetId() 메서드를 호출하면 프레임이 생성되면서 메시지를 받은 객체(Example의 인스턴스)가 프레임에 저장된다. this는 모든 인스턴스 메서드 프레임에 가장 먼저 저장되는 변수다.	this
ICONST_0	피연산자 스택에 상수 값 0을 넣는다.	this, 0
PUTFIELD lastId	스택 첫째 값(0)을 스택 둘째 값(this)이 가리키는 객체의 lastId 필드에 저장한다.	〈비어 있음〉

다음은 resetId() 함수의 바이트 코드다.

위 명령 세 개는 확실히 원자적이다. 각 명령 사이에 다른 스레드가 끼어든다 하더라도 PUTFIELD 명령이 사용하는 정보, 즉 스택 첫째 값인 상수 0과 둘째 값인 this와 필드 이름인 lastId는 다른 스레드가 건드리지 못하기 때문이다. 그러므로 할당을 수행하면 lastId에는 반드시 0이 들어간다. 따라서 연산은 원자적이다. 연산자는 메서드 범위에 속한 정보만 다루므로 다른 스레드로부터 간섭 받지 않는다.

만약 위 명령 3개를 스레드 10개가 실행한다면? 가능한 경로 수는 4.38679733629e+24개다. 하지만 가능한 결과는 단 하나이므로 가능한 경로 수는 중요하지 않다. 여기서 lastId를 long으로 바꿔도 결과는 마찬가지다. 왜냐고? 스레드 10개가 모두 상수 값을 할당하기 때문이다. 서로 간섭하더라도 최종 결과는 마찬가지다.

하지만 getNextId 메서드에서 ++ 연산이 문제를 일으킨다. 메서드를 호출할

니모닉	설명	피연산자 스택 (명령 실행 후)
ALOAD 0	this를 피연산자 스택에 넣는다.	this
DUP	스택 첫째 값(this)을 복사한다. 이제 피연산자 스택에 this 값 두 개가 존재한다.	this, this
GETFIELD lastId	스택 첫째 값(this)의 lastId 필드에서 값을 가져와 스택에 넣는다.	this, 42
ICONST_1	스택에 정수 상수 1을 넣는다.	this, 42, 1
IADD	스택 첫째 값(1)을 스택 둘째 값(42)에 더하고 그 결과(43)을 스택에 넣는다.	this, 43
DUP_X1	43을 복사해 this 아래 넣는다.	43, this, 43
PUTFIELD lastID	스택 첫째 값(43)을 스택 둘째 값(this)이 가리키는 현재 객체의 lastID 필드에 넣는다.	43
IRETURN	스택 첫째 값이자 유일한 값(43)을 반환한다.	〈비어 있음〉

때 lastId 값이 42였다고 가정하자. 다음은 getNextId 메서드의 바이트 코드다. 예를 들어, 첫째 스레드가 ALOAD 0, DUP, GETFIELD lastId까지 실행한 후 중

단되었다고 가정하자. 둘째 스레드가 끼어들어 모든 명령을 실행했다. 즉, lastId를 하나 증가해 43을 얻어갔다. 이제 첫째 스레드가 중단했던 실행을 재개한다. 첫째 스레드가 GETFIELD lastId를 실행한 당시 lastId 값은 42였다. 그래서 피연산자 스택에도 42가 들어 있었다. 여기에 1을 더해 43을 얻은 후 결과를 저장한다. 첫째 스레드가 반환하는 값 역시 43이다. 둘째 스레드가 증가한 값은 잃어버린다. 둘째 스레드가 첫째 스레드를 중단한 후 다시 실행된 첫째 스레드가 둘째 스레드의 작업을 덮어썼기 때문이다.

getNextId() 메서드를 synchronized로 선언하면 문제는 해결된다.

결론

스레드가 서로의 작업을 덮어쓰는 과정을 이해하기 위해 바이트 코드를 속속들이 이해할 필요는 없다. 위 예제 하나를 이해했다면 여러 스레드가 서로를 훼방 놓는 시나리오가 어느 정도 머릿속에 그려지리라 생각한다. 그 정도 지식이면 충분하다.

그렇기는 하지만, 앞서 간단한 예제가 보여주듯, 어떤 연산이 안전하고 안전하지 못한지 파악할 만큼 메모리 모델을 이해하고 있어야 한다. (전처리 연산과 후처리 연산 모두) ++ 연산은 원자적 연산이라 오해하는 사람이 많은데, ++ 연산은 분명히 원자적 연산이 아니다. 즉, 다음을 알아야 한다는 말이다.

- 공유 객체/값이 있는 곳
- 동시 읽기/수정 문제를 일으킬 소지가 있는 코드
- 동시성 문제를 방지하는 방법

라이브러리를 이해하라

Executor 프레임워크

412쪽 ExecutorClientScheduler.java에서 봤듯이, 자바 5에서 처음 소개한 Executor 프레임워크는 스레드 풀링으로 정교한 실행을 지원한다. Executor는 java.util.concurrent 패키지에 속하는 클래스다.

애플리케이션에서 스레드는 생성하나 스레드 풀을 사용하지 않는다면 혹은 직접 생성한 스레드 풀을 사용한다면 Executor 클래스를 고려하기 바란다. 코드가 깔끔해지고, 이해하기 쉬워지고, 크기가 작아진다.

Executor 프레임워크는 스레드 풀을 관리하고, 풀 크기를 자동으로 조정하며, 필요하다면 스레드를 재사용한다. 게다가 다중 스레드 프로그래밍에서 많이 사용하는 Future도 지원한다. 또한 Executor 프레임워크는 Runnable 인터페이스를 구현한 클래스는 물론 Callable 인터페이스를 구현한 클래스도 지원한다. Callable 인터페이스는 Runnable 인터페이스와 유사하지만 결과 값을 반환한다. 결과 값은 다중 스레드 환경에서 흔히 요구되는 사항이다.

Future는 독립적인 연산 여럿을 실행한 후 모두가 끝나기를 기다릴 때 유용하다.

```
public String processRequest(String message) throws Exception {
  Callable<String> makeExternalCall = new Callable<String>() {
    public String call() throws Exception {
      String result = "";
      // 외부에 요청한다.
      return result;
    }
  };

  Future<String> result = executorService.submit(makeExternalCall);
  String partialResult = doSomeLocalProcessing();
  return result.get() + partialResult;
}
```

위 예제에서 메서드는 makeExternalCall 객체를 실행한 후 다른 작업을 계속한다. 마지막 행에서 호출하는 result.get()은 Future가 끝나기를 기다린다.

스레드를 차단하지 않는 non blocking 방법

최신 프로세서는 차단하지 않고도 안정적으로 값을 갱신한다. 자바 5 VM은 이를 이용한다. 예를 들어, 다음 클래스는 다중 스레드 환경에서 값을 안전하게 갱신하기 위해 동기화를 수행한다. 즉, 스레드를 차단한다는 말이다.

```
public class ObjectWithValue {
  private int value;
```

```
  public void synchronized incrementValue() { ++value; }
  public int getValue() { return value; }
}
```

자바 5는 위와 같은 상황에 적합한 새로운 클래스를 제공한다. AtomicBoolean, AtomicInteger, AtomicReference를 포함한 여러 클래스가 있다. 차단하지 않도록 위 코드를 새로운 클래스로 다시 짜면 다음과 같다.

```
public class ObjectWithValue {
  private AtomicInteger value = new AtomicInteger(0);

  public void incrementValue() {
    value.incrementAndGet();
  }
  public int getValue() {
    return value.get();
  }
}
```

기본 유형이 아니라 객체를 사용하고, ++ 연산자가 아니라 incrementAndGet()이라는 메서드를 사용하지만, 새 ObjectWithValue 클래스는 이전 ObjectWithValue 클래스보다 거의 항상 더 빠르다. 엇비슷한 경우는 있겠지만 더 느린 경우는 사실상 없다고 하겠다.

어떻게 성능이 그렇게 좋으냐고? 현대 프로세서는 흔히 CAS^{Compare and Swap}라 불리는 연산을 지원한다. CAS는 데이터베이스 분야에서 낙관적 잠금^{optimistic locking}이라는 개념과 유사하다. 반면 동기화 버전은 비관적 잠금^{pessimistic locking}이라는 개념과 유사하다.

synchronized 키워드는 언제나 락^{lock}을 건다. 둘째 스레드가 같은 값을 갱신하지 않더라도 무조건 락부터 건다. 자바 버전이 올라갈 때마다 내장 락의 성능이 좋아지기는 했지만 그래도 락을 거는 대가는 여전히 비싸다.

스레드를 차단하지 않는 버전은 여러 스레드가 같은 값을 수정해 문제를 일으키는 상황이 그리 잦지 않다는 가정에서 출발한다. 그래서 그런 상황이 발생했는지 효율적으로 감지해 갱신이 성공할 때까지 재차 시도한다. 스레드 몇 개가, 아니 많은 스레드가 경쟁하는 상황이라도 락을 거는 쪽보다 문제를 감지하는 쪽이 거의 항상 더 효율적이다.

　VM이 이를 어떻게 달성하느냐고? CAS 연산은 원자적이다. 논리적으로 CAS 연산은 다음과 비슷하다.

```
int variableBeingSet;

void simulateNonBlockingSet(int newValue) {
  int currentValue;
  do {
    currentValue = variableBeingSet
  } while (currentValue != compareAndSwap(currentValue, newValue));
}

int synchronized compareAndSwap(int currentValue, int newValue) {
  if(variableBeingSet == currentValue) {
    variableBeingSet = newValue;
    return currentValue;
  }
  return variableBeingSet;
}
```

메서드가 공유 변수를 갱신하려 든다면 CAS 연산은 현재 변수 값이 최종으로 알려진 값인지 확인한다. 그렇다면 변수 값을 갱신한다. 아니라면 다른 스레드가 끼어들었다는 뜻이므로 변수 값을 갱신하지 않는다. (CAS 연산으로) 값을 변경하려던 메서드는 값이 변경되지 않았다는 사실을 확인하고 다시 시도한다.

다중 스레드 환경에서 안전하지 않은 클래스

본질적으로 다중 스레드 환경에서 안전하지 않은 클래스가 있다. 몇 가지 예는 다음과 같다.

- SimpleDateFormat
- 데이터베이스 연결
- java.util 컨테이너 클래스
- 서블릿

참고로, 몇몇 집합collection 클래스는 스레드에 안전한 메서드를 제공한다. 하지만 그런 메서드 여럿을 호출하는 작업은 스레드에 안전하지 않다. 예를 들어, HashTable에 이미 있는 항목은 건드리지 않으려고 다음 코드를 작성했다.

```
if(!hashTable.containsKey(someKey)) {
  hashTable.put(someKey, new SomeValue());
}
```

각 메서드는 스레드에 안전하다. 하지만 containsKey와 put 사이에 다른 스레드가 끼어들어 HashTable에 값을 추가할지도 모른다. 해결 방안은 여러 가지다.

- 먼저 HashTable을 잠근다. HashTable을 사용하는 클라이언트 모두가 클라이언트-기반 잠금 메커니즘을 구현한다.

  ```
  synchronized(map) {
    if(!map.conainsKey(key))
      map.put(key,value);
  }
  ```

- HashTable을 객체로 감싼 후 다른 API를 사용한다. ADAPTER 패턴을 사용해 서버-기반 잠금 메커니즘을 구현한다.

  ```
  public class WrappedHashtable<K, V> {
    private Map<K, V> map = new Hashtable<K, V>();

    public synchronized void putIfAbsent(K key, V value) {
      if (map.containsKey(key))
        map.put(key, value);
    }
  }
  ```

- 스레드에 안전한 집합 클래스를 사용한다.

  ```
  ConcurrentHashMap<Integer, String> map = new ConcurrentHashMap<Integer, String>();
  map.putIfAbsent(key, value);
  ```

java.util.concurrent 패키지가 제공하는 집합 클래스는 putIfAbsent() 등과 같이

스레드에 안전한 메서드를 제공한다.

메서드 사이에 존재하는 의존성을 조심하라

다음은 메서드 사이에 의존성을 만드는 간단한 예제다.

```
public class IntegerIterator implements Iterator<Integer> {
  private Integer nextValue = 0;

  public synchronized boolean hasNext() {
    return nextValue < 100000;
  }
  public synchronized Integer next() {
    if (nextValue == 100000)
      throw new IteratorPastEndException();
    return nextValue++;
  }
  public synchronized Integer getNextValue() {
    return nextValue;
  }
}
```

다음은 IntegerIterator 클래스를 사용하는 코드다.

```
IntegerIterator iterator = new IntegerIterator();
while(iterator.hasNext()) {
  int nextValue = iterator.next();
  // nextValue로 뭔가를 한다.
}
```

스레드 하나가 코드를 실행한다면 아무 문제도 없다. 하지만 스레드 두 개가 IntegerIterator 인스턴스 하나를 공유한다면? 각 스레드가 값을 가져와서 처리하되 정수 하나를 단 한 번만 처리해야 한다면? 열에 아홉은 아무런 문제도 일어나지 않는다. 두 스레드는 적절히 정수 목록을 공유하며, IntegerIterator가 주는 값을 처리하고, 목록이 바닥나면 멈춘다. 하지만 맨 끝에 두 스레드가 서로를 간섭해 한 스레드가 끝을 지나치는 바람에 예외가 발생할 가능성이 작게나마 존재한다.

구체적으로 설명하면 이렇다. 스레드 1이 hasNext()를 호출해 true를 얻었다.

이때 스레드 1이 선점 당해 스레드 2가 끼어들어 같은 질문을 던져 역시 true를 얻는다. 이어서 스레드 2는 next()를 호출해 정수 목록에서 마지막 값을 가져온다. 그렇다면 이제 hasNext()는 false가 된다. 하지만 실행을 재개한 스레드 1은 hasNext()가 여전히 true라고 생각해 next()를 호출한다. 개별 메서드는 동기화되었지만 클라이언트는 메서드 두 개를 사용한다.

이것은 현실에서 목격하는 문제일 뿐더러 다중 스레드 환경에서 발생하는 문제 유형 중 하나다. 위 예제는 특히 까다로운데, 정수 목록 끝에서 스레드가 서로 간섭할 때만 문제가 발생하기 때문이다. 목록 끝에서 스레드가 특정 순서로 간섭한다면 한 스레드가 목록 끝을 넘어선다. 이런 버그는 시스템을 출시하고도 오랜 시간이 지나서야 발생하는 버그로, 추적하기 어렵다.

해결 방안은 세 가지다.

- 실패를 용인한다.
- 클라이언트를 바꿔 문제를 해결한다. 즉, 클라이언트-기반 잠금 메커니즘을 구현한다.
- 서버를 바꿔 문제를 해결한다. 서버에 맞춰 클라이언트도 바꾼다. 즉, 서버-기반 잠금 메커니즘을 구현한다.

실패를 용인한다

때로는 실패해도 괜찮도록 프로그램을 조정할 수 있다. 예를 들어, 위에서 클라이언트가 예외를 받아 처리해도 되겠다. 솔직히 말해 다소 조잡한 방법이다. 한밤중에 시스템을 재부팅해 메모리 누수를 해결하는 방법과 비슷하다 하겠다.

클라이언트-기반 잠금

다중 스레드 환경에서도 안전한 IntegerIterator를 만들려면 (모든) 클라이언트를 다음과 같이 변경한다.

```
IntegerIterator iterator = new IntegerIterator();

  while (true) {
    int nextValue;
```

```
  synchronized (iterator) {
    if (!iterator.hasNext())
      break;
    nextValue = iterator.next();
  }
  doSometingWith(nextValue);
}
```

각 클라이언트는 synchronized 키워드를 이용해 IntegerIterator 객체에 락을 건다. 비록 DRY^{Don't Repeat Yourself} 원칙을 위반하지만, 다중 스레드 환경에 안전하지 못한 외부 도구를 사용하는 경우라면 필요할지도 모른다.

하지만 서버를 사용하는 모든 프로그래머가 락을 기억해 객체에 걸었다 풀어야 하므로 다소 위험한 전략이다. 오래(오~래)전, 나는 공유 자원에 클라이언트-기반 잠금 메커니즘을 구현한 시스템 개발에 참여했다. 공유 자원을 코드 수백여 곳에서 사용했는데, 어느 서투른 프로그래머가 한 곳에서 깜빡 잊고 락을 걸지 않았다.

시스템은 트럭 운전자 조합 705 지부를 위한 회계 소프트웨어를 돌리는 복수 단말기 시분할 시스템이었다. 컴퓨터는 705 지부 본부에서 50마일 떨어진 건물에 있었으며 바닥을 이중으로 처리하고 온도와 습도를 적절히 조절한 공간에 위치했다. 본사에서는 십여 명이 넘는 사무원들이 터미널로 조합비를 입력했다. 터미널은 전용 전화선으로 컴퓨터에 연결되었고 600bps 반이중 통신 모뎀을 사용했다. (아주 아~주 오래전 이야기다.)

대략 하루에 한 번 정도 터미널 하나가 '먹통이 되었다'. 도저히 영문을 알 수 없었다. 특정 터미널이나 특정 시간대에 국한되지도 않았다. 누군가 주사위를 던져 터미널과 시간대를 찍기라도 하듯 완전히 무작위였다. 때로는 여러 터미널이 동시에 먹통이 되기도 했다. 때로는 여러 날 동안 아무 문제도 없었다.

처음에는 시스템 재시작이 유일한 해결책이었다. 하지만 재시작은 조율이 어려웠다. 본사에 연락해 모든 사무원들이 터미널에서 현재 수행하는 작업이 끝나기를 기다린 후 시스템을 다시 시작했다. 누군가 한두 시간 걸리는 중요한 업무를 수행하는 중이라면 먹통이 된 터미널은 그대로 두고 기다릴 수밖에 없었다.

몇 주 동안 디버깅을 한 끝에 우리는 링 버퍼 카운터와 링 버퍼 포인터가 일치하지 않아 생기는 현상이라는 사실을 발견했다. 문제의 링 버퍼가 터미널 출력을 제어했기 때문이다. 포인터는 버퍼가 비었다고 말하는데 카운터는 버퍼가 꽉 찼다고 말했다. 버퍼가 비었으므로 화면에 표시할 내용이 없었고, 버퍼가 꽉 찼으므로 누구도 버퍼에 추가하지 못했다.

터미널이 먹통이 되는 이유는 알아냈지만 링 버퍼가 그리 된 원인은 알아내지 못했다. 그래서 우리는 문제를 우회하는 꼼수를 썼다. (아주 아주 아~주 오래전 이야기라 말했지만) 프로그램에서 컴퓨터 정면에 있는 스위치를 읽을 수 있었기에 우리는 간단한 트랩 함수를 구현했다. 그 함수는 스위치 중 하나를 뒤집으면 꽉 찼으면서도 비어있는 링 버퍼를 찾았다. 문제의 링 버퍼를 찾으면 비었다고 표시했다. 짜잔! 그러면 잠긴 터미널이 풀리고 출력을 시작했다.

이제는 터미널이 잠겨도 시스템을 다시 시작할 필요가 없었다. 705 지부에서 터미널이 잠겼다는 전화가 오면 컴퓨터실로 가서 스위치만 뒤집으면 끝이었다.

물론 때때로 705 지부는 주말에도 일했고 우리는 휴무였다. 그래서 우리는 일 분마다 한 번씩 모든 링 버퍼를 점검해 문제의 링 버퍼를 재설정하는 함수를 추가했다. 그 결과 705 지부에서 우리에게 전화하기도 전에 문제가 해결되었다.

인쇄된 단조로운 어셈블러 코드를 몇 주에 걸쳐 지겹게 검토한 후에야 우리는 범인을 찾아냈다. 터미널이 잠기는 빈도를 계산한 결과 우리는 딱 한 곳에서 링 버퍼를 잠그지 않아 발생하는 문제라 판단했다. 그러니까 그곳만 찾으면 해결이었다. 불행히도 당시는 하도 오래 전이라 검색 도구나 교차 참조나 기타 자동화된 도구가 없었다. 코드를 한 줄씩 검토하는 수밖에 없었다.

1971년 그 추웠던 시카고 겨울에 나는 중요한 교훈을 배웠다. 클라이언트-기반 잠금 메커니즘은 진짜 사람이 할 짓이 아니다.

서버-기반 잠금

IntegerIterator를 다음과 같이 변경하면 클라이언트에 중복해서 락을 걸 필요가 없어진다.

```
public class IntegerIteratorServerLocked {
  private Integer nextValue = 0;
  public synchronized Integer getNextOrNull() {
```

```
    if (nextValue < 100000)
      return nextValue++;
    else
      return null;
  }
}
```

클라이언트 코드도 다음과 같이 변경한다.

```
while (true) {
  Integer nextValue = iterator.getNextOrNull();
  if (next == null)
    break;
  // nextValue로 뭔가를 한다.
}
```

여기서는 실제로 다중 스레드를 고려하게 클래스 API를 변경했다.[4] 클라이언트는 hasNext() 대신 null을 확인한다.

일반적으로 서버-기반 잠금이 더 바람직하다. 이유는 다음과 같다.

- 코드 중복이 줄어든다. 클라이언트-기반 잠금 메커니즘은 각 클라이언트가 알아서 서버를 잠궈야 한다. 잠금 메커니즘을 서버에 구현하면 클라이언트는 자유롭게 객체를 사용할뿐더러 클라이언트에 잠금 코드를 추가할 필요도 없어진다.
- 성능이 좋아진다. 단일스레드 환경으로 시스템을 배치할 경우 (다중 스레드 서버를 단일스레드 서버로) 서버만 교체하면 오버헤드가 줄어든다.
- 오류가 발생할 가능성이 줄어든다. 잠금을 잊어버리는 바람에 오류가 발생할 위험은 프로그래머 한 명으로 제한된다.
- 스레드 정책이 하나다. 클라이언트-기반 잠금은 각 클라이언트가 정책을 구현하는 반면, 서버-기반 잠금은 서버 한곳에서 정책을 구현한다.
- 공유 변수 범위가 줄어든다. 클라이언트가 공유 변수 자체를 모르거나 공유 변수가 잠긴 방식을 모른다. 모두가 서버에 숨겨진다. 문제가 생기면 살펴볼 곳이 적다.

---

[4] 사실 Iterator 인터페이스는 본질적으로 스레드에 안전하지 못하다. 애초 설계 시점부터 다중 스레드 환경을 고려하지 않았으므로 놀랄 일도 아니다.

서버 코드에 손대지 못한다면?

- ADAPTER 패턴을 사용해 API를 변경한 후 잠금을 추가한다.

```
public class ThreadSafeIntegerIterator {
  private IntegerIterator iterator = new IntegerIterator();

  public synchronized Integer getNextOrNull() {
    if(iterator.hasNext())
      return iterator.next();
    return null;
  }
}
```

- 아니면, 더 좋은 방법으로, 스레드에 안전하며 인터페이스가 확장된 집합 클래스를 사용한다.

작업 처리량 높이기

URL 목록을 받아 네트워크에 연결한 다음에 각 페이지를 읽어오는 코드를 짠다고 가정하자. 각 페이지를 읽어와 분석해 통계를 구한다. 페이지를 모두 읽은 후에는 통계 보고서를 출력한다.

다음 클래스는 URL 하나를 받아 해당 페이지 내용을 반환한다.

```
public class PageReader {
  //...
  public String getPageFor(String url) {
    HttpMethod method = new GetMethod(url);

    try {
      httpClient.executeMethod(method);
      String response = method.getResponseBodyAsString();
      return response;
    } catch (Exception e) {
      handle(e);
    } finally {
      method.releaseConnection();
    }
  }
}
```

다음 클래스는 URL Iterator를 받아 목록에 들어있는 페이지 내용을 제공하는 Iterator다.

```
public class PageIterator {
  private PageReader reader;
  private URLIterator urls;

  public PageIterator(PageReader reader, URLIterator urls) {
    this.urls = urls;
    this.reader = reader;
  }

  public synchronized String getNextPageOrNull() {
    if (urls.hasNext())
      return getPageFor(urls.next());
    else
      return null;
  }

  public String getPageFor(String url) {
    return reader.getPageFor(url);
  }
}
```

PageIterator 인스턴스는 여러 스레드가 공유한다. 각 스레드는 공유 PageIterator 인스턴스에서 자기 PageReader 인스턴스로 Iterator를 돌려 페이지를 읽어와 분석한다.

코드에서 synchronized 블록이 아주 작다는 사실에 주목한다. PageIterator 내에서도 진짜 임계 영역만 포함한다. 동기화 영역은 언제나 작을수록 좋다.

작업 처리량 계산 - 단일스레드 환경

이제 간단한 계산을 해보자. 편의상 다음을 가정한다.

- 페이지를 읽어오는 평균 I/O 시간: 1초
- 페이지를 분석하는 평균 처리 시간: 0.5초
- 처리는 CPU 100% 사용, I/O는 CPU 0% 사용

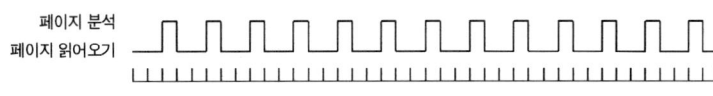

그림 A.1 단일스레드 실행

스레드 하나가 N페이지를 처리한다면 총 실행 시간은 1.5초 * N이다. 그림 A.1은 스레드 하나가 약 19.5초 동안 13페이지를 처리하는 모습이다.

작업 처리량 계산 - 다중 스레드 환경

순서에 무관하게 페이지를 읽어와 독립적으로 처리해도 괜찮다면 다중 스레드가 처리율을 높여줄지 모른다. 스레드 세 개를 사용하면 어떨까? 동시에 몇 페이지나 처리할 수 있을까?

그림 A-2에서 보듯이, 여러 스레드를 사용하면 프로세서를 사용하는 페이지 분석과 I/O를 사용하는 페이지 읽기를 겹쳐 실행할 수 있다. 이상적인 세상이라면 프로세서를 100% 활용한다는 의미다. 페이지 읽기 한 번은 페이지 분석 두

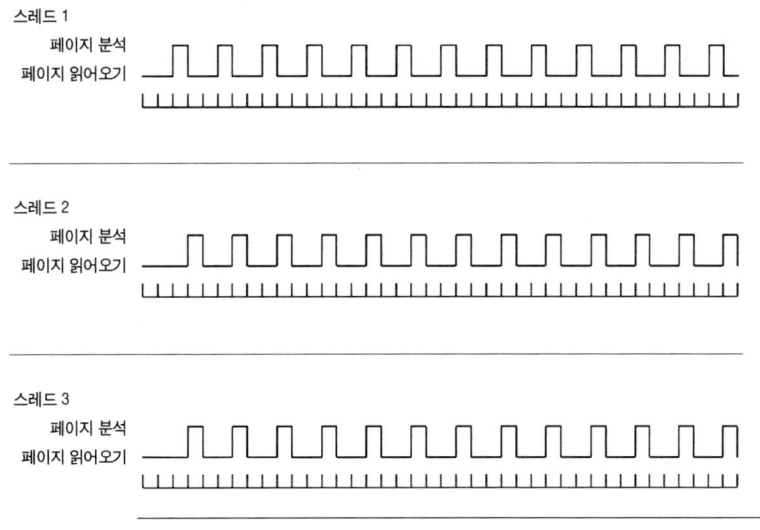

그림 A.2 세 스레드 동시 실행

번과 겹침이 가능하다. 즉, 일 초마다 두 페이지를 처리할 수 있으므로 단일스레드 환경과 비교해 처리율은 세 배다.

데드락

개수가 한정된 자원 풀 두 개를 공유하는 웹 애플리케이션이 있다고 가정하자.

- 로컬 임시 데이터베이스 연결 풀
- 중앙 저장소 MQ 연결 풀

애플리케이션은 생성과 갱신이라는 연산 두 개를 수행한다.

- 생성 - 중앙 저장소 연결을 확보한 후 임시 데이터베이스 연결을 얻는다. 중앙 저장소와 통신한 후 임시 데이터베이스에 작업을 저장한다.
- 갱신 - 임시 데이터베이스 연결을 확보한 후 중앙 저장소 연결을 얻는다. 임시 데이터베이스에서 작업을 읽어 중앙 저장소로 보낸다.

만약 풀 크기보다 사용자 수가 많다면 어떤 일이 벌어질까? 두 풀 크기를 각각 10이라 가정하자.

- 사용자 10명이 생성을 시도해 중앙 저장소 연결 10개를 모두 확보한다. 모든 스레드가 중앙 저장소 연결을 확보한 이후 데이터베이스 연결을 확보하기 전에 중단된다.
- 사용자 10명이 갱신을 시도해 데이터베이스 연결 10개를 모두 확보한다. 모든 스레드가 데이터베이스 연결을 확보한 이후 중앙 저장소 연결을 확보하기 전에 중단된다.
- 이제 '생성' 스레드 10개는 데이터베이스 연결을 확보하려 기다린다. '갱신' 스레드 10개는 중앙 저장소 연결을 확보하려 기다린다.
- 데드락이다. 시스템은 결코 복구되지 못한다.

아주 드문 상황이라 여길지도 모르겠다. 하지만 몇 주마다 한 번씩 멈추는 시스템을 누가 좋다 하겠는가? 증상을 재현하기 너무도 어려운 시스템을 누가 즐겁게 디버깅하겠는가? 흔히 현장에서 발생하는 문제 유형으로, 몇 주가 지나더라도 고칠까 말까다.

흔히 시도하는 '해결책'은 디버깅 문을 추가해 사태를 파악하는 방법이다. 물론 디버깅 문을 추가하면 코드가 바뀌어 데드락은 다른 상황에서 발생한다. 때로는 몇 달이 지나서야 다시 발생하기도 한다.[5]

데드락을 근본적으로 해결하려면 원인을 이해해야 한다. 다음 네 가지 조건을 모두 만족하면 데드락이 발생한다.

- 상호 배제 Mutual exclusion
- 잠금 & 대기 Lock & Wait
- 선점 불가 No Preemption
- 순환 대기 Circular Wait

상호 배제 Mutual Exclusion

여러 스레드가 한 자원을 공유하나 그 자원은

- 여러 스레드가 동시에 사용하지 못하며
- 개수가 제한적이라면

상호 배제 조건을 만족한다.

좋은 예가 데이터베이스 연결, 쓰기용 파일 열기, 레코드 락, 세마포어 등과 같은 자원이다.

잠금 & 대기 Lock & Wait

일단 스레드가 자원을 점유하면 필요한 나머지 자원까지 모두 점유해 작업을 마칠 때까지 이미 점유한 자원을 내놓지 않는다.

---

[5] 예를 들어, 누군가 디버깅 문을 추가한 후 문제가 '사라진다'. 디버깅 코드가 문제를 '해결'하므로 문제는 그대로 시스템에 남게 된다.

선점 불가 No Preemption

한 스레드가 다른 스레드로부터 자원을 빼앗지 못한다. 자원을 점유한 스레드가 스스로 내놓지 않는 이상 다른 스레드는 그 자원을 점유하지 못한다.

순환 대기 Circular Wait

죽음의 포옹 deadly embrace 이라고도 한다. T1, T2라는 스레드 두 개가 있으며 R1, R2라는 자원 두 개가 있다고 가정하자. T1이 R1을 점유하고 has T2가 R2를 점유한다. 또한 T1은 R2가 필요하고 needs T2도 R2가 필요하다. 그림으로 표현하면 A-3과 같다.

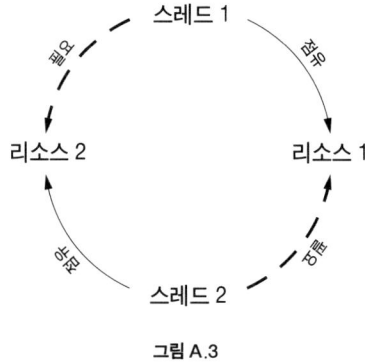

그림 A.3

네 조건 모두를 충족해야 데드락이 발생한다. 네 조건 중 하나라도 깨버리면 데드락은 발생하지 않는다.

상호 배제 조건 깨기

데드락을 피하는 전략 중 하나가 상호 배제 조건을 비껴가는 방법이다. 구체적으로는

- 동시에 사용해도 괜찮은 자원을 사용한다. 예를 들어, AtomicInteger를 사용한다.
- 스레드 수 이상으로 자원 수를 늘인다.
- 자원을 점유하기 전에 필요한 자원이 모두 있는지 확인한다.

불행하게도 대다수 자원은 그 수가 제한적인 데다 동시에 사용하기도 어렵다. 게다가 첫 번째 자원을 사용하고 나서야 두 번째로 필요한 자원이 밝혀지는 경우도 없지 않다. 하지만 실망은 금물이다. 아직 조건 세 개가 더 남았다.

잠금 & 대기 조건 깨기

대기하지 않으면 데드락이 발생하지 않는다. 각 자원을 점유하기 전에 확인한다. 만약 어느 하나라도 점유하지 못한다면 지금까지 점유한 자원을 몽땅 내놓고 처음부터 다시 시작한다.

　이 방법은 잠재적인 문제가 몇 가지 있다.

- 기아Starvation - 한 스레드가 계속해서 필요한 자원을 점유하지 못한다. (점유하려는 자원이 한꺼번에 확보하기 어려운 조합일지도 모른다.)
- 라이브락Livelock - 여러 스레드가 한꺼번에 잠금 단계로 진입하는 바람에 계속해서 자원을 점유했다 내놨다를 반복한다. (임베디드 장비나 간단하게 직접 짠 스레드에 작업을 분산하는 알고리즘 등) 단순한 CPU 스케줄링 알고리즘에서 특히 쉽게 발생한다.

두 경우 모두가 자칫하면 작업 처리량을 크게 떨어뜨린다. 기아는 CPU 효율을 저하시키는 반면 라이브락은 쓸데 없이 CPU만 많이 사용한다.

　이런 전략이 비효율적으로 보일지도 모르지만 아무 대책이 없는 경우보다는 좋다. 모든 전략이 실패할 때 언제든 꺼내 들 카드라는 장점이 있다.

선점 불가 조건 깨기

데드락을 피하는 또 다른 전략은 다른 스레드로부터 자원을 뺏어오는 방법이다. 일반적으로 간단한 요청 메커니즘으로 처리한다. 필요한 자원이 잠겼다면 자원을 소유한 스레드에게 풀어달라 요청한다. 소유 스레드가 다른 자원을 기다리던 중이었다면 자신이 소유한 자원을 모두 풀어주고 처음부터 다시 시작한다.

　앞서 언급한 전략과 비슷하지만 스레드가 자원을 기다려도 괜찮다는 이점이 있다. 그러면 처음부터 다시 시작하는 횟수가 줄어든다. 하지만 조심하기 바란다. 이 모든 요청을 관리하기가 그리 간단하지 않다.

순환 대기 조건 깨기

데드락을 방지하는 가장 흔한 전략이다. 대다수 시스템에서는 모든 스레드가 동의하는 간단한 규약이면 충분하다.

R1을 점유한 T1이 R2를 기다리고 R2를 점유한 T2가 R1을 기다리는 앞서 예제에서 T1과 T2가 자원을 똑같은 순서로 할당하게 만들면 순환 대기는 불가능해진다.

좀 더 일반적으로 말해, 모든 스레드가 일정 순서에 동의하고 그 순서로만 자원을 할당한다면 데드락은 불가능하다. 그러나 여느 전략과 마찬가지로 이 전략 역시 문제를 일으킬 소지가 있다.

- 자원을 할당하는 순서와 자원을 사용하는 순서가 다를지도 모른다. 그래서 맨 처음 할당한 자원을 아주 나중에야 쓸지도 모른다. 즉, 자원을 꼭 필요한 이상으로 오랫동안 점유한다.
- 때로는 순서에 따라 자원을 할당하기 어렵다. 첫 자원을 사용한 후에야 둘째 자원 ID를 얻는다면 순서대로 할당하기란 불가능하다.

이렇게 데드락을 피하는 전략은 많다. 어떤 전략은 기아를 일으키고, 어떤 전략은 CPU를 심하게 사용해 응답도를 낮춘다. TANSTAAFL![6]

프로그램에서 스레드 관련 코드를 분리하면 조율과 실험이 가능하므로 통찰력이 높아져 최적의 전략을 찾기 쉬워진다.

다중 스레드 코드 테스트

다음 코드에 버그가 있다는 사실을 밝혀낼 테스트 케이스는 어떻게 작성할까?

```
01:   public class ClassWithThreadingProblem {
02:     int nextId;
03:
04:     public int takeNextId() {
```

---

6 공짜 점심은 없다!(There ain't no such thing as a free lunch.)

```
05:        return nextId++;
06:    }
07: }
```

다음은 코드에 버그가 있다는 사실을 증명할 테스트 케이스에 대한 설명이다.

- nextId의 현재 값을 기억한다.
- 스레드 두 개를 생성한다. 각 스레드가 takeNextId()를 한 번씩 호출한다.
- nextId가 처음보다 2 증가했는지 확인한다.
- nextId가 2 대신에 1만 증가할 때까지 위 단계를 반복한다.

목록 A-2는 위 설명을 구현한 테스트 케이스다.

목록 A-2 ClassWithThreadingProblemTest.java

```
01: package example;
02:
03: import static org.junit.Assert.fail;
04:
05: import org.junit.Test;
06:
07: public class ClassWithThreadingProblemTest {
08:     @Test
09:     public void twoThreadsShouldFailEventually() throws Exception {
10:         final ClassWithThreadingProblem classWithThreadingProblem
                 = new ClassWithThreadingProblem();
11:
12:         Runnable runnable = new Runnable() {
13:           public void run() {
14:             classWithThreadingProblem.takeNextId();
15:           }
16:         };
17:
18:         for (int i = 0; i < 50000; ++i) {
19:           int startingId = classWithThreadingProblem.lastId;
20:           int expectedResult = 2 + startingId;
21:
22:           Thread t1 = new Thread(runnable);
23:           Thread t2 = new Thread(runnable);
24:           t1.start();
```

```
25:        t2.start();
26:        t1.join();
27:        t2.join();
28:
29:        int endingId = classWithThreadingProblem.lastId;
30:
31:        if (endingId != expectedResult)
32:          return;
33:      }
34:
35:      fail("Should have exposed a threading issue but it did not.");
36:    }
37: }
```

- **10행**: ClassWithThreadingProblem 인스턴스 하나를 생성한다. 참고로, 이름 없는 중첩 클래스 안에서 인스턴스를 사용하므로 final 키워드를 반드시 사용한다.
- **12-16행**: ClassWIthThreadingProblem 인스턴스 하나를 사용하는 이름 없는 중첩 클래스를 생성한다.
- **18행**: 버그가 드러날 정도로 충분하면서 너무 오래 기다리지는 않도록 코드를 실행한다. 균형이 필요하다. 코드가 실패할 때까지 무작정 기다리기는 어렵다. 숫자를 정하기가 쉽지 않다. 나중에 숫자를 크게 줄일 방법도 소개한다.
- **19행**: 시작 값을 기억한다. 이 테스트는 ClassWithThreadingProblem 코드에 버그가 있다는 사실을 증명하는 테스트다. 테스트가 통과하면 버그가 있다는 의미다. 테스트가 실패하면 버그가 있다는 사실을 증명하지 못했다는 의미다.
- **20행**: 최종 값은 현재 값보다 2만큼 커야 한다.
- **22-23행**: 스레드 두 개를 생성한다. 두 스레드 모두 12행-16행에서 생성한 객체를 사용한다. 즉, 두 스레드가 ClassWithThreadingProblem 인스턴스 하나를 사용하며 간섭하는 상황을 만든다.
- **24-25행**: 두 스레드를 실행한다.
- **26-27행**: 결과를 확인하기 전에 두 스레드가 끝나기를 기다린다.
- **29행**: 최종 값을 기록한다.

- **31-32행**: endingId가 예상과 다른가? 그렇다면 코드에 버그가 있다는 사실을 증명했으므로 테스트를 종료한다. 아니라면 다시 시도한다.
- **35행**: 여기까지 왔다면 코드에 버그가 있다는 사실을 '적절할' 시간 안에 증명하지 못했다는 의미다. 테스트는 실패했다. 코드에 버그가 없거나 실패하는 조건이 형성될 정도로 오랫동안 돌리지 않았다는 의미다.

위 테스트는 확실히 동시 갱신 문제가 발생할 조건을 만든다. 하지만 문제가 너무 드물게 발생하는 바람에 대개는 테스트로 발견하지 못한다.

실제로 백만 번 넘게 루프를 돌렸더니 문제가 드러났다. 그것도 열 번 돌려 한 차례만 문제가 발생했다. 그러니까 적어도 일억 번은 돌려야 안정적인 실패를 얻는다는 말이다. 일억 번을 돌리려면 얼마나 걸릴까?

테스트를 조율해 한 장비에서 안정적인 실패를 얻었다 치더라도 다른 장비, 다른 운영체제, 다른 JVM으로 옮기면 십중팔구 값을 다시 조율해야 한다.

게다가 이것은 간단한 문제다. 이처럼 간단한 문제를 쉽사리 찾아내지 못한다면 진짜로 복잡한 문제는 어떻게 찾겠는가?

그렇다면 이처럼 간단한 실패를 증명할 방법은 무엇일까? 좀 더 중요하게, 좀 더 복잡한 코드라면 실패를 증명할 테스트 코드를 어떻게 작성할까? 어디를 살펴볼지 모른다면 코드에 버그가 있는지 없는지 어떻게 찾아낼까?

다음은 몇 가지 아이디어다.

- **몬테 카를로 테스트**. 조율이 가능하게 유연한 테스트를 만든다. 그런 다음, 임의로 값을 조율하면서 (예를 들어, 테스트 서버에서) 반복해 돌린다. 테스트가 실패하면 버그가 있다는 증거다. 테스트는 일찌감치 작성하기 시작해 통합 서버에서 계속 돌린다. 참고로, 테스트가 실패한 조건은 신중하게 기록한다.
- 시스템을 배치할 플랫폼 전부에서 테스트를 돌린다. 반복해서 돌린다. 계속해서 돌린다. 테스트가 실패 없이 오래 돌아갈수록 두 가지 중 하나일 확률이 높아진다.
  - 실제 코드가 올바르다.
  - 테스트가 부족해 문제를 드러내지 못한다.

- 부하가 변하는 장비에서 테스트를 돌린다. 실제 환경과 비슷하게 부하를 걸어 줄 수 있다면 그렇게 한다.

하지만 위와 같은 조치를 모두 취하더라도 코드에서 스레드 문제를 찾아낼 가능성은 매우 낮다. 십억 번에 한 번씩만 일어나는 희귀한 문제가 가장 골치 아프다. 복잡한 시스템에서 이런 문제는 공포 그 자체다.

스레드 코드 테스트를 도와주는 도구

IBM은 ConTest라는 도구를 내놓았다.7 스레드에 안전하지 않은 코드에 보조 코드를 더해 실패할 가능성을 높여주는 도구다.

우리는 IBM이나 ConTest 개발팀과 직접적인 관련이 없다. 동료 한 명이 정보를 주었다. 몇 분을 써봤을 뿐인데 스레드 문제를 찾아내는 능력이 크게 높아졌다는 사실을 깨달았다.

다음은 ConTest를 사용하는 방법이다.

- 실제 코드와 테스트 코드를 작성한다. 앞서 언급했듯이, 다양한 부하 상황에서 여러 사용자를 시뮬레이션하는 테스트도 빼놓지 않는다.
- ConTest로 실제 코드와 테스트 코드에 보조 코드를 추가한다.
- 테스트를 실행한다.

ConTest로 보조 코드를 추가하니 천만 번에 한 번 정도 실패하던 코드가 서른 번에 한 번 정도 실패했다. 다음은 보조 코드를 추가한 후 테스트를 돌려 문제가 발생한 루프 값이다: 13, 23, 0, 54, 16, 14, 6, 69, 107, 49, 2. 보조 코드를 추가한 클래스는 훨씬 더 빠르고 확실히 실패했다.

---

7 홈 페이지가 없어졌으나 http://web.archive.org/web/20070504090139/http://www.alphaworks.ibm.com/tech/contest?open&S_TACT=105AGX59&S_CMP=GR&ca=dgr-lnxw03awcontest에서 찾을 수 있다.
https://www14.software.ibm.com/webapp/iwm/web/preLogin.do?source=AW-0JJ&S_TACT=105AGX59&S_CMP=GR에서 소프트웨어를 내려받을 수 있다.
(옮긴이) ConTest는 Multicore SDK라는 제품으로 통합되었으며, 더 이상 단독 제품이나 오픈 소스 형태로 제공되지 않는다. Multicore SDK는 다음을 참고한다.
https://www.ibm.com/developerworks/mydeveloperworks/groups/service/html/communityview?communityUuid=9a29d9f0-11b1-4d29-9359-a6fd9678a2e8

결론

이 장에서는 동시성 프로그래밍이라는 크고 험난한 영역을 간략하게 탐험했다. 지금까지 살펴본 내용은 빙산의 일각에 불과하다. 여기서는 다중 스레드 코드를 깨끗하게 유지하는 방법을 익혔다. 하지만 다중 스레드 시스템을 구현하려면 알아야 할 내용이 아주 많다. 더그 리(Doug Lea)가 쓴 멋진 책 *Concurrent Programming in Java: Design Principles and Patterns*[8]을 출발점으로 추천한다.

이 장에서는 동시 갱신을 논했으며, 동시 갱신을 방지하는 깨끗한 동기화/잠금 기법을 소개했다. 스레드가 I/O 위주 시스템의 처리율을 높여주는 이유와 실제로 처리율을 높이는 방법을 살펴봤다. 데드락을 논했으며, 깔끔하게 데드락을 방지하는 기법도 열거했다. 마지막으로 보조 코드를 추가해 동시성 문제를 사전에 노출하는 전략을 소개했다.

자습서: 전체 코드 예제

클라이언트/서버 - 단일스레드 버전

목록 A-3 Server.java

```java
package com.objectmentor.clientserver.nonthreaded;

import java.io.IOException;
import java.net.ServerSocket;
import java.net.Socket;
import java.net.SocketException;

import common.MessageUtils;

public class Server implements Runnable {
  ServerSocket serverSocket;
  volatile boolean keepProcessing = true;

  public Server(int port, int millisecondsTimeout) throws IOException {
    serverSocket = new ServerSocket(port);
    serverSocket.setSoTimeout(millisecondsTimeout);
  }
```

---

8 [Lea99] 191쪽을 살펴본다.
  (옮긴이) 2006년 Addison-Wesley에서 출간된 *Java Concurrency in Practice*가 더 최신 내용을 담고 있다(더그 리를 비롯해 유명한 저자들이 집필에 참여했다). 번역서는 『자바 병렬 프로그래밍: 멀티코어를 100% 활용하는』(2008 에이콘, 강철구 옮김).

```java
  public void run() {
    System.out.printf("Server Starting\n");

    while (keepProcessing) {
      try {
        System.out.printf("accepting client\n");
        Socket socket = serverSocket.accept();
        System.out.printf("got client\n");
        process(socket);
      } catch (Exception e) {
        handle(e);
      }
    }
  }

  private void handle(Exception e) {
    if (!(e instanceof SocketException)) {
      e.printStackTrace();
    }
  }

  public void stopProcessing() {
    keepProcessing = false;
    closeIgnoringException(serverSocket);
  }

  void process(Socket socket) {
    if (socket == null)
      return;

    try {
      System.out.printf("Server: getting message\n");
      String message = MessageUtils.getMessage(socket);
      System.out.printf("Server: got message: %s\n", message);
      Thread.sleep(1000);
      System.out.printf("Server: sending reply: %s\n", message);
      MessageUtils.sendMessage(socket, "Processed: " + message);
      System.out.printf("Server: sent\n");
      closeIgnoringException(socket);
    } catch (Exception e) {
      e.printStackTrace();
    }
```

```java
  }

  private void closeIgnoringException(Socket socket) {
    if (socket != null)
      try {
        socket.close();
      } catch (IOException ignore) {
      }
  }

  private void closeIgnoringException(ServerSocket serverSocket) {
    if (serverSocket != null)
      try {
        serverSocket.close();
      } catch (IOException ignore) {
      }
  }
}
```

목록 A-4 ClientTest.java

```java
package com.objectmentor.clientserver.nonthreaded;

import java.io.IOException;
import java.net.Socket;

import org.junit.After;
import org.junit.Before;
import org.junit.Test;

import common.MessageUtils;

public class ClientTest {
  private static final int PORT = 8009;
  private static final int TIMEOUT = 2000;

  Server server;
  Thread serverThread;

  @Before
  public void createServer() throws Exception {
    try {
      server = new Server(PORT, TIMEOUT);
```

```
      serverThread = new Thread(server);
      serverThread.start();
    } catch (Exception e) {
      e.printStackTrace(System.err);
      throw e;
    }
  }

  @After
  public void shutdownServer() throws InterruptedException {
    if (server != null) {
      server.stopProcessing();
      serverThread.join();
    }
  }

  class TrivialClient implements Runnable {
    int clientNumber;

    TrivialClient(int clientNumber) {
      this.clientNumber = clientNumber;
    }

    public void run() {
      try {
        connectSendReceive(clientNumber);
      } catch (IOException e) {
        e.printStackTrace();
      }
    }
  }

  @Test(timeout = 10000)
  public void shouldRunInUnder10Seconds() throws Exception {
    Thread[] threads = new Thread[10];

    for (int i = 0; i < threads.length; ++i) {
      threads[i] = new Thread(new TrivialClient(i));
      threads[i].start();
    }

    for (int i = 0; i < threads.length; ++i) {
      threads[i].join();
```

```java
    }
  }

  private void connectSendReceive(int i) throws IOException {
    System.out.printf("Client %2d: connecting\n", i);
    Socket socket = new Socket("localhost", PORT);
    System.out.printf("Client %2d: sending message\n", i);
    MessageUtils.sendMessage(socket, Integer.toString(i));
    System.out.printf("Client %2d: getting reply\n", i);
    MessageUtils.getMessage(socket);
    System.out.printf("Client %2d: finished\n", i);
    socket.close();
  }
}
```

목록 A-5 MessageUtils.java

```java
package common;

import java.io.IOException;
import java.io.InputStream;
import java.io.ObjectInputStream;
import java.io.ObjectOutputStream;
import java.io.OutputStream;
import java.net.Socket;

public class MessageUtils {
  public static void sendMessage(Socket socket, String message)
      throws IOException {
    OutputStream stream = socket.getOutputStream();
    ObjectOutputStream oos = new ObjectOutputStream(stream);
    oos.writeUTF(message);
    oos.flush();
  }

  public static String getMessage(Socket socket) throws IOException {
    InputStream stream = socket.getInputStream();
    ObjectInputStream ois = new ObjectInputStream(stream);
    return ois.readUTF();
  }
}
```

클라이언트/서버 - 다중 스레드 버전

다중 스레드 버전으로 서버를 고치려면 프로세스 함수를 고쳐야 한다. (새 행은 굵게 표시했다.)

```java
void process(final Socket socket) {
  if (socket == null)
    return;

  Runnable clientHandler = new Runnable() {
    public void run() {
      try {
        System.out.printf("Server: getting message\n");
        String message = MessageUtils.getMessage(socket);
        System.out.printf("Server: got message: %s\n", message);
        Thread.sleep(1000);
        System.out.printf("Server: sending reply: %s\n", message);
        MessageUtils.sendMessage(socket, "Processed: " + message);
        System.out.printf("Server: sent\n");
        closeIgnoringException(socket);
      } catch (Exception e) {
        e.printStackTrace();
      }
    }
  };

  Thread clientConnection = new Thread(clientHandler);
  clientConnection.start();
}
```

부록 B

org.jfree.date.SerialDate

목록 B-1 SerialDate.Java

```
0001: /* ========================================================
0002:  * JCommon : 자바(등록상표) 플랫폼을 위한 범용 클래스 오픈 소스 라이브러리
0003:  * ========================================================
0004:  *
0005:  * (C) Copyright 2000-2005, by Object Refinery Limited and Contributors.
0006:  *
0007:  * 프로젝트 정보:  http://www.jfree.org/jcommon/index.html
0008:  *
0009:  * This library is free software; you can redistribute it and/or modify it
0010:  * under the terms of the GNU Lesser General Public License as published by
0011:  * the Free Software Foundation; either version 2.1 of the License, or
0012:  * (at your option) any later version.
0013:  *
0014:  * This library is distributed in the hope that it will be useful, but
0015:  * WITHOUT ANY WARRANTY; without even the implied warranty of MERCHANTABILITY
0016:  * or FITNESS FOR A PARTICULAR PURPOSE. See the GNU Lesser General Public
0017:  * License for more details.
0018:  *
0019:  * You should have received a copy of the GNU Lesser General Public
0020:  * License along with this library; if not, write to the Free Software
0021:  * Foundation, Inc., 51 Franklin Street, Fifth Floor, Boston, MA  02110-1301,
0022:  * USA.
0023:  *
0024:  * [자바는 썬 마이크로시스템즈의 등록 상표로서,
0025:  * 미국과 다른 국가에서 적용된다.]
0026:  *
0027:  * ---------------
0028:  * SerialDate.java
0029:  * ---------------
0030:  * (C) Copyright 2001-2005, by Object Refinery Limited.
0031:  *
0032:  * 원래 저자: 데이비드 길버트(Object Refinery Limited);
0033:  * 공헌자:    -;
0034:  *
0035:  * $Id: SerialDate.java,v 1.7 2005/11/03 09:25:17 mungady Exp $
0036:  *
0037:  * 변경 내역 (11-Oct-2001부터)
0038:  * ------------------------
0039:  * 11-Oct-2001 : 클래스를 다시 정리하고 새로운 패키지인
0040:  *               com.jrefinery.date로 옮겼다 (DG);
0041:  * 05-Nov-2001 : getDescription() 메서드를 추가했으며
```

```
0042: *                    NotableDate class를 제거했다(DG);
0043: * 12-Nov-2001 : IBD가 setDescription() 메서드를 요구한다. NotableDate
0044: *                    클래스를 없앴다 (DG); getPreviousDayOfWeek(),
0045: *                    getFollowingDayOfWeek(), getNearestDayOfWeek()를 변경해
0046: *                    버그를 수정했다(DG);
0047: * 05-Dec-2001 : SpreadsheetDate 클래스에 존재하는 버그를 수정했다 (DG);
0048: * 29-May-2002 : month 상수를 독자적인 인터페이스로 옮겼다
0049: *                    (MonthConstants) (DG);
0050: * 27-Aug-2002 : addMonths() 메서드에 있는 버그를 수정했다. N???levka Petr 덕분이다 (DG);
0051: * 03-Oct-2002 : Checkstyle이 보고한 오류를 수정했다 (DG);
0052: * 13-Mar-2003 : Serializable를 구현했다 (DG);
0053: * 29-May-2003 : addMonths 메서드에 있는 버그를 수정했다 (DG);
0054: * 04-Sep-2003 : Comparable을 구현했다. isInRange Javadocs를 갱신했다 (DG);
0055: * 05-Jan-2005 : addYears() 메서드에 있는 버그를 수정했다 (1096282) (DG);
0056: *
0057: */
0058:
0059: package org.jfree.date;
0060:
0061: import java.io.Serializable;
0062: import java.text.DateFormatSymbols;
0063: import java.text.SimpleDateFormat;
0064: import java.util.Calendar;
0065: import java.util.GregorianCalendar;
0066:
0067: /**
0068:  * 날짜를 처리하기 위해 우리 요구사항을 정의하는 추상 클래스로
0069:  * 특정 구현에 얽매이지 않는다.
0070:  * <P>
0071:  * 요구사항 1 : 최소한 엑셀에서 제공하는 날짜 기능은 제공해야 한다.
0072:  * 요구사항 2 : 클래스는 불변이다.
0073:  * <P>
0074:  * java.util.Date를 그냥 쓰지 않은 이유는? 사리에 맞다면 그냥 썼을 테다.
0075:  * 종종 java.util.Date는 *너무* 정밀하다. 이 클래스는 1000분의 1초의
0076:  * 정밀도로 시각을 표현한다(시간대에 따라 날짜가 달라진다).
0077:  * 하루 중 시각, 시간대에 무관하게
0078:  * 종종 특정 날짜만 표현하기를 원한다(예: 2015년 1월 21일).
0079:  * 이게 바로 SerialDate를 재정의한 이유다.
0080:  * <P>
0081:  * 정확한 구현을 걱정하지 않고서도 getInstance()를 호출해,
0082:  * SerialDate의 구체화된 하위 클래스를 얻을 수 있다.
0083:  *
0084:  * @author 데이비드 길버트
```

```
0085:  */
0086: public abstract class SerialDate implements Comparable,
0087:                                              Serializable,
0088:                                              MonthConstants {
0089:
0090:     /** 직렬화를 위해 */
0091:     private static final long serialVersionUID = -293716040467423637L;
0092:
0093:     /** 자료 형식 심벌 */
0094:     public static final DateFormatSymbols
0095:         DATE_FORMAT_SYMBOLS = new SimpleDateFormat().getDateFormatSymbols();
0096:
0097:     /** 1900년 1월 1일에서 시작하는 직렬 번호 */
0098:     public static final int SERIAL_LOWER_BOUND = 2;
0099:
0100:     /** 9999년 12월 31일에 끝나는 직렬 번호 */
0101:     public static final int SERIAL_UPPER_BOUND = 2958465;
0102:
0103:     /** 이 클래스 형식이 지원하는 첫 해 */
0104:     public static final int MINIMUM_YEAR_SUPPORTED = 1900;
0105:
0106:     /** 이 클래스 형식이 지원하는 마지막 해 */
0107:     public static final int MAXIMUM_YEAR_SUPPORTED = 9999;
0108:
0109:     /** 월요일을 위한 상수로 java.util.Calendar.MONDAY와 동일 */
0110:     public static final int MONDAY = Calendar.MONDAY;
0111:
0112:     /**
0113:      * 화요일을 위한 상수로 java.util.Calendar.TUESDAY와 동일
0114:      */
0115:     public static final int TUESDAY = Calendar.TUESDAY;
0116:
0117:     /**
0118:      * 수요일을 위한 상수로
0119:      * java.util.Calendar.WEDNESDAY와 동일
0120:      */
0121:     public static final int WEDNESDAY = Calendar.WEDNESDAY;
0122:
0123:     /**
0124:      * 목요일을 위한 상수로 java.util.Calendar.THURSDAY와 동일
0125:      */
0126:     public static final int THURSDAY = Calendar.THURSDAY;
0127:
```

```java
0128:     /** 금요일을 위한 상수로 java.util.Calendar.FRIDAY와 동일 */
0129:     public static final int FRIDAY = Calendar.FRIDAY;
0130:
0131:     /**
0132:      * 토요일을 위한 상수로 java.util.Calendar.SATURDAY와 동일
0133:      */
0134:     public static final int SATURDAY = Calendar.SATURDAY;
0135:
0136:     /** 일요일을 위한 상수로 java.util.Calendar.SUNDAY와 동일 */
0137:     public static final int SUNDAY = Calendar.SUNDAY;
0138:
0139:     /** 윤년이 아닌 경우에 달마다 마지막 일자 */
0140:     static final int[] LAST_DAY_OF_MONTH =
0141:         {0, 31, 28, 31, 30, 31, 30, 31, 31, 30, 31, 30, 31};
0142:
0143:     /** 윤년이 아닌 경우에 달마다 마지막 날의 연간 누적 일자 */
0144:     static final int[] AGGREGATE_DAYS_TO_END_OF_MONTH =
0145:         {0, 31, 59, 90, 120, 151, 181, 212, 243, 273, 304, 334, 365};
0146:
0147:     /** 윤년이 아닌 경우에 직전 달마다 마지막 날의 연간 누적 일자 */
0148:     static final int[] AGGREGATE_DAYS_TO_END_OF_PRECEDING_MONTH =
0149:         {0, 0, 31, 59, 90, 120, 151, 181, 212, 243, 273, 304, 334, 365};
0150:
0151:     /** 윤년인 경우에 달마다 마지막 날의 연간 누적 일자 */
0152:     static final int[] LEAP_YEAR_AGGREGATE_DAYS_TO_END_OF_MONTH =
0153:         {0, 31, 60, 91, 121, 152, 182, 213, 244, 274, 305, 335, 366};
0154:
0155:     /**
0156:      * 윤년인 경우에 직전 달마다 마지막 날의 연간 누적 일자
0157:      */
0158:     static final int[]
0159:         LEAP_YEAR_AGGREGATE_DAYS_TO_END_OF_PRECEDING_MONTH =
0160:         {0, 0, 31, 60, 91, 121, 152, 182, 213, 244, 274, 305, 335, 366};
0161:
0162:     /** 달에서 첫 주를 참조하는 상수 */
0163:     public static final int FIRST_WEEK_IN_MONTH = 1;
0164:
0165:     /** 달에서 둘째 주를 참조하는 상수 */
0166:     public static final int SECOND_WEEK_IN_MONTH = 2;
0167:
0168:     /** 달에서 셋째 주를 참조하는 상수 */
0169:     public static final int THIRD_WEEK_IN_MONTH = 3;
0170:
```

```
0171:     /** 달에서 넷째 주를 참조하는 상수 */
0172:     public static final int FOURTH_WEEK_IN_MONTH = 4;
0173:
0174:     /** 달에서 마지막 주를 참조하는 상수 */
0175:     public static final int LAST_WEEK_IN_MONTH = 0;
0176:
0177:     /** 범위 상수 */
0178:     public static final int INCLUDE_NONE = 0;
0179:
0180:     /** 범위 상수 */
0181:     public static final int INCLUDE_FIRST = 1;
0182:
0183:     /** 범위 상수 */
0184:     public static final int INCLUDE_SECOND = 2;
0185:
0186:     /** 범위 상수 */
0187:     public static final int INCLUDE_BOTH = 3;
0188:
0189:     /**
0190:      * 고정된 날짜를 기준으로 주 중 일자를 상대적으로 명세하기 위한 상수
0191:      *
0192:      */
0193:     public static final int PRECEDING = -1;
0194:
0195:     /**
0196:      * 고정된 날짜를 기준으로 주 중 일자를 상대적으로 명세하기 위한 상수
0197:      *
0198:      */
0199:     public static final int NEAREST = 0;
0200:
0201:     /**
0202:      * 고정된 날짜를 기준으로 주 중 일자를 상대적으로 명세하기 위한 상수
0203:      *
0204:      */
0205:     public static final int FOLLOWING = 1;
0206:
0207:     /** 날짜에 대한 설명 */
0208:     private String description;
0209:
0210:     /**
0211:      * 기본 생성자
0212:      */
0213:     protected SerialDate() {
```

```
0214:   }
0215:
0216:   /**
0217:    * 넘어온 정수 코드가 유효한 주 중 일자를 표현하면 <code>true</code>를,
0218:    * 그렇지 않으면 <code>false</code>를 반환한다.
0219:    *
0220:    * @param code   유효성 검사 대상
0221:    *
0222:    * @return 넘어온 정수 코드가 유효한 주 중 일자를 표현하면
0223:    *         <code>true</code>, 그렇지 않으면 <code>false</code>
0224:    */
0225:   public static boolean isValidWeekdayCode(final int code) {
0226:
0227:     switch(code) {
0228:       case SUNDAY:
0229:       case MONDAY:
0230:       case TUESDAY:
0231:       case WEDNESDAY:
0232:       case THURSDAY:
0233:       case FRIDAY:
0234:       case SATURDAY:
0235:         return true;
0236:       default:
0237:         return false;
0238:     }
0239:
0240:   }
0241:
0242:   /**
0243:    * 넘어온 문자열을 주 중 일자로 변환한다.
0244:    *
0245:    * @param s 주 중 일자를 표현하는 문자열
0246:    *
0247:    * @return 변환 불가능일 경우 <code>-1</code>, 그렇지 않으면
0248:    *         주 중 일자
0249:    */
0250:   public static int stringToWeekdayCode(String s) {
0251:
0252:     final String[] shortWeekdayNames
0253:         = DATE_FORMAT_SYMBOLS.getShortWeekdays();
0254:     final String[] weekDayNames = DATE_FORMAT_SYMBOLS.getWeekdays();
0255:
0256:     int result = -1;
```

```
0257:       s = s.trim();
0258:       for (int i = 0; i < weekDayNames.length; i++) {
0259:         if (s.equals(shortWeekdayNames[i])) {
0260:           result = i;
0261:           break;
0262:         }
0263:         if (s.equals(weekDayNames[i])) {
0264:           result = i;
0265:           break;
0266:         }
0267:       }
0268:       return result;
0269:
0270:   }
0271:
0272:   /**
0273:    * 넘어온 주 중 일자를 표현하는 문자열을 반환한다.
0274:    * <P>
0275:    * 좀 더 개선된 방법이 필요하다.
0276:    *
0277:    * @param weekday  주 중 일자
0278:    *
0279:    * @return 넘어온 주 중 일자를 표현하는 문자열
0280:    */
0281:   public static String weekdayCodeToString(final int weekday) {
0282:
0283:     final String[] weekdays = DATE_FORMAT_SYMBOLS.getWeekdays();
0284:     return weekdays[weekday];
0285:
0286:   }
0287:
0288:   /**
0289:    * 달 이름을 담은 배열을 반환한다.
0290:    *
0291:    * @return 달 이름을 담은 배열
0292:    */
0293:   public static String[] getMonths() {
0294:
0295:     return getMonths(false);
0296:
0297:   }
0298:
0299:   /**
```

```
0300:      * 달 이름을 담은 배열을 반환한다.
0301:      *
0302:      * @param shortened 줄인 달 이름을 반환해야 함을 지시하는
0303:      *                  플래그
0304:      *
0305:      * @return 달 이름을 담은 배열
0306:      */
0307:     public static String[] getMonths(final boolean shortened) {
0308:
0309:       if (shortened) {
0310:         return DATE_FORMAT_SYMBOLS.getShortMonths();
0311:       }
0312:       else {
0313:         return DATE_FORMAT_SYMBOLS.getMonths();
0314:       }
0315:
0316:     }
0317:
0318:     /**
0319:      * 넘어온 정수 코드가 유효한 달일 경우 true를 반환한다.
0320:      *
0321:      * @param code 유효성 검사 대상
0322:      *
0323:      * @return 넘어온 정수 코드가 유효한 달을 표현하면
0324:      *         <code>true</code>
0325:      */
0326:     public static boolean isValidMonthCode(final int code) {
0327:
0328:       switch(code) {
0329:         case JANUARY:
0330:         case FEBRUARY:
0331:         case MARCH:
0332:         case APRIL:
0333:         case MAY:
0334:         case JUNE:
0335:         case JULY:
0336:         case AUGUST:
0337:         case SEPTEMBER:
0338:         case OCTOBER:
0339:         case NOVEMBER:
0340:         case DECEMBER:
0341:           return true;
0342:         default:
```

```
0343:         return false;
0344:     }
0345:
0346: }
0347:
0348: /**
0349:  * 넘어온 달이 속한 분기를 반환한다.
0350:  *
0351:  * @param code 달(1-12)
0352:  *
0353:  * @return 달이 속한 분기
0354:  * @throws java.lang.IllegalArgumentException
0355:  */
0356: public static int monthCodeToQuarter(final int code) {
0357:
0358:     switch(code) {
0359:       case JANUARY:
0360:       case FEBRUARY:
0361:       case MARCH: return 1;
0362:       case APRIL:
0363:       case MAY:
0364:       case JUNE: return 2;
0365:       case JULY:
0366:       case AUGUST:
0367:       case SEPTEMBER: return 3;
0368:       case OCTOBER:
0369:       case NOVEMBER:
0370:       case DECEMBER: return 4;
0371:       default: throw new IllegalArgumentException(
0372:         "SerialDate.monthCodeToQuarter: invalid month code.");
0373:     }
0374:
0375: }
0376:
0377: /**
0378:  * 넘어온 달을 표현하는 문자열을 반환한다.
0379:  * <P>
0380:  * 반환되는 문자열은 기본 로케일에서 얻은
0381:  * 온전한 달 이름 형태다.
0382:  *
0383:  * @param month 달
0384:  *
0385:  * @return 넘어온 달을 표현하는 문자열
```

```
0386:      */
0387:     public static String monthCodeToString(final int month) {
0388:
0389:         return monthCodeToString(month, false);
0390:
0391:     }
0392:
0393:     /**
0394:      * 넘어온 달을 표현하는 문자열을 반환한다.
0395:      * <P>
0396:      * 반환되는 문자열은 기본 로케일에서 얻은
0397:      * 온전하거나 줄인 달 이름 형태다.
0398:      *
0399:      * @param month 달
0400:      * @param shortened <code>true</code>이면
0401:      *                  줄인 달 형태를 반환한다.
0402:      *
0403:      * @return 넘어온 달을 표현하는 문자열
0404:      * @throws java.lang.IllegalArgumentException
0405:      */
0406:     public static String monthCodeToString(final int month,
0407:                                            final boolean shortened) {
0408:
0409:         // 인수 점검...
0410:         if (!isValidMonthCode(month)) {
0411:             throw new IllegalArgumentException(
0412:                 "SerialDate.monthCodeToString: month outside valid range.");
0413:         }
0414:
0415:         final String[] months;
0416:
0417:         if (shortened) {
0418:             months = DATE_FORMAT_SYMBOLS.getShortMonths();
0419:         }
0420:         else {
0421:             months = DATE_FORMAT_SYMBOLS.getMonths();
0422:         }
0423:
0424:         return months[month - 1];
0425:
0426:     }
0427:
0428:     /**
```

```
0429:     * 문자열을 달 코드로 변환한다.
0430:     * <P>
0431:     * 이 메서드는 문자열에 대응하는
0432:     * JANUARY, FEBRUARY,..., DECEMBER 중 하나를 반환한다.
0433:     * 문자열을 인식하지 못하면 이 메서드는 -1을 반환한다.
0434:     *
0435:     * @param s 해석할 문자열
0436:     *
0437:     * @return 문자열을 해석하지 못하면 <code>-1</code>,
0438:     *         해석하면 달 상수
0439:     */
0440:    public static int stringToMonthCode(String s) {
0441:
0442:        final String[] shortMonthNames = DATE_FORMAT_SYMBOLS.getShortMonths();
0443:        final String[] monthNames = DATE_FORMAT_SYMBOLS.getMonths();
0444:
0445:        int result = -1;
0446:        s = s.trim();
0447:
0448:        // 먼저 정수(1-12)로 문자열을 해석하려고 시도한다.
0449:        try {
0450:          result = Integer.parseInt(s);
0451:        }
0452:        catch (NumberFormatException e) {
0453:          // suppress
0454:        }
0455:
0456:        // 다음으로 달 이름을 탐색한다.
0457:        if ((result < 1) || (result > 12)) {
0458:          for (int i = 0; i < monthNames.length; i++) {
0459:            if (s.equals(shortMonthNames[i])) {
0460:              result = i + 1;
0461:              break;
0462:            }
0463:            if (s.equals(monthNames[i])) {
0464:              result = i + 1;
0465:              break;
0466:            }
0467:          }
0468:        }
0469:
0470:        return result;
0471:
```

```
0472:    }
0473:
0474:    /**
0475:     * 달 중 유효한 주를 표현하는 정수 코드가 넘어오면 true를,
0476:     * 그렇지 않으면 false를 반환한다.
0477:     *
0478:     * @param code 유효성 검사 대상 코드
0479:     * @return 넘어온 정수 코드가 달 중 유효한 주를 표현하면
0480:     *         <code>true</code>
0481:     */
0482:    public static boolean isValidWeekInMonthCode(final int code) {
0483:
0484:      switch(code) {
0485:        case FIRST_WEEK_IN_MONTH:
0486:        case SECOND_WEEK_IN_MONTH:
0487:        case THIRD_WEEK_IN_MONTH:
0488:        case FOURTH_WEEK_IN_MONTH:
0489:        case LAST_WEEK_IN_MONTH: return true;
0490:        default: return false;
0491:      }
0492:
0493:    }
0494:
0495:    /**
0496:     * 넘어온 연도가 윤년인지 아닌지를 판단한다.
0497:     *
0498:     * @param yyyy 연도(범위는 1900년부터 9999년까지)
0499:     *
0500:     * @return 넘어온 연도가 윤년일 경우 <code>true</code>
0501:     */
0502:    public static boolean isLeapYear(final int yyyy) {
0503:
0504:      if ((yyyy % 4) != 0) {
0505:        return false;
0506:      }
0507:      else if ((yyyy % 400) == 0) {
0508:        return true;
0509:      }
0510:      else if ((yyyy % 100) == 0) {
0511:        return false;
0512:      }
0513:      else {
0514:        return true;
```

```
0515:      }
0516:
0517:  }
0518:
0519:  /**
0520:   * 1900년부터 넘어온 연도까지 윤년 횟수를 반환한다.
0521:   * 넘어온 연도도 포함
0522:   * <P>
0523:   * 1900년은 윤년이 아님에 주의하자.
0524:   *
0525:   * @param yyyy 연도(범위는 1900년부터 9999년까지)
0526:   *
0527:   * @return 1900년부터 넘어온 연도까지 윤년 횟수
0528:   */
0529:  public static int leapYearCount(final int yyyy) {
0530:
0531:     final int leap4 = (yyyy - 1896) / 4;
0532:     final int leap100 = (yyyy - 1800) / 100;
0533:     final int leap400 = (yyyy - 1600) / 400;
0534:     return leap4 - leap100 + leap400;
0535:
0536:  }
0537:
0538:  /**
0539:   * 윤년을 고려해 달의 마지막 일자를 반환한다.
0540:   *
0541:   *
0542:   * @param month 달
0543:   * @param yyyy 연도(범위는 1900년부터 9999년까지)
0544:   *
0545:   * @return 달의 마지막 일자
0546:   */
0547:  public static int lastDayOfMonth(final int month, final int yyyy) {
0548:
0549:     final int result = LAST_DAY_OF_MONTH[month];
0550:     if (month != FEBRUARY) {
0551:       return result;
0552:     }
0553:     else if (isLeapYear(yyyy)) {
0554:       return result + 1;
0555:     }
0556:     else {
0557:       return result;
```

```
0558:        }
0559:
0560:    }
0561:
0562:    /**
0563:     * 넘어온 기준 날짜에 넘어온 일자를 더해 새로운 날짜를 만든다.
0564:     *
0565:     *
0566:     * @param days 더할 일자(음수도 가능)
0567:     * @param base 기준 날짜
0568:     *
0569:     * @return 새로운 날짜
0570:     */
0571:    public static SerialDate addDays(final int days, final SerialDate base) {
0572:
0573:        final int serialDayNumber = base.toSerial() + days;
0574:        return SerialDate.createInstance(serialDayNumber);
0575:
0576:    }
0577:
0578:    /**
0579:     * 기준 날짜에 넘어온 달을 더해 새로운 날짜를 만든다.
0580:     *
0581:     * <P>
0582:     * 기준 날짜가 월말에 가깝다면, 결과가 약간 조정될지도 모른다.
0583:     * 예: 5월 31일 + 1 달 = 6월 30일
0584:     *
0585:     * @param months 더할 달(음수도 가능)
0586:     * @param base 기준 날짜
0587:     *
0588:     * @return 새로운 날짜
0589:     */
0590:    public static SerialDate addMonths(final int months,
0591:                                      final SerialDate base) {
0592:
0593:        final int yy = (12 * base.getYYYY() + base.getMonth() + months - 1)
0594:                      / 12;
0595:        final int mm = (12 * base.getYYYY() + base.getMonth() + months - 1)
0596:                      % 12 + 1;
0597:        final int dd = Math.min(
0598:          base.getDayOfMonth(), SerialDate.lastDayOfMonth(mm, yy)
0599:        );
0600:        return SerialDate.createInstance(dd, mm, yy);
```

```
0601:
0602:     }
0603:
0604:     /**
0605:      * 기준 날짜에 넘어온 연을 더해 새로운 날짜를 만든다.
0606:      *
0607:      *
0608:      * @param years 더할 연(음수도 가능)
0609:      * @param base 기준 날짜
0610:      *
0611:      * @return 새로운 날짜
0612:      */
0613:     public static SerialDate addYears(final int years, final SerialDate base) {
0614:
0615:         final int baseY = base.getYYYY();
0616:         final int baseM = base.getMonth();
0617:         final int baseD = base.getDayOfMonth();
0618:
0619:         final int targetY = baseY + years;
0620:         final int targetD = Math.min(
0621:             baseD, SerialDate.lastDayOfMonth(baseM, targetY)
0622:         );
0623:
0624:         return SerialDate.createInstance(targetD, baseM, targetY);
0625:
0626:     }
0627:
0628:     /**
0629:      * 넘어온 주 중 일자 범위에 해당하면서
0630:      * 기준 날짜보다 빠른 마지막 날짜를 반환한다.
0631:      *
0632:      * @param targetWeekday 목표로 삼은 주 중 일자
0633:      * @param base 기준 날짜
0634:      *
0635:      * @return 넘어온 주 중 일자 범위에 해당하면서
0636:      *         기준 날짜보다 앞선 마지막 날짜
0637:      */
0638:     public static SerialDate getPreviousDayOfWeek(final int targetWeekday,
0639:                                                   final SerialDate base) {
0640:
0641:         // 인수 점검...
0642:         if (!SerialDate.isValidWeekdayCode(targetWeekday)) {
0643:             throw new IllegalArgumentException(
```

```
0644:                "Invalid day-of-the-week code."
0645:            );
0646:        }
0647:
0648:        // 날짜 탐색...
0649:        final int adjust;
0650:        final int baseDOW = base.getDayOfWeek();
0651:        if (baseDOW > targetWeekday) {
0652:            adjust = Math.min(0, targetWeekday - baseDOW);
0653:        }
0654:        else {
0655:            adjust = -7 + Math.max(0, targetWeekday - baseDOW);
0656:        }
0657:
0658:        return SerialDate.addDays(adjust, base);
0659:
0660:    }
0661:
0662:    /**
0663:     * 넘어온 주 중 일자 범위에 해당하면서
0664:     * 기준 날짜보다 늦은 첫 날짜를 반환한다.
0665:     *
0666:     * @param targetWeekday 목표로 삼은 주 중 일자
0667:     * @param base 기준 날짜
0668:     *
0669:     * @return 넘어온 주 중 일자 범위에 해당하면서
0670:     *         기준 날짜보다 늦은 첫 날짜
0671:     */
0672:    public static SerialDate getFollowingDayOfWeek(final int targetWeekday,
0673:                                                   final SerialDate base) {
0674:
0675:        // 인수 점검...
0676:        if (!SerialDate.isValidWeekdayCode(targetWeekday)) {
0677:            throw new IllegalArgumentException(
0678:                "Invalid day-of-the-week code."
0679:            );
0680:        }
0681:
0682:        // 날짜 탐색...
0683:        final int adjust;
0684:        final int baseDOW = base.getDayOfWeek();
0685:        if (baseDOW > targetWeekday) {
0686:            adjust = 7 + Math.min(0, targetWeekday - baseDOW);
```

```
0687:     }
0688:     else {
0689:       adjust = Math.max(0, targetWeekday - baseDOW);
0690:     }
0691:
0692:     return SerialDate.addDays(adjust, base);
0693:   }
0694:
0695:   /**
0696:    * 넘어온 주 중 일자 범위에 해당하면서
0697:    * 기준 날짜에 가장 근접한 날짜를 반환한다.
0698:    *
0699:    * @param targetDOW 목표로 삼은 주 중 일자
0700:    * @param base 기준 날짜
0701:    *
0702:    * @return 넘어온 주 중 일자 범위에 해당하면서
0703:    *         기준 날짜에 가장 근접한 날짜
0704:    */
0705:   public static SerialDate getNearestDayOfWeek(final int targetDOW,
0706:                                                final SerialDate base) {
0707:
0708:     // 인수 점검...
0709:     if (!SerialDate.isValidWeekdayCode(targetDOW)) {
0710:       throw new IllegalArgumentException(
0711:         "Invalid day-of-the-week code."
0712:       );
0713:     }
0714:
0715:     // 날짜 탐색...
0716:     final int baseDOW = base.getDayOfWeek();
0717:     int adjust = -Math.abs(targetDOW - baseDOW);
0718:     if (adjust >= 4) {
0719:       adjust = 7 - adjust;
0720:     }
0721:     if (adjust <= -4) {
0722:       adjust = 7 + adjust;
0723:     }
0724:     return SerialDate.addDays(adjust, base);
0725:
0726:   }
0727:
0728:   /**
0729:    * 현재 달의 마지막 일자를 얻는다.
```

```
0730:    *
0731:    * @param base 기준 날짜
0732:    *
0733:    * @return 새로운 직렬 날짜
0734:    */
0735:   public SerialDate getEndOfCurrentMonth(final SerialDate base) {
0736:     final int last = SerialDate.lastDayOfMonth(
0737:         base.getMonth(), base.getYYYY()
0738:     );
0739:     return SerialDate.createInstance(last, base.getMonth(), base.getYYYY());
0740:   }
0741:
0742:   /**
0743:    * 월 중 주에 대응하는 문자열을 반환한다.
0744:    * <P>
0745:    * 좀 더 개선된 방법이 필요하다.
0746:    *
0747:    * @param count 월 중 주를 표현하는 정수 코드
0748:    *
0749:    * @return 월 중 주에 대응하는 문자열
0750:    */
0751:   public static String weekInMonthToString(final int count) {
0752:
0753:     switch (count) {
0754:       case SerialDate.FIRST_WEEK_IN_MONTH  : return "First";
0755:       case SerialDate.SECOND_WEEK_IN_MONTH : return "Second";
0756:       case SerialDate.THIRD_WEEK_IN_MONTH  : return "Third";
0757:       case SerialDate.FOURTH_WEEK_IN_MONTH : return "Fourth";
0758:       case SerialDate.LAST_WEEK_IN_MONTH   : return "Last";
0759:       default :
0760:         return "SerialDate.weekInMonthToString(): invalid code.";
0761:     }
0762:
0763:   }
0764:
0765:   /**
0766:    * 넘어온 '상대' 개념을 표현하는 문자열을 반환한다.
0767:    * <P>
0768:    * 좀 더 개선된 방법이 필요하다.
0769:    *
0770:    * @param relative '상대' 개념을 표현하는 상수
0771:    *
0772:    * @return 넘어온 '상대' 개념을 표현하는 문자열
```

```
0773:      */
0774:     public static String relativeToString(final int relative) {
0775:
0776:       switch (relative) {
0777:         case SerialDate.PRECEDING : return "Preceding";
0778:         case SerialDate.NEAREST : return "Nearest";
0779:         case SerialDate.FOLLOWING : return "Following";
0780:         default : return "ERROR : Relative To String";
0781:       }
0782:
0783:     }
0784:
0785:     /**
0786:      * 다음 구체화된 하위 클래스의 인스턴스를 반환하는 팩토리 메서드
0787:      * {@link SerialDate}
0788:      *
0789:      * @param day 일자(1-31).
0790:      * @param month 달(1-12).
0791:      * @param yyyy 연도(범위는 1900년부터 9999년까지)
0792:      *
0793:      * @return {@link SerialDate}의 인스턴스
0794:      */
0795:     public static SerialDate createInstance(final int day, final int month,
0796:                                             final int yyyy) {
0797:       return new SpreadsheetDate(day, month, yyyy);
0798:     }
0799:
0800:     /**
0801:      * 다음 구체화된 하위 클래스의 인스턴스를 반환하는 팩토리 메서드
0802:      * {@link SerialDate}.
0803:      *
0804:      * @param serial 날짜를 표현하는 직렬 번호(1900년 1월 1일 = 2)
0805:      *
0806:      * @return SerialDate의 인스턴스
0807:      */
0808:     public static SerialDate createInstance(final int serial) {
0809:       return new SpreadsheetDate(serial);
0810:     }
0811:
0812:     /**
0813:      * SerialDate의 하위 클래스 인스턴스를 반환하는 펙토리 메서드
0814:      *
0815:      * @param date 자바 날짜 객체
```

```
0816:    *
0817:    * @return SerialDate의 인스턴스
0818:    */
0819:   public static SerialDate createInstance(final java.util.Date date) {
0820:
0821:     final GregorianCalendar calendar = new GregorianCalendar();
0822:     calendar.setTime(date);
0823:     return new SpreadsheetDate(calendar.get(Calendar.DATE),
0824:                                calendar.get(Calendar.MONTH) + 1,
0825:                                calendar.get(Calendar.YEAR));
0826:
0827:   }
0828:
0829:   /**
0830:    * 날짜에 대한 직렬 번호를 반환한다. 여기서 1900년 1월 1일이 2로서
0831:    * 마이크로소프트 엑셀 포 윈도와 로터스 1-2-3에서 사용하는
0832:    * 숫자 시스템에 대응한다).
0833:    *
0834:    * @return 날짜에 대한 직렬 번호
0835:    */
0836:   public abstract int toSerial();
0837:
0838:   /**
0839:    * java.util.Date를 반환한다. java.util.Date가 SerialDate보다 좀 더
0840:    * 정밀하므로 '하루 중 특정 시각'을 위한 관례를 정의할 필요가 있다.
0841:    *
0842:    * @return <code>java.util.Date</code>와 동일
0843:    */
0844:   public abstract java.util.Date toDate();
0845:
0846:   /**
0847:    * 날짜에 대한 설명을 반환한다.
0848:    *
0849:    * @return 날짜에 대한 설명
0850:    */
0851:   public String getDescription() {
0852:     return this.description;
0853:   }
0854:
0855:   /**
0856:    * 날짜 설명을 설정한다.
0857:    *
0858:    * @param description 날짜에 대한 새로운 설명
```

```
0859:      */
0860:     public void setDescription(final String description) {
0861:       this.description = description;
0862:     }
0863:
0864:     /**
0865:      * 날짜를 문자열로 변환한다.
0866:      *
0867:      * @return 날짜를 표현하는 문자열
0868:      */
0869:     public String toString() {
0870:       return getDayOfMonth() + "-" + SerialDate.monthCodeToString(getMonth())
0871:                             + "-" + getYYYY();
0872:     }
0873:
0874:     /**
0875:      * 연도를 반환한다(유효한 범위는 1900년부터 9999년까지를 가정한다).
0876:      *
0877:      * @return 연도
0878:      */
0879:     public abstract int getYYYY();
0880:
0881:     /**
0882:      * 달을 반환한다(1월 = 1, 2월 = 2, 3월 = 3).
0883:      *
0884:      * @return 연 중 달
0885:      */
0886:     public abstract int getMonth();
0887:
0888:     /**
0889:      * 월 중 일자를 반환한다.
0890:      *
0891:      * @return 월 중 일자
0892:      */
0893:     public abstract int getDayOfMonth();
0894:
0895:     /**
0896:      * 주 중 일자를 반환한다.
0897:      *
0898:      * @return 주 중 일자
0899:      */
0900:     public abstract int getDayOfWeek();
0901:
```

```
0902:    /**
0903:     * 이 날짜와 넘어온 '다른' 날짜 사이의 차이를 일수로 반환한다.
0904:     *
0905:     * <P>
0906:     * 이 날짜가 '다른' 날짜보다 뒤에 나올 경우 양수,
0907:     * 이 날짜가 '다른' 날짜보다 앞에 나올 경우 음수
0908:     *
0909:     * @param other 비교할 다른 날짜
0910:     *
0911:     * @return 이 날짜와 다른 날짜 사이의 차이
0912:     */
0913:    public abstract int compare(SerialDate other);
0914:
0915:    /**
0916:     * 이 SerialDate가 넘어온 SerialDate와 동일한 경우 true를 반환한다.
0917:     *
0918:     *
0919:     * @param other 비교 대상 날짜
0920:     *
0921:     * @return 이 SerialDate가 넘어온 SerialDate와 동일한 경우
0922:     *         <code>true</code>
0923:     */
0924:    public abstract boolean isOn(SerialDate other);
0925:
0926:    /**
0927:     * 이 SerialDate가 넘어온 SerialDate보다 앞설 경우 true를 반환한다.
0928:     *
0929:     *
0930:     * @param other 비교 대상 날짜
0931:     *
0932:     * @return 이 SerialDate가 넘어온 SerialDate보다 앞설 경우
0933:     *         <code>true</code>
0934:     */
0935:    public abstract boolean isBefore(SerialDate other);
0936:
0937:    /**
0938:     * 이 SerialDate가 넘어온 SerialDate와 같거나 앞설 경우 true를 반환한다.
0939:     *
0940:     *
0941:     * @param other 비교 대상 날짜
0942:     *
0943:     * @return 이 SerialDate가 넘어온 SerialDate과 같거나 앞설 경우
0944:     *         <code>true<code>
```

```
0945:      */
0946:     public abstract boolean isOnOrBefore(SerialDate other);
0947: 
0948:     /**
0949:      * 이 SerialDate가 넘어온 SerialDate보다 뒤질 경우 true를 반환한다.
0950:      *
0951:      *
0952:      * @param other 비교 대상 날짜
0953:      *
0954:      * @return 이 SerialDate가 넘어온 SerialDate보다 뒤질 경우
0955:      *         <code>true</code>
0956:      */
0957:     public abstract boolean isAfter(SerialDate other);
0958: 
0959:     /**
0960:      * 이 SerialDate가 넘어온 SerialDate와 같거나 뒤질 경우 true를 반환한다.
0961:      *
0962:      *
0963:      * @param other 비교 대상 날짜
0964:      *
0965:      * @return 이 SerialDate가 넘어온 SerialDate와 같거나 뒤질 경우
0966:      *         <code>true</code>
0967:      */
0968:     public abstract boolean isOnOrAfter(SerialDate other);
0969: 
0970:     /**
0971:      * 이 {@link SerialDate}가 넘어온 범위 내에 들면
0972:      * <code>true</code>를 반환한다(경계값 포함).
0973:      * d1과 d2 날짜 순서는 중요하지 않다.
0974:      *
0975:      * @param d1 범위를 결정하기 위한 경계 날짜
0976:      * @param d2 범위를 결정하기 위한 또 다른 경계 날짜
0977:      *
0978:      * @return 부울값
0979:      */
0980:     public abstract boolean isInRange(SerialDate d1, SerialDate d2);
0981: 
0982:     /**
0983:      * 이 {@link SerialDate}가 넘어온 범위 내에 들면
0984:      * <code>true</code>를 반환한다(호출자가 경계 포함 유무를 명세한다).
0985:      * d1과 d2 날짜 순서는 중요하지 않다.
0986:      *
0987:      * @param d1 범위를 결정하기 위한 경계 날짜
```

```
0988:      * @param d2 범위를 결정하기 위한 또 다른 경계 날짜
0989:      * @param include 시작과 끝 날짜를 범위 내에 포함할지를 제어하는
0990:      *                 코드
0991:      *
0992:      * @return 부울값
0993:      */
0994:     public abstract boolean isInRange(SerialDate d1, SerialDate d2,
0995:                                       int include);
0996:
0997:     /**
0998:      * 넘어온 주 중 일자 범위에 해당하면서
0999:      * 이 날짜보다 앞선 마지막 날짜를 반환한다.
1000:      *
1001:      * @param targetDOW 목표로 삼은 주 중 일자
1002:      *
1003:      * @return 넘어온 주 중 일자 범위에 해당하면서
1004:      *         이 날짜보다 앞선 마지막 날짜
1005:      */
1006:     public SerialDate getPreviousDayOfWeek(final int targetDOW) {
1007:         return getPreviousDayOfWeek(targetDOW, this);
1008:     }
1009:
1010:     /**
1011:      * 넘어온 주 중 일자 범위에 해당하면서
1012:      * 이 날짜보다 늦은 첫 날짜를 반환한다.
1013:      *
1014:      * @param targetDOW 목표로 삼은 주 중 일자
1015:      *
1016:      * @return 넘어온 주 중 일자 범위에 해당하면서
1017:      *         이 날짜보다 늦은 첫 날짜
1018:      */
1019:     public SerialDate getFollowingDayOfWeek(final int targetDOW) {
1020:         return getFollowingDayOfWeek(targetDOW, this);
1021:     }
1022:
1023:     /**
1024:      * 넘어온 주 중 일자 범위에 해당하면서 이 날짜에 가장 근접한 날짜를 반환한다.
1025:      *
1026:      * @param targetDOW 목표로 삼은 주 중 일자
1027:      *
1028:      * @return 넘어온 주 중 일자 범위에 해당하면서 이 날짜에 가장 근접한 날짜
1029:      */
1030:     public SerialDate getNearestDayOfWeek(final int targetDOW) {
```

```
1031:        return getNearestDayOfWeek(targetDOW, this);
1032:    }
1033:
1034: }
```

목록 B-2 SerialDateTest.java

```
001: /* ===========================================================
002:  * JCommon : 자바(등록상표) 플랫폼을 위한 범용 클래스 오픈 소스 라이브러리
003:  * ===========================================================
004:  *
005:  * (C) Copyright 2000-2005, by Object Refinery Limited and Contributors.
006:  *
007:  * 프로젝트 정보:  http://www.jfree.org/jcommon/index.html
008:  *
009:  * This library is free software; you can redistribute it and/or modify it
010:  * under the terms of the GNU Lesser General Public License as published by
011:  * the Free Software Foundation; either version 2.1 of the License, or
012:  * (at your option) any later version.
013:  *
014:  * This library is distributed in the hope that it will be useful, but
015:  * WITHOUT ANY WARRANTY; without even the implied warranty of MERCHANTABILITY
016:  * or FITNESS FOR A PARTICULAR PURPOSE. See the GNU Lesser General Public
017:  * License for more details.
018:  *
019:  * You should have received a copy of the GNU Lesser General Public
020:  * License along with this library; if not, write to the Free Software
021:  * Foundation, Inc., 51 Franklin Street, Fifth Floor, Boston, MA  02110-1301,
022:  * USA.
023:  *
024:  * [자바는 썬 마이크로시스템의 등록 상표로서,
025:  * 미국과 다른 국가에서 적용된다.]
026:  *
027:  * ---------------------
028:  * SerialDateTests.java
029:  * ---------------------
030:  * (C) Copyright 2001-2005, by Object Refinery Limited.
031:  *
032:  * 원래 저자:  데이비드 길버트(Object Refinery Limited);
033:  * 공헌자:     -;
034:  *
035:  * $Id: SerialDateTests.java,v 1.6 2005/11/16 15:58:40 taqua Exp $
036:  *
037:  * 변경 내역
038:  * ------
039:  * 15-Nov-2001 : 버전 1 (DG);
040:  * 25-Jun-2002 : 불필요한 import를 제거했다 (DG);
041:  * 24-Oct-2002 : Checkstyle이 보고한 오류를 수정했다 (DG);
```

```
042:  * 13-Mar-2003 : 직렬화 테스트를 추가했다 (DG);
043:  * 05-Jan-2005 : 버그 보고 1096282를 위한 테스트를 추가했다 (DG);
044:  *
045:  */
046:
047: package org.jfree.date.junit;
048:
049: import java.io.ByteArrayInputStream;
050: import java.io.ByteArrayOutputStream;
051: import java.io.ObjectInput;
052: import java.io.ObjectInputStream;
053: import java.io.ObjectOutput;
054: import java.io.ObjectOutputStream;
055:
056: import junit.framework.Test;
057: import junit.framework.TestCase;
058: import junit.framework.TestSuite;
059:
060: import org.jfree.date.MonthConstants;
061: import org.jfree.date.SerialDate;
062:
063: /**
064:  * {@link SerialDate} 클래스를 위한 몇몇 JUnit 테스트
065:  */
066: public class SerialDateTests extends TestCase {
067:
068:     /** 11월 9일을 표현하는 날짜 */
069:     private SerialDate nov9Y2001;
070:
071:     /**
072:      * 새로운 테스트 케이스를 생성한다.
073:      *
074:      * @param name 이름
075:      */
076:     public SerialDateTests(final String name) {
077:         super(name);
078:     }
079:
080:     /**
081:      * JUnit 테스트 러너를 위한 테스트 슈트를 반환한다.
082:      *
083:      * @return 테스트 슈트
084:      */
```

```
085:    public static Test suite() {
086:        return new TestSuite(SerialDateTests.class);
087:    }
088:
089:    /**
090:     * 문제 설정
091:     */
092:    protected void setUp() {
093:        this.nov9Y2001 = SerialDate.createInstance(9, MonthConstants.NOVEMBER, 2001);
094:    }
095:
096:    /**
097:     * 2001년 11월 9일에 두 달을 더하면 2002년 1월 8일이 되어야 한다.
098:     */
099:    public void testAddMonthsTo9Nov2001() {
100:        final SerialDate jan9Y2002 = SerialDate.addMonths(2, this.nov9Y2001);
101:        final SerialDate answer = SerialDate.createInstance(9, 1, 2002);
102:        assertEquals(answer, jan9Y2002);
103:    }
104:
105:    /**
106:     * 보고된 버그를 위한 테스트 케이스로 현재 수정된 상황이다.
107:     */
108:    public void testAddMonthsTo5Oct2003() {
109:        final SerialDate d1 = SerialDate.createInstance(5, MonthConstants.OCTOBER, 2003);
110:        final SerialDate d2 = SerialDate.addMonths(2, d1);
111:        assertEquals(d2, SerialDate.createInstance(5, MonthConstants.DECEMBER, 2003));
112:    }
113:
114:    /**
115:     * 보고된 버그를 위한 테스트 케이스로 현재 수정된 상황이다.
116:     */
117:    public void testAddMonthsTo1Jan2003() {
118:        final SerialDate d1 = SerialDate.createInstance(1, MonthConstants.JANUARY, 2003);
119:        final SerialDate d2 = SerialDate.addMonths(0, d1);
120:        assertEquals(d2, d1);
121:    }
122:
123:    /**
124:     * 2001년 11월 9일 금요일 앞에 나오는 월요일은 11월 5일이 되어야 한다.
125:     */
126:    public void testMondayPrecedingFriday9Nov2001() {
127:        SerialDate mondayBefore = SerialDate.getPreviousDayOfWeek(
```

```
128:            SerialDate.MONDAY, this.nov9Y2001
129:        );
130:        assertEquals(5, mondayBefore.getDayOfMonth());
131:    }
132:
133:    /**
134:     * 2001년 11월 8일 금요일에 뒤에 나오는 월요일은 11월 12일이 되어야 한다.
135:     */
136:    public void testMondayFollowingFriday9Nov2001() {
137:        SerialDate mondayAfter = SerialDate.getFollowingDayOfWeek(
138:            SerialDate.MONDAY, this.nov9Y2001
139:        );
140:        assertEquals(12, mondayAfter.getDayOfMonth());
141:    }
142:
143:    /**
144:     * 2001년 11월 8일 금요일에 가장 가까운 월요일은 11월 12일이 되어야 한다.
145:     */
146:    public void testMondayNearestFriday9Nov2001() {
147:        SerialDate mondayNearest = SerialDate.getNearestDayOfWeek(
148:            SerialDate.MONDAY, this.nov9Y2001
149:        );
150:        assertEquals(12, mondayNearest.getDayOfMonth());
151:    }
152:
153:    /**
154:     * 1970년 1월 22일에 가장 근접한 월요일은 19일이다.
155:     */
156:    public void testMondayNearest22Jan1970() {
157:        SerialDate jan22Y1970 = SerialDate.createInstance(22, MonthConstants.JANUARY, 1970);
158:        SerialDate mondayNearest=SerialDate.getNearestDayOfWeek(SerialDate.MONDAY, jan22Y1970);
159:        assertEquals(19, mondayNearest.getDayOfMonth());
160:    }
161:
162:    /**
163:     * 날짜를 문자열로 변환해 올바른 결과를 반환하는지 점검한다.
164:     * 실제로, 이 결과는 로케일에 의존하므로 수정할 필요가 있다.
165:     */
166:    public void testWeekdayCodeToString() {
167:
168:        final String test = SerialDate.weekdayCodeToString(SerialDate.SATURDAY);
169:        assertEquals("Saturday", test);
170:
```

```
171:    }
172:
173:    /**
174:     * 문자열을 상수(주)로 변환하는 테스트를 수행한다. 이 테스트는 기본 로케일이
175:     * 영어 요일 이름을 사용하지 않을 경우 실패한다. 더 나은 테스트가 필요하다!
176:     */
177:    public void testStringToWeekday() {
178:
179:      int weekday = SerialDate.stringToWeekdayCode("Wednesday");
180:      assertEquals(SerialDate.WEDNESDAY, weekday);
181:
182:      weekday = SerialDate.stringToWeekdayCode(" Wednesday ");
183:      assertEquals(SerialDate.WEDNESDAY, weekday);
184:
185:      weekday = SerialDate.stringToWeekdayCode("Wed");
186:      assertEquals(SerialDate.WEDNESDAY, weekday);
187:
188:    }
189:
190:    /**
191:     * 문자열을 상수(월)로 변환하는 테스트를 수행한다. 이 테스트는 기본 로케일이
192:     * 영어 월 이름을 사용하지 않을 경우 실패한다. 더 나은 테스트가 필요하다!
193:     */
194:    public void testStringToMonthCode() {
195:
196:      int m = SerialDate.stringToMonthCode("January");
197:      assertEquals(MonthConstants.JANUARY, m);
198:
199:      m = SerialDate.stringToMonthCode(" January ");
200:      assertEquals(MonthConstants.JANUARY, m);
201:
202:      m = SerialDate.stringToMonthCode("Jan");
203:      assertEquals(MonthConstants.JANUARY, m);
204:
205:    }
206:
207:    /**
208:     * 월 상수를 문자열로 바꾸는 테스트를 수행한다.
209:     */
210:    public void testMonthCodeToStringCode() {
211:
212:      final String test = SerialDate.monthCodeToString(MonthConstants.DECEMBER);
213:      assertEquals("December", test);
```

```
214:
215:    }
216:
217:    /**
218:     * 1900년은 윤년이 아니다.
219:     */
220:    public void testIsNotLeapYear1900() {
221:        assertTrue(!SerialDate.isLeapYear(1900));
222:    }
223:
224:    /**
225:     * 2000년은 윤년이다.
226:     */
227:    public void testIsLeapYear2000() {
228:        assertTrue(SerialDate.isLeapYear(2000));
229:    }
230:
231:    /**
232:     * 1900년부터 1899년(포함)까지 윤년 횟수는 0이다.
233:     */
234:    public void testLeapYearCount1899() {
235:        assertEquals(SerialDate.leapYearCount(1899), 0);
236:    }
237:
238:    /**
239:     * 1900년부터 1903년(포함)까지 윤년 횟수는 0이다.
240:     */
241:    public void testLeapYearCount1903() {
242:        assertEquals(SerialDate.leapYearCount(1903), 0);
243:    }
244:
245:    /**
246:     * 1900년부터 1904년(포함)까지 윤년 횟수는 1이다.
247:     */
248:    public void testLeapYearCount1904() {
249:        assertEquals(SerialDate.leapYearCount(1904), 1);
250:    }
251:
252:    /**
253:     * 1900년부터 1999년(포함)까지 윤년 횟수는 24이다.
254:     */
255:    public void testLeapYearCount1999() {
256:        assertEquals(SerialDate.leapYearCount(1999), 24);
```

```
257:    }
258:
259:    /**
260:     * 1900년부터 2000년(포함)까지 윤년 횟수는 25이다.
261:     */
262:    public void testLeapYearCount2000() {
263:      assertEquals(SerialDate.leapYearCount(2000), 25);
264:    }
265:
266:    /**
267:     * 인스턴스를 직렬화해 복원하고 인스턴스가 같은지 점검한다.
268:     */
269:    public void testSerialization() {
270:
271:      SerialDate d1 = SerialDate.createInstance(15, 4, 2000);
272:      SerialDate d2 = null;
273:
274:      try {
275:        ByteArrayOutputStream buffer = new ByteArrayOutputStream();
276:        ObjectOutput out = new ObjectOutputStream(buffer);
277:        out.writeObject(d1);
278:        out.close();
279:
280:        ObjectInput in = new ObjectInputStream(
281:            new ByteArrayInputStream(buffer.toByteArray()));
282:        d2 = (SerialDate) in.readObject();
283:        in.close();
284:      }
285:      catch (Exception e) {
286:        System.out.println(e.toString());
287:      }
288:      assertEquals(d1, d2);
289:
290:    }
291:
292:    /**
293:     * 버그 보고서 1096282를 위한 테스트(현재 수정된 상황)
294:     */
295:    public void test1096282() {
296:      SerialDate d = SerialDate.createInstance(29, 2, 2004);
297:      d = SerialDate.addYears(1, d);
298:      SerialDate expected = SerialDate.createInstance(28, 2, 2005);
299:      assertTrue(d.isOn(expected));
```

```
300:    }
301:
302:    /**
303:     * addMonths()를 위한 기타 테스트
304:     */
305:    public void testAddMonths() {
306:        SerialDate d1 = SerialDate.createInstance(31, 5, 2004);
307:
308:        SerialDate d2 = SerialDate.addMonths(1, d1);
309:        assertEquals(30, d2.getDayOfMonth());
310:        assertEquals(6, d2.getMonth());
311:        assertEquals(2004, d2.getYYYY());
312:
313:        SerialDate d3 = SerialDate.addMonths(2, d1);
314:        assertEquals(31, d3.getDayOfMonth());
315:        assertEquals(7, d3.getMonth());
316:        assertEquals(2004, d3.getYYYY());
317:
318:        SerialDate d4 = SerialDate.addMonths(1, SerialDate.addMonths(1, d1));
319:        assertEquals(30, d4.getDayOfMonth());
320:        assertEquals(7, d4.getMonth());
321:        assertEquals(2004, d4.getYYYY());
322:    }
323: }
```

목록 B-3 MonthConstants.java

```
File: C:\Users\raccoony\Desktop\temp.java
01: /* ========================================================================
02:  * JCommon : 자바(등록상표) 플랫폼을 위한 범용 클래스 오픈 소스 라이브러리
03:  * ========================================================================
04:  *
05:  * (C) Copyright 2000-2005, by Object Refinery Limited and Contributors.
06:  *
07:  * 프로젝트 정보:  http://www.jfree.org/jcommon/index.html
08:  *
09:  * This library is free software; you can redistribute it and/or modify it
10:  * under the terms of the GNU Lesser General Public License as published by
11:  * the Free Software Foundation; either version 2.1 of the License, or
12:  * (at your option) any later version.
13:  *
14:  * This library is distributed in the hope that it will be useful, but
15:  * WITHOUT ANY WARRANTY; without even the implied warranty of MERCHANTABILITY
16:  * or FITNESS FOR A PARTICULAR PURPOSE. See the GNU Lesser General Public
17:  * License for more details.
18:  *
19:  * You should have received a copy of the GNU Lesser General Public
20:  * License along with this library; if not, write to the Free Software
21:  * Foundation, Inc., 51 Franklin Street, Fifth Floor, Boston, MA  02110-1301,
22:  * USA.
23:  *
24:  * [자바는 썬 마이크로시스템의 등록 상표로서,
25:  * 미국과 다른 국가에서 적용된다.]
26:  *
27:  * ---------------------
28:  * MonthConstants.java
29:  * ---------------------
30:  * (C) Copyright 2002, 2003, by Object Refinery Limited.
31:  *
32:  * 원래 저자: 데이비드 길버트(Object Refinery Limited);
33:  * 공헌자:    -;
34:  *
35:  * $Id: MonthConstants.java,v 1.4 2005/11/16 15:58:40 taqua Exp $
36:  *
37:  * 변경 내역
38:  * -------
39:  * 29-May-2002 : 버전 1 (SerialDate 클래스에서 옮겨온 코드) (DG);
40:  *
```

```
41:    */
42:
43:   package org.jfree.date;
44:
45:   /**
46:    * 달을 위한 유용한 상수. java.util.Calendar에 정의된 상수와 동일하지 않음에
47:    * 주의하자(java.util.Calendar에서는 JANUARY=0이며 DECEMBER=11이다).
48:    * <P>
49:    * SerialDate와 RegularTimePeriod가 사용한다.
50:    *
51:    * @author 데이비드 길버트
52:    */
53:   public interface MonthConstants {
54:
55:       /** 1월을 위한 상수 */
56:       public static final int JANUARY = 1;
57:
58:       /** 2월을 위한 상수 */
59:       public static final int FEBRUARY = 2;
60:
61:       /** 3월을 위한 상수 */
62:       public static final int MARCH = 3;
63:
64:       /** 4월을 위한 상수 */
65:       public static final int APRIL = 4;
66:
67:       /** 5월을 위한 상수 */
68:       public static final int MAY = 5;
69:
70:       /** 6월을 위한 상수 */
71:       public static final int JUNE = 6;
72:
73:       /** 7월을 위한 상수 */
74:       public static final int JULY = 7;
75:
76:       /** 8월을 위한 상수 */
77:       public static final int AUGUST = 8;
78:
79:       /** 9월을 위한 상수 */
80:       public static final int SEPTEMBER = 9;
81:
82:       /** 10월을 위한 상수 */
83:       public static final int OCTOBER = 10;
```

```
84:
85:   /** 11월을 위한 상수 */
86:   public static final int NOVEMBER = 11;
87:
88:   /** 12월을 위한 상수 */
89:   public static final int DECEMBER = 12;
90:
91: }
```

목록 B-4 BobsSerialDateTest.java

```java
001: package org.jfree.date.junit;
002:
003: import junit.framework.TestCase;
004: import org.jfree.date.*;
005: import static org.jfree.date.SerialDate.*;
006:
007: import java.util.*;
008:
009: public class BobsSerialDateTest extends TestCase {
010:
011:     public void testIsValidWeekdayCode() throws Exception {
012:         for (int day = 1; day <= 7; day++)
013:             assertTrue(isValidWeekdayCode(day));
014:         assertFalse(isValidWeekdayCode(0));
015:         assertFalse(isValidWeekdayCode(8));
016:     }
017:
018:     public void testStringToWeekdayCode() throws Exception {
019:
020:         assertEquals(-1, stringToWeekdayCode("Hello"));
021:         assertEquals(MONDAY, stringToWeekdayCode("Monday"));
022:         assertEquals(MONDAY, stringToWeekdayCode("Mon"));
023:         // todo assertEquals(MONDAY,stringToWeekdayCode("monday"));
024:         // assertEquals(MONDAY,stringToWeekdayCode("MONDAY"));
025:         // assertEquals(MONDAY, stringToWeekdayCode("mon"));
026:
027:         assertEquals(TUESDAY, stringToWeekdayCode("Tuesday"));
028:         assertEquals(TUESDAY, stringToWeekdayCode("Tue"));
029:         // assertEquals(TUESDAY,stringToWeekdayCode("tuesday"));
030:         // assertEquals(TUESDAY,stringToWeekdayCode("TUESDAY"));
031:         // assertEquals(TUESDAY, stringToWeekdayCode("tue"));
032:         // assertEquals(TUESDAY, stringToWeekdayCode("tues"));
033:
034:         assertEquals(WEDNESDAY, stringToWeekdayCode("Wednesday"));
035:         assertEquals(WEDNESDAY, stringToWeekdayCode("Wed"));
036:         // assertEquals(WEDNESDAY,stringToWeekdayCode("wednesday"));
037:         // assertEquals(WEDNESDAY,stringToWeekdayCode("WEDNESDAY"));
038:         // assertEquals(WEDNESDAY, stringToWeekdayCode("wed"));
039:
040:         assertEquals(THURSDAY, stringToWeekdayCode("Thursday"));
041:         assertEquals(THURSDAY, stringToWeekdayCode("Thu"));
```

```
042:       // assertEquals(THURSDAY,stringToWeekdayCode("thursday"));
043:       // assertEquals(THURSDAY,stringToWeekdayCode("THURSDAY"));
044:       // assertEquals(THURSDAY, stringToWeekdayCode("thu"));
045:       // assertEquals(THURSDAY, stringToWeekdayCode("thurs"));
046:
047:       assertEquals(FRIDAY, stringToWeekdayCode("Friday"));
048:       assertEquals(FRIDAY, stringToWeekdayCode("Fri"));
049:       // assertEquals(FRIDAY,stringToWeekdayCode("friday"));
050:       // assertEquals(FRIDAY,stringToWeekdayCode("FRIDAY"));
051:       // assertEquals(FRIDAY, stringToWeekdayCode("fri"));
052:
053:       assertEquals(SATURDAY, stringToWeekdayCode("Saturday"));
054:       assertEquals(SATURDAY, stringToWeekdayCode("Sat"));
055:       // assertEquals(SATURDAY,stringToWeekdayCode("saturday"));
056:       // assertEquals(SATURDAY,stringToWeekdayCode("SATURDAY"));
057:       // assertEquals(SATURDAY, stringToWeekdayCode("sat"));
058:
059:       assertEquals(SUNDAY, stringToWeekdayCode("Sunday"));
060:       assertEquals(SUNDAY, stringToWeekdayCode("Sun"));
061:       // assertEquals(SUNDAY,stringToWeekdayCode("sunday"));
062:       // assertEquals(SUNDAY,stringToWeekdayCode("SUNDAY"));
063:       // assertEquals(SUNDAY, stringToWeekdayCode("sun"));
064:     }
065:
066:     public void testWeekdayCodeToString() throws Exception {
067:       assertEquals("Sunday", weekdayCodeToString(SUNDAY));
068:       assertEquals("Monday", weekdayCodeToString(MONDAY));
069:       assertEquals("Tuesday", weekdayCodeToString(TUESDAY));
070:       assertEquals("Wednesday", weekdayCodeToString(WEDNESDAY));
071:       assertEquals("Thursday", weekdayCodeToString(THURSDAY));
072:       assertEquals("Friday", weekdayCodeToString(FRIDAY));
073:       assertEquals("Saturday", weekdayCodeToString(SATURDAY));
074:     }
075:
076:     public void testIsValidMonthCode() throws Exception {
077:       for (int i = 1; i <= 12; i++)
078:         assertTrue(isValidMonthCode(i));
079:       assertFalse(isValidMonthCode(0));
080:       assertFalse(isValidMonthCode(13));
081:     }
082:
083:     public void testMonthToQuarter() throws Exception {
084:       assertEquals(1, monthCodeToQuarter(JANUARY));
```

```
085:        assertEquals(1, monthCodeToQuarter(FEBRUARY));
086:        assertEquals(1, monthCodeToQuarter(MARCH));
087:        assertEquals(2, monthCodeToQuarter(APRIL));
088:        assertEquals(2, monthCodeToQuarter(MAY));
089:        assertEquals(2, monthCodeToQuarter(JUNE));
090:        assertEquals(3, monthCodeToQuarter(JULY));
091:        assertEquals(3, monthCodeToQuarter(AUGUST));
092:        assertEquals(3, monthCodeToQuarter(SEPTEMBER));
093:        assertEquals(4, monthCodeToQuarter(OCTOBER));
094:        assertEquals(4, monthCodeToQuarter(NOVEMBER));
095:        assertEquals(4, monthCodeToQuarter(DECEMBER));
096:
097:        try {
098:          monthCodeToQuarter(-1);
099:          fail("Invalid Month Code should throw exception");
100:        } catch (IllegalArgumentException e) {
101:        }
102:      }
103:
104:      public void testMonthCodeToString() throws Exception {
105:        assertEquals("January", monthCodeToString(JANUARY));
106:        assertEquals("February", monthCodeToString(FEBRUARY));
107:        assertEquals("March", monthCodeToString(MARCH));
108:        assertEquals("April", monthCodeToString(APRIL));
109:        assertEquals("May", monthCodeToString(MAY));
110:        assertEquals("June", monthCodeToString(JUNE));
111:        assertEquals("July", monthCodeToString(JULY));
112:        assertEquals("August", monthCodeToString(AUGUST));
113:        assertEquals("September", monthCodeToString(SEPTEMBER));
114:        assertEquals("October", monthCodeToString(OCTOBER));
115:        assertEquals("November", monthCodeToString(NOVEMBER));
116:        assertEquals("December", monthCodeToString(DECEMBER));
117:
118:        assertEquals("Jan", monthCodeToString(JANUARY, true));
119:        assertEquals("Feb", monthCodeToString(FEBRUARY, true));
120:        assertEquals("Mar", monthCodeToString(MARCH, true));
121:        assertEquals("Apr", monthCodeToString(APRIL, true));
122:        assertEquals("May", monthCodeToString(MAY, true));
123:        assertEquals("Jun", monthCodeToString(JUNE, true));
124:        assertEquals("Jul", monthCodeToString(JULY, true));
125:        assertEquals("Aug", monthCodeToString(AUGUST, true));
126:        assertEquals("Sep", monthCodeToString(SEPTEMBER, true));
127:        assertEquals("Oct", monthCodeToString(OCTOBER, true));
```

```
128:      assertEquals("Nov", monthCodeToString(NOVEMBER, true));
129:      assertEquals("Dec", monthCodeToString(DECEMBER, true));
130:
131:      try {
132:        monthCodeToString(-1);
133:        fail("Invalid month code should throw exception");
134:      } catch (IllegalArgumentException e) {
135:      }
136:
137:    }
138:
139:    public void testStringToMonthCode() throws Exception {
140:      assertEquals(JANUARY,stringToMonthCode("1"));
141:      assertEquals(FEBRUARY,stringToMonthCode("2"));
142:      assertEquals(MARCH,stringToMonthCode("3"));
143:      assertEquals(APRIL,stringToMonthCode("4"));
144:      assertEquals(MAY,stringToMonthCode("5"));
145:      assertEquals(JUNE,stringToMonthCode("6"));
146:      assertEquals(JULY,stringToMonthCode("7"));
147:      assertEquals(AUGUST,stringToMonthCode("8"));
148:      assertEquals(SEPTEMBER,stringToMonthCode("9"));
149:      assertEquals(OCTOBER,stringToMonthCode("10"));
150:      assertEquals(NOVEMBER, stringToMonthCode("11"));
151:      assertEquals(DECEMBER,stringToMonthCode("12"));
152:
153:      // todo assertEquals(-1, stringToMonthCode("0"));
154:      // assertEquals(-1, stringToMonthCode("13"));
155:
156:      assertEquals(-1,stringToMonthCode("Hello"));
157:
158:      for (int m = 1; m <= 12; m++) {
159:        assertEquals(m, stringToMonthCode(monthCodeToString(m, false)));
160:        assertEquals(m, stringToMonthCode(monthCodeToString(m, true)));
161:      }
162:
163:      // assertEquals(1,stringToMonthCode("jan"));
164:      // assertEquals(2,stringToMonthCode("feb"));
165:      // assertEquals(3,stringToMonthCode("mar"));
166:      // assertEquals(4,stringToMonthCode("apr"));
167:      // assertEquals(5,stringToMonthCode("may"));
168:      // assertEquals(6,stringToMonthCode("jun"));
169:      // assertEquals(7,stringToMonthCode("jul"));
170:      // assertEquals(8,stringToMonthCode("aug"));
```

```
171:        // assertEquals(9,stringToMonthCode("sep"));
172:        // assertEquals(10,stringToMonthCode("oct"));
173:        // assertEquals(11,stringToMonthCode("nov"));
174:        // assertEquals(12,stringToMonthCode("dec"));
175:
176:        // assertEquals(1,stringToMonthCode("JAN"));
177:        // assertEquals(2,stringToMonthCode("FEB"));
178:        // assertEquals(3,stringToMonthCode("MAR"));
179:        // assertEquals(4,stringToMonthCode("APR"));
180:        // assertEquals(5,stringToMonthCode("MAY"));
181:        // assertEquals(6,stringToMonthCode("JUN"));
182:        // assertEquals(7,stringToMonthCode("JUL"));
183:        // assertEquals(8,stringToMonthCode("AUG"));
184:        // assertEquals(9,stringToMonthCode("SEP"));
185:        // assertEquals(10,stringToMonthCode("OCT"));
186:        // assertEquals(11,stringToMonthCode("NOV"));
187:        // assertEquals(12,stringToMonthCode("DEC"));
188:
189:        // assertEquals(1,stringToMonthCode("january"));
190:        // assertEquals(2,stringToMonthCode("february"));
191:        // assertEquals(3,stringToMonthCode("march"));
192:        // assertEquals(4,stringToMonthCode("april"));
193:        // assertEquals(5,stringToMonthCode("may"));
194:        // assertEquals(6,stringToMonthCode("june"));
195:        // assertEquals(7,stringToMonthCode("july"));
196:        // assertEquals(8,stringToMonthCode("august"));
197:        // assertEquals(9,stringToMonthCode("september"));
198:        // assertEquals(10,stringToMonthCode("october"));
199:        // assertEquals(11,stringToMonthCode("november"));
200:        // assertEquals(12,stringToMonthCode("december"));
201:
202:        // assertEquals(1,stringToMonthCode("JANUARY"));
203:        // assertEquals(2,stringToMonthCode("FEBRUARY"));
204:        // assertEquals(3,stringToMonthCode("MAR"));
205:        // assertEquals(4,stringToMonthCode("APRIL"));
206:        // assertEquals(5,stringToMonthCode("MAY"));
207:        // assertEquals(6,stringToMonthCode("JUNE"));
208:        // assertEquals(7,stringToMonthCode("JULY"));
209:        // assertEquals(8,stringToMonthCode("AUGUST"));
210:        // assertEquals(9,stringToMonthCode("SEPTEMBER"));
211:        // assertEquals(10,stringToMonthCode("OCTOBER"));
212:        // assertEquals(11,stringToMonthCode("NOVEMBER"));
213:        // assertEquals(12,stringToMonthCode("DECEMBER"));
```

```
214:   }
215:
216:   public void testIsValidWeekInMonthCode() throws Exception {
217:     for (int w = 0; w <= 4; w++) {
218:       assertTrue(isValidWeekInMonthCode(w));
219:     }
220:     assertFalse(isValidWeekInMonthCode(5));
221:   }
222:
223:   public void testIsLeapYear() throws Exception {
224:     assertFalse(isLeapYear(1900));
225:     assertFalse(isLeapYear(1901));
226:     assertFalse(isLeapYear(1902));
227:     assertFalse(isLeapYear(1903));
228:     assertTrue(isLeapYear(1904));
229:     assertTrue(isLeapYear(1908));
230:     assertFalse(isLeapYear(1955));
231:     assertTrue(isLeapYear(1964));
232:     assertTrue(isLeapYear(1980));
233:     assertTrue(isLeapYear(2000));
234:     assertFalse(isLeapYear(2001));
235:     assertFalse(isLeapYear(2100));
236:   }
237:
238:   public void testLeapYearCount() throws Exception {
239:     assertEquals(0, leapYearCount(1900));
240:     assertEquals(0, leapYearCount(1901));
241:     assertEquals(0, leapYearCount(1902));
242:     assertEquals(0, leapYearCount(1903));
243:     assertEquals(1, leapYearCount(1904));
244:     assertEquals(1, leapYearCount(1905));
245:     assertEquals(1, leapYearCount(1906));
246:     assertEquals(1, leapYearCount(1907));
247:     assertEquals(2, leapYearCount(1908));
248:     assertEquals(24, leapYearCount(1999));
249:     assertEquals(25, leapYearCount(2001));
250:     assertEquals(49, leapYearCount(2101));
251:     assertEquals(73, leapYearCount(2201));
252:     assertEquals(97, leapYearCount(2301));
253:     assertEquals(122, leapYearCount(2401));
254:   }
255:
256:   public void testLastDayOfMonth() throws Exception {
```

```
257:        assertEquals(31, lastDayOfMonth(JANUARY, 1901));
258:        assertEquals(28, lastDayOfMonth(FEBRUARY, 1901));
259:        assertEquals(31, lastDayOfMonth(MARCH, 1901));
260:        assertEquals(30, lastDayOfMonth(APRIL, 1901));
261:        assertEquals(31, lastDayOfMonth(MAY, 1901));
262:        assertEquals(30, lastDayOfMonth(JUNE, 1901));
263:        assertEquals(31, lastDayOfMonth(JULY, 1901));
264:        assertEquals(31, lastDayOfMonth(AUGUST, 1901));
265:        assertEquals(30, lastDayOfMonth(SEPTEMBER, 1901));
266:        assertEquals(31, lastDayOfMonth(OCTOBER, 1901));
267:        assertEquals(30, lastDayOfMonth(NOVEMBER, 1901));
268:        assertEquals(31, lastDayOfMonth(DECEMBER, 1901));
269:        assertEquals(29, lastDayOfMonth(FEBRUARY, 1904));
270:    }
271:
272:    public void testAddDays() throws Exception {
273:        SerialDate newYears = d(1, JANUARY, 1900);
274:        assertEquals(d(2, JANUARY, 1900), addDays(1, newYears));
275:        assertEquals(d(1, FEBRUARY, 1900), addDays(31, newYears));
276:        assertEquals(d(1, JANUARY, 1901), addDays(365, newYears));
277:        assertEquals(d(31, DECEMBER, 1904), addDays(5 * 365, newYears));
278:    }
279:
280:    private static SpreadsheetDate d(int day, int month, int year) {
281:        return new SpreadsheetDate(day, month, year); }
282:    public void testAddMonths() throws Exception {
283:        assertEquals(d(1, FEBRUARY, 1900), addMonths(1, d(1, JANUARY, 1900)));
284:        assertEquals(d(28, FEBRUARY, 1900), addMonths(1, d(31, JANUARY, 1900)));
285:        assertEquals(d(28, FEBRUARY, 1900), addMonths(1, d(30, JANUARY, 1900)));
286:        assertEquals(d(28, FEBRUARY, 1900), addMonths(1, d(29, JANUARY, 1900)));
287:        assertEquals(d(28, FEBRUARY, 1900), addMonths(1, d(28, JANUARY, 1900)));
288:        assertEquals(d(27, FEBRUARY, 1900), addMonths(1, d(27, JANUARY, 1900)));
289:
290:        assertEquals(d(30, JUNE, 1900), addMonths(5, d(31, JANUARY, 1900)));
291:        assertEquals(d(30, JUNE, 1901), addMonths(17, d(31, JANUARY, 1900)));
292:
293:        assertEquals(d(29, FEBRUARY, 1904), addMonths(49, d(31, JANUARY, 1900)));
294:
295:    }
296:
297:    public void testAddYears() throws Exception {
298:        assertEquals(d(1, JANUARY, 1901), addYears(1, d(1, JANUARY, 1900)));
299:        assertEquals(d(28, FEBRUARY, 1905), addYears(1, d(29, FEBRUARY, 1904)));
```

```
300:      assertEquals(d(28, FEBRUARY, 1905), addYears(1, d(28, FEBRUARY, 1904)));
301:      assertEquals(d(28, FEBRUARY, 1904), addYears(1, d(28, FEBRUARY, 1903)));
302:    }
303:
304:    public void testGetPreviousDayOfWeek() throws Exception {
305:      assertEquals(d(24, FEBRUARY, 2006), getPreviousDayOfWeek(FRIDAY, d(1, MARCH, 2006)));
306:      assertEquals(d(22, FEBRUARY, 2006), getPreviousDayOfWeek(WEDNESDAY, d(1, MARCH, 2006)));
307:      assertEquals(d(29, FEBRUARY, 2004), getPreviousDayOfWeek(SUNDAY, d(3, MARCH, 2004)));
308:      assertEquals(d(29, DECEMBER, 2004), getPreviousDayOfWeek(WEDNESDAY, d(5, JANUARY, 2005)));
309:
310:      try {
311:        getPreviousDayOfWeek(-1, d(1, JANUARY, 2006));
312:        fail("Invalid day of week code should throw exception");
313:      } catch (IllegalArgumentException e) {
314:      }
315:    }
316:
317:    public void testGetFollowingDayOfWeek() throws Exception {
318:    // assertEquals(d(1, JANUARY, 2005),getFollowingDayOfWeek(SATURDAY, d(25, DECEMBER, 2004)));
319:      assertEquals(d(1, JANUARY, 2005), getFollowingDayOfWeek(SATURDAY, d(26, DECEMBER, 2004)));
320:      assertEquals(d(3, MARCH, 2004), getFollowingDayOfWeek(WEDNESDAY, d(28, FEBRUARY, 2004)));
321:
322:      try {
323:        getFollowingDayOfWeek(-1, d(1, JANUARY, 2006));
324:        fail("Invalid day of week code should throw exception");
325:      } catch (IllegalArgumentException e) {
326:      }
327:    }
328:
329:    public void testGetNearestDayOfWeek() throws Exception {
330:      assertEquals(d(16, APRIL, 2006), getNearestDayOfWeek(SUNDAY, d(16, APRIL, 2006)));
331:      assertEquals(d(16, APRIL, 2006), getNearestDayOfWeek(SUNDAY, d(17, APRIL, 2006)));
332:      assertEquals(d(16, APRIL, 2006), getNearestDayOfWeek(SUNDAY, d(18, APRIL, 2006)));
333:      assertEquals(d(16, APRIL, 2006), getNearestDayOfWeek(SUNDAY, d(19, APRIL, 2006)));
334:      assertEquals(d(23, APRIL, 2006), getNearestDayOfWeek(SUNDAY, d(20, APRIL, 2006)));
335:      assertEquals(d(23, APRIL, 2006), getNearestDayOfWeek(SUNDAY, d(21, APRIL, 2006)));
336:      assertEquals(d(23, APRIL, 2006), getNearestDayOfWeek(SUNDAY, d(22, APRIL, 2006)));
337:
338:      //todo assertEquals(d(17, APRIL, 2006), getNearestDayOfWeek(MONDAY, d(16, APRIL, 2006)));
339:      assertEquals(d(17, APRIL, 2006), getNearestDayOfWeek(MONDAY, d(17, APRIL, 2006)));
340:      assertEquals(d(17, APRIL, 2006), getNearestDayOfWeek(MONDAY, d(18, APRIL, 2006)));
341:      assertEquals(d(17, APRIL, 2006), getNearestDayOfWeek(MONDAY, d(19, APRIL, 2006)));
342:      assertEquals(d(17, APRIL, 2006), getNearestDayOfWeek(MONDAY, d(20, APRIL, 2006)));
```

```
343:        assertEquals(d(24, APRIL, 2006), getNearestDayOfWeek(MONDAY, d(21, APRIL, 2006)));
344:        assertEquals(d(24, APRIL, 2006), getNearestDayOfWeek(MONDAY, d(22, APRIL, 2006)));
345:
346:     // assertEquals(d(18, APRIL, 2006), getNearestDayOfWeek(TUESDAY, d(16, APRIL, 2006)));
347:     // assertEquals(d(18, APRIL, 2006), getNearestDayOfWeek(TUESDAY, d(17, APRIL, 2006)));
348:        assertEquals(d(18, APRIL, 2006), getNearestDayOfWeek(TUESDAY, d(18, APRIL, 2006)));
349:        assertEquals(d(18, APRIL, 2006), getNearestDayOfWeek(TUESDAY, d(19, APRIL, 2006)));
350:        assertEquals(d(18, APRIL, 2006), getNearestDayOfWeek(TUESDAY, d(20, APRIL, 2006)));
351:        assertEquals(d(18, APRIL, 2006), getNearestDayOfWeek(TUESDAY, d(21, APRIL, 2006)));
352:        assertEquals(d(25, APRIL, 2006), getNearestDayOfWeek(TUESDAY, d(22, APRIL, 2006)));
353:
354:     // assertEquals(d(19, APRIL, 2006), getNearestDayOfWeek(WEDNESDAY, d(16, APRIL, 2006)));
355:     // assertEquals(d(19, APRIL, 2006), getNearestDayOfWeek(WEDNESDAY, d(17, APRIL, 2006)));
356:     // assertEquals(d(19, APRIL, 2006), getNearestDayOfWeek(WEDNESDAY, d(18, APRIL, 2006)));
357:        assertEquals(d(19, APRIL, 2006), getNearestDayOfWeek(WEDNESDAY, d(19, APRIL, 2006)));
358:        assertEquals(d(19, APRIL, 2006), getNearestDayOfWeek(WEDNESDAY, d(20, APRIL, 2006)));
359:        assertEquals(d(19, APRIL, 2006), getNearestDayOfWeek(WEDNESDAY, d(21, APRIL, 2006)));
360:        assertEquals(d(19, APRIL, 2006), getNearestDayOfWeek(WEDNESDAY, d(22, APRIL, 2006)));
361:
362:     // assertEquals(d(13, APRIL, 2006), getNearestDayOfWeek(THURSDAY, d(16, APRIL, 2006)));
363:     // assertEquals(d(20, APRIL, 2006), getNearestDayOfWeek(THURSDAY, d(17, APRIL, 2006)));
364:     // assertEquals(d(20, APRIL, 2006), getNearestDayOfWeek(THURSDAY, d(18, APRIL, 2006)));
365:     // assertEquals(d(20, APRIL, 2006), getNearestDayOfWeek(THURSDAY, d(19, APRIL, 2006)));
366:        assertEquals(d(20, APRIL, 2006), getNearestDayOfWeek(THURSDAY, d(20, APRIL, 2006)));
367:        assertEquals(d(20, APRIL, 2006), getNearestDayOfWeek(THURSDAY, d(21, APRIL, 2006)));
368:        assertEquals(d(20, APRIL, 2006), getNearestDayOfWeek(THURSDAY, d(22, APRIL, 2006)));
369:
370:     // assertEquals(d(14, APRIL, 2006), getNearestDayOfWeek(FRIDAY, d(16, APRIL, 2006)));
371:     // assertEquals(d(14, APRIL, 2006), getNearestDayOfWeek(FRIDAY, d(17, APRIL, 2006)));
372:     // assertEquals(d(21, APRIL, 2006), getNearestDayOfWeek(FRIDAY, d(18, APRIL, 2006)));
373:     // assertEquals(d(21, APRIL, 2006), getNearestDayOfWeek(FRIDAY, d(19, APRIL, 2006)));
374:     // assertEquals(d(21, APRIL, 2006), getNearestDayOfWeek(FRIDAY, d(20, APRIL, 2006)));
375:        assertEquals(d(21, APRIL, 2006), getNearestDayOfWeek(FRIDAY, d(21, APRIL, 2006)));
376:        assertEquals(d(21, APRIL, 2006), getNearestDayOfWeek(FRIDAY, d(22, APRIL, 2006)));
377:
378:     // assertEquals(d(15, APRIL, 2006), getNearestDayOfWeek(SATURDAY, d(16, APRIL, 2006)));
379:     // assertEquals(d(15, APRIL, 2006), getNearestDayOfWeek(SATURDAY, d(17, APRIL, 2006)));
380:     // assertEquals(d(15, APRIL, 2006), getNearestDayOfWeek(SATURDAY, d(18, APRIL, 2006)));
381:     // assertEquals(d(22, APRIL, 2006), getNearestDayOfWeek(SATURDAY, d(19, APRIL, 2006)));
382:     // assertEquals(d(22, APRIL, 2006), getNearestDayOfWeek(SATURDAY, d(20, APRIL, 2006)));
383:     // assertEquals(d(22, APRIL, 2006), getNearestDayOfWeek(SATURDAY, d(21, APRIL, 2006)));
384:        assertEquals(d(22, APRIL, 2006), getNearestDayOfWeek(SATURDAY, d(22, APRIL, 2006)));
385:
```

```
386:    try {
387:      getNearestDayOfWeek(-1, d(1, JANUARY, 2006));
388:      fail("Invalid day of week code should throw exception");
389:    } catch (IllegalArgumentException e) {
390:    }
391:  }
392:
393:  public void testEndOfCurrentMonth() throws Exception {
394:    SerialDate d = SerialDate.createInstance(2);
395:    assertEquals(d(31, JANUARY, 2006), d.getEndOfCurrentMonth(d(1, JANUARY, 2006)));
396:    assertEquals(d(28, FEBRUARY, 2006), d.getEndOfCurrentMonth(d(1, FEBRUARY, 2006)));
397:    assertEquals(d(31, MARCH, 2006), d.getEndOfCurrentMonth(d(1, MARCH, 2006)));
398:    assertEquals(d(30, APRIL, 2006), d.getEndOfCurrentMonth(d(1, APRIL, 2006)));
399:    assertEquals(d(31, MAY, 2006), d.getEndOfCurrentMonth(d(1, MAY, 2006)));
400:    assertEquals(d(30, JUNE, 2006), d.getEndOfCurrentMonth(d(1, JUNE, 2006)));
401:    assertEquals(d(31, JULY, 2006), d.getEndOfCurrentMonth(d(1, JULY, 2006)));
402:    assertEquals(d(31, AUGUST, 2006), d.getEndOfCurrentMonth(d(1, AUGUST, 2006)));
403:    assertEquals(d(30, SEPTEMBER, 2006), d.getEndOfCurrentMonth(d(1, SEPTEMBER, 2006)));
404:    assertEquals(d(31, OCTOBER, 2006), d.getEndOfCurrentMonth(d(1, OCTOBER, 2006)));
405:    assertEquals(d(30, NOVEMBER, 2006), d.getEndOfCurrentMonth(d(1, NOVEMBER, 2006)));
406:    assertEquals(d(31, DECEMBER, 2006), d.getEndOfCurrentMonth(d(1, DECEMBER, 2006)));
407:    assertEquals(d(29, FEBRUARY, 2008), d.getEndOfCurrentMonth(d(1, FEBRUARY, 2008)));
408:  }
409:
410:  public void testWeekInMonthToString() throws Exception {
411:    assertEquals("First",weekInMonthToString(FIRST_WEEK_IN_MONTH));
412:    assertEquals("Second",weekInMonthToString(SECOND_WEEK_IN_MONTH));
413:    assertEquals("Third",weekInMonthToString(THIRD_WEEK_IN_MONTH));
414:    assertEquals("Fourth",weekInMonthToString(FOURTH_WEEK_IN_MONTH));
415:    assertEquals("Last",weekInMonthToString(LAST_WEEK_IN_MONTH));
416:
417:    //todo try {
418:    //   weekInMonthToString(-1);
419:    //   fail("Invalid week code should throw exception");
420:    // } catch (IllegalArgumentException e) {
421:    // }
422:  }
423:
424:  public void testRelativeToString() throws Exception {
425:    assertEquals("Preceding",relativeToString(PRECEDING));
426:    assertEquals("Nearest",relativeToString(NEAREST));
427:    assertEquals("Following",relativeToString(FOLLOWING));
428:
```

```
429:       //todo try {
430:       //   relativeToString(-1000);
431:       //   fail("Invalid relative code should throw exception");
432:       // } catch (IllegalArgumentException e) {
433:       // }
434:     }
435:
436:     public void testCreateInstanceFromDDMMYYYY() throws Exception {
437:       SerialDate date = createInstance(1, JANUARY, 1900);
438:       assertEquals(1,date.getDayOfMonth());
439:       assertEquals(JANUARY,date.getMonth());
440:       assertEquals(1900,date.getYYYY());
441:       assertEquals(2,date.toSerial());
442:     }
443:
444:     public void testCreateInstanceFromSerial() throws Exception {
445:       assertEquals(d(1, JANUARY, 1900),createInstance(2));
446:       assertEquals(d(1, JANUARY, 1901), createInstance(367));
447:     }
448:
449:     public void testCreateInstanceFromJavaDate() throws Exception {
450:       assertEquals(d(1, JANUARY, 1900),
451:         createInstance(new GregorianCalendar(1900,0,1).getTime()));
452:       assertEquals(d(1, JANUARY, 2006),
453:         createInstance(new GregorianCalendar(2006,0,1).getTime()));
454:     }
455:
456:     public static void main(String[] args) {
457:       junit.textui.TestRunner.run(BobsSerialDateTest.class);
458:     }
459: }
```

목록 B-5 SpreadsheetData.java

```
001: /* ========================================================
002:  * JCommon : 자바(등록상표) 플랫폼을 위한 범용 클래스 오픈 소스 라이브러리
003:  * ========================================================
004:  *
005:  * (C) Copyright 2000-2005, by Object Refinery Limited and Contributors.
006:  *
007:  * 프로젝트 정보:   http://www.jfree.org/jcommon/index.html
008:  *
009:  * This library is free software; you can redistribute it and/or modify it
010:  * under the terms of the GNU Lesser General Public License as published by
011:  * the Free Software Foundation; either version 2.1 of the License, or
012:  * (at your option) any later version.
013:  *
014:  * This library is distributed in the hope that it will be useful, but
015:  * WITHOUT ANY WARRANTY; without even the implied warranty of MERCHANTABILITY
016:  * or FITNESS FOR A PARTICULAR PURPOSE. See the GNU Lesser General Public
017:  * License for more details.
018:  *
019:  * You should have received a copy of the GNU Lesser General Public
020:  * License along with this library; if not, write to the Free Software
021:  * Foundation, Inc., 51 Franklin Street, Fifth Floor, Boston, MA  02110-1301,
022:  * USA.
023:  *
024:  * [자바는 썬 마이크로시스템의 등록 상표로서,
025:  * 미국과 다른 국가에서 적용된다.]
026:  *
027:  * --------------------
028:  * SpreadsheetDate.java
029:  * --------------------
030:  * (C) Copyright 2000-2005, by Object Refinery Limited and Contributors.
031:  *
032:  * 원래 저자: 데이비드 길버트(Object Refinery Limited);
033:  * 공헌자:    -;
034:  *
035:  * $Id: SpreadsheetDate.java,v 1.8 2005/11/03 09:25:39 mungady Exp $
036:  *
037:  * 변경 내역
038:  * -------
039:  * 11-Oct-2001 : 버전 1 (DG);
040:  * 05-Nov-2001 : getDescription()와 setDescription() 메서드를 추가했다 (DG);
041:  * 12-Nov-2001 : ExcelDate.java에서 SpreadsheetDate.java로 이름을 바꿨다 (DG);
```

```
042:  *                    직렬 번호에서 일자, 달, 연도를 계산하는 버그를 수정했다
043:  *                    (DG);
044:  * 24-Jan-2002 : 일자, 달, 연도에서 직렬 번호를 계산하는 버그를 수정했다
045:  *                    보고해 준 트레버 힐스에게 감사한다 (DG);
046:  * 29-May-2002 : equals(Object) 메서드를 추가했다(SourceForge ID 558850) (DG);
047:  * 03-Oct-2002 : Checkstyle이 보고한 오류를 수정했다 (DG);
048:  * 13-Mar-2003 : Serializable를 구현했다 (DG);
049:  * 04-Sep-2003 : isInRange() 메서드를 완성했다 (DG);
050:  * 05-Sep-2003 : Comparable를 구현했다 (DG);
051:  * 21-Oct-2003 : hashCode() 메서드를 추가했다 (DG);
052:  *
053:  */
054:
055: package org.jfree.date;
056:
057: import java.util.Calendar;
058: import java.util.Date;
059:
060: /**
061:  * 마이크로소프트 엑셀에서 구현한 방식과 유사하게 정수를 사용해
062:  * 날짜를 표현한다. 지원하는 날짜 범위는
063:  * 1990년 1월 1일부터 9999년 12월 31일까지다.
064:  * <P>
065:  * 엑셀에는 실제로 윤년이 아니지만 1900년을 윤년으로 인식하는 고의적인 버그가
066:  * 존재한다. 세부사항은 마이크로소프트 웹 사이트에서 214326번 아티클을
067:  * 읽어보기 바란다.
068:  * <P>
069:  * http://support.microsoft.com/kb/214326
070:  * <P>
071:  * 엑셀은 1900년 1월 1일을 1로 취급하는 관례를 사용한다.
072:  * 이 클래스는 1900년 1월 1일을 2로 취급하는 관례를 사용한다.
073:  * 이 클래스를 사용할 경우 1900년도 1월과 2월을 계산하면
074:  * 날짜 번호가 엑셀 계산과 달라진다. 하지만 엑셀은
075:  * (1900년 2월 29일이 실제로 존재하지 않지만!) 하루를 추가하므로
076:  * 이 날짜 이후부터 계산한 결과는 일치한다.
077:  *
078:  * @author 데이비드 길버트
079:  */
080: public class SpreadsheetDate extends SerialDate {
081:
082:     /** 직렬화를 위해 */
083:     private static final long serialVersionUID = -2039586705374454461L;
084:
```

```
085:    /**
086:     * 날짜 번호 (1900년 1월 1일 = 2, 1900년 1월 2일 = 3, ..., 9999년 12월 31일
087:     * = 2958465).
088:     */
089:    private int serial;
090:
091:    /** 일자 (1에서 28, 29, 30 또는 31, 달에 따라 달라짐) */
092:    private int day;
093:
094:    /** 달 (1월부터 12월까지) */
095:    private int month;
096:
097:    /** 연도(1900년부터 9999년까지) */
098:    private int year;
099:
100:    /** 날짜를 위한 추가 설명 */
101:    private String description;
102:
103:    /**
104:     * 새로운 date 인스턴스를 만든다.
105:     *
106:     * @param day 일자(범위는 1일에서 28/29/30/31일까지)
107:     * @param month 달(범위는 1월에서 12월까지)
108:     * @param year 연도(범위는 1900부터 9999년까지)
109:     */
110:    public SpreadsheetDate(final int day, final int month, final int year) {
111:
112:      if ((year >= 1900) && (year <= 9999)) {
113:        this.year = year;
114:      }
115:      else {
116:        throw new IllegalArgumentException(
117:            "The 'year' argument must be in range 1900 to 9999."
118:        );
119:      }
120:
121:      if ((month >= MonthConstants.JANUARY)
122:          && (month <= MonthConstants.DECEMBER)) {
123:        this.month = month;
124:      }
125:      else {
126:        throw new IllegalArgumentException(
127:            "The 'month' argument must be in the range 1 to 12."
```

```
128:          );
129:        }
130:
131:        if ((day >= 1) && (day <= SerialDate.lastDayOfMonth(month, year))) {
132:          this.day = day;
133:        }
134:        else {
135:          throw new IllegalArgumentException("Invalid 'day' argument.");
136:        }
137:
138:        // 직렬 번호는 일자-달-연도와 동기화할 필요가 있다.
139:        this.serial = calcSerial(day, month, year);
140:
141:        this.description = null;
142:
143:    }
144:
145:    /**
146:     * 표준 생성자-넘어온 날짜 번호를 표현하는 새로운 날짜 객체를 생성한다.
147:     * (범위는 2부터 2958465까지)
148:     *
149:     * @param serial 날짜에 대한 직렬 번호(범위는 2부터 2958465까지)
150:     */
151:    public SpreadsheetDate(final int serial) {
152:
153:        if ((serial >= SERIAL_LOWER_BOUND) && (serial <= SERIAL_UPPER_BOUND)) {
154:          this.serial = serial;
155:        }
156:        else {
157:          throw new IllegalArgumentException(
158:              "SpreadsheetDate: Serial must be in range 2 to 2958465.");
159:        }
160:
161:        // 직렬 번호는 일자-달-연도와 동기화할 필요가 있다.
162:        calcDayMonthYear();
163:
164:    }
165:
166:    /**
167:     * 날짜에 붙어 있는 설명을 반환한다. 날짜에 설명이 붙을 필요는 없다.
168:     * 하지만 몇몇 애플리케이션에는 이런 설명이 유용하다.
169:     *
170:     *
```

```
171:    * @return 날짜에 붙어있는 설명
172:    */
173:   public String getDescription() {
174:     return this.description;
175:   }
176:
177:   /**
178:    * 날짜에 설명을 붙인다.
179:    *
180:    * @param description 이 날짜에 붙일 설명
181:    *                    (<code>null</code>도 허용)
182:    */
183:   public void setDescription(final String description) {
184:     this.description = description;
185:   }
186:
187:   /**
188:    * 날짜에 대한 직렬 번호를 반환한다. 여기서 1900년 1월 1일이 2다
189:    * (마이크로소프트 엑셀 포 윈도와 로터스 1-2-3에서 사용하는
190:    * 숫자 시스템에 대응한다).
191:    *
192:    * @return 날짜에 대한 직렬 번호
193:    */
194:   public int toSerial() {
195:     return this.serial;
196:   }
197:
198:   /**
199:    * 이 날짜와 동일한 <code>java.util.Date</code>를 반환한다.
200:    *
201:    * @return 날짜
202:    */
203:   public Date toDate() {
204:     final Calendar calendar = Calendar.getInstance();
205:     calendar.set(getYYYY(), getMonth() - 1, getDayOfMonth(), 0, 0, 0);
206:     return calendar.getTime();
207:   }
208:
209:   /**
210:    * 연도를 반환한다(유효한 범위는 1900년부터 9999년까지를 가정한다).
211:    *
212:    * @return 연도
213:    */
```

```
214:    public int getYYYY() {
215:      return this.year;
216:    }
217:
218:    /**
219:     * 달을 반환한다(1월 = 1, 2월 = 2, 3월 = 3).
220:     *
221:     * @return 연 중 달
222:     */
223:    public int getMonth() {
224:      return this.month;
225:    }
226:
227:    /**
228:     * 월 중 일자를 반환한다.
229:     *
230:     * @return 월 중 일자
231:     */
232:    public int getDayOfMonth() {
233:      return this.day;
234:    }
235:
236:    /**
237:     * 주 중 일자를 표현하는 코드를 반환한다.
238:     * <P>
239:     * 이 코드는 {@link SerialDate} 클래스에 다음과 같이 정의되어 있다.
240:     * <code>SUNDAY</code>, <code>MONDAY</code>, <code>TUESDAY</code>,
241:     * <code>WEDNESDAY</code>, <code>THURSDAY</code>, <code>FRIDAY</code>,
242:     * <code>SATURDAY</code>.
243:     *
244:     * @return 주 중 일자를 표현하는 코드
245:     */
246:    public int getDayOfWeek() {
247:      return (this.serial + 6) % 7 + 1;
248:    }
249:
250:    /**
251:     * 이 날짜가 임의 객체와 동등한지 비교한다.
252:     * <P>
253:     * 객체가 {@link SerialDate} 기초 클래스의 인스턴스인 경우에만
254:     * true를 반환한다. 객체는 {@link SpreadsheetDate} 식으로
255:     * 날짜를 표현한다.
256:     *
```

```
257:    * @param object 비교 대상 객체(<code>null</code>도 허용)
258:    *
259:    * @return 부울값
260:    */
261:   public boolean equals(final Object object) {
262:
263:     if (object instanceof SerialDate) {
264:       final SerialDate s = (SerialDate) object;
265:       return (s.toSerial() == this.toSerial());
266:     }
267:     else {
268:       return false;
269:     }
270:
271:   }
272:
273:   /**
274:    * 이 객체 인스턴스에 대한 해시 코드를 반환한다.
275:    *
276:    * @return 해시 코드
277:    */
278:   public int hashCode() {
279:     return toSerial();
280:   }
281:
282:   /**
283:    * 이 날짜와 넘어온 '다른' 날짜 사이의 차이를 (날짜 수로) 반환한다.
284:    *
285:    *
286:    * @param other 비교 대상 날짜
287:    *
288:    * @return 이 날짜와 넘어온 '다른' 날짜 사이의 차이
289:    *          (날짜 수)
290:    */
291:   public int compare(final SerialDate other) {
292:     return this.serial - other.toSerial();
293:   }
294:
295:   /**
296:    * Comparable 인터페이스가 요구하는 메서드를 구현한다.
297:    *
298:    * @param other 다른 객체(일반적으로 다른 SerialDate).
299:    *
```

```
300:      * @return 넘어온 객체보다 작으면 음수, 같으면 0, 크면 양수
301:      *
302:      */
303:     public int compareTo(final Object other) {
304:         return compare((SerialDate) other);
305:     }
306:
307:     /**
308:      * SerialDate가 넘어온 SerialDate와 동일한 경우 true를 반환한다.
309:      *
310:      *
311:      * @param other 비교 대상 날짜
312:      *
313:      * @return 이 SerialDate가 넘어온 SerialDate와 동일한 경우
314:      *         <code>true</code>
315:      */
316:     public boolean isOn(final SerialDate other) {
317:         return (this.serial == other.toSerial());
318:     }
319:
320:     /**
321:      * 이 SerialDate가 넘어온 SerialDate보다 앞설 경우 true를 반환한다.
322:      *
323:      *
324:      * @param other 비교 대상 날짜
325:      *
326:      * @return 이 SerialDate가 넘어온 SerialDate보다 앞설 경우
327:      *         <code>true</code>
328:      */
329:     public boolean isBefore(final SerialDate other) {
330:         return (this.serial < other.toSerial());
331:     }
332:
333:     /**
334:      * 이 SerialDate가 넘어온 SerialDate와 같거나 앞설 경우 true를 반환한다.
335:      *
336:      *
337:      * @param other   비교 대상 날짜
338:      *
339:      * @return 이 SerialDate가 넘어온 SerialDate과 같거나 앞설 경우
340:      *         <code>true<code>
341:      */
342:     public boolean isOnOrBefore(final SerialDate other) {
```

```
343:        return (this.serial <= other.toSerial());
344:      }
345:
346:      /**
347:       * 이 SerialDate가 넘어온 SerialDate보다 뒤질 경우 true를 반환한다.
348:       *
349:       *
350:       * @param other   비교 대상 날짜
351:       *
352:       * @return 이 SerialDate가 넘어온 SerialDate보다 뒤질 경우
353:       *         <code>true</code>
354:       */
355:      public boolean isAfter(final SerialDate other) {
356:        return (this.serial > other.toSerial());
357:      }
358:
359:      /**
360:       * 이 SerialDate가 넘어온 SerialDate와 같거나 뒤질 경우 true를 반환한다.
361:       *
362:       *
363:       * @param other   비교 대상 날짜
364:       *
365:       * @return 이 SerialDate가 넘어온 SerialDate와 같거나 뒤질 경우
366:       *         <code>true</code>
367:       */
368:      public boolean isOnOrAfter(final SerialDate other) {
369:        return (this.serial >= other.toSerial());
370:      }
371:
372:      /**
373:       * 이 {@link SerialDate}가 넘어온 범위 내에 들면
374:       * <code>true</code>를 반환한다(경계 값 포함).
375:       * d1과 d2 날짜 순서는 중요하지 않다.
376:       *
377:       * @param d1 범위를 결정하기 위한 경계 날짜
378:       * @param d2 범위를 결정하기 위한 또 다른 경계 날짜
379:       *
380:       * @return 부울값
381:       */
382:      public boolean isInRange(final SerialDate d1, final SerialDate d2) {
383:        return isInRange(d1, d2, SerialDate.INCLUDE_BOTH);
384:      }
385:
```

```
/**
 * 이 {@link SerialDate}가 넘어온 범위 내에 들면
 * <code>true</code>를 반환한다(호출자가 경계 포함 유무를 명세한다).
 * d1과 d2 날짜 순서는 중요하지 않다.
 *
 * @param d1 범위를 결정하기 위한 경계 날짜
 * @param d2 범위를 결정하기 위한 또 다른 경계 날짜
 * @param include 시작과 끝 날짜를 범위 내에 포함할지를 제어하는
 *                코드
 *
 * @return 이 SerialDate가 지정된 범위 내에 들어오면
 *         <code>true</code>
 */
public boolean isInRange(final SerialDate d1, final SerialDate d2,
                        final int include) {
  final int s1 = d1.toSerial();
  final int s2 = d2.toSerial();
  final int start = Math.min(s1, s2);
  final int end = Math.max(s1, s2);

  final int s = toSerial();
  if (include == SerialDate.INCLUDE_BOTH) {
    return (s >= start && s <= end);
  }
  else if (include == SerialDate.INCLUDE_FIRST) {
    return (s >= start && s < end);
  }
  else if (include == SerialDate.INCLUDE_SECOND) {
    return (s > start && s <= end);
  }
  else {
    return (s > start && s < end);
  }
}

/**
 * 일자, 달, 연도에서 직렬 번호를 계산한다.
 * <P>
 * 1-Jan-1900 = 2.
 *
 * @param d  일자
 * @param m  달
 * @param y  연도
```

```
429:      *
430:      * @return 일자, 달, 연도에서 계산한 직렬 번호
431:      */
432:     private int calcSerial(final int d, final int m, final int y) {
433:       final int yy = ((y - 1900) * 365) + SerialDate.leapYearCount(y - 1);
434:       int mm = SerialDate.AGGREGATE_DAYS_TO_END_OF_PRECEDING_MONTH[m];
435:       if (m > MonthConstants.FEBRUARY) {
436:         if (SerialDate.isLeapYear(y)) {
437:           mm = mm + 1;
438:         }
439:       }
440:       final int dd = d;
441:       return yy + mm + dd + 1;
442:     }
443:
444:     /**
445:      * 직렬 번호에서 일자, 달, 연도를 계산한다.
446:      */
447:     private void calcDayMonthYear() {
448:
449:       // 직렬 날짜에서 연도를 얻는다.
450:       final int days = this.serial - SERIAL_LOWER_BOUND;
451:       // 윤년을 무시했기에 과대 계산되었다.
452:       final int overestimatedYYYY = 1900 + (days / 365);
453:       final int leaps = SerialDate.leapYearCount(overestimatedYYYY);
454:       final int nonleapdays = days - leaps;
455:       // 연도를 과대 계산했기에 과소 계산되었다.
456:       int underestimatedYYYY = 1900 + (nonleapdays / 365);
457:
458:       if (underestimatedYYYY == overestimatedYYYY) {
459:         this.year = underestimatedYYYY;
460:       }
461:       else {
462:         int ss1 = calcSerial(1, 1, underestimatedYYYY);
463:         while (ss1 <= this.serial) {
464:           underestimatedYYYY = underestimatedYYYY + 1;
465:           ss1 = calcSerial(1, 1, underestimatedYYYY);
466:         }
467:         this.year = underestimatedYYYY - 1;
468:       }
469:
470:       final int ss2 = calcSerial(1, 1, this.year);
471:
```

```
472:    int[] daysToEndOfPrecedingMonth
473:      = AGGREGATE_DAYS_TO_END_OF_PRECEDING_MONTH;
474:
475:    if (isLeapYear(this.year)) {
476:      daysToEndOfPrecedingMonth
477:        = LEAP_YEAR_AGGREGATE_DAYS_TO_END_OF_PRECEDING_MONTH;
478:    }
479:
480:    // 직렬 날짜에서 달을 얻는다.
481:    int mm = 1;
482:    int sss = ss2 + daysToEndOfPrecedingMonth[mm] - 1;
483:    while (sss < this.serial) {
484:      mm = mm + 1;
485:      sss = ss2 + daysToEndOfPrecedingMonth[mm] - 1;
486:    }
487:    this.month = mm - 1;
488:
489:    // 남은 결과는 d(+1);
490:    this.day = this.serial - ss2
491:             - daysToEndOfPrecedingMonth[this.month] + 1;
492:
493:  }
494:
495: }
```

목록 B-6 RelativeDayOfWeekRule.java

```
001: /* ========================================================
002:  * JCommon : 자바(등록상표) 플랫폼을 위한 범용 클래스 오픈 소스 라이브러리
003:  * ========================================================
004:  *
005:  * (C) Copyright 2000-2005, by Object Refinery Limited and Contributors.
006:  *
007:  * 프로젝트 정보:  http://www.jfree.org/jcommon/index.html
008:  *
009:  * This library is free software; you can redistribute it and/or modify it
010:  * under the terms of the GNU Lesser General Public License as published by
011:  * the Free Software Foundation; either version 2.1 of the License, or
012:  * (at your option) any later version.
013:  *
014:  * This library is distributed in the hope that it will be useful, but
015:  * WITHOUT ANY WARRANTY; without even the implied warranty of MERCHANTABILITY
016:  * or FITNESS FOR A PARTICULAR PURPOSE.  See the GNU Lesser General Public
017:  * License for more details.
018:  *
019:  * You should have received a copy of the GNU Lesser General Public
020:  * License along with this library; if not, write to the Free Software
021:  * Foundation, Inc., 51 Franklin Street, Fifth Floor, Boston, MA  02110-1301,
022:  * USA.
023:  *
024:  * [자바는 썬 마이크로시스템의 등록 상표로서,
025:  * 미국과 다른 국가에서 적용된다.]
026:  *
027:  * ---------------------------
028:  * RelativeDayOfWeekRule.java
029:  * ---------------------------
030:  * (C) Copyright 2000-2003, by Object Refinery Limited and Contributors.
031:  *
032:  * 원래 저자: 데이비드 길버트(Object Refinery Limited);
033:  * 공헌자:    -;
034:  *
035:  * $Id: RelativeDayOfWeekRule.java,v 1.6 2005/11/16 15:58:40 taqua Exp $
036:  *
037:  * 변경 내역(26-Oct-2001부터)
038:  * ---------------------------
039:  * 26-Oct-2001 : 패키지 이름을 com.jrefinery.date.*으로 변경했다;
040:  * 03-Oct-2002 : Checkstyle이 보고한 오류를 수정했다 (DG);
041:  *
```

```
042:     */
043:
044:    package org.jfree.date;
045:
046:    /**
047:     * 매년 날짜를 반환하는 연간 날짜 규칙: 다음에 기반한다.
048:     * (a) 참조 규칙 (b) 주 중 일자, (c) 선택한 매개변수
049:     * (SerialDate.PRECEDING, SerialDate.NEAREST, SerialDate.FOLLOWING).
050:     * <P>
051:     * 예를 들어, 성 금요일('Good Friday')은 부활절 전의 금요일로
052:     * ('Friday PRECEDING EasterSunday') 명세가 가능하다.
053:     *
054:     * @author 데이비드 길버트
055:     */
056:    public class RelativeDayOfWeekRule extends AnnualDateRule {
057:
058:        /** 이 규칙이 기반하는 연간 날짜 규칙에 대한 참조 */
059:        private AnnualDateRule subrule;
060:
061:        /**
062:         * 주 중 일자(SerialDate.MONDAY, SerialDate.TUESDAY 등등)
063:         */
064:        private int dayOfWeek;
065:
066:        /** 주중 어떤 일자인지 명세(PRECEDING, NEAREST or FOLLOWING) */
067:        private int relative;
068:
069:        /**
070:         * 기본 생성자-1월 1일에 따라오는 월요일을 위한 규칙을 생성한다.
071:         */
072:        public RelativeDayOfWeekRule() {
073:            this(new DayAndMonthRule(), SerialDate.MONDAY, SerialDate.FOLLOWING);
074:        }
075:
076:        /**
077:         * 표준 생성자-넘어온 하위 규칙에 기반해 규칙을 생성한다.
078:         *
079:         * @param subrule 참조 날짜를 결정하는 규칙
080:         * @param dayOfWeek 참조 날짜에 상대적인 주 중 일자
081:         * @param relative 주중 어떤 일자인지 지정(SerialDate.PRECEDING,
082:         *                 SerialDate.NEAREST, SerialDate.FOLLOWING).
083:         */
084:        public RelativeDayOfWeekRule(final AnnualDateRule subrule,
```

```
085:                                         final int dayOfWeek, final int relative) {
086:         this.subrule = subrule;
087:         this.dayOfWeek = dayOfWeek;
088:         this.relative = relative;
089:     }
090:
091:     /**
092:      * 하위 규칙을 반환한다(참조 규칙이라고도 한다).
093:      *
094:      * @return 이 규칙에 대한 참조 날짜를 결정하는 연간 날짜 규칙
095:      *
096:      */
097:     public AnnualDateRule getSubrule() {
098:         return this.subrule;
099:     }
100:
101:     /**
102:      * 하위 규칙을 설정한다.
103:      *
104:      * @param subrule 이 규칙에 대한 참조 날짜를 결정하는 연간 날짜 규칙
105:      *
106:      */
107:     public void setSubrule(final AnnualDateRule subrule) {
108:         this.subrule = subrule;
109:     }
110:
111:     /**
112:      * 이 규칙에 대한 주 중 일자를 반환한다.
113:      *
114:      * @return 이 규칙에 대한 주 중 일자
115:      */
116:     public int getDayOfWeek() {
117:         return this.dayOfWeek;
118:     }
119:
120:     /**
121:      * 이 규칙에 대한 주 중 일자를 설정한다.
122:      *
123:      * @param dayOfWeek 주 중 일자 (SerialDate.MONDAY,
124:      *                  SerialDate.TUESDAY 등등)
125:      */
126:     public void setDayOfWeek(final int dayOfWeek) {
127:         this.dayOfWeek = dayOfWeek;
```

```
128:    }
129:
130:    /**
131:     * '상대' 속성을 반환한다. 이 속성은 관심 있는 주 중 일자를 결정한다
132:     * (SerialDate.PRECEDING,
133:     * SerialDate.NEAREST, SerialDate.FOLLOWING).
134:     *
135:     * @return '상대' 속성
136:     */
137:    public int getRelative() {
138:        return this.relative;
139:    }
140:
141:    /**
142:     * '상대' 속성을 설정한다(SerialDate.PRECEDING, SerialDate.NEAREST,
143:     * SerialDate.FOLLOWING).
144:     *
145:     * @param relative 이 규칙이 선택한 주 중 일자가 무엇인지 결정한다.
146:     *
147:     */
148:    public void setRelative(final int relative) {
149:        this.relative = relative;
150:    }
151:
152:    /**
153:     * 이 규칙의 복제물을 생성한다.
154:     *
155:     * @return 이 규칙의 복제물
156:     *
157:     * @throws CloneNotSupportedException 이 예외는 결코 발생해서는 안 된다.
158:     */
159:    public Object clone() throws CloneNotSupportedException {
160:        final RelativeDayOfWeekRule duplicate
161:            = (RelativeDayOfWeekRule) super.clone();
162:        duplicate.subrule = (AnnualDateRule) duplicate.getSubrule().clone();
163:        return duplicate;
164:    }
165:
166:    /**
167:     * 지정된 연도에 맞춰 이 규칙이 생성한 날짜를 반환한다.
168:     *
169:     * @param year 연도(1900 &lt;= year &lt;= 9999).
170:     *
```

```
171:    * @return 지정된 연도에 맞춰 생성한 날짜 (
172:    *         <code>null</code>도 가능한 값이다)
173:    */
174:   public SerialDate getDate(final int year) {
175:
176:     // 인수 점검...
177:     if ((year < SerialDate.MINIMUM_YEAR_SUPPORTED)
178:         || (year > SerialDate.MAXIMUM_YEAR_SUPPORTED)) {
179:       throw new IllegalArgumentException(
180:         "RelativeDayOfWeekRule.getDate(): year outside valid range.");
181:     }
182:
183:     // 날짜 계산...
184:     SerialDate result = null;
185:     final SerialDate base = this.subrule.getDate(year);
186:
187:     if (base != null) {
188:       switch (this.relative) {
189:         case(SerialDate.PRECEDING):
190:           result = SerialDate.getPreviousDayOfWeek(this.dayOfWeek,
191:                                                   base);
192:           break;
193:         case(SerialDate.NEAREST):
194:           result = SerialDate.getNearestDayOfWeek(this.dayOfWeek,
195:                                                   base);
196:           break;
197:         case(SerialDate.FOLLOWING):
198:           result = SerialDate.getFollowingDayOfWeek(this.dayOfWeek,
199:                                                     base);
200:           break;
201:         default:
202:           break;
203:       }
204:     }
205:     return result;
206:
207:   }
208:
209: }
```

목록 B-7 DayDate.java(최종)

```
001: /* ========================================================================
002:  * JCommon : 자바(등록상표) 플랫폼을 위한 범용 클래스 오픈 소스 라이브러리
003:  * ========================================================================
004:  *
005:  * (C) Copyright 2000-2005, by Object Refinery Limited and Contributors.
...
036:  */
037: package org.jfree.date;
038:
039: import java.io.Serializable;
040: import java.util.*;
041:
042: /**
043:  * 정밀도가 하루인 불변 날짜를 표현하는 추상 클래스다.
044:  * 여기서는 특정 고정 기준점에서 시작하는 날짜의 서수를 표현하는 정수에
045:  * 개별 날짜를 매핑한다.
046:  *
047:  * java.util.Date를 그냥 쓰지 않은 이유는? 사리에 맞다면 그냥 썼을 테다.
048:  * 종종 java.util.Date는 *너무* 정밀하다. 이 클래스는 1000분의 1초까지
049:  * 정밀도로 시각을 표현한다(시간대에 따라 날짜가 달라진다).
050:  * 하루 중 시각, 시간대에 무관하게
051:  * 종종 특정 날짜만 표현하기를 원한다(예: 2015년 1월 21일).
052:  * 이게 바로 SerialDate를 재정의한 이유다.
053:  *
054:  * 인스턴스를 만들기 위해 DayDateFactory.makeDate를 활용하자.
055:  *
056:  * @author 데이비드 길버트
057:  * @author 로버트 C. 마틴. 마틴은 상당수 리팩터링 작업을 수행했다.
058:  */
059:
060: public abstract class DayDate implements Comparable, Serializable {
061:    public abstract int getOrdinalDay();
062:    public abstract int getYear();
063:    public abstract Month getMonth();
064:    public abstract int getDayOfMonth();
065:
066:    protected abstract Day getDayOfWeekForOrdinalZero();
067:
068:    public DayDate plusDays(int days) {
069:       return DayDateFactory.makeDate(getOrdinalDay() + days);
070:    }
071:
```

```
072:    public DayDate plusMonths(int months) {
073:      int thisMonthAsOrdinal = getMonth().toInt() - Month.JANUARY.toInt();
074:      int thisMonthAndYearAsOrdinal = 12 * getYear() + thisMonthAsOrdinal;
075:      int resultMonthAndYearAsOrdinal = thisMonthAndYearAsOrdinal + months;
076:      int resultYear = resultMonthAndYearAsOrdinal / 12;
077:      int resultMonthAsOrdinal = resultMonthAndYearAsOrdinal % 12 + Month.JANUARY.toInt();
078:      Month resultMonth = Month.fromInt(resultMonthAsOrdinal);
079:      int resultDay = correctLastDayOfMonth(getDayOfMonth(), resultMonth, resultYear);
080:      return DayDateFactory.makeDate(resultDay, resultMonth, resultYear);
081:    }
082:
083:    public DayDate plusYears(int years) {
084:      int resultYear = getYear() + years;
085:      int resultDay = correctLastDayOfMonth(getDayOfMonth(), getMonth(), resultYear);
086:      return DayDateFactory.makeDate(resultDay, getMonth(), resultYear);
087:    }
088:
089:    private int correctLastDayOfMonth(int day, Month month, int year) {
090:      int lastDayOfMonth = DateUtil.lastDayOfMonth(month, year);
091:      if (day > lastDayOfMonth)
092:        day = lastDayOfMonth;
093:      return day;
094:    }
095:
096:    public DayDate getPreviousDayOfWeek(Day targetDayOfWeek) {
097:      int offsetToTarget = targetDayOfWeek.toInt() - getDayOfWeek().toInt();
098:      if (offsetToTarget >= 0)
099:        offsetToTarget -= 7;
100:      return plusDays(offsetToTarget);
101:    }
102:
103:    public DayDate getFollowingDayOfWeek(Day targetDayOfWeek) {
104:      int offsetToTarget = targetDayOfWeek.toInt() - getDayOfWeek().toInt();
105:      if (offsetToTarget <= 0)
106:        offsetToTarget += 7;
107:      return plusDays(offsetToTarget);
108:    }
109:
110:    public DayDate getNearestDayOfWeek(Day targetDayOfWeek) {
111:      int offsetToThisWeeksTarget = targetDayOfWeek.toInt() - getDayOfWeek().toInt();
112:      int offsetToFutureTarget = (offsetToThisWeeksTarget + 7) % 7;
113:      int offsetToPreviousTarget = offsetToFutureTarget - 7;
114:
```

```
115:      if (offsetToFutureTarget > 3)
116:        return plusDays(offsetToPreviousTarget);
117:      else
118:        return plusDays(offsetToFutureTarget);
119:    }
120:
121:    public DayDate getEndOfMonth() {
122:      Month month = getMonth();
123:      int year = getYear();
124:      int lastDay = DateUtil.lastDayOfMonth(month, year);
125:      return DayDateFactory.makeDate(lastDay, month, year);
126:    }
127:
128:    public Date toDate() {
129:      final Calendar calendar = Calendar.getInstance();
130:      int ordinalMonth = getMonth().toInt() - Month.JANUARY.toInt();
131:      calendar.set(getYear(), ordinalMonth, getDayOfMonth(), 0, 0, 0);
132:      return calendar.getTime();
133:    }
134:
135:    public String toString() {
136:      return String.format("%02d-%s-%d", getDayOfMonth(), getMonth(), getYear());
137:    }
138:
139:    public Day getDayOfWeek() {
140:      Day startingDay = getDayOfWeekForOrdinalZero();
141:      int startingOffset = startingDay.toInt() - Day.SUNDAY.toInt();
142:      int ordinalOfDayOfWeek = (getOrdinalDay() + startingOffset) % 7;
143:      return Day.fromInt(ordinalOfDayOfWeek + Day.SUNDAY.toInt());
144:    }
145:
146:    public int daysSince(DayDate date) {
147:      return getOrdinalDay() - date.getOrdinalDay();
148:    }
149:
150:    public boolean isOn(DayDate other) {
151:      return getOrdinalDay() == other.getOrdinalDay();
152:    }
153:
154:    public boolean isBefore(DayDate other) {
155:      return getOrdinalDay() < other.getOrdinalDay();
156:    }
157:
```

```
158:    public boolean isOnOrBefore(DayDate other) {
159:        return getOrdinalDay() <= other.getOrdinalDay();
160:    }
161:
162:    public boolean isAfter(DayDate other) {
163:        return getOrdinalDay() > other.getOrdinalDay();
164:    }
165:
166:    public boolean isOnOrAfter(DayDate other) {
167:        return getOrdinalDay() >= other.getOrdinalDay();
168:    }
169:
170:    public boolean isInRange(DayDate d1, DayDate d2) {
171:        return isInRange(d1, d2, DateInterval.CLOSED);
172:    }
173:
174:    public boolean isInRange(DayDate d1, DayDate d2, DateInterval interval) {
175:        int left = Math.min(d1.getOrdinalDay(), d2.getOrdinalDay());
176:        int right = Math.max(d1.getOrdinalDay(), d2.getOrdinalDay());
177:        return interval.isIn(getOrdinalDay(), left, right);
178:    }
179: }
```

목록 B-8 Month.java(최종)

```java
01: package org.jfree.date;
02:
03: import java.text.DateFormatSymbols;
04:
05: public enum Month {
06:   JANUARY(1), FEBRUARY(2), MARCH(3),
07:   APRIL(4), MAY(5), JUNE(6),
08:   JULY(7), AUGUST(8), SEPTEMBER(9),
09:   OCTOBER(10),NOVEMBER(11),DECEMBER(12);
10:   private static DateFormatSymbols dateFormatSymbols = new DateFormatSymbols();
11:   private static final int[] LAST_DAY_OF_MONTH =
12:     {0, 31, 28, 31, 30, 31, 30, 31, 31, 30, 31, 30, 31};
13:
14:   private int index;
15:
16:   Month(int index) {
17:     this.index = index;
18:   }
19:
20:   public static Month fromInt(int monthIndex) {
21:     for (Month m : Month.values()) {
22:       if (m.index == monthIndex)
23:         return m;
24:     }
25:     throw new IllegalArgumentException("Invalid month index " + monthIndex);
26:   }
27:
28:   public int lastDay() {
29:     return LAST_DAY_OF_MONTH[index];
30:   }
31:
32:   public int quarter() {
33:     return 1 + (index - 1) / 3;
34:   }
35:
36:   public String toString() {
37:     return dateFormatSymbols.getMonths()[index - 1];
38:   }
39:
40:   public String toShortString() {
41:     return dateFormatSymbols.getShortMonths()[index - 1];
```

```
42:    }
43:
44:    public static Month parse(String s) {
45:      s = s.trim();
46:      for (Month m : Month.values())
47:        if (m.matches(s))
48:          return m;
49:
50:      try {
51:        return fromInt(Integer.parseInt(s));
52:      }
53:      catch (NumberFormatException e) {}
54:      throw new IllegalArgumentException("Invalid month " + s);
55:    }
56:
57:    private boolean matches(String s) {
58:      return s.equalsIgnoreCase(toString()) ||
59:        s.equalsIgnoreCase(toShortString());
60:    }
61:
62:    public int toInt() {
63:      return index;
64:    }
65: }
```

목록 B-9 Day.java(최종)

```java
01: package org.jfree.date;
02:
03: import java.util.Calendar;
04: import java.text.DateFormatSymbols;
05:
06: public enum Day {
07:   MONDAY(Calendar.MONDAY),
08:   TUESDAY(Calendar.TUESDAY),
09:   WEDNESDAY(Calendar.WEDNESDAY),
10:   THURSDAY(Calendar.THURSDAY),
11:   FRIDAY(Calendar.FRIDAY),
12:   SATURDAY(Calendar.SATURDAY),
13:   SUNDAY(Calendar.SUNDAY);
14:
15:   private final int index;
16:   private static DateFormatSymbols dateSymbols = new DateFormatSymbols();
17:
18:   Day(int day) {
19:     index = day;
20:   }
21:
22:   public static Day fromInt(int index) throws IllegalArgumentException {
23:     for (Day d : Day.values())
24:       if (d.index == index)
25:         return d;
26:     throw new IllegalArgumentException(
27:         String.format("Illegal day index: %d.", index));
28:   }
29:
30:   public static Day parse(String s) throws IllegalArgumentException {
31:     String[] shortWeekdayNames =
32:       dateSymbols.getShortWeekdays();
33:     String[] weekDayNames =
34:       dateSymbols.getWeekdays();
35:
36:     s = s.trim();
37:     for (Day day : Day.values()) {
38:       if (s.equalsIgnoreCase(shortWeekdayNames[day.index]) ||
39:           s.equalsIgnoreCase(weekDayNames[day.index])) {
40:         return day;
41:       }
```

```
42:     }
43:     throw new IllegalArgumentException(
44:       String.format("%s is not a valid weekday string", s));
45:   }
46:
47:   public String toString() {
48:     return dateSymbols.getWeekdays()[index];
49:   }
50:
51:   public int toInt() {
52:     return index;
53:   }
54: }
```

목록 B-10 DateInterval.java(최종)

```java
01: package org.jfree.date;
02:
03: public enum DateInterval {
04:   OPEN {
05:     public boolean isIn(int d, int left, int right) {
06:       return d > left && d < right;
07:     }
08:   },
09:   CLOSED_LEFT {
10:     public boolean isIn(int d, int left, int right) {
11:       return d >= left && d < right;
12:     }
13:   },
14:   CLOSED_RIGHT {
15:     public boolean isIn(int d, int left, int right) {
16:       return d > left && d <= right;
17:     }
18:   },
19:   CLOSED {
20:     public boolean isIn(int d, int left, int right) {
21:       return d >= left && d <= right;
22:     }
23:   };
24:
25:   public abstract boolean isIn(int d, int left, int right);
26: }
```

목록 B-11 WeekInterval.java(최종)

```java
01: package org.jfree.date;
02:
03: public enum WeekInMonth {
04:     FIRST(1), SECOND(2), THIRD(3), FOURTH(4), LAST(0);
05:     private final int index;
06:
07:     WeekInMonth(int index) {
08:         this.index = index;
09:     }
10:
11:     public int toInt() {
12:         return index;
13:     }
14: }
```

목록 B-12 WeekdayRange.java(최종)

```
1: package org.jfree.date;
2:
3: public enum WeekdayRange {
4:     LAST, NEAREST, NEXT
5: }
```

목록 B-13 DateUtil.java(최종)

```java
01: package org.jfree.date;
02:
03: import java.text.DateFormatSymbols;
04:
05: public class DateUtil {
06:     private static DateFormatSymbols dateFormatSymbols = new DateFormatSymbols();
07:
08:     public static String[] getMonthNames() {
09:         return dateFormatSymbols.getMonths();
10:     }
11:
12:     public static boolean isLeapYear(int year) {
13:         boolean fourth = year % 4 == 0;
14:         boolean hundredth = year % 100 == 0;
15:         boolean fourHundredth = year % 400 == 0;
16:         return fourth && (!hundredth || fourHundredth);
17:     }
18:
19:     public static int lastDayOfMonth(Month month, int year) {
20:         if (month == Month.FEBRUARY && isLeapYear(year))
21:             return month.lastDay() + 1;
22:         else
23:             return month.lastDay();
24:     }
25:
26:     public static int leapYearCount(int year) {
27:         int leap4 = (year - 1896) / 4;
28:         int leap100 = (year - 1800) / 100;
29:         int leap400 = (year - 1600) / 400;
30:         return leap4 - leap100 + leap400;
31:     }
32: }
```

목록 B-14 DayDateFactory.java(최종)

```java
01: package org.jfree.date;
02:
03: public abstract class DayDateFactory {
04:   private static DayDateFactory factory = new SpreadsheetDateFactory();
05:   public static void setInstance(DayDateFactory factory) {
06:     DayDateFactory.factory = factory;
07:   }
08:
09:   protected abstract DayDate _makeDate(int ordinal);
10:   protected abstract DayDate _makeDate(int day, Month month, int year);
11:   protected abstract DayDate _makeDate(int day, int month, int year);
12:   protected abstract DayDate _makeDate(java.util.Date date);
13:   protected abstract int _getMinimumYear();
14:   protected abstract int _getMaximumYear();
15:
16:   public static DayDate makeDate(int ordinal) {
17:     return factory._makeDate(ordinal);
18:   }
19:
20:   public static DayDate makeDate(int day, Month month, int year) {
21:     return factory._makeDate(day, month, year);
22:   }
23:
24:   public static DayDate makeDate(int day, int month, int year) {
25:     return factory._makeDate(day, month, year);
26:   }
27:
28:   public static DayDate makeDate(java.util.Date date) {
29:     return factory._makeDate(date);
30:   }
31:
32:   public static int getMinimumYear() {
33:     return factory._getMinimumYear();
34:   }
35:
36:   public static int getMaximumYear() {
37:     return factory._getMaximumYear();
38:   }
39: }
```

목록 B-15 SpreadsheetDateFactory.java(최종)

```java
01: package org.jfree.date;
02:
03: import java.util.*;
04:
05: public class SpreadsheetDateFactory extends DayDateFactory {
06:   public DayDate _makeDate(int ordinal) {
07:     return new SpreadsheetDate(ordinal);
08:   }
09:
10:   public DayDate _makeDate(int day, Month month, int year) {
11:     return new SpreadsheetDate(day, month, year);
12:   }
13:
14:   public DayDate _makeDate(int day, int month, int year) {
15:     return new SpreadsheetDate(day, month, year);
16:   }
17:
18:   public DayDate _makeDate(Date date) {
19:     final GregorianCalendar calendar = new GregorianCalendar();
20:     calendar.setTime(date);
21:     return new SpreadsheetDate(
22:       calendar.get(Calendar.DATE),
23:       Month.fromInt(calendar.get(Calendar.MONTH) + 1),
24:       calendar.get(Calendar.YEAR));
25:   }
26:
27:   protected int _getMinimumYear() {
28:     return SpreadsheetDate.MINIMUM_YEAR_SUPPORTED;
29:   }
30:
31:   protected int _getMaximumYear() {
32:     return SpreadsheetDate.MAXIMUM_YEAR_SUPPORTED;
33:   }
34: }
```

목록 B-16 SpreadsheetDate.java(최종)

```
001 /* ========================================================================
002  * JCommon : 자바(등록상표) 플랫폼을 위한 범용 클래스 오픈 소스 라이브러리
003  * ========================================================================
004  *
005  * (C) Copyright 2000-2005, by Object Refinery Limited and Contributors.
006  *
...
052  *
053  */
054
055 package org.jfree.date;
056
057 import static org.jfree.date.Month.FEBRUARY;
058
059 import java.util.*;
060
061 /**
062  * 마이크로소프트 엑셀에서 구현한 방식과 유사하게 정수를 사용해
063  * 날짜를 표현한다. 지원하는 날짜 범위는
064  * 1900년 1월 1일부터 9999년 12월 31일까지다.
065  * <p/>
066  * 엑셀에는 실제로 윤년이 아니지만 1900년을 윤년으로 인식하는 고의적인 버그가
067  * 존재한다. 세부사항은 마이크로소프트 웹 사이트에서 214326번 아티클을
068  * 읽어보기 바란다.
069  * <p/>
070  * http://support.microsoft.com/kb/214326
071  * <p/>
072  * 엑셀은 1900년 1월 1일을 1로 취급하는 관례를 사용한다.
073  * 이 클래스는 1900년 1월 1일을 2로 취급하는 관례를 사용한다.
074  * 이 클래스를 사용할 경우 1900년도 1월과 2월을 계산하면
075  * 날짜 번호가 엑셀 계산과 달라진다. 하지만 엑셀은
076  * (1900년 2월 29일이 실제로 존재하지 않지만!) 하루를 추가하므로
077  * 이 날짜 이후부터 계산한 결과는 일치한다.
078  *
079  * @author 데이비드 길버트
080  */
081 public class SpreadsheetDate extends DayDate {
082     public static final int EARLIEST_DATE_ORDINAL = 2;      // 1900년 1월 1일
083     public static final int LATEST_DATE_ORDINAL = 2958465;  // 1999년 12월 31일
085     public static final int MAXIMUM_YEAR_SUPPORTED = 9999;
086     static final int[] AGGREGATE_DAYS_TO_END_OF_PRECEDING_MONTH =
```

```
087      {0, 0, 31, 59, 90, 120, 151, 181, 212, 243, 273, 304, 334, 365};
088      static final int[] LEAP_YEAR_AGGREGATE_DAYS_TO_END_OF_PRECEDING_MONTH =
089      {0, 0, 31, 60, 91, 121, 152, 182, 213, 244, 274, 305, 335, 366};
090
091      private int ordinalDay;
092      private int day;
093      private Month month;
094      private int year;
095
096      public SpreadsheetDate(int day, Month month, int year) {
097        if (year < MINIMUM_YEAR_SUPPORTED || year > MAXIMUM_YEAR_SUPPORTED)
098          throw new IllegalArgumentException(
099            "The 'year' argument must be in range " +
100            MINIMUM_YEAR_SUPPORTED + " to " + MAXIMUM_YEAR_SUPPORTED + ".");
101        if (day < 1 || day > DateUtil.lastDayOfMonth(month, year))
102          throw new IllegalArgumentException("Invalid 'day' argument.");
103
104        this.year = year;
105        this.month = month;
106        this.day = day;
107        ordinalDay = calcOrdinal(day, month, year);
108      }
109
110      public SpreadsheetDate(int day, int month, int year) {
111        this(day, Month.fromInt(month), year);
112      }
113
114      public SpreadsheetDate(int serial) {
115        if (serial < EARLIEST_DATE_ORDINAL || serial > LATEST_DATE_ORDINAL)
116          throw new IllegalArgumentException(
117            "SpreadsheetDate: Serial must be in range 2 to 2958465.");
118
119        ordinalDay = serial;
120        calcDayMonthYear();
121      }
122
123      public int getOrdinalDay() {
124        return ordinalDay;
125      }
126
127      public int getYear() {
128        return year;
129      }
```

```java
public Month getMonth() {
  return month;
}

public int getDayOfMonth() {
  return day;
}

protected Day getDayOfWeekForOrdinalZero() {return Day.SATURDAY;}

public boolean equals(Object object) {
  if (!(object instanceof DayDate))
    return false;

  DayDate date = (DayDate) object;
  return date.getOrdinalDay() == getOrdinalDay();
}

public int hashCode() {
  return getOrdinalDay();
}

public int compareTo(Object other) {
  return daysSince((DayDate) other);
}

private int calcOrdinal(int day, Month month, int year) {
  int leapDaysForYear = DateUtil.leapYearCount(year - 1);
  int daysUpToYear = (year - MINIMUM_YEAR_SUPPORTED) * 365 + leapDaysForYear;
  int daysUpToMonth = AGGREGATE_DAYS_TO_END_OF_PRECEDING_MONTH[month.toInt()];
  if (DateUtil.isLeapYear(year) && month.toInt() > FEBRUARY.toInt())
    daysUpToMonth++;
  int daysInMonth = day - 1;
  return daysUpToYear + daysUpToMonth + daysInMonth + EARLIEST_DATE_ORDINAL;
}

private void calcDayMonthYear() {
  int days = ordinalDay - EARLIEST_DATE_ORDINAL;
  int overestimatedYear = MINIMUM_YEAR_SUPPORTED + days / 365;
  int nonleapdays = days - DateUtil.leapYearCount(overestimatedYear);
  int underestimatedYear = MINIMUM_YEAR_SUPPORTED + nonleapdays / 365;
```

```
173       year = huntForYearContaining(ordinalDay, underestimatedYear);
174       int firstOrdinalOfYear = firstOrdinalOfYear(year);
175       month = huntForMonthContaining(ordinalDay, firstOrdinalOfYear);
176       day = ordinalDay - firstOrdinalOfYear - daysBeforeThisMonth(month.toInt());
177     }
178
179     private Month huntForMonthContaining(int anOrdinal, int firstOrdinalOfYear) {
180       int daysIntoThisYear = anOrdinal - firstOrdinalOfYear;
181       int aMonth = 1;
182       while (daysBeforeThisMonth(aMonth) < daysIntoThisYear)
183         aMonth++;
184
185       return Month.fromInt(aMonth - 1);
186     }
187
188     private int daysBeforeThisMonth(int aMonth) {
189       if (DateUtil.isLeapYear(year))
190         return LEAP_YEAR_AGGREGATE_DAYS_TO_END_OF_PRECEDING_MONTH[aMonth] - 1;
191       else
192         return AGGREGATE_DAYS_TO_END_OF_PRECEDING_MONTH[aMonth] - 1;
193     }
194
195     private int huntForYearContaining(int anOrdinalDay, int startingYear) {
196       int aYear = startingYear;
197       while (firstOrdinalOfYear(aYear) <= anOrdinalDay)
198         aYear++;
199
200       return aYear - 1;
201     }
202
203     private int firstOrdinalOfYear(int year) {
204       return calcOrdinal(1, Month.JANUARY, year);
205     }
206
207     public static DayDate createInstance(Date date) {
208       GregorianCalendar calendar = new GregorianCalendar();
209       calendar.setTime(date);
210       return new SpreadsheetDate(calendar.get(Calendar.DATE),
211         Month.fromInt(calendar.get(Calendar.MONTH) + 1),
212         calendar.get(Calendar.YEAR));
213
214     }
215   }
```

부록 C

휴리스틱의 교차 참조 목록

냄새와 휴리스틱의 교차 참조 목록을 여기 정리했다. 다른 모든 교차 참조는 삭제했다.

C1	347, 350	G25	366
C2	50, 356, 365	G28	331
C3	356, 358	G29	332
F1	295	G30	332
F4	345, 357	G31	334
G1	348	G32	335
G2	345, 346	G33	336
G3	354	G34	45, 125
G4	350	G35	105
G5	158, 350, 356, 366	G36	123
G6	125, 351, 353, 354, 359, 363, 364, 365	J1	347
		J2	349
G7	351	J3	354, 355
G9	338, 354, 355, 357, 358	N1	334, 348, 350, 352, 357, 358, 360, 364, 365
G10	101, 354		
G11	333, 354, 358, 362	N2	348
G12	355, 356, 357, 358, 365	N3	355, 358
G13	356, 358	N4	332, 361
G14	358	N5	28, 272
G15	358, 361	N6	330
G16	359	N7	332
G17	359, 385	T1	345, 346
G18	360, 361	T2	345
G19	360, 361, 362	T3	345
G20	361	T5	346, 347
G21	361	T6	346
G22	364	T7	346
G23	49, 295, 364	T8	347
G24	365		

에필로그

2005년 덴버에서 열렸던 애자일 콘퍼런스에 참석했을 때 엘리자베스 핸드릭슨[1]이 필자에게 랜드 암스트롱이 유행시킨 손목 밴드와 유사한 녹색 손목 밴드를 건네주었다. "테스트에 집착하라Test Obsessed"라는 문구가 찍힌 손목 밴드였다. 필자는 기쁘게 받아서 당당하게 꼈다. 1999년 켄트 벡에게서 TDD를 배운 이후로 필자는 진짜로 테스트 주도 개발에 집착해왔다.

하지만 그때 뭔가 신기한 현상이 일어났다. 어느 순간 손목 밴드를 벗기가 어려워졌다. 물리적으로 벗기 어려웠다는 의미가 아니라 정신적으로 벗기가 어려웠다. 손목 밴드는 필자의 전문가 윤리를 대변하는 표상이 되어버렸다. 전문가로서 최상의 코드를 작성하겠다는 필자의 약속을 만천하에 공개하는 표식이었다. 손목 밴드를 벗으면 그 윤리와 약속을 저버리는 느낌이었다.

그래서 필자는 여전히 그 손목 밴드를 차고 있다. 코드를 짤 때도 시선 안에 들어온다. 클린코드를 짜겠다는 스스로의 약속을 늘 상기하게 만드는 징표다.

---

1 http://www.qualitytree.com/

용어 대역표

추상 클래스	abstract class
구현 클래스	concrete class
기초 클래스	base class
확인된 예외	checked exception
미확인 예외	unchecked exception
활성 레코드	Active Record
보조 코드	instrument
병행	concurrency
관심사	concern
의존성 주입	Dependency Injection, DI
도메인 특화 언어	Domain Specific Language, DSL
시간적인 결합	temporal coupling
부수 효과	side effect
제어 역전	Inversion of Control, IoC
초기화 지연	Lazy Initialization
차단	blocking
선점형	preemptive
비공개 함수	private function
공개 함수	public function
대기열	queue

약어 목록

AOP	Aspect-Oriented Programming
API	Application Programming Interface
BDUF	Big Design Up Front
CAS	Compare and Swap
DI	Dependency Injection
DIP	Dependency Injection Principle
DRY	Don't Repeat Yourself
DSL	Domain Specific Language
DTO	Data Transfer-Object
EJB	Enterprise JavaBeans
IoC	Inversion of Control
OCP	Open Closed Principle
POJO	Plain-Old Java Object
SRP	Single Responsibility Principle
TDD	Test Driven Development

찾아보기

기호
감지 304
++ 연산자 418, 419
1차 초안 작성 254

A
ABSTRACT FACTORY 패턴 48, 197, 351, 353
Agile Software Development: Principles, Patterns,
  Practices (PPP) 19
Ant 프로젝트 97
AOP(aspect-oriented programming) 203, 205
API
  null을 반환하는 메서드를 호출 138-139
  외부 코드 감싸기 136
  테스트를 위해 특화된 161
Arg 클래스
  1차 초안 255-269, 288-295
  구현 247-254
  생성 246
args 배열, list로 변환 295-297
ArgsException 클래스
  녹녹 251-254
  예외를 모으기 307-310
ArgumentMarshaler 인터페이스 249-251
ArgumentMarshaler 클래스
  골격을 추가 270-271
  탄생 269
AspectJ 언어 209
assert 문 164-165
assert 문 사용 141
assertEquals 52

B
BDUF(Big Design Up Front) 210
Big Design Up Front (BDUF) 210
boolean 맵, 삭제 285-286
BUILD-OPERATE-CHECK 패턴 161

C
C++ 창시자 9
Callable 인터페이스 420
CAS 연산, 원자적 422
clientScheduler 411
ClientTest.java 409, 443-445
ComparisonCompactor 모듈 324-341
  리팩터링 결과 329-336
  원본 327-329
  중간 버전 336-338
  최종 버전 338-341
Concurrent Programming in Java: Design Principles
  and Patterns 232
ConcurrentHashMap 구현 232
ConTest 도구 242, 440
CountDownLatch 클래스 233

D
DateInterval enum 364-365
David Gilvert 344
DAY enum 356
DayDate 클래스, SerialDate로 수행 349
DayDateFactory 351-352
DECORATOR 객체 207
DECORATOR 패턴 353
DI(Dependency Injection) 198
DIP(Dependency Inversion Principle) 19, 190
DoubleArgumentMarshaler 클래스 305
Doug Lea 232
DRY(Don't Repeat Yourself) 원칙 231, 372
DSL(domain-specific language) 212-213
DTO(data transfer object) 126-127

E
e, 변수 이름 28
EJB 표준, 기술을 너무 많이 넣음 210-211
EJB 표준, 완전히 뜯어 고침 207
EJB2 빈 202

EJB3로 다시 작성한 Bank 객체 208-209
enum
    MonthConstants를 enum으로 변경 350
    활용 398-399
enum 이동 356
Eric Evans 402
Error 클래스 59-60
errorMessage 메서드 320
    분류 135
exception 절 135-136
Executor 프레임워크 419-420
ExecutorClientScheduler.java, 412-413
Extreme Programming Adventures in C# 13
Extreme Programming Installed 13

F
F.I.R.S.T 167-168
false 인수 379
final 키워드 356
FitNesse 프로젝트
    내부 함수 40-42
    모든 테스트 호출 286
    코딩 스타일 113-114
    파일 크기 97
future 420

G
get 함수 277
getBoolean 함수 286
GETFIELD 명령 418, 419
getNextId 메서드 419
getState 함수 163-164
given-when-then 관례 165
goto 문, 회피 61

H
HashTable 423
HN(Hungarian Notation) 29-30, 380
HTML, 소스 코드 내 87-88

I
I/O 연산에 시간 보내기 409
if 문
    제거 338
    중복 356
if-else 연쇄
    거듭 확인 373
    제거 298
Implementation Patterns 3, 382
import 목록
    SerialDate에서 줄이기 347
    긴 목록 피하기 396
import 목록, 강한 의존성 396
include 방법 60
integer 변경 패턴 280
integer 인수 타입을 Args에 추가 269
InvocationHandler 객체 205
IoC(Inversion of Control) 198
isxxxArg 메서드 280-283

J
jar 파일, 기초 클래스와 파생 클래스 배포 375
Java concurrency in Practice 232
java.util.concurrent 패키지, 컬렉션 232-233
javadocs
    공개 API 75
    모든 함수에 요구 80
    복잡하게 만드는 356
    비공개 코드에서 90
    형식 유지 348
JBoss 프록시 205
JCommon 단위 테스트 347
JCommon 라이브러리 344
JDB 프록시, 영속성 지원 203-205
JDepend 프로젝트 97
JIT 컴파일러 229
JNDI 검색 198
JUnit 42
JUnit 프레임워크 324-341
JUnit 프로젝트 97

L
L, 소문자 변수 이름 25
LeBlanc's Law 4
LIFO 자료 구조, 피연산자 스택 417
list
    인수 54
    읽기 전용 리스트 반환 139

프로그래머에게 의미 있는 24
Literate Programming 12, 179
log4j 패키지 147-149
LOGO 언어 45

M

main 함수, 생성 관련 코드 이동 196-197
Map
    ArgumentMarshaler에 추가 281
    메서드 144
map, 교체하기 시작 284
Marshaler 구현 272-274
MOCK OBJECT 할당 195
Month enum 358
MonthConstants 클래스 349

N

null
    메서드에 전달하지 마라 140-142
    호출자가 실수로 넘기는 142
null 점검 위치, ArgumentMarshaler를 위한 272
NullPointerException 139, 141

O

Object Oriented Analysis and Design with
    Applications 10
OCP(Open Closed Principle) 19, 47-48
    지원 188
    확인된 예외 133-134
once, and only once 373

P

parse에서 예외를 던짐 280
POJO 시스템, 기민성 211
POJOs(Plain-Old Java Objects)
    비즈니스 논리 구현 205
    생성 238
    스레드를 아는 코드와 모르는 코드를 분리 243
    스프링 205-206
    애플리케이션 도메인 논리 작성 210
PrintPrimes 프로그램, 자바 변환 179
process 함수, I/O 연산 410
process 함수, 재분할 411

protected 변수, 회피 101
PUTFIELD 명령, 원자적 418

R

ReentrantLock 클래스 233
Refactoring (Fowler) 368
resetId, 바이트 코드 생성 417
Runnable 인터페이스 420

S

Semaphore 클래스 233
SerialDate 클래스
    고쳐보자 347-366
    리팩터링 344-366
    이름 348
SerialDateTests 클래스 345
set 함수
    파생 297, 298-301
setArgument 변경 297-298
setBoolean 함수 275-277
SetupTeardownIncluder.java 목록 62-65
SINGLETON 패턴 353
Smalltalk Best Practice Patterns 382
Sparkle 프로그램 43
SPECIAL CASE 패턴 138
SpreadsheetDateFactory 352-353
Sql 클래스 변경 186-188
SRP(Single Responsibility Principle) 19, 175-177
    Sql 클래스 위반 186
    SRP를 따르는 테스트 클래스 216
    깨기 195
    동시성 방어 원칙 230
    서버 쪽 위반 411
    위반 47, 219
    적용하기 413
    지원 198
static import 397-398
static 메서드, 부적절 381-382
static 함수 359-360
STRATEGY 패턴 373
StringBuffers 163-164
SuperDashboard 클래스 173-174
switch 문
    꽁꽁 숨기기 47, 48
    다형성 고려 385-386

참아주는 이유 49
"switch 문 하나" 규칙 386
synchronized 메서드 235
synchronized 블록 430
synchronized 키워드 236
    락 얻기 426
    추가 416
    코드에서 임계 영역 보호 230
    항상 락 걸기 421

T

TAM(Time and Money) 프로젝트 97
    파일 크기 97
TDD(Test Driven Development) 270
    근본적인 원칙 12
    논리 추가 133
    법칙 155
TEMPLATE METHOD 패턴
    고차원 중복 제거 219
    사용 165
    중복 제거 373
TEST DOUBLE, 할당 195
testNG 프로젝트 97
The C++ Programming Language 9
this 변수 417
throws 절 133
TO 문단 46
TO 키워드 46
TODO 주석 74-75
try 블록 132
try/catch 블록 58-59, 82-83
try-catch-finally 문 132-133

U

ubiquitous language 402

V

Version 클래스 176

W

Working Effectively with Legacy Code 12

X

XML
    배포 기술자 202
    설정 파일에 명시된 '정책' 207

ㄱ

가능한 순열 수 계산 414-416
가독성
    깨끗한 테스트 158
    데이브 토마스 11
    제네릭스를 사용한 개선 145-146
    코드 96
가독성 관점 10
가로 공백 108-109
가로 정렬, 코드 109-111
가로 형식 맞추기 107-113
가위 규칙, C++ 103
가짜 범위 113
감추기
    구조 125
    구현 119
개념
    다양한 차원으로 분리 374
    서로 가까이에 두기 101
    세로 거리로 연관성 표현 98-100
    유사한 표기법 25
    이름 23
    한 개념에 한 단어 33
개념 하나, 테스트 당 166-167
개념적인 친화도, 코드 106
객체
    읽기 전용 사본 생성 231
    자료 구조와 비교 119-120, 122
    자료 구조와 절차적인 코드와 비교 127-128
    정의 119-120
객체 지향 설계 19, 176
객체 지향 코드 122
검색하기 쉬운 이름 28-29
검증, 처리량 409
결과, 경고 73-74
결합
    낮은 190
    숨겨진 시간적인 390-391
    인위적인 377
결합분리 전략, 동시성 227
경계

깨끗한 151-152
살피고 익히기 146-147
아는 코드와 모르는 코드를 분리 150-151
올바르게 처리하지 않음 372
경계 조건
   캡슐화 392
   테스트 405
경계 조건 오류 346
경계 테스트 케이스, 실제 코드와 동일한 방식 150
경계 테스트, 이전하기 쉬워짐 150
계산, 중간값 사용 382
계속 이어지는 읽기 스레드 234
고행, 나쁜 코드 4
공개 API, javadocs 75
공로를 돌리는 주석 86
공백, 가로 108-109
공유 변수
   메서드 갱신 422
   범위가 줄어듦 428
공유 자료, 접근 줄이기 230-231
관례
   관례보다 구조 388
   설정 파일 207
   표준 따르기 386
관례보다 구조를 사용 388
관리자 역할 7
관심사
   분리 195, 210-211, 226, 320
   횡단 202-203
관점
   AOP 203
   언어 차원에서 지원 209
관점 혹은 관점과 유사한 메커니즘
   장황한 언어 253
구분, 의미 있게 만드는 26-27
구조
   감추기 125
   관례와 비교 388
   구조를 크게 뒤집는 269
   잡종 124-125
구조적 프로그래밍 61
구체 클래스 189
구체적인 값 119
구현
   감추기 119
   노출하기 118-119
   인코딩 31

중복 218
추상화 감싸기 14
구현 세부 내역 189
구현 스타일
   개발자 113-114
구현 패턴 3, 382
그래디 부치 10-11
그릇된 정보, 회피 24-25
그릇된 정보를 제공하는 이름 26
긍정문
   더 쉽게 이해 332
   조건문을 389
기능 욕심
   냄새 358
   제거 377-379
기발한 이름 32-33
기본 생성자 제거 355
기술 이름, 선택 34
기술적인 설명, 부연하는 수단 368
기어 233, 234, 435
기억력 자랑, 회피 31-32
기차 충돌 123-124
기초 클래스 373-374, 375
긴 이름, 긴 범위 403
길고 서술적인 이름 49
깨끗한 경계 151-152
깨끗한 코드
   설명 8-15
   예술 8
   작성 8
깨끗한 테스트 157-161
'깨진 창문'이라는 비유 9
끝 날짜를 포함하는 범위 355
끝에 달리는 false 인수 379
끼워넣을 수 있는 스레드 기반 코드 238

ㄴ

나쁜 주석 75-94
나쁜 코드
   깨끗하게 만드는 경험 321
   보완하지 못하는, 주석 69
   악영향 321
   예제 90-92
   치르는 대가 4-17
낙관적 잠금 421
내려가기 규칙 46-47

내부 구조, 객체 숨기기 123
논리적 의존성 363-364, 383-385
논문 모델, 잡지 모델 34-
높은 결합도 217

ㄷ

다른 짓, 함수 내 54-55
다중 스레드 고려 428
다중 스레드 애플리케이션 분류 233
다중 스레드 작업 처리량 계산 431
다중 스레드 코드 240, 437-441
다중 스레드 환경에서 안전하지 않은 클래스 422-423
다중 스레드를 고려하지 않은 코드부터 돌게 만들자 238
다항 인수 50
다형성 47, 385-386
다형적 변환 121-122
단순한 설계 규칙 216-223
단순한 코드 13, 15
단위 테스트 157, 221, 345
단위 테스트, 독자적으로 수행하기 어려움 202
단일 assert 규칙 164-165
단일 스레드 작업 처리량 계산 430
단일 책임 원칙 19, 175-177
    SRP를 따르는 테스트 클래스 216
    깨기 195
    동시성 방어 원칙 230
    서버 쪽 위반 411
    위반 47, 219
    적용하기 413
    지원 198
단항 인수 50
단항 형태, 인수 51
단항, 이항에서 변환 52-53
닫는 괄호, 주석 85-86
당연한 동작 371-372
더그 리 232
데드락 233, 432-436
데이브 토머스 9, 11, 372
데이비드 길버트 344
데이터베이스 정규 형식 60
도구
    ConTest 도구 242, 440
    스레드 기반 코드에서 테스트 440
    커버리지 404

프록시 코드 판박이 205
도메인 특화 언어(DSL) 212-213
도메인 특화 테스트 언어 161
도형 클래스 120-121
독립적인 테스트 167
독자
    코드 17-18
돌아가는 프로그램 255
동기화 문제, 서블릿 231
동기화, 피하기 231
동사, 키워드 54
동시 갱신 문제 439
동시성
    미신과 오해 227-228
    방어 원칙 230-232
    오류 243
    채택하는 이유 226-227
동시성 구현 228-229
동시성 코드
    동시성과 관련이 없는 코드와 비교 230
    숨어 있는 오류 240
    주의 424-429
    집중 413
동시성 프로그램 226
동시성과 관련이 없는 코드 230
동작 371-372
동적 프록시 203
두려움, 이름 변경 38
둘째 법칙, TDD 155
들여쓰기 규칙 112-113
들여쓰기 수준 44
들여쓰기, 코드 111-113
디미터 법칙 123, 395
디버깅, 데드락을 찾기 위한 433
디자인 패턴 373
똑똑한 프로그래머 31

ㄹ

라이브락 233
런타임 로직, 준비 과정과 분리 195
레거시 코드 396
로버트 시몬스 356
론 제프리스 13-14
루프 변수, 문자 하나만 사용 31
르블랑의 법칙 4
리팩터링

Args 269
넣었다 뺐다 298-299
반복하는 작업 341
점진적으로 코드 작성 217
테스트 코드 작성 161
리팩터링 결과 더 길어짐 185

ㅁ

마이클 페더스 12-13
마틴 파울러 368, 377
만능 클래스 173-174
말이 안 되는 실패 238
말장난, 회피 34
매개변수, 명령어에 넘어온 417
매직 번호
   명명된 상수로 교체 386-387
   의미가 분명하지 않은 380
맥락
   불필요한 맥락을 없애라 37-38
   예외에 의미를 제공 135
   의미를 추가하라 35-37
메서드
   버그를 드러내는 테스트 346
   실행 순서에 영향을 미침 240
   의존성 424-429
   이름 짓기 32
   정적 메서드에서 인스턴스 메서드로 바꾸기 360
   클래스 177
   한 메서드가 다른 메서드를 호출하며 플래그를 넘기기 358
메서드 이름 32
메서드 추출 리팩터링 기법 14
메서드 호출 417
멤버 변수
   f 접두어 330
   명확하게 하기 위한 이름 변경 334
   접두어 붙이기 30
명령, 조회에서 분리 56-57
명령행 인수 246
명료함 31, 32
명료함, 주석 72-73
명명된 상수, 매직 번호 교체 386-387
명명법, 표준 사용 402
명백한 코드 15
명세, 목적 2

명쾌한 추상화 10-11
명확한 이름 402-403
명확함, 코드 24
모호성
   코드 388
모호한 관계, 주석과 코드 사이 89
모호한 의도 380
몬테 카를로 테스트 439
무서운 잡음 83-84
무엇과 언제를 분리 226
무작위 흔들기, 테스트 242-243
무작위로 직접 구현 241
문자열 비교 오류 324
문자열 인수 246, 264-269, 272-288
문제 영역 이름 34-35
문체, 비슷한 이름 50
문학적 코드 11-12
문학적 프로그래밍 12
물리적인 의존성 385
미확인 예외 133-135

ㅂ

바꾸기, 조합 415
바이트 조작 라이브러리 203, 205
바이트 코드 생성 229
반복가능한 테스트 168
반복하는 작업, 리팩터링 341
반환 코드, 예외를 대신 사용 130-132
반환값, 변환 결과 51
발음하기 쉬운 이름 27-28
배너, 모아놓은 특정 기능 84-85
배열 이동 354, 359
버그 주변, 테스트 405
버전, 직렬화 350
범위
   가짜 113
   공유 변수 428
   길이와 관련된 이름 28-29, 403
   들여쓰기 113
   예외가 정의한 132
   욕심 377-378
   자료 범위 제한 230-231
   파일에서 계층 111
범위로 이뤄진 계층 111
법적인 주석 70
변경

변경으로부터 격리 189-190
변경하기 쉬운 185-190
　자잘한 269
　테스트 케이스가 있으면 변경이 쉬워짐 157
변경 이력, 삭제 347
변경에 수반하는 위험, 낮추기 185-186
변경으로부터 격리 189-190
변경자 32
변수
　1에서 시작 또는 0에서 시작 336
　다른 클래스로 이동 351
　맥락이 불분명한 35
　비공개로 유지 118
　서술적 382
　선언 101, 103, 376
　인스턴스 변수를 클래스 변수로 승격 178
　임시 변수 설명 360
　주석을 대신하는 84
　지역 376
변수 이름, 한 글자 31
변수 이름으로 대문자 O 25
보기에 즐거운 코드 9
보이스카우트 규칙 18-19, 330
　따르기 366
　지킴 341-342
보조 코드 240-243
　자동 추가 242
　직접 구현하기 241
보조 코드를 넣은 클래스 440
복잡성 다루기 177
복잡한 코드, 실패 재연 439
볼링 게임 403
부끄럼 타는 코드 작성 395
부수 효과
　이름으로 설명 404
　일으키지 않는 54-56
부울 값, 함수로 넘기는 관례 52
부울 값으로 결과 출력, 테스트 168
부울 인수 246, 371
부적절한 static 함수 381-382
부적절한 정보, 주석에서 368
부정 조건 피하기 389
부정문 332
부정확, 코드에서 388
부정확한 주석 69
부하 유발, 동시성으로 인해 228
분류, 오류 135

분리된 아키텍처 210
분석 함수 341
분풀이, 주석에서 82-83
분할 320
불충분한 테스트 404
불필요한 맥락 37-38
블록, 안에서 함수 호출 44
비공개 메서드 격리 187-188
비공개 메서드 동작 방식 186
비공개 코드, javadocs 90
비공개 함수 376
비관적 잠금 421
비야네 스트롭스트룹 9-10
비즈니스 논리, 오류 처리에서 분리 137
빈 행, 코드 내 98-100
빈 행으로 분리, 개념 98-100
빈, 비공개 변수 조작 126-127
빌드 370
빠른 테스트 167
빨리 가려 들이지 않는 시간 7

ㅅ
사용자, 동시에 처리 227
삭제, 주요 변경 내역 320
삼항 53
삼항 인수 50
상속 계층 397
상수
　enum과 비교 398-399
　enum으로 변환 353-355
　감추기 397
　기호를 사용 355
　상속 349
　상속하지 않기 397-398
　숫자만 달랑 적어놓기 387
　적절한 수준에 두기 105
상호 배제 233
생산성, 나쁜 코드로 인해 떨어지는 5
생산자 소비자 실행 모델 234
생산자 스레드 234
생성
　main으로 이동 196-197
　194
생성과 사용 분리 194
생성자 인수 198
생성자, 중복 정의 32

서버 기반 잠금 423
  synchronized 메서드 235
  신호 427-429
서버 애플리케이션 408-409, 441-443
서버 코드, 책임 411
서버, 생성한 스레드 410-414
서블릿 모델, 웹 애플리케이션 226-227
서블릿, 동기화 문제 231
서술적 변수 382
서술적인 이름
  사용 49-50
  선택 399-401
선언문, 정렬하지 않음 109-111
선점 불가 434
선점, 깨기 435
선택자 인수, 피하기 379-380
설계
  원칙 19
  최대한 분리된 210
설명
  추가 설명을 포함한 코드 401
  클래스 175
설명, 의도 71-72
설정 관련 상수 394-395
설정 방식 196
설정 정보 394-395
설정자 메서드, 의존성 주입 198
성능
  동시성이 성능 개선 228
  서버 기반 잠금 428
  클라이언트/서버 쌍 408
세로 밀집도 100-101
세로 밀집도, 코드 100-101
세로 순서, 코드 106-107
세미콜론, 눈에 띄게 113
세세한 사항, 신경쓰기 10
섹션, 함수 내 45
셋째 법칙, TDD 155
소비자 스레드 234
소스 코드 관리 시스템 81, 86, 87
소스 파일
  신문 기사와 비교 98
  여러 언어 371
소유권 정보 70
소프트웨어 시스템
  물리적인 시스템과 비교 199
소프트웨어 프로젝트, 유지보수 221

손쉬운 기법 196
수직 거리 101-106
수직 거리, 코드 101-106
수직 분리 376
수직 형식 맞추기 97-107
순환 대기 434
숨겨진 시간적인 결합 334
스레드
  가능한 독립적으로 구성 232
  다른 스레드에서 자원 획득 435
  동시에 참조 229, 419
  상호 간섭 424
스레드 관리 전략 411
스레드 기반 코드 테스트 440
스레드 코드
  끼워넣을 수 있게 238
  버그 238
  자바 5에서 작성 232-233
  조율 가능 239
  테스트 237-243
스레드 풀 419
스레드 환경에 안전한 컬렉션 232-233, 423
스레드가 일정 순서에 동의 436
스키마, 클래스 246
스토리, 오늘 주어진 사용자 스토리에 맞춰 구현 199
스프링 AOP, 프록시 205
스프링 V2.5 설정 파일 206
스프링 모델, EJB3 207
스프링 프레임워크 198
시간적인 결합
  노출 334
  부수 효과 일으키기 55-56
  숨겨진 390-391
시스템
  개발 중에 동작하기 270
  도메인 특화 언어 필요 212
  파일 크기 97
시스템 사용 194
시스템 수준에서 깨끗하게 유지하기 194
시스템 실패, 치부하지 않기
  일회성 문제 238
시스템 아키텍처, 테스트 주도 210-211
시스템 재시작, 해결책 427
시스템을 배치할 플랫폼 전부에서 테스트 돌림 439
시스템의 전반적인 정보, 지역 주석 88

식사하는 철학자들 235
신문 기사 비유 98
신문 기사, 사용성 98
실제 환경 161-164
실패
    용인하기 425
    코드로 의도를 표현 68
    패턴 405
실행 경로 413-419
실행 경로, 임계 영역 239
실행 모델 233-235
실행, 가능한 경로 413-419
쓰기, 기아 234
쓸모없는 주석 368

ㅇ

안전 절차 무시 372
알고리즘
    반복 60
    수정 347
    이해 383
애너테이션 폼, AspectJ 209
애플리케이션
    기반 구조 206
    동시성과 관련된 코드를 분리 230
    스프링과 독립적 207
    제작 세부 내역에서 분리 196-197
앤디 헌트 9, 372
어휘, 일관성 있는 33
언어
    단순하게 보임 15
    주석에 여러 언어 사용 348
    추상화 수준 2
    한 소스 파일에 여러 언어 371
언어 설계, 프로그래밍 기술 62
엉망인 코드 221
에릭 감마 324
에릭 에반스 402
에츠허르 데이크스트라 61
엔티티 빈 200-202
여러 개 만든 스레드, 데드락 236-237
연결 서버 236
연결 소자 391
연산자, 우선순위 108-109
연속적인 숫자를 덧붙인 이름 26
영속성 202, 203

영역 겹침 203
예술, 깨끗한 코드 8
예외
    Args에서 분리 310-320
    throw 131-132, 246
    미확인 133-135
    반환 코드 대신 130-132
    오류 코드보다 선호 57-58
    유형을 좁히기 132-133
    의미를 제공 135
예외 관리 코드 284
예외 분류 135
오류 감지, 언저리로 밀려남 137
오류 메시지 135, 320
오류 점검이라는 부가 단계가 숨겨짐 332
오류 처리 10
오류 처리, 테스트 306-307
오류 코드
    Args 모듈에서 분리 310-320
    기존 오류 코드 재사용 60
    반환 130-131
    예외를 선호 57-58
    클래스와 열거형 변수 59-60
오류 코드 상수 251-254
오류 플래그 130
오해의 여지가 있는 주석 79
와일드 카드 396
외부 코드
    사용 144-146
    테스트 코드 작성 147
    통합 146-147
    학습 147
요구 사항, 명세 2
욕심, 클래스 범위 377
우리들 생각, 깨끗한 코드에 대한 16-17
우아한 코드 9
우주선 일회성 문제 참조
운영체제, 스레드 처리 정책 240
워드 커닝햄 14-15
원대한 재설계 5
원자적 연산 416
원칙, 설계 19
웹 컨테이너, 결합 분리 226-227
위치를 표시하는 주석 84-85
유비쿼터스 언어 402
응집도
    유지하기 178-185

클래스 177-179
의도
　모호한 380
　설명 71-72
　코드에서 설명 70
의도가 드러나는 이름 22-24
의도가 드러나는 함수 24
의도를 분명히 밝히는 코드 380
의무적으로 다는 주석 80
의미 있는 맥락 35-37
의사 결정 미루기 211
의사 결정 최적화 211
의사 소통 간극 줄이기 212
의존성
　논리적인 363-364
　논리적인 의존성을 물리적으로 만들기 383-385
　동기화된 메서드 사이 235-236
　메서드 사이 424-429
　주입 198
　찾아내 깨기 321
의존성 자석 59-60
이력을 기록하는 주석 80-81
이름
　검색하기 쉬운 28-29
　기발한 32-33
　긴 범위는 긴 이름을 사용 403
　명확한 402-403
　모호하지 않게 만들기 331-332
　문제 영역 34-35
　미묘한 차이 25
　바꾸기 49
　발음하기 쉬운 27-28
　범위 크기에 비례 28-29
　생성 규칙 22-38
　서술적인 49-50
　선택 221
　올바르지 못한 추상화 수준 348
　의도가 드러나게 22-24
　일반적으로 짧은 이름이 긴 이름보다 좋다 37
　중요성 399-401
　추상화, 적절한 수준 401-402
　함수 382-383
　해법 영역 35
　휴리스틱 399-404
이름 길이가 제한된 언어 29
이름 변경, 두려움 38
이름, 클래스 175

이벤트 51
이클립스 33
이항 인수 50
이항 함수 52-53
인수
　단항 형식 51
　줄이기 53
　플래그 52
　함수 내 370-371
　함수를 위한 50-51
인수 객체 53
인수 목록 54
인수 유형
　지저분해짐 264
　추가 254, 304
인스턴스 메서드, static 함수보다 좋은 382
인스턴스 변수
　선언 103
　숨겨 놓은 선언 103-104
　아주 많아짐 178
　클래스 내 177-178
　함수 인수로 전달 295
인위적 결합 377
인코딩, 회피 29-31, 403-404
인터페이스
　ArgumentMarshaler을 변경 304
　구현 189
　인코딩 31
　작성 150-151
　잘 정의된 375-376
　지역 또는 원격 인터페이스 정의 200-202
　추상적인 개념 표현 190
인텔리제이 33
일관성
　enum 358
　이름 50
　코드 376-377
일관성 부족, 코드에서 376-377
일관성 유지 391-392
일관성이 떨어지는 표기법 25
일관적인 사용방식 333-334
일련번호, SerialDate가 사용하는 348
일련의 switch/case 문 373
일반적인 휴리스틱 371-396
일회성 문제 228, 238, 243
읽기
　깨끗한 코드 10

위에서 아래로 코드 읽기 46-47
짜기와 비교 18
읽기 쓰기 실행 모델 234
임시 변수 설명 360
입력 인수 51

ㅈ

자가검증하는 테스트 168
자동화된 단위 테스트 슈트 157
자료
　범위 제한 230-231
　병렬로 처리 227
　사본 231
　추상화 118-119
　캡슐화 231
　타입 122
자료 구조
　객체와 비교 119-120, 122
　인터페이스 표현 118-119
　정의 119-120
　활성 레코드로 취급 127
자바
　관점 혹은 관점과 유사한 메커니즘 203-209
　휴리스틱 396-399
자바 5 Executor 프레임워크 412-413
자바 5, 동시성 개발 측면에서 개선 232-233
자바 5, 스레드를 차단하지 않는 방법 420-422
자바 AOP 프레임워크 205-209
자바 소스 파일 96-97
자바 프로그래머, 인코딩이 필요하지 않은 30
자바 프록시 203-205
자원
　프로세스 경쟁 235
　한정된 233
작업 처리량
　개선 410
　검증 409
　기아를 초래 234
　증가 429-431
작은 클래스 172-173
작품 222
잘못 지운 책임 380-381
잠금 & 대기 433
잠금, 소개 236
잡동사니
　없애기 377

잡음
　무서운 83-84
　불용어 26
　주석 81-83
잡종 구조 124-125
잡지 모델, 논문 모델 34
재사용 219
재설계, 팀이 원하는 5
재현, 동시성 버그 228
저자
　JUnit 324
　프로그래머 17-18
저자 표시 86
저작권 정보 70
적시에 테스트 168
전문가 입장에서 수행하는 코드 검토 344
전문가 프로그래머 31-32
전문가답지 못한 프로그래밍 6-7
전반적인 설정 방식 196
전산 용어, 이름 사용 34
전역 정보 88
전처리 증가 연산자 ++ 417, 418, 419
절차적, 객체와 비교 127-128
절차적인 도형 예제 120-121
절차적인 코드 122
점진적 270-272
접근자, 이름 32
접두어
　멤버 변수 30
　오늘날 개발 환경에서 무용지물 403
정보
　너무 많은 89
　부적절한 368
정보를 제공하는 주석 71
정상 흐름 137
정수 인수
　정의 246
정수 인수 기능
　ArgumentMarshaler로 이동 274
제곱근, 루프 한계값 94
제네릭스, 코드 가독성 145-146
제어 변수, 루프 102
제작
　main으로 이동 196-197
　시스템 194
제작과 사용 분리 194
조건

546

부정 조건 회피　389
　　　캡슐화　331, 388
조건자, 이름 짓기　32
조율 가능한 스레드 기반 코드　239
조직화
　　　변경을 위한　185-190
　　　복잡도를 다루기 위한　177
조합　415
조합 함수　341
조회 함수, 디미터 법칙　123
조회, 명령에서 분리　56-57
종료 코드　236-237
종료, 깔끔하게　236-237
종속 함수, 형식 맞추기　104-105
좋은 주석　70-75
주석
　　　HTML　87-88
　　　TODO　74-75
　　　나쁜　75-94
　　　나쁜 코드를 보완하지 못한다　69
　　　너무 많은 정보　88-89
　　　당연한 사실 언급　81
　　　뭔가 중요성을 강조하는　75
　　　법적인　70
　　　부정확한　69
　　　분풀이　82-83
　　　사용 이유　68
　　　삭제　364
　　　성의 없는　369
　　　실패　68
　　　쓸모 없는　368
　　　오해의 여지가 있는　79
　　　의무적으로 다는　80
　　　이력을 기록하는　80-81
　　　잡음　81-83
　　　정보를 제공하는　71
　　　좋은　70-75
　　　주절거리는　76
　　　중복　77-79, 350, 354, 368-369
　　　코드에서 분리　68
　　　필요악　68-75
　　　휴리스틱　368-370
주석 스타일, 나쁜 예　90-92
주석 헤더 표준　70-71
주석 헤더, 대체　89
주석, 근처에 있는 코드　88
주석으로 처리한 코드　86-87

주의, 코드에 대한　12-13
주장, 이 책에서　17
주절거림　76
죽은 코드　371, 376
죽은 함수　371
죽음의 포옹　순환 대기 참조
준비 과정, 런타임 로직에서 분리　195
중단된 계산　137
중복
　　　제거　60-61, 217-221
　　　제거 전략　60-61
　　　집중　13
　　　코드　60-61
　　　코드 내　372-373
　　　형태　217-218, 373
중복, 불용어　26
중복되는 if 문　356
중복된 주석　77-79, 350, 354, 368-369
중요성을 강조하는 주석　75
중첩 구조　57-58
지역 변수　417
　　　각 함수 맨 처음　101
　　　선언　376
지저분한 코드, 정리　254
지저분한 테스트　156-157
직관에 의존하지 말기　372
직교 좌표　52
직렬화　350
직렬화 ID 자동 제어　350
짐 뉴커크　147
짧은 스레드와 긴 스레드
　　　기아　233

ㅊ

차단하지 않는 방법　420-422
창발적 설계　216-223
책임
　　　잘못 지운　380-381
　　　정의　175
　　　클래스에서 세기　173
　　　파악　176
　　　프로그램이 나뉘짐　185
철자 오류, 고치는 순간　25
첫머리 주석　80-81
첫째 법칙, TDD　155
청결

감각 습득 8
  테스트와 연관 11-12
초기화 지연 198-199
초기화 지연/계산 지연 기법 195
최소 놀람의 원칙 371-372, 380
최소 코드 12
최적화, 계산 지연 기법 199
최적화, 의사 결정 211
추상 메서드
  ArgumentMarshaler에 추가 299-301
  변경 363-364
추상 인터페이스 119
추상 클래스 189, 348, 373
추상적인 개념 119
추상화
  수준을 분리 393
  수준이 뒤섞임 45-46
  실제 구현을 감싸기 14
  올바르지 못한 추상화 수준 373-374
  의존하는 클래스 190
  적절한 수준에서 이름 선택 401-402
  한 번에 한 단계씩 낮아짐 46
  함수는 한 단계만 내려가야 함 392-394
추상화 수준 45-46
  분리 394
  수준을 높임 373
추이적 탐색, 회피 395-396
출력 인수 51, 370
  사라져야할 필요 56
  회피 56
친화도 106

ㅋ

캡슐화 172
  경계 조건 392
  깨기 133-134
  조건 388
캡슐화되지 않은 조건문, 캡슐화 331
커버리지 도구 404
커버리지 패턴, 테스트 405
컴파일러 경고 끄기 372
켄트 벡 3, 43, 90, 216, 324, 372
코드 2
  가로 길이 107-113
  나쁜 4
  단순성 23-24

보조 코드 240, 440
안정적으로 만들기 401
외부 144-146
위에서 아래로 읽기 46-47
의도 표현 68
잘못된 추상화 수준 373-374
정확한 정보 제공 69
주석 처리 86-87
죽은 376
켄트 벡 13
필요성 2
함축성 23-24
형식 맞추기 96
흔들기 242-243
코드 감각 8
코드 기반, 오류 처리에 좌우 130
코드 냄새 목록 368-406
코드 변경, 주석 반영 68-69
코드 자동 완성 기능 25
코드 정리 19
코드 커버리지 분석 327-329
코드 행
  길이 107-108
코드에 집중 10
코드의 함축성 23
클라이언트 기반 잠금 236
클라이언트 코드, 서버에 연결하는 408
클라이언트, 두 메서드 사용 425
클라이언트/서버 다중 스레드, 코드 변경 446
클라이언트/서버 단일 스레드, 코드 441-445
클라이언트/서버 애플리케이션, 동시성 408-413
클래스
  ConTest로 보조 코드 추가 440
  더 큰 개념을 위해 생성 35
  변경에 수반하는 위험을 낮추기 185-186
  설계 규칙과 비즈니스 규칙을 따르도록 강제 146
  속사정을 노출 378
  수를 최소로 줄이기 222
  스레드 안전하지 않은 422-423
  언어의 명사 62
  응집도 177-179
  이름 짓기 32, 175
  인스턴스 변수 선언 103
  작게 유지 172-173, 222
  좀 더 복잡한 동시성 설계 지원 232-233
  체계 172

클래스 이름 32
클로버 345, 347
키워드 형태, 함수 이름 54

ㅌ

타이거 팀 5-6
타이머 프로그램, 테스트 154-155
타입 인코딩 30
탐색 함수, 활성 레코드 127
태스크 스와핑 239
테스트(testing)
    런타임 로직과 제작 로직을 뒤섞어놓음 195
    인수가 있을 경우 어렵다 50
테스트(tests)
    assert 문을 최소로 줄이기 164-165
    SerialDate에서 주석으로 처리 345
    깨끗하게 유지 156-158
    깨끗한 157-161
    다중 스레드 코드를 위한 테스트 작성 436-440
    단순한 설계 규칙, 모든 테스트를 실행하라 216-217
    독립적인 167
    돌리기 439
    리팩터링 160-161
    무시한 405
    반복가능한 168
    불충분한 404
    빠른 167
    빠른 테스트와 느린 테스트 405-406
    사소한 테스트를 건너뛰지 않기 404
    스레드 코드 구현 237-243
    여러 단계를 요구하는 370
    유연성, 유지보수성, 재사용성 제공 157
    자가검증하는 168
    자동화 슈트 270
    적시에 168
    지저분한 156-157
    청결 11-12
    휴리스틱 404-406
테스트 구현, 인터페이스 189-190
테스트 슈트
    단위 테스트 157, 345
    자동화 270
    정확한 동작을 검증 185
테스트 언어, 도메인에 특화된 161
테스트 전용 객체 195

테스트 주도, 아키텍처 210-211
테스트 케이스
    ComparisonCompactor 324-327
    끄기 73-74
    실패하는 패턴 346
    인수 점검을 위해 추가 304
테스트 코드 157, 161
테스트 함수, 한 개념 166-167
테스트 환경 161-164
테스트가 가능한 시스템 216-217
톰캣 프로젝트 97
퇴보, 막기 18-19
특수 사례 객체 138
튼튼하고 깨끗한 코드 작성 142
팀
    구현 표준 386
    나쁜 코드로 느려지는 5
    팀 규칙 113-114

ㅍ

파생
    set 함수에서 적절히 이동 297, 298-301
    기능 분산 275
    예외 클래스 60
    파생 클래스를 알고 있는 기반 클래스 351
    파생 클래스에 의존하는 기반 클래스 375
파일 크기, 자바 96-97
패턴
    실패 405
    표준 402
패턴 이름, 표준 명칭 221
팩토리 197
팩토리 클래스 351-353
편집 세션, 재생 17-18
포트란, 인코딩 강제 29
표준 명칭 221, 402
표준 표기법 386
표준, 현명하게 사용 211-212
표현력
    높이기 221-222
    코드 13-14
프레임 417
프로그래머
    나쁜 코드에 대한 책임 5-7
    저자 17-18
    전문가답지 못한 6-7

직면하는 난제 7
프로그래밍
  구조적인 61
  정의 2
프로그램, 돌아가게 만들기 255
프로세스 연산에 시간을 보내기 409
프로세스, 자원을 얻으려 경쟁 235
프록시, 단점 205
프리퀄 19
플래그 인수 52, 371
플랫폼, 스레드 코드를 돌리는 240
피연산자 스택 417

ㅎ
학습 테스트 147, 149-150
한 값, 두 요소를 표현 52
한 문자 이름 28
"한 번, 단 한 번만" 원칙 373
한 가지 작업, 함수가 하는 일 44-45, 389-390
한눈에 들어오기, 코드 100-101
한정된 자원 233, 234
할당문, 정렬하지 않음 109-111
함수 178-185
  구조적 프로그래밍 61
  길이 42-44
  명확하게 하기 위한 이름 변경 331-332
  명확하게 하기 위한 재작성 331-332
  배너 아래 모아놓은 85
  불필요한 if 문을 제거 338
  블록 안에서 호출 44
  비공개 함수 정의 376
  언어의 동사 62
  의도가 드러나게 24
  이동 359
  이름 49, 382-383
  이항 52-53
  이해 383
  인수 개수 370
  작게 유지 221
  작성하기 61-62
  작을수록 좋다 42-43
  주석을 대신하는 84
  죽은 371
  한 가지 작업만 44-45, 389-390
  한 단계만 내려가기 392-394
  함수 내 섹션 45

함수 당 추상화 수준은 하나 45-46
  형식 맞추기 종속성 104-105
  호출하는 순서 335
  휴리스틱 370-371
함수 선언부 56
함수 인수 50-56
함수 재정의 가능성 381
함수 헤더 89
함수 호출 종속성 106-107
함축성, 코드 23-24
해법 영역 이름 35
행을 바꾸지 않고 표현한 수식 380
헝가리식 표기법 29-30, 380
형식 맞추기
  가로 107-113
  목적 96
  밥 아저씨 113-114
  수직 97-107
호출 스택 417
호출, 이어진 123
호출이 일어나는 방식 133
호출자, 복잡 131
확인된 예외, 자바 133-134
확장 199-203
환경 제어 시스템 162-163
환경 휴리스틱 370
활성 레코드 127
횡단 관심사 202-203
효율, 코드 9
휴리스틱
  교차 참조 368, 532
  목록 368-406
  일반적인 371-396
흔들기 전략 242-243

550